Gerd Mesenhol

Im Schatten der Zypressen

Gerd Mesenhol

IM SCHATTEN DER ZYPRESSEN

Habsburg und der Traum von Mexiko

Casimir Katz Verlag

CIP-Titelaufnahme der Deutschen Bibliothek
Mesenhol, Gerd:
Im Schatten der Zypressen:
Habsburg und der Traum von Mexiko/Gerd Mesenhol
Gernsbach: Katz, 1990
ISBN 3-925825-43-6

Satz: Casimir Katz Verlag
Umschlaggestaltung: Zembsch' Werkstatt, München
unter Verwendung des Ölgemäldes
„L'exécution de Maximilien" von Edouard Manet (1868);
Kunsthalle Mannheim
Druck: Mühlberger GmbH, Augsburg
ISBN 3-925825-43-6

Für meinen Vater
und für meine Mutter

I. Buch

MIRAMARE

Das Schloß am Meer

1. Kapitel

Der Winter war noch einmal zurückgekehrt an jenem 18. April 1860. Auf der Wiener Leopoldstadt lastete ein kaltblauer Himmel, aus dem sich in der Nacht unvorstellbare Schneemassen gelöst hatten. Die spitzen Giebel der Häuser waren rund geworden, wie vom Zucker übergossen. Die Türme der Kirchen ragten eisummäntelt aus dem Gewirr der Gassen. Auf der Donau wurde der Schiffsverkehr eingestellt, der treibenden Eisschollen wegen. Und auf der Prater-Straße mußten die Kellner kälteschlotternd das Gartenmobiliar zurück in den Keller tragen.

Alle hatten zu sehr auf den Kalender vertraut. Nicht zuletzt auch die Vögel, die zu früh aus dem Süden aufgebrochen waren und jetzt unter den Pfannen hockten, aufgeplustert, oder in den Türmen, mit blanken, fragenden Augen.

Den ganzen Tag lang hatte ein befremdendes Schaben über der Stadt gehangen, wie ein verunglückter Versuch, zum Leben zu erwachen. Die Gassen waren leer geblieben. Alle Geschäftigkeit hatte sich in die Häuser verkrochen. Das Rollen der Kutschen und das Tappen der Pferdehufe bewegten sich wie ein nicht enden wollendes Echo durch die Straßenschluchten. Und von der Hofburg her klangen die Kommandos der Wachablösung bis in die Leopoldstadt hinüber.

Dort hatten sich am Abend desselben Tages zwei junge Männer auf den Weg gemacht, um ihren Leseverein aufzusuchen. Einmal in der Woche, am Freitag, gönnten sie sich das Vergnügen. Sie waren in der Küferei Gerbracht in der Karmelitergasse beschäftigt und wohnten dort in einer Mansarde neben einem Kanonenofen, der den ganzen Holzvorrat im vergangenen Winter geschluckt hatte. Das hätte ein Grund für die beiden sein sollen, sich Sorgen zu machen. Aber andere Gefühle bewegten sie, Gefühle, die sie anwärmten und zuweilen sogar ihr Blut zum Sieden brachten.

Der Schnee auf dem Pflaster war zu gläsernen Scheiben verharscht. Und wenn das Licht der Ölfunzeln, die den Weg ausleuchteten, ihre Gesichter traf, dann bemerkte jeder beim anderen, daß auch die Haut dort gläsern zu werden begann. Doch das Feuer in ihnen bewahrte sie davor, aufzugeben. Zudem war der Weg, den sie vor sich hatten, nicht weit: Kleine-Sperl-Gasse, Schmelz-Gasse, rechts in die Große-Mohren-Gasse. Noch ein Stück, vorbei am Kloster der Barmherzigen Brüder, und dann waren sie schon am Gasthaus „Zum freundlichen Türken", ihrem Ziel, angelangt.

Der Atem flog aus ihren Mündern, während sie schweigend durch den Schnee tappten und die Zehen dabei waren, steif zu werden. Die Scheiben in den umliegenden Fenstern waren schon blind, weiß angehaucht vom Reif, hinter dem die Lichter sterbensmüde flackerten. Nur ein Mensch war ihnen begegnet, ein Uniformierter, an der Ecke zur Mohren-Gasse: Ein Wachmann, die Kappe silbern gefirnist, im weiten Umhang wie ein Regenfaß dastehend. Aus verkrusteten, rötlich geschwollenen Augen sah er den beiden nach, die mit untergeschlagenen Armen an ihm vorbeihasteten und daran dachten, daß an einem solchen Abend nur drei Sorten von Menschen einen Grund haben könnten, draußen zu sein: Wachmänner, die Streife gingen, Spitzel des Polizeiministers Thierry – und Menschen wie sie selber.

Das Gasthaus „Zum freundlichen Türken" lag am südlichen Ende der Mohren-Gasse, dort, wo die Prater-Straße sich in einem spitzen Winkel mit ihr berührt. Die Gaslaternen, die hier anstelle der Ölfunzeln brannten, zauberten trübe Lichthöfe auf das vereiste Pflaster und die kurze Front des Gasthauses, dessen Eingang sich im Souterrain befand. Abgeflachte Stufen führten zu ihm hin. Hinter den Fenstern hingen fadenscheinige Vorhänge, die die Bewegungen drinnen als Schattenspiele nach draußen warfen. Unmittelbar vor der Eingangstür empfing den Besucher ein

Schleier aus süßlichem Tabaksgeruch, den die beiden jungen Männer gut kannten, aber heute zum ersten Mal als angenehm empfanden. Er nahm etwas vorweg von der Wärme drinnen, jener feucht schwülen Atmosphäre, die aus den alten Balken und dem nässenden Mauerwerk atmete. Der „Freundliche Türke" war ein Lokal für arme Leute, eine Kneipe für den knapp bemessenen Geldbeutel, wo man sich an groben Holztischen traf, den Tag abschloß mit einem Seidl, die Pfeife stopfte und mit der gebotenen Obacht politisierte.

Als die beiden jungen Männer in das Schummerlicht der Schankstube eintauchten, blinzelnd und Hände schlagend, nahm niemand über einen taxierenden Seitenblick hinaus Notiz von ihnen. Ein Zeichen dafür, daß man sie hier kannte. Der Wirt, in Lederschürze, aufgerollten Hemdsärmeln und ansonsten von mürrischem Mißtrauen, warf ihnen einen Blick zu, andeutend und nur für den Eingeweihten verständlich, und lenkte die beiden damit auf eine Tür im hinteren Teil der Stube zu. Der kleinere und drahtigere der beiden, Franz Oxner mit Namen, machte ein Zeichen, daß er verstanden habe, und zog seinen Begleiter hinter sich her. Sie gingen an den Tischen vorbei, ganz verkrampft noch von der Kälte. Aber mit jedem Schritt, den sie machten, spürten sie, wie es sie wohlig durchflutete, als gebe es hier nicht die Armut, den feuchten Moder und als habe es schon gar nicht den Frost gegeben, der ihnen eben noch zugesetzt hatte.

„Erec, wir müssen uns beeilen, die warten sicher schon", meinte Franz zu seinem Begleiter, während sie die Stiegen hinter der Tür hinaufkletterten, Stiegen, schmal wie eine Leiter in einem Schacht, der ganz mit Holz verschalt war. „Da bin ich mir nicht so sicher", sagte der andere, der sich Erec Anselli nannte, „bei dem Wetter werden weniger gekommen sein, als uns lieb ist."

„Sag ruhig: Dir lieb ist", meinte Franz Oxner und schmunzelte breit. Ein Schmunzeln, das Erec verborgen blieb.

Er war viel schlanker als Oxner, auch größer, Zeichen von Magerkeit ließ er unter der Jacke zwar nicht erkennen, doch wenn er sich ihrer entledigte, war sie unverkennbar da. Über seinem schmalen Gesicht mit der etwas spitzen Nase und dem ebenso spitzen Kinn wucherte eine Pracht tiefschwarzer Haare. Hinter dem breitschultrigen, kastenförmig gebauten Oxner hersteigend, betastete er das Papier unter seinem Hemd, das direkt auf der Haut auflag, als sei es nur darum gegangen, dieses Papier vor dem Zugriff der Kälte zu bewahren.

Der Aufstieg machte plötzlich einen Knick. Als sie ihn erreicht hatten, hörten sie eine Männerstimme in einer gleichbleibenden Tonlage einen Text deklamieren, offensichtlich ein Gedicht.

„Siehst du", meinte Franz.

Erec drängte nach. Ein Ungestüm hatte ihn erfaßt, riß ihn in den Saal hinein, der sich vor ihnen auftat, vernebelt vom Rauch, in dem sich die Schemen von Köpfen bewegten, parallel an einem langen Tisch.

„Na endlich, da seid ihr!"

Sie hörten, wie einige klatschten. Erec hörte es, wollte es hören, das schwellende, nicht enden wollende Klatschen, die Hoch-Rufe. Er griff nach dem Papier auf seinem Körper, betastete es.

„Unser Dichter... endlich!"

Franz vor ihm griff nach einigen Händen und drückte sie, nahm immer noch irgendwie den Dank entgegen, den ihm die Zuhörergemeinde gespendet hatte, damals, als er Erec als seine Entdeckung vorstellen durfte, eine Entdeckung, die sich inzwischen als Bereicherung herausgestellt hatte. Ganz zufällig war Oxner mit Erec zusammengetroffen, dem ehemaligen Klerikal-Seminaristen, der davongelaufen war. Er hatte ihn zur Küferei Gerbracht geschleppt, obwohl Erecs Hände denen einer Kammerjungfer glichen und sein praktisches Geschick einem Zeremonienmeister Ehre gemacht hätte.

Aber das war längst Vergangenheit, genauso wie Erecs

Schuldgefühle seiner Familie gegenüber und die Angst, alleine zu bleiben. Jetzt hatte er eine neue Heimat gefunden, hier zwischen den Sandträgern, Färbern, Druckern, Stechern, den Hutmachern und Hausknechten und den zuweilen auftauchenden fremden Gesichtern, die Vorträge hielten und wieder verschwanden. Er hatte sie in Begeisterung versetzt mit den ersten Szenen seines Schauspiels: „Solferino" und sich damit zu einem der ihren gemacht.

Auch das war Oxners Werk gewesen: Die Entdeckung, daß Erec schrieb, ein Dichter war, der Ermunterung brauchte und den rechten Geist für seine Werke. Und so hatte er ihn in den Leseverein mitgenommen, ihn an den Diskussionen teilnehmen lassen, ihm die Augen geöffnet für die soziale Frage und das Problem der Konstitution und Nationalstaatlichkeit. Und aus diesem Geiste heraus war „Solferino" entstanden, das Schauspiel um den Anfang vom Ende des Hauses Habsburg. So jedenfalls wollten es alle hier verstanden wissen.

Über ein Dutzend Männer saßen um den länglichen Tisch herum, auf einer Bank ohne Rückenlehne. Sie sogen an langstieligen Pfeifen, aus denen je nach Stimmungslage der Männer hastige Wolken dampften oder nur dünnfingrige Fäden. Hinten in der Ecke kochte ein gußeiserner Ofen, in den jemand regelmäßig Holz einlegte. Trotzdem waren die Fenster von außen zugefroren. Innen hing ein feuchter Film, der langsam abtropfte.

Das Willkommen für die Ankömmlinge war herzlich. Einige der Männer klopften Erec Anselli auf die Schulter, so ehrlich bewundernd, daß der junge Mann errötete, etwas betreten aussah und mit plumper Freundlichkeit antwortete. Die meisten der Gesichter waren ihm bekannt. Er ging die Reihe durch, grüßte, ließ sich betätscheln und erfuhr dabei, daß sich alle auf seine Lesung freuten.

„Setz dich hier hin!" sagte Franz Oxner.

Er meinte den Platz an der Schmalseite, neben dem Gastredner, der Anstalten machte, sich zu erheben, nachdem Ruhe eingekehrt war. Es war üblich, Delegierte aus anderen Lesevereinen zu Vorträgen einzuladen, um die Kontakte zu sichern und eine gewisse Einheitlichkeit zwischen den Clubs zu gewährleisten. Franz hatte sich im letzten Augenblick neben Erec gedrückt, nicht ohne dabei einen mißbilligenden Blick des Redners hinnehmen zu müssen. Vor ihm lag ein ganzer Stapel von leinengebundenen Büchern: Romanen und Gedichtanthologien, an denen die staatliche Zensur nichts auszusetzen hatte. Man nahm sich ihrer an, wenn das Glöckchen am Klingelzug ertönte, vom Wirt betätigt für den Fall, daß die Tür unten geöffnet wurde und sich jemand im Aufgang befand. Eine Sicherung, die vor Unannehmlichkeiten bewahrte. Die Behörden reagierten überempfindlich, vor allem jetzt, nach dem Debakel in den italienischen Provinzen des Habsburger Reiches und nach all dem, was sich in Wien tat: Den Skandalen und Tragödien und der ganzen Offenlegung einer Brüchigkeit, die niemand für möglich gehalten hatte.

Genau darauf spielte der Redner schon in seinen ersten Worten an. Er war ein Mann mit grobem, kantigem Gesicht, das großflächig seinen Schädel dominierte. Die Haare waren kurz geschnitten, nicht länger als Stoppel. Die breiten Schultern setzten sich in muskulösen Armen fort, die dort, wo das streifige, kragenlose Hemd aufgekrempelt war, eine pelzige Behaarung zeigten. Im ganzen strahlte der Mann eine animalische Durchsetzungskraft aus, die Erec erschaudern ließ. „Brüder", sagte er, „das Jahr 1860 ist ein Glücksjahr für uns. Ein Jahr des Fortschritts und der Offenbarung zugleich."

Die Männer am Tisch hatten ihm ihre Köpfe zugedreht, bissen auf den Pfeifenstielen herum und lauschten.

„Der Dunkelmännerstaat der Habsburger, diese Mißgeburt der Geschichte, hat die Karten auf den Tisch legen müssen. Und wir haben ihn beim Falschspielen ertappt."

„Bravo!" riefen einige der Anwesenden. Auf den Gesichtern klebte der Schweiß und ließ die Adern, wie herausgemeißelt, vortreten.

„Der Franzosenkaiser und die Piemontesen haben den

Habsburgern das Messer an die Kehle gesetzt, zugestoßen und ihnen eine tödliche Wunde beigebracht. Trotzdem dürfen wir nicht zuviel erwarten. Aber wir dürfen mit Genugtuung zur Kenntnis nehmen, daß der Koloß wankt."

Die Nasenflügel des Redners blähten sich, zogen die Oberlippe hoch und ließen ihn betroffen aussehen.

„Wir wissen jetzt, mit wem wir es zu tun haben. Die Schwächen sind ans Tageslicht getreten. Und das heißt für uns, nicht mehr zu rasten und zu ruhen, bis wir unser Ziel erreicht haben."

Er schnaufte einmal, als sei er außer Atem geraten. Dann beugte er sich vor und sagte eindringlicher noch als zuvor: „Sei der Weg dahin auch noch so weit, Brüder. Und haben wir auch gegen einen doppelten Feind zu kämpfen: Den Habsburger und den Bourgeois, diesen Kettenhund des aristokratischen Klüngels. Aber so wahr ich an die Sache des arbeitenden Volkes glaube: Am Ende werden wir siegen."

Und dann begann er auf die Ereignisse des Jahres 1859 einzugehen, die Schlachten in Norditalien zwischen der österreichischen Armee und der Allianz aus Franzosen und Piemontesen, beschwor mit beredten Worten noch einmal deren Siege und nannte mit Emphase Solferino, das die österreichische Kapitulation einleitete. Der Verlust der Lombardei habe die Habsburger den ohnehin angeschlagenen Nimbus gekostet, schloß er an und erntete wieder Beifall.

Erec hatte unterdessen sein Hemd aufgeknöpft, das Papier mit der neuen Szenenfolge seines Schauspiels herausgezogen und es auf den Tisch gelegt. Franz nickte ihm dabei aufmunternd zu, allerdings so auffällig, daß er den Redner für einen Moment aus dem Konzept brachte. Er hatte gerade angesetzt, seine Behauptung vom angeschlagenen Nimbus der Habsburger mit Beispielen zu belegen. Eine Taktik, von der er wußte, daß sie seine Zuhörer in Rage versetzte.

„Bestechungsskandale in der Intendantur, Selbstmorde

hoher und höchster Würdenträger haben die Hohlheit des Systems im letzten Jahr zur Genüge unter Beweis gestellt", rief er, „und wer erinnert sich nicht an den Lakaien im August des letzten Sommers, der Seiner Kaiserlichen Majestät die hochnotpeinliche Frage: Geld oder Leben stellte."

Alle begannen zu lachen, einige schlugen mit der flachen Hand auf den Tisch und schüttelten amüsiert den Kopf.

„Das sind Zeichen der Auflösung, Brüder", setzte der Redner, puterrot jetzt wie ein Schlagsüchtiger nach, „unverkennbare Zeichen dafür. Und da ich schon dabei bin, laßt mich auch an die nicht zu übersehende Bereitschaft des Hofes erinnern, nach all den Jahren schwärzester Reaktion verfassungsmäßige Zugeständnisse zu machen. Beweise über Beweise für das Heraufdämmern einer Zeitenwende. Wehe dem, der das nicht verstehen will."

Aus den Pfeifen pufften die Rauchwolken in dichter Folge, die Nerven vibrierten wie überlastete Telegraphendrähte. „Der Franzosenkaiser hat die Zeichen der Zeit verstanden", fuhr der Redner fort, „er kriecht vor seinen Deputierten zu Kreuze. Er hat den Rollenwechsel akzeptiert. Eine Lektion, die die Habsburger noch zu lernen haben."

„Aber nicht so lange, wie wir einen Franz Joseph als Kaiser haben, Bruder", übernahm einer der anwesenden Männer das Wort. Er war aufgesprungen, ganz plötzlich, mit blitzenden, wachen Augen, und hatte den Redefluß des Vortragenden unterbrochen. „Franz Joseph ist aus reaktionärstem Holz geschnitzt. Von ihm ist nichts zu erwarten. Wenn es im Habsburger Haus einen Mann gibt, von dem Entgegenkommen zu erwarten ist, dann von seinem Bruder Maximilian", erklärte er.

Die neben ihm saßen, nickten ihm zu: „Max, ja. Aber den hat man kalt gestellt. Sitzt er nicht in Triest und befehligt jetzt die Adriaflotte?"

„Richtig", ging der Redner darauf ein, „was nur wieder klar macht, daß von uns etwas unternommen werden muß, daß wir dem Zeitgeist unter die Arme greifen müssen, um die Verhältnisse in die richtigen Bahnen zu lenken."

Die Hitze im Raum schnellte auf den Siedepunkt. Auf den Scheiben begannen die Wassertropfen zu tanzen, und der Eisschleier draußen zeigte die ersten Löcher.

Die Zuhörerschaft saß wie erstarrt da. In den Gesichtern zeichnete sich die Spannung ab, die eine Mischung war aus Erschrecken und aufgerührtem Zorn. Ein verhaltenes Beben im Inneren, hörten sie zu, wie der Redner vom geschickten Taktieren sprach, von der Behutsamkeit, die zu lernen sei, vom Trittbrett, auf das man aufspringen müsse, und womit er die Bourgeoisie meinte, deren Hilfe man leider brauche, und wohl auch einen langen Atem, um eine monarchistisch diktierte Verfassung als äußerste Form eines Zugeständnisses ertragen zu können, weil es ohne Monarchie noch nicht gehe.

„Aber", schloß der Redner, „ wir sollten uns dabei immer vor Augen halten, daß diese Verhältnisse ein Übergangsstadium markieren, in dem wir versuchen müssen, unseren Vorteil, notfalls mit rücksichtslosesten Mitteln, zu sichern."

Bei einigen Männern wurden über den Wangenknochen die Muskelstränge sichtbar. Erec Anselli schielte zu Franz Oxner hinüber, um eine Antwort zu bekommen. Aber Franz Oxner stierte nur auf die Tischplatte, als sähe er dort verwirklicht, was ihm als Gedanke durch den Kopf ging.

Die Holzscheite im Ofen zerplatzten unter lautem Getöse, als protestierten sie gegen die konspirative Atmosphäre, die sich im Raum niedergelassen hatte. Das Atmen wurde schwer, als sei die Luft erschreckt zurückgewichen. Dichter Tabaksqualm zog über den Tisch, als wolle sich der eine vor dem anderen verstecken. Dann brach jemand den Bann mit einem vernehmlichen:

„Ausgezeichnet!"

„Ja, ja", fielen die anderen ein, bis die ganze Runde zu klatschen begann, dankbar dafür, erlöst worden zu sein. Und während die Zuhörerschaft sich noch der Erleichterung überließ, Gespräche in Gang kamen, zum Nachbarn hin oder über den Tisch hinweg, bereitete Erec sich auf seinen Auftritt vor. Der Redner schüttelte noch Hände, setzte seine Schultern herzlich gemeinten Kläpsen aus und parierte Komplimente, als Franz Oxner sich erhob, die Arme spreizte und um Ruhe bat.

„Brüder, Erec hat eine neue Szene aus seinem ‚Solferino'-Schauspiel mitgebracht und will sie euch vorlesen", rief er in den Aufruhr hinein, der sich auf der Stelle beruhigte.

„Wir erinnern uns angenehm der letzten Lesung und der lebendigen Bilder, die so echt waren, daß wir meinten, an der Schlacht teilgenommen zu haben."

Gemurmelte Bestätigung folgte und setzte in Erec wieder jenes Gefühl in Brand, dessen Erleben er ganz allein Oxners Bekanntschaft verdankte. Ein Gefühl, so fremd und fern aller vorherigen Erfahrungen, daß er kaum glauben mochte, je ohne dieses Gefühl ausgekommen zu sein. Und doch war es so. Es war ein Gefühl ohne Namen, nur groß und herrlich und nirgends dort auffindbar gewesen, wo er bisher gelebt hatte.

„Fang an, Erec!" kam es aus dem Kreis der Zuhörer, deren Ungeduld ihm schmeichelte.

Er stand auf. Das zu weite Hemd verdeckte seine knochige Brust, im eher bläßlichen Gesicht saßen rote Flecken, deren Ränder wuchsen, als er die Papiere zur Hand nahm, die er so sorgsam unter dem Hemd getragen hatte. Die letzten Gespräche verebbten, alles im Raum schien sich auszurichten auf den jungen Mann dort am Kopf des Tisches, der nun mit etwas spröder Stimme begann, sein Werk vorzutragen. Obwohl die Stimme erst an Festigkeit gewinnen mußte, litt der Vortrag nicht darunter, im Gegenteil, die Zuhörer folgten dem Gang der Handlung mit einer Beteiligung, die an Hingabe grenzte. Und als Erec den Abschnitt vorlas, in dem das Chaos im österreichischen Generalstab veranschaulicht wurde, weil, wie eine seiner Personen sagte: Günstlingswirtschaft den Verstand ausgehöhlt habe, schlugen die Anwesenden enthusiastisch mit der flachen Hand auf die Tischplatte und signalisierten ihre Zustimmung. Jetzt ließ sich an jedem Wort ablesen, wie stark seine Zuhörer sich hatten von dem Stück gefangen nehmen lassen. Erec genoß das Gefühl der Macht. Nur mit einem Auge lesend, das andere hakte fest an den Männern vor ihm, deren Münder gefräßig aufklafften, ließ er seine Stimme löwenhaft anschwellen. Der Vortrag geriet zur Aufführung, dank der Lebendigkeit, mit der er die verschiedenen Rollen deklamierte. Und am Ende dankte ein begeistertes Publikum mit frenetischem Getrampel. Die Ausgelassenheit war so groß, daß Bedächtigere um Mäßigung bitten mußten, eingedenk ihrer besonderen Situation.

Erecs Kopf war angeschwollen. Für eine begrenzte Zeit wich alle Hagerkeit von ihm. Das Kinn war rund geworden. Auch die Nasenspitze erschien freundlicher.

„Großartig", murmelte Franz Oxner neben ihm, „großartig!" Das war der Augenblick, in dem Erec sich wünschte, daß es so bleiben möge: Großartig – für immer.

Danach löste sich der Kreis auf. Die meisten mußten am folgenden Tag vor Hahnenschrei aufstehen. Eine gute halbe Stunde nach Erecs Lesung verabschiedete man sich, wünschte sich einen guten Heimweg und meinte damit weniger die unmenschliche Kälte draußen, als eine weitaus bösere Heimsuchung: Thierrys Polizei, bevor man die Stiegen herunterkletterte und in angemessenen Abständen, um nicht aufzufallen, das Gasthaus verließ.

Das Thermometer war weiter herabgesunken. Die Luft schneidend geworden. Von der Donau her kam ein zähes Knirschen, wenn die Eisschollen aneinander rieben. Die Fenster ringsum waren zugefroren, auch die Scheiben der Laternen, und ließen die Stadt in einer Dunkelheit zurück, die der Schnee kaum aufzuhellen vermochte.

Erec und Franz hatten ihre Jacken fest um sich geschlagen und stampften über die messerscharfen Eiskanten hinweg, die sich auf dem Pflaster gebildet hatten, nach Hause. Am Kloster der Barmherzigen Brüder vorbei gelangten sie wieder zur Ecke Mohren-Gasse – Schmelz-Gasse, an der ein scharfer Wind pfiff und ihnen die Eiskristalle ins Gesicht blies. Aber in Erec glühte noch der Erfolg wie ein schwelendes Feuer und machte ihn unempfindlich gegen den Zugriff des Wetters. Sie gingen gebeugt, die Hände in den Jackenausschnitten, wie Mönche es zu tun pflegten.

Die Nacht war sich selbst überlassen. Eine Kirchenuhr schlug, vorwitzig, um der Reihe nach andere herauszufordern, die an allen Ecken der Leopoldstadt aufwachten und ihre Botschaft in den Eiswind schickten. Von jenseits der Donau wurde ihnen geantwortet, mit hellen, festen Schlägen.

Erec dachte daran, daß er morgen wieder würde Dauben schneiden müssen, von der Früh bis in den Abend hinein, Böden einlegen und Stahlbänder überziehen. Und ein Widerwillen ob der aufgezwungenen Tätigkeit überkam ihn angesichts des anderen Gefühls, das seinen Platz in ihm nicht räumen wollte.

Mit einer Hand tastete er unter seine Jacke, fingerte am Hemd entlang und spürte das Papier, das seinen Widerwillen rechtfertigte.

Ecke Kleine-Sperl-Gasse – Karmelitergasse hielt Franz Oxner ihn am Ärmel fest. Sie waren so schnell gelaufen, daß er Erec dabei die Jacke fast vom Körper gerissen hätte.

„Da ist er immer noch", stieß Franz hervor. Die Kälte hatte ihnen Tränen in die Augen getrieben, und an den Wimpern hingen Eiskristalle, die ihnen das Wahrnehmen erschwerten. „Wer?" wollte Erec wissen, als er im zerlaufenen Licht einer Funzel den faltigen Umhang erkannte, der dem Träger soviel Ähnlichkeit mit einer Regentonne gab.

Erec zuckte nur mit den Schultern, und sie marschierten weiter, den Kopf eingezogen, die Hände versteckt, wie zwei marschieren, denen jedes Verweilen zuwider ist.

Als sie fast auf der Höhe des Wachmannes waren, hörten sie es. Es war nur ein kurzer Anruf gewesen, wie: „Halt!" oder „Stehenbleiben!" oder wie auch immer eine Aufforderung klingt, sich zu stellen und auszuweisen. Aber in dieser Situation, angesichts dessen, was geschehen war, empfanden sie jeden Anruf wie eine Gefährdung ihrer Freiheit.

Und plötzlich begann Franz Oxner zu laufen. Er hatte kehrt gemacht und rannte in die Kleine-Sperl-Gasse zurück, mit großen, gehetzten Schritten. Der Schnee entließ gequälte Laute, während er um den Klotz des Karmeliter Klosters herumfegte in die Tabor-Straße hinein.

Erec hatte sich sofort an ihn gehängt, fraglos, entsetzt und viel zu verwirrt, um eine eigene Entscheidung treffen zu können. Und so rasten beide mit rudernden Armen und fliegenden Jackenschößen, von einer unbegreiflichen Panik erfaßt, die Straße hinauf, während der Wachmann, schwer und behäbig hinter ihnen herwankte, den Kopf umnebelt vom eigenen Atem und unentwegt auf einer Pfeife trällernd.

Ein eisiges Entsetzen, das einschnürender war als der Wind und der Schnee, durchflutete die beiden jungen Männer, als sie aus dem Schatten des Karmeliter Klosters zwei Gestalten treten sahen: Unzweideutig Wachmänner, die zu Hilfe kamen. Von den Umrissen und Bewegungen her waren sie jünger als der andere. Einen Augenblick zögerten sie. Im milchigen Licht der Straßenflucht ließ sich erkennen, wie sie dem Geschrei ihres von der anderen Seite her heranstolpernden Kollegen einen Sinn abzuringen versuchten.

„Mein Gott", stöhnte Franz Oxner, „auch das noch."

Er war stehengeblieben, keuchend, bog sich nach vorn, um Luft zu bekommen. Erec hatte ihn inzwischen erreicht, nicht weniger um Atem ringend. Hinter sich hörten sie das Krachen der Schneedecke unter dem Getrampel des aufholenden Wachmanns.

„Gegen die drei kommen wir nicht an", schnaufte Erec und versuchte, Franz hochzuziehen. Sie sahen jetzt überaus deutlich, daß die hinzugekommenen Wachmänner ihre Säbel gezogen hatten und dabei waren, auf sie zuzurennen.

„Schmarrn", meinte Franz Oxner, „was sollen wir uns

herumschlagen. Die können uns doch nichts. Wir waren auf ein Seidl im Wirtshaus, na und?"

Er pustete schnell und heftig und ließ ihre Köpfe in Rauch aufgehen. Als er Erec anschaute, erschrak er.

„Ist was?" fragte er irritiert nach.

„Ja", sagte Erec leichenblaß und wies auf sein Hemd, vor dem die Jacke aufklaffte, „Solferino..."

Er hatte es mit einer Stimme gesagt, als sei das Wort Anklage und Urteilsspruch zugleich. Als er zu begreifen begann, starrte Franz Oxner ihn an, mit fassungslosen, runden Augen, während schon die Staatsgewalt nach ihnen griff.

2. Kapitel

Es war Herbst geworden in den Wäldern von Meudon. Der Sturm, der über die großen Seineschleifen hinweggefegt war, hatte den Bäumen das Laub entrissen, es über die Schneisen und Pfade geblasen, in großen, luftigen Wolken. Die Blätter, die über die Felder zwischen Versailles, Chatillon und Meudon verteilt worden waren, heiterten in ihrer palettenartigen Vielfarbigkeit das schmutzige Braun der Landschaft auf.

Die Gärtner im Jagdschloß des Herzogs von Morny waren an diesem Morgen frühzeitig aufgestanden. Noch bevor das Zwielicht sich zeigte, hatten sie die Zufahrt zur Rampe gesäubert, aus dem Brunnen unmittelbar darunter die Inseln aus faulenden Ahorn-, Buchen- und Eichenblättern herausgefischt und auf den Parkwegen soviel Ordnung geschaffen, wie möglich war, bevor die nächste Böe ihr Werk wieder zunichte machte.

Während die Gärtner noch draußen hantierten, in ihren Capes an Baumstümpfe erinnernd, waren im Schloß die Lichter angegangen, blasse Lichter hinter dem Tüll von

Gardinen. Angesichts der vollkommenen Schwärze des Waldes rundum nahmen sie sich aus wie müde gewordene Flämmchen in einer Suchlaterne.

Es war noch nicht fünf Uhr, als die Jagdgesellschaft unter Führung des Herzogs auf die Rampe hinaustrat, langsam, eine lange, ausschweifende Linie bildend, als sei man dabei, eine Schlachtordnung herzustellen.

Die Gärtner waren inzwischen aus dem Park verschwunden. Eine Hell-Dunkel-Schattierung dort wies Wegen, Beeten und Statuen ihren Platz zu. Dahinter dehnte sich der Wald in wallende Nebel hinein.

Die auf der Rampe Stehenden lauschten. Eine erregte Aufmerksamkeit lag auf den Gesichtern der Menschen, deren Körper in einem Begehren zitterten, das keinen Aufschub ertrug. Zuweilen brach ein Schrei aus der dunklen Linie vor ihnen, ein Schrei, gemischt aus Enttäuschung und Wut, in einem Winseln zerlaufend, das nicht weniger schrecklich war. Aber nur für einen Augenblick reichte das Interesse der Anwesenden aus, dann wurden sie schon abgelenkt von einer Bewegung zu ihrer Rechten, wo die Stallungen lagen. Auf der Rasenfläche davor, einem weit gezogenen Schild, tauchten Schemen auf von Pferden und Reitknechten, die sich in einem gebremsten Galopp näherten.

„Gleich können Sie zeigen, ob Sie auch diesem Sattel gerecht werden, Jecker", meinte launig der Herzog von Morny zu seinem Nachbarn, einem aufgeschossenen, aufgezehrt wirkenden Mann mittleren Alters, der den Kopf nach vorne trug. Das obere Drittel seines Rückens bildete eine buckelhafte Verkrümmung, als sei die Streckbewegung hier gewaltsam unterbunden worden. „Monseigneur, Sie wissen genau, daß ich eine Chaise vorziehe. Aber wenn es sein muß...", parierte er humorlos den Ausfall gegen seine Ehre.

Er hatte mit fistelnder Stimme geredet, die den Anstrich von Leblosigkeit, die ihm anhaftete, noch verstärkte.

Der Herzog, in ein abgemildertes Lachen verfallend, das ihn für einen Augenblick zum Mittelpunkt machte, rächte sich mit mitleidloser Direktheit.

„Ihnen wird auch nichts anderes übrig bleiben, mein geschätzter Jecker", sagte er, „aber im Wettbewerb mit den anderen Teilnehmern haben Sie, wie ich es sehe, durchaus eine Chance." Wie erwartet, kämpfte der Zurechtgewiesene mit einer Zornesröte.

Die Reihe, in der sie standen, begann sich aufzulösen, eingeleitet vom Gekicher zweier Damen. Sie steckten in Reitkostümen, die, eng geschnitten, ihre Figur in herausfordernder Weise betonten. Beide, noch nicht zwanzig Jahre alt, trugen breitkrempige Hüte, die unter dem Kinn von einem Seidenschal gehalten wurden. Sie hatten sich bei einem Mann eingehakt, dessen gelbliche Hautfarbe auf einen Ausländer hinwies. Er mußte etwas von sich gegeben haben, das seine Begleiterinnen in den, gemessen an der frühen Stunde, ungewöhnlichen Überschwang versetzt hatte.

„An Señor Hidalgo müssen wir uns halten Jecker", meinte der Herzog von Morny, auf ihn hinweisend, „Señor Hidalgo hat die besten Beziehungen zu Ihrer Majestät, der Kaiserin."

Jecker, der immer noch an der als beleidigend empfundenen Bemerkung herumnagte, warf einen finsteren Blick die Reihe entlang, um dann festzustellen, daß er Hidalgo kenne.

„War er nicht zweiter Sekretär an der Mexikanischen Botschaft in London?" knurrte er mürrisch.

Der Herzog, im Begriff, die Rampe zu verlassen, nickte leicht.

„Unter anderem. Madrid hat ihm allerdings besser gefallen, und nach der Revolution dort ist er nach Paris ausgewichen", sagte er und zog den Mund breit, als müsse er einen Ekel in sich überwinden, „vielleicht wissen Sie, daß man ihm nachsagt, er sei Ihrer Majestät nur nachgereist, um einer dringend gewordenen Freundespflicht nachkommen zu können, ich will es mal so formulieren. Sie kennen ja die Mätressenwirtschaft Seiner Majestät, des Kaisers."

Jecker hielt es für angebracht, den Mund zu halten.

Schweigend folgte er dem Herzog, der sich mit kleinen, behutsamen Schritten an der Balustrade entlang fortbewegte und Jecker Gelegenheit gab, festzustellen, wie straff die kniehohen Gamaschen an seinen Waden saßen.

„Nun, Jecker", hörte er ihn seinen Namen aussprechen, während sie bemüht waren, Abstand zu den anderen zu halten, „mit Seiner Majestät dem Kaiser werde ich die Sache schon alleine regeln. Aber den Hidalgo brauchen wir für Eugenie. Wenn wir sie einspannen können, dann besitzen wir in ihr einen Bundesgenossen, der nicht hoch genug einzuschätzen ist."

Er war stehengeblieben, die Hände über die breite Balustrade gespannt, daß die Knöchel weiß wurden.

„Ich sehe darin übrigens kein großes Problem," sagte er, „Hidalgo gehört zu denen, die sich seit Jahren darum bemühen, einen Bewerber für den mexikanischen Thron zu finden. Er wird begeistert sein, wenn wir ihm unsere Unterstützung anbieten."

Jecker, der jedem seiner Worte mit einer außerordentlichen Aufmerksamkeit gefolgt war, hatte die Pluralbildung des Wir wohl registriert, wenngleich nicht ohne Erschrekken. Sie erinnerte ihn an längst aufgegebene Hoffnungen.

Das Bankhaus Jecker & Co., renommiert und bisher instinktsicher, hatte sich dazu verleiten lassen, in die mexikanischen Bürgerkriegswirren hinein Kredite zu vergeben, zugegeben zu verlockenden Konditionen: Dreiviertel Millionen Franken gegen Staatspapiere mit einem Nennwert von fünfundsiebzig Millionen Franken, die, wie es jetzt aussah, Papiere bleiben würden, wenn es drüben der republikanischen Partei unter dem Präsidenten Juárez gelang, den konservativen Gegenpräsidenten Miramon zu besiegen. So, wie die Dinge standen, mußte man leider damit rechnen, daß der Bürgerkrieg mit einer Niederlage der konservativen Partei zu Ende ging.

Jecker seufzte. Das würde den Ruin seines Bankhauses bedeuten. Sie waren bei den Pferden angelangt, die auf der Rasenfläche aufgereiht warteten. Es waren hochbeinige, starke Tiere, mit glänzendem Fell, von den Reitknechten am Zügel gehalten. Dahinter tänzelten die Pferde der Jäger, Silhouetten, vom Dämmer umflossen, unruhige, drängende Leiber unter dem Schenkeldruck der Aufsitzenden.

„Seien Sie also freundlich zu Señor Hidalgo, Jecker", meinte der Herzog, während er mit Hilfe eines Reitknechts in den Sattel plumpste, „zu ihm und den anderen Señores: wie Almonte, dem Botschafter Mexikos hier in Paris, und dem Nestor der monarchistischen Bewegung, Gutierrez, der sich seit zwanzig Jahren die Hacken abläuft, um einen Kronprätendenten für ein künftiges Kaiserreich Mexiko in den diversen europäischen Fürstenhäusern zu finden."

Er hatte dabei mit Skepsis Jeckers Versuch begutachtet, einen Fuchswallach zu besteigen. Aber Jecker hatte sich tapfer gehalten und saß gerade, wenn auch etwas steif im Sattel. Daß er keine Erfahrung beim Reiten besaß, ließ sich auf den ersten Blick erkennen. Um so verbissener war er bemüht, Haltung zu bewahren. Sich solcherart unter Beweis stellen zu müssen, war ihm zuwider. Zumal ihm der Herzog keinen Fehler nachsehen würde.

Als sie losritten, hüllte der Bodennebel noch alles ein. Der Wald war nicht mehr als eine hohe, dunkle Schranke. Von Anfang an richtete der Herzog sein Augenmerk darauf, daß Jecker nicht von seiner Seite wich. Ihre Pferde bewegten sich in einem so geringen Abstand voneinander, daß sich ihre Steigbügel zuweilen berührten.

„Jetzt können Sie zeigen, was in Ihnen steckt", hatte der Herzog gemeint, kurz nachdem ihm von einem Jäger gemeldet worden war, daß die Hundemeute den Hirsch gestellt habe und kein Ausweichmanöver mehr etwas daran ändern könne, seiner habhaft zu werden.

„Gut", hatte der Herzog gesagt und sich dann wieder Jecker zugewandt.

„Fünfzig Prozent, was halten Sie davon?"

Es hatte unüberhörbar laut in seinen Ohren geklungen, aber Jecker war darüber ohne Teilnahme hinweggegangen, während er sich an den Sattel klammerte und angestrengt die Rollbewegung des Pferdeleibes nachvollzog.

„Ein akzeptables Geschäft für eine außergewöhnliche Hilfestellung und angesichts einer Klemme, die Sie die Existenz kosten kann", unterstrich der Herzog nicht ohne Berechnung. Er schnaufte so verdächtig, daß Jecker zu ihm hinüberschielte. „Fünfzig Prozent der Staatspapiere, und ich verwende mich für Ihr Bankhaus beim Kaiser. Sie brauchen das Geld" – und ohne sich seiner Offenheit zu schämen, hinzusetzend – „gleichermaßen wie ich es brauche. Das macht uns zu idealen Partnern."

Sie wurden von Reitern überholt, die sich gütlich daran taten, die Hälse ihrer Pferde mit den Zügelenden zu traktieren.

Der Herzog, von der unweidmännischen Manier angewidert, brachte seine Verachtung dadurch zum Ausdruck, daß er Jecker zuraunte: „Parvenüs... Kreaturen..."

Den Gedanken, daß er leider gezwungen war, auf solche Leute zurückzugreifen, behielt er für sich.

Es rollte wie bei einem abklingenden Gewitter, während die Pferde in mächtigen Galoppsprüngen übers Feld stürmten. Der Herzog von Morny hatte seinem Schimmel die Sporen gegeben, weil er es nicht hinnehmen wollte, das Schlußlicht zu bilden. „Kommen Sie, Jecker!" hatte er nur gerufen und dann seine Fersen dem Tier in die Flanken gerammt, ohne dabei den Bankier aus dem Auge zu verlieren, der ächzend im Sattel klebte. Die Forcierung ihres Tempos hatte sie die Spitze des Feldes übernehmen lassen. Auf gleicher Höhe mit ihnen befanden sich nur noch die Jäger, die den Trupp jetzt in einem Rechtsschwenk auf die kürzeste Linie zum Ziel brachten. „Sie haben sich noch gar nicht zu meinem Vorschlag geäußert, Jecker", keuchte der Herzog, durchgeschüttelt von den Sprüngen des Pferdes, das seinen Ehrgeiz darein legte, die Position zu halten. Jecker, zu sehr darauf bedacht, die Balance nicht zu verlieren, knurrte nur: „Jetzt verstehe ich den Grund der Einladung..."

Sie hatten das Feld überquert und die ersten, wie gerupft

in ihrem abgeschüttelten Blätterkleid dastehenden Bäume passiert. Feucht schlug ihnen der Nebel ins Gesicht. Die Atemfahnen aus Mündern und Nüstern wurden wieder lang und quirlig. Erste Zweige streiften sie, zwangen sie, sich flach auf die Pferdehälse zu drücken. Die Damen griffen besorgt nach ihren Hüten, während die Jäger, die Pferde gezügelt, warteten, bis alle heran waren. Dann machten sie Zeichen, im Schritt durchs Unterholz zu brechen.

Zu dicht beieinander, um Mithörer ausschließen zu können, hatte sich der Herzog aufs Lauern verlegt. Wenig vor ihm mühte sich Jecker durch das Zweigwerk. Sein bleistifthaft dünner Oberkörper wich dabei so elastisch jedem Hindernis aus, daß der Herzog, rundleibig und unbeweglich, darin einen Affront gegen sich zu sehen glaubte. Mit seinem wachsenden Ärger erhärtete sich in ihm nur der Vorsatz, Jecker eine weitere Verweigerung nicht durchgehen zu lassen.

Eine Lichtung nahm sie auf, angefüllt mit Wolken wie Wattebäuschen. Erstes Licht irisierte um die Baumwipfel.

„Jecker!"

„Ja, Monseigneur?"

Der Herzog dirigierte sein Pferd zu ihm. Dabei hörte er, wie Señor Hidalgo seine beiden Begleiterinnen maßregelte, die dabei waren, ihrer Freude über etwas zu stark Ausdruck zu verleihen. Der Herzog unterdrückte seinen Neid.

„Haben Sie es sich überlegt?"

Die Pferde, im Schritt gehend, lautlos, weil das filzige Gras die Hufe abdämpfte, schwitzten. Jecker hielt den Kopf gesenkt, wie ermattet.

„Fünfzig Prozent sind sehr viel."

„Ohne mich werden Sie nichts bekommen", zischte der Herzog, „nichts..."

„Noch ist alles im Fluß."

Für einen Moment war der Herzog versucht, mit dem Ende seines Zügels zuzuschlagen. Doch er mäßigte sich.

„Sie meinen, die Dinge in Mexiko sind noch zu unentschieden. Sie trauen den Konservativen unter Miramon den Sieg noch zu?"

Jecker, der die neue Gangart zu genießen schien, gewann an Sicherheit.

„Ich schließe die Möglichkeit immerhin noch ein", meinte er selbstbewußt, „eine Entscheidungsschlacht hat bis zum jetzigen Zeitpunkt nicht stattgefunden."

„Das besagt gar nichts", schnaufte der Herzog, aber er spürte sofort, daß sein Argument schwächlich geklungen hatte und keine Wirkung von ihm zu erwarten war. Um so mehr setzte ihm der Druck zu, der vom Ärger zurückgeblieben war, und er war froh, als sie die Lichtung hinter sich hatten und in den Wald eintauchten. Die Jäger mahnten auch schon zur Eile. Wie es aussah, hatten sie den Hirsch verloren. In einer träge sich dahinschleppenden Bewegung zog das Gejaule der Hundemeute vor ihnen her, zerstreute sich und kam wieder zusammen, mal greifbar nahe, dann wieder unendlich fern. Gestreckt auf den Hälsen der Pferde liegend, stoben die Reiter über den moosigen Grund, auf dem die Hufe hohl trommelten.

Die zum Pulk verdichtete Kavalkade zerstreute sich vor Bäumen und Sträuchern, aber ungeachtet dessen ging es unaufhaltsam dem Gekläffe nach, das im Wald widerhallte. Am Rande eines Hains empfing sie ein einsamer Reiter. In kaum meßbarer Zeit hatte sich die gesamte Jagdgruppe dort eingefunden. Der leichte Nebel war abgezogen, nur in faserigen Streifen quirlte er übers Feld, auf dem die gepflügte Krume golden zu leuchten begann.

Der Herzog, nachdem er die Meldung des Mannes entgegengenommen hatte, riet zu einer Rast.

„Kommen Sie, Jecker", sagte er, nachdem er sich, krebsrot geworden wie ein Schlagsüchtiger, gesammelt hatte, „bequemen wir uns dort zu den Baumstümpfen. Das Auffinden des Hirsches wird seine Zeit dauern."

Er hatte sich auf einen Stumpf gesetzt, dessen moosiger Befall auf seiner weißen Hose sofort Spuren zeigte.

„Sehen Sie dort Hidalgo", spöttelte er, „der seinen Damen beim Absitzen hilft. Tänzerinnen sind jetzt sein Niveau, wußten Sie das?"

Jecker, einen lauernden Blick hinüberwerfend, registrierte, wie die Mädchen, tatkräftig unterstützt von dem Mexikaner, aus den Sätteln sprangen und sich willig in seine Arme gleiten ließen.

„Diese Biester", kicherte der Herzog, „haben Sie es bemerkt?" Jecker, der unweit von ihm saß, zuckte mit den Schultern. „Die bringen es fertig, diesem Galan zwischen die Beine zu rutschen."

Es störte ihn nicht im geringsten, daß Jecker, empfindlich getroffen, das Gesicht säuerlich verzog.

„In Anbetracht der Tatsache, daß sie, wie man sagt, auf Unterwäsche grundsätzlich verzichten sollen, ist das schon ein starkes Stück, meinen Sie nicht?" spreizte sich der Herzog in einer weiteren Anzüglichkeit und genoß Jeckers Verlegenheit in vollen Zügen.

„Zwanzig Prozent!" gab Jecker nach.

Er hatte sich den Zügel um die Hand geschlungen, als wolle er damit andeuten, wonach ihm der Sinn stand.

„Eines muß ich Ihnen lassen", meinte der Herzog anerkennend, „Sie geben keinen Fußbreit Boden auf. Aber Sie sind klug genug, dieses Prinzip nicht zu verabsolutieren, hab ich recht?" Er betrachtete ausweichend die Graswuschel zu seinen Füßen, die sich spiralig ineinander verfilzt hatten.

„Es gibt Propheten, die Leuten Ihrer Art eine große Zukunft voraussagen", sinnierte er, „ich stelle das ganz und gar nicht in Abrede."

Das Herablassende seines Komplimentes machte Jecker nur mißtrauischer.

„Schauen Sie sich meinen Bruder an, Seine Majestät Kaiser Napoleon III.", wechselte der Herzog scheinbar das Thema, „biegsam wie eine Gerte, wenn der eigene Vorteil in Aussicht steht. Ein Exemplar, wie es die Höfe bisher nicht hervorgebracht haben. Ich will Sie nicht langweilen,

Jecker", sagte er mit einem angewiderten Gesichtsausdruck, „Sie kennen ja die Stationen Seiner Majestät: Putschversuche, Staatsstreiche, Exil, Festungshaft und Flucht. Eine Liste, die einem amerikanischen Desperado Ehre machen würde. Und am Ende die Krone."

Jecker hatte fragend den Kopf gehoben und die Nase in den Wind gesteckt. Die letzten Nebelfetzen über dem Feld waren davongeblasen worden.

„Nun", hörte er den Herzog weitererzählen, „immerhin hat er es verstanden, den Volksmassen die Krone als unentbehrlich aufzuschwätzen. Eine Leistung, der man den Respekt nicht versagen kann. Mein Bruder wird es weit bringen", resümierte der Herzog, „zweifellos, vorausgesetzt, er beachtet weiterhin die Marktgesetze der Politik, auf die er sich eingelassen hat. Ich meine damit den Erfolg. Insofern ist mein Bruder ganz Bourgeois, Jecker, wenngleich ihn eins von Leuten dieser Art unterscheidet."

Der Zügel, den er nervös durch die Finger hatte gleiten lassen, war in seiner Hand zur Ruhe gekommen. In seinem Krater gefurchten Gesicht schimmerte es bösartig.

„Mein Bruder versteht, das Leben zu genießen", preßte er apodiktisch hervor. „Zwischen all den Mauern, an denen er sich den Schädel stößt, versteht er phantastisch zu leben. Wenn Ihnen das etwas sagt, Jecker?"

Der Wind hatte eine Blätterwoge über das Feld getrieben, wie einen Schwarm davonstiebender Vögel. Von dort, wo die anderen saßen, kam ein übermütiges Lachen.

„Ich habe meinen Weg hinter mir", sagte der Herzog nach einer Pause, er hatte ein Blatt aufgefangen und damit begonnen, es stückchenweise zu zerfasern, „für den Rest meines Lebens brauche ich Geld, Jecker, leider, wenn ich es so zu Ende bringen will, wie ich es immer versucht habe zu gestalten. Ich habe im Vollsinn des Wortes gelebt, weil ich bereit war, den Preis zu zahlen."

Er klopfte mit der Hand gegen seine stramm sitzenden Gamaschen.

„Ich bin jetzt neunundvierzig," erklärte er. Aber ich habe

nicht mehr lang. Mein Posten als Präsident der Nationalversammlung bringt nicht annähernd das ein, was ich zur Unterhaltung jener Kretins brauche, die sich ihre Gesellschaft teuer bezahlen lassen. So steht es. Aber ich habe nicht die Absicht, auf dem letzten Stück meines Weges Verzicht zu üben. Fünfzig Prozent, Jecker!"

Der Bankier hatte sich hinter einer steinernen Maske verschanzt. Auch als die krustigen Kanten der vom Wind aufgewehten Blätter sein Gesicht trafen, verzog er keine Miene. Jeckers Selbstbeherrschung machte dem Herzog Angst.

Inzwischen hatte sich das Gekläff der Hundemeute zu einem gierigen Fiepsen verdünnt. Im Wind, der jetzt aus einer anderen Richtung kam, war es kaum mehr als ein kläglicher Ton, der jeden Augenblick im Knacken und Ächzen der Äste unterzugehen drohte. Die Meute mußte den Hirsch gestellt haben. Der Zeitpunkt zum Aufbruch war gekommen. Allein die unentschiedene Haltung des Herzogs hinderte die Teilnehmer daran, den Rastplatz zu verlassen. Einige aus der Jagdgesellschaft hatten bereits ihre Pferde bestiegen und den eifernden Tieren mächtig Zügel auferlegen müssen, um sie am Davonpreschen zu hindern. Auch die Mädchen saßen schon im Sattel. Aber irgend etwas hielt den Herzog fest. Er hatte noch einen vernichtenden Blick auf Jecker geworfen und war dann impulsiv aufgesprungen, hatte die Hände zum Trichter geformt und an den Mund gelegt.

„Also los, Mesdames et Messieurs", rief er dann gegen den Wind, „wir wollen sehen, wer zuerst da ist!"

Alle Jugendlichkeit, die er glaubte abgelegt zu haben, schien wiedergekehrt zu sein. Allen weit voran preschte der Herzog, hoch in den Steigbügeln stehend, als erster in den Wald hinein. Die Strecke wurde unübersichtlich, Erdbuckel tauchten auf, von dornigen Schlingpflanzen überwuchert. Spalten, zugedeckt mit lose aufliegenden Blättern, stellten sich tückisch in den Weg. Das Ebenmaß der Bewegungen löste sich auf in einzelne, dem Augenblick angepaßte Aktionen. Mit Bravour nahm des Herzogs Pferd die Hindernisse. Trotzdem ließ es sich nicht vermeiden, daß Jeckers Fuchswallach aufholte, beseelt von einem Einsatzwillen, der alle Risiken für nichtig erklärte.

Der Herzog gab seinem Schimmel mehr Zügel, das Tier schoß dahin, pfeilschnell, tauchte in einer Erdwelle unter. Hineingerissen in die Steigung, hob es an unter dem Zug der Kandarre, wiehernd, und gewann nur mit Mühe seine Standfestigkeit zurück. Das Tempo war dahin. Die Steigung, im Schritt genommen, kostete Zeit. Das konnte Jekker nur Vorteile bringen. Und dann sah er ihn neben sich, konzentriert, nach vorn gebeugt, nur seinem Ehrgeiz ergeben. Ein verzweifelter Trotz jagte den Herzog weiter, obwohl eine Stimme ihn mahnte, zurückzustecken. Das Herz in seiner Brust hatte mit einer tückischen Unregelmäßigkeit zu rasen begonnen.

Des Herzogs Pferd machte wieder an Boden gut. Einhundert Meter... zweihundert Meter... dann stoppte jäh ein Fuchsloch den Sturmlauf des Schimmels. Ein Schlag traf den Kopf des Herzogs. Blut spritzte über Kinn und Hemdbrust, bevor der Sattel, unnachgiebig wie ein Stück Fels, dem Herzog zwischen die Beine fuhr, daß der Schmerz zu gewaltig war, um ihm noch Ausdruck verleihen zu können. Halb ohnmächtig gewahrte er, wie ihm das Buschwerk im Sturz den Stoff seines Jagdanzuges zerfetzte. Reflexhaft bohrte er noch einmal seine Hacken in die Flanken des auskeilenden Schimmels, ungebärdig und ohne Reiterverstand.

Aber war nicht alles, was seit einigen Minuten geschah, ohne Verstand?

Genau das hatte sich Jecker gefragt, bevor er dazu übergegangen war, den Zweikampf aufzugeben. Im gemäßigten Trab, zuweilen im Schrittempo, war er dem Herzog gefolgt und hatte ihn bald aus den Augen verloren. Allein, sich nur am Gekläff der Hundemeute orientierend, war er weitergeritten. Er war gerade um eine Gruppe von Eichen gebogen, als keine zehn Schritte vor ihm der Schimmel des

Herzogs auftauchte, schaumig gerieben am Leder des Sattelzeugs, ein Hinterbein eingeknickt, mit dem Kopfe schlagend. Durch das Netz des Zweigwerks rieselte das Sonnenlicht und warf ein verunglücktes Schachbrettmuster auf den blättergepolsterten Boden. Jecker sah, daß der Herzog sich erbrach. Er war so davon in Anspruch genommen, daß er den Bankier nicht bemerkte, der entsetzt wie gleichermaßen gebannt sein Pferd zum Stehen gebracht hatte. Nach einer Weile besann er sich, bewegte seinen Fuchswallach nach vorne und meinte: „Kann ich helfen?"

Der Herzog hob den Kopf. Jetzt sah Jecker das Blut, dunkel geronnenes Blut im bleichen Gesicht des Herzogs, der Jecker anblickte. Der Bankier senkte die Augen, um dem Herzog Gelegenheit zu geben, sich den Mund abzuwischen. Das dauerte nicht länger als eine Minute. Dann ritten sie, als sei nichts vorgefallen, Seite an Seite, die Gangart eines gemäßigten Galopps wählend, weiter in den Forst hinein.

Die Hufe ihrer Pferde pflügten das Laub, das in Bäuschen davonstob, während der Wald lichter wurde und die Stämme der Buchen- und Eichenbäume auseinanderrückten. Vor einem Schirm niedrigen Nadelgehölzes hielt der Herzog sein Pferd an. Er schien erholt.

„Einen Moment noch, Jecker", sagte er, „wir sind gleich da." Der Angesprochene zügelte seinen Fuchswallach und brachte ihn neben dem Pferd des Herzogs zum Stehen.

„Dreißig Prozent, wären Sie damit einverstanden?"

Der Satz, im Tonfall einer freundlichen Anfrage formuliert, hatte Eindruck auf Jecker gemacht.

Trotzdem zögerte er eine Minute mit seiner Antwort, weil er die Sekunden auskosten wollte, in denen er sich als Sieger fühlen durfte. Dann meinte er: „Einverstanden, dreißig Prozent der Staatspapiere für den Fall, daß es Ihnen gelingt, die Zahlungsfähigkeit des mexikanischen Staates wiederherzustellen."

Der Herzog nickte.

Das wäre dann zwischen uns ausgestanden?" fragte er sicherheitshalber nach.

„Ja", bestätigte Jecker.

3. Kapitel

Wenn der Eiswind, die Bora, über die Höhen kam, hatte er sich an den Karstbergen gerieben und war rauh und unerbittlich geworden. Im Winter wußten die Triestiner ein Lied von ihm zu singen. Heulend fegte er durch die Gassen, riß die Dachziegel von den Sparren und ließ die Wellen im Golf hoch aufschlagen. Im Sommer hingegen, wenn die Sonne von den porösen Karststeinen in den Golf hinuntersprang, schien ein auf ewig berechneter Friede auf der Stadt zu liegen.

Der Gedanke daran ließ Ferrante Anselli die ausgestandenen Strapazen vergessen, als er aus dem Zug stieg. Ausgelöscht war die zermürbende Bahnfahrt, die nicht enden wollenden Stunden im engen Abteil, mit einem noch kleinen Jungen und einer unpäßlichen Frau.

Januar war es, aber es herrschte schönes Wetter, fast wie an einem etwas kühlen Sommertag, und schien ihm signalisieren zu wollen, daß seine Entscheidung richtig gewesen war, nach Triest zu gehen. Das Klima würde Elisabeth gut tun: Die Sonne, das Meer...

Das Versprechen aller Ärzte, die er wegen Elisabeths tückischer Krankheit konsultiert hatte, war schließlich immer auf eines hinausgelaufen: „Wenn es Hoffnung gibt, der Tuberkulose Ihrer Frau Einhalt zu gebieten, dann nur im gesünderen Klima des Mittelmeeres."

Und nicht zuletzt deshalb hatte er Ja zum Angebot des kaiserlichen Hofes gesagt, eine Bibliothekarsstelle in Miramare anzutreten.

„Es sind doch nur zwei Jahre, die Sie von Wien fort sind,

Herr Anselli. Ihre Erfahrung ist einfach unentbehrlichl Und vergessen Sie nicht, daß sich in dem Angebot auch eine besondere Wertschätzung durch den Erzherzog zum Ausdruck bringt."

So hatte er denn seine Wohnung im VII. Wiener Bezirk abgeschlossen, sich in die Südbahn gesetzt und war mit nicht mehr als einer vagen Vorstellung über seinen neuen Arbeitsplatz nach Triest gefahren. Soviel wußte er allerdings: Er sollte verantwortlich zeichnen für die Abteilung Americana, ein Interessengebiet, das Maximilian, im Augenblick noch auf einer Südamerikareise, besonders am Herzen lag.

„Da sind wir nun", hatte Ferrante gemeint, als sie vor dem schmalfrontigen Haus in der Via di Riborgo standen und an der gelblich verschossenen Fassade hochblickten, in der noch die Sonne des letzten Sommers zu stecken schien. „Da oben im zweiten Stock werden wir wohnen, Elisabeth, in der Wohnung mit Balkon."

Sie rang sich ein mildes Lächeln ab und schauderte, obwohl es hier wärmer war als in Wien, ein Willkommenswetter, wie man es sich nur wünschen konnte.

Viktor hatte sich schon von ihrer Hand losgerissen, jener feucht-fiebrigen Hand, die froh war, der Mühe enthoben zu sein, einen fünfjährigen Jungen festhalten zu müssen.

Viktor war im Nu zur Haustür gerannt, einer doppelflügeligen Konstruktion aus rissigem, rötlichem Holz, deren Fugung schon etwas locker war.

„Sachte, sachte, Vik, erst mal müssen wir auf die Träger warten", bremste ihn der Anruf seines Vaters.

Ferrante Anselli wandte sich wieder an seine Frau.

„Zufrieden?"

Elisabeth nickte.

„Das können wir auch sein", pflichtete er ihr bei, „zu allen Vorteilen einer schönen Landschaft, einem gesünderen Klima, meine Liebste, kommen wir auch noch in den Vorzug, mietfrei wohnen zu dürfen, bei einem Salär für mich, demgegenüber mein Verdienst bei Wenzel in Wien ein Hungerlohn war. Und Wenzel ist immerhin Hofbuchhandlung."

Er sah sofort, daß sie nur halb seinen Worten gefolgt war, und fühlte sich zu einer Entschuldigung gedrängt.

„Ich rede und rede, wobei ich Dummkopf ganz vergesse, daß wir achtzehn Stunden in der Bahn gesessen haben."

In seiner Manteltasche fingerte er nach dem Schlüsselbund, der ihm in Wien ausgehändigt worden war.

„Ich bin zwar nicht Petrus, und die Himmelspforte ist es auch nicht", spaßte er, „aber aufschließen kann ich mit den Dingern die Tür bestimmt so gut wie er. Und bei etwas Glück könnte es für uns dahinter sogar himmlisch werden."

Das milde Lächeln erschien wieder auf Elisabeths Gesicht, dessen Frische selbst den Verdacht einer Krankheit in die Schranken wies.

Sie blickte noch einmal hoch in den zweiten Stock, vielleicht weil sie daran dachte, daß sie die Treppen würde steigen müssen. Und während Ferrante zur Haustür geeilt war und sich am Schloß zu schaffen machte, drückte Elisabeth den Kragen ihres Mantels gegen die Wangen, um damit unauffällig die Tränen aufzufangen, die sich aus ihren Augen gelöst hatten. Niemand merkte etwas davon. Nur Viktor schaute sie einmal verwirrt an, als er zu ihr gelaufen kam, nach ihrem Arm faßte und sie aufforderte, ins Haus zu gehen.

„Komm, Mama!"

Ferrante stand im Türrahmen, aufgeräumt und ganz helle Erwartung, dabei winkte er ungeduldig.

„Im Flur sieht es recht einladend aus", rief er, „ein schönes Haus, das sie uns zugewiesen haben. Jetzt bin ich auf die Wohung gespannt. Aber noch viel wichtiger ist natürlich, daß du dich ausruhen kannst, Elisabeth."

Als sie in Reichweite war, hakte er sich bei ihr unter und zog sie in den Flur, von dessen Steinplatten es ihnen kühl entgegenatmete. Viktor, der nachdrängte, wurde angehalten, draußen zu bleiben.

„Unser Gepäck wird gleich ankommen", erklärte Ferrante, „du weist die Träger ein. Bist ja schon ein großer Junge." Viktor begann zu hüpfen, vor Freude und Stolz, und sprang durch die Tür in die Gasse hinaus, von der aus sich das Meer sehen ließ, blauschwarz, wie ein riesiger, keilförmiger Flicken, der dem Grün und kalkigen Weiß der Landschaft aufgesetzt worden war. Für einen Augenblick riß Viktor den Mund auf, ein tonloses kurzes: „Ah..." entfuhr ihm, dann besann er sich auf seine Aufgabe und lehnte sich gegen die Haustür. Oben hatte Ferrante gerade die Wohnung aufgeschlossen, aus der ihnen abgestandene Luft entgegenquoll. Wegen der vorgelegten Blendladen war es dunkel.

„Laß mich vorangehen", meinte Ferrante.

Elisabeth blieb auf dem Plateau zurück, von dem aus eine Stiege zum Dachgeschoß hinaufführte. Gleichzeitig zu den Geräuschen aus der Wohnung wurde es heller. Spinnennetzartige Lichtflecken zeigten sich an den Flurwänden. Dann kam Ferrante zurück, mit dem festen Schritt dessen, der Fuß gefaßt hat. Er lachte über die ganze Breite seines Gesichts. Als er seine Frau sanft über die Türschwelle drückte, meinte er: „Es ist nicht nur die Müdigkeit, Elisabeth, nicht wahr? Aber wenn es wegen Erec ist, dann denk immer daran, daß er in Wien gut aufgehoben ist. Und bei unserer Rückkehr dürfte er seine Studien im Klerikal-Seminar auch schon abgeschlossen haben. Es gibt wirklich keinen Grund, sich Sorgen zu machen. Und außerdem ist Erec schon zwanzig."

„Du hast recht", sagte sie, weil sie es für günstig hielt, ihn in dem Glauben zu lassen, sie habe deswegen geweint. Nach einigen Tagen der Unordnung kam bald System in die Haushaltsführung. Da die Wohnung möbiliert übernommen worden war, bestand das einzige Problem darin, sich an die Ausstattung zu gewöhnen und die mitgebrachten Kleider sowie das Porzellan und die Küchengeräte angemessen zu verstauen.

Elisabeth hatte in Ferrante eine unermüdliche Stütze.

Dabei kam ihr zugute, daß die Bauarbeiten am Schloß Miramare noch nicht hinreichend gediehen waren, um eine Bibliothek aufnehmen zu können. Ferrantes Vorbereitungen beschränkten sich so auf Kontakte mit der Buchhandlung Hube auf der Piazza Grande, über die die Bestellungen von Büchern abgewickelt werden sollten. Wenigstens zweimal in der Woche hielt sich Ferrante dort für mehrere Stunden auf und bibliographierte mit dem alten Hube und dessen Nichte Verenice Titel zur amerikanischen Kultur und Geschichte.

Siebenundsechzig Jahre später wird Viktor Anselli in seinen Memoiren „Stationen meines Lebens" über diese Zeit schreiben: ...Es ließ sich alles so herrlich unbekümmert an. Ich glaubte nur zugreifen zu müssen, um das zu bekommen, was ich mir wünschte.

Unsere Wohnung bestand aus vier Zimmern, zwei großen: Dem Salon und dem Schlafzimmer der Eltern. Dazu kamen eine Küche und mein Zimmer zum Hof hinaus. Verglichen mit der Enge in Wien, schienen wir in einen Palast umgezogen zu sein. Meine Mutter begann sichtlich aufzublühen. Sie war so rührig, daß der Gedanke, sie sei krank, allmählich aus unseren Köpfen verschwand. Gerne öffnete sie die Flügeltür des Salons und trat hinaus auf den Balkon, von dem aus man über die amphitheaterartig gestaffelten Dächerreihen vor unserem Haus den Kai erblicken konnte. Wenn ihre Lungen mit der kalten, salzhaltigen Luft in Berührung kamen, war es, als verließen die Krankheitskeime fluchtartig ihren Körper, so daß sogar mein Vater, dem die leere Phrase zuwider war, regelmäßig beim Heimkommen ausrief: „Elisabeth, du siehst aus wie das blühende Leben!"

Meine Mutter schmunzelte dazu nur gelassen – zu gelassen. Aber dafür hatte ich damals kein Auge. Mich interessierten das Haus, der Hof, die Straßen, vor allem die Menschen, mit denen wir zusammenlebten und zu tun hatten. Und bald hatte ich heraus, daß die Parterre eine Bügelstube beherbergte, die über einen Durchbruch zum Nachbarhaus mit einer Wäscherei verbunden war. Das erklärte dann auch das überdachte Bassin im Hof, an dem immer einige Mädchen arbeiteten, die ich vom Fenster meines Zimmers oft beobachtet hatte.

Die Besitzerin der Wäscherei hieß Rita Scarpa, aber ihr Name fiel erst viel später, nachdem ich schon herausbekommen hatte, daß es acht Mädchen waren, die unter Leitung der drallen und wuschelköpfigen Frau hier ihren Lebensunterhalt verdienten. Ihren Namen erfuhr ich von meinem Vater, als er meiner Mutter erklärte, sie solle doch unsere Wäsche von der Scarpa reinigen lassen, wir könnten uns das jetzt erlauben. Damit hatte er sicherlich recht. Für die Glückssträhne, die in seinem Leben aufgetaucht war, hatte mein Vater eine plausible Erklärung: „Nun", sagte er einmal, „wenn der Wenzel damals nicht mich, sondern einen anderen seiner Angestellten aus der Hofbuchhandlung nach Schönbrunn geschickt hätte, um die Buchbestellungen zu expedieren, dann wäre niemand am Kaiserlichen Hofe auf den Anselli verfallen, und schon gar nicht der Erzherzog Maximilian, mit dem ich so manche philosophische Sentenz habe austauschen können." Jetzt waren wir froh, daß die Dinge sich so geregelt hatten, und daran konnte auch die Tatsache nichts ändern, daß mein Vater mir den baldigen Schulbesuch in Aussicht stellte. Die Beschränkung meiner Freizeit bedeutete mir wenig im Vergleich zu dem, was an weiteren Neuigkeiten auf mich wartete, und den Einwand meiner Mutter, ich sei viel zu schwächlich, empfand ich als eine tiefe Beleidigung.

Am allerwenigsten berührte mich natürlich in jenen Tagen die große Politik. Aber es drang auch wenig genug zu uns durch. Mein Vater pflegte kein Wort darüber zu verlieren, er hielt keine Zeitung und weigerte sich, seine Lektüre woanders herzubeziehen als aus seinen Büchern. Damals war ich viel zu jung, um mir darüber Gedanken zu machen, und wenn ich sie mir hätte machen können, wäre ich allemal überfordert gewesen. So bekam ich nichts davon mit, als es um uns herum plötzlich zu brodeln begann: Garibaldi in Sizilien landete, die Piemontesen sich wieder regten und die Mazzinisten Aktionen planten, um die Einigung Italiens voranzutreiben, wobei sie die Bourbonen in Neapel und uns Habsburger in Triest natürlicherweise als ihre Erzfeinde ansahen. Nur einmal, erinnere ich mich, hörte ich die Mädchen aufgeregt über eine Polizeiaktion in der Stadt reden und glaube, den Namen Mazzini gehört zu haben, in einem Zusammenhang, bei dem es um Attentatsversuche und Bomben ging.

Mich beschäftigte anderes. Ich hatte die ersten Erkundungen erfolgreich zu Ende geführt, wußte, wer im Eckhaus gegenüber wohnte: Ein Rechtsanwalt mit Frau und Personal, Zimbarello mit Namen. Und ich war besonders stolz darauf, daß ich die Gnädige Frau 'Gina' nannte, wie die Mädchen, von denen ich den Namen hatte und die ihrem Gesicht eine vornehme Note gaben, wenn sie über sie sprachen.

Mit den Mädchen stand ich inzwischen auf gutem Fuße. Sie nannten mich Vittorio und manchmal auch 'unseren Vittorio', wenn ich zwischen ihnen herumlief und in die Bügelstube durfte, weil ich mich anstellig zeigte beim Wäscheabnehmen und Tragen der Körbe. Rita Scarpa strich mir oft über den Kopf und drückte mich an ihren prallen Leib, der bei aller Gewichtigkeit überraschend fest war. Aus den Gesprächen der Mädchen erfuhr ich auch, daß die Zimbarellos äußerst wichtige Leute in der Stadt sein mußten. Er war Justitiar bei der Seebehörde, hieß mit Vornamen Cesare und ließ sich Dottore nennen. Zwischen uns und Rita Scarpas Bügelstube wohnte ein unscheinbares Ehepaar, dessen Hausname Wesseling war. Einmal wurde ich auf der Straße Zeuge, wie Herr Wesseling, der auch bei der Seebehörde angestellt war, Dr. Zimbarello ehrerbietig grüßte. Von da an besaß ich ein besonderes Verhältnis zu den Zimbarellos, das an Verehrung grenzte.

Von unserem Balkon aus konnte man in den tiefer liegenden Park der Zimbarellos hineinsehen, den eine Mauer zur Gasse hin abschloß. Für mich aber viel wichtiger war, daß ich vom Balkon aus die Hälfte der Dachterrasse einsehen konnte, die mit Blumenkübeln und Agavenstauden bestellt war. Als es Mai wurde, pflegte sich dort Gina Zimbarello aufzuhalten, die Gnädige Frau, in einem Korbstuhl sitzend, mit einem riesigen Sonnenhut auf dem Kopf, und bewegte ihre feingliedrigen Finger beim Stricken. Ich konnte sie mir gar nicht anders als feingliedrig vorstellen.

Zuweilen tauchte auch ein kleiner Hund im weißen Fell auf, mit einer stumpfen, breitgezogenen Schnauze und wedelartigem Schwanz, ein Pekinese, dem ab und zu ein Hausmädchen Wasser hinstellte, weil der Aufenthalt auf den hellen Fliesen der Terrasse im flutenden Licht der Maisonne durstig machte. Gina Zimbarello hatte in Reichweite ein Glas zur Verfügung, aus dem sie gelegentlich trank. So verbrachte sie die Stunden, strickend und sich erfrischend.

Den ganzen Morgen über hatte ich sie beobachtet. So oft es möglich war, verschwand ich auf den Balkon und starrte scheinbar gelangweilt hinunter zur Gasse, ohne daß meine Mutter eine Ahnung hatte, was mich wirklich interessierte. Ich begann davon zu träumen, verzerrte die Situation zu meinen Gunsten, nahm wahr, wie die Gnädige Frau von der Terrasse her hinaufwinkte und mich in eine verwirrende Hilflosigkeit stieß, die den nächsten Morgen über anhielt. Mein Vater, der seit kurzem mit einer Barkasse zum Schloß hinüberfuhr, weil der Erzherzog im benachbarten Castelletto mit ihm über Bücher reden wollte, schaute mich besorgt an und erklärte es dann hellsichtig damit, mir fehle die Schule. Ich sei einfach zu groß, um nur herumzulungern. Dabei war ich das Gegenteil von groß.

Bald gehörte die Stadt mir. Meine geographischen Kenntnisse verdankte ich Rita Scarpas Mädchen, die ich begleiten durfte, wenn sie den Kunden die Wäsche zurückbrachten. Da es sich durchweg um besser gestellte Leute handelte, lernte ich nicht nur die Stadt kennen, sondern auch die Wohnungen der Arrivierten.

Ich hätte einen guten Fremdenführer abgegeben, damals. Ich wußte, wo die Börsen lagen, der Fischmarkt, das

Opernhaus. Ich kannte den kürzesten Weg zum Kastellberg, die Namen der Molen, wußte, zu welchen Häfen im Nahen Osten die Schiffe fuhren, und war informiert über den Spielplan des Opernhauses. Aber alles war nichts im Vergleich zu dem, was ich bei den Zimbarellos kennenlernte.

Mein Herz pochte im Hals und meine Hand war so zittrig, daß ich fürchtete, Domenica könnte es bemerken, als wir vor der Haustür standen. Ich hatte sie herumgekriegt, mich zu den Zimbarellos mitzunehmen. Ein Hausmädchen öffnete. Domenica erklärte ihr, warum wir da seien, während ich an ihr vorbei in den Flur hinein schielte, der mit einer schweren Stofftapete ausgestattet war. Domenica hatte die korbgeflochtete Kiepe mit der Wäsche zu Boden gesetzt und wartete darauf, daß sie ihr abgenommen würde. Dazu hatte das Hausmädchen den Gärtner gerufen. Als er nicht eintraf, bat das Mädchen Domenica, ihm zu helfen, die Kiepe in die Küche zu bringen. Ich lief hinter ihnen her, blieb aber im Flur zurück, während die Mädchen in der Küche verschwanden.

Zwei Gaslichter brannten an der Wand und vermittelten dem Raum eine einschüchternde Gediegenheit. Ich atmete ganz flach und leise, als sei die Luft heilig, und hoffte, daß die Mädchen sich Zeit lassen würden. Es war das erste Mal, daß ich einem solchen Fluidum ausgesetzt war. Und dann geschah es. Es ließ mich zusammenzucken und schüchtern reagieren. Eine Stimme rief nach dem Mädchen. Es konnte nur Ginas Stimme sein. Vielleicht war es nur meine Schüchternheit, die mich nicht in die Küche laufen ließ, um die Mädchen zu informieren, vielleicht hatte sich aber auch unbewußt die Überlegung durchgesetzt, daß ich die gnädige Frau dieser Art dazu bringen konnte, selber nachzusehen. Eine Minute später ging eine Tür auf. Licht drängte herein, umfloß ein lilienweißes Kleid mit kurzen Ärmeln und blendete mich.

„Wer bist du denn?"

Ich war in ein unbeholfenes Tapsen verfallen, um der Begegnung zu entgehen, die ich mir gleichzeitig so sehr herbeiwünschte.

„Vik", sagte ich und ergänzte sofort: „Viktor Anselli", als fürchtete ich, sie mit der nichtssagenden Auskunft zu verärgern.

Nichts an ihr deutete darauf hin, daß sie den Namen Anselli schon einmal gehört hatte. Sie machte jetzt einen genauso betretenen Eindruck wie ich, blickte sich einige Male unsicher um und rief dann wieder nach dem Hausmädchen. Ich ließ mir nichts anmerken, aber ich nutzte jede Sekunde ihrer Gegenwart, um mir den Klang ihrer Stimme einzuprägen und den Geruch ihres Parfums, tastete mit den Augen ihren Körper ab und gab mir den Anstrich von Gleichgültigkeit, so gut es ging. Aber in mir hämmerte die Aufregung die letzten Widerstände nieder. Am liebsten wäre ich losgestürmt und hätte Gina berührt, nur einmal angefaßt, um zu prüfen, ob sie aus Fleisch und Blut war. Ich stand so unter dem Bann einer Verzauberung, daß ich es kaum glauben mochte. Viel weniger noch konnte ich glauben, was dann passierte. Ich spürte Ginas Hand an meiner Wange, warm und wohlwollend, während ich sie sagen hörte: „Anselli, heißt du, aha."

Inzwischen war Domenica mit dem Hausmädchen zurückgekommen und erlösten mich aus meiner unhaltbaren Lage. In mir hatte sich alles so verwirrt, daß ich ganz starr geworden war und erst wieder Leben spürte, als Domenica servil knickste: „Einen guten Tag, Gnädige Frau", wünschte und den Kopf dabei scheu und gleichzeitig trotzig senkte.

„Das ist aber schnell mit der Wäsche gegangen", meinte Gina, ohne mehr als ein beiläufiges Interesse erkennen zu lassen. Ich aber hatte mich vollgesogen mit ihren Worten, dem Melos ihrer Stimme und dem Bild ihrer stolzen Haltung.

Das Hausmädchen hatte uns indes diskret zu verstehen gegeben, daß wir verschwinden sollten. Wir taten ihm den Gefallen, und als wir auf der Gasse standen, fiel ein Druck von mir, der so unangenehm wie angenehm erregend war.

Meine Welt war um ein großes Stück weiter geworden. Noch am selben Tag mußte ich ein gewonnenes Stück davon wieder aufgeben.

Ich hatte wie üblich im Hof gespielt, war auf den Weinfässern herumgeklettert, die an der Kellerwand des gegenüberliegenden Gasthauses standen. Als es Zeit war, die Wäsche abzunehmen, hatte ich mitgeholfen, mich wiederholt der Sympathie der Mädchen versichert und war mit ihnen in den Wäschekeller gegangen, wo die getrockneten Teile für den Bügelvorgang bereitgelegt wurden. Die eher langweilige Tätigkeit erhielt dadurch ihre Auflockerung, daß die Mädchen sich ihre Erlebnisse und Eindrücke erzählten, die sie beim Austragen der Wäsche gewonnen hatten. Wenn auch vieles über mein Fassungsvermögen hinausging und ihr Gekicher und die Pantomimen mir bedeutungslos blieben, so verstand ich doch, daß die Mädchen sich über Personen lustig machten, denen sie ansonsten mit übertriebener Unterwürfigkeit begegnet. Rita Scarpa tat fleißig mit, folgte gespannt den Darbietungen, lachte, bis ihr die Tränen kamen und forderte mitunter zu neuen Anekdoten heraus, auch wenn sie selber darauf verzichtete, sich an den Vorstellungen zu beteiligen. Ab und zu wurde es so komisch, daß ich mitlachte, ohne hinter den Sinn gestiegen zu sein. Aber ich brach abrupt ab, als Domenica sich ein geziertes Gehabe zulegte, mit den Händen an ihren Hüften herabstrich und den Oberkörper in eine pendelnde Bewegung versetzte, während sie trippelnd um den Tisch herumschritt. Die Mädchen sahen angestrengt zu, warfen Namen in den Raum, die mir fremd waren, wobei Domenica nur den Kopf schüttelte und weitertrippelte. Dann hörte ich: „Gina Zimbarello!" und zuckte zusammen. Die Mädchen klatschten und kicherten, und Domenica wurde nicht müde, mit solchen Posen zu brillieren, die ich als beleidigend empfand.

Alle hatten ihren Spaß. Nur ich war ernst geworden, ohne daß es jemand merkte, sah dem Treiben zu, fremd und von allem ausgeschlossen. Und wenn ich bisher das Gefühl hatte, daß zwischen mir und den Mädchen ein großer Gleichklang herrschte, so merkte ich jetzt, wie sehr ich mich darin getäuscht hatte.

Domenica konnte ich von Stund an nicht mehr leiden.

Eine weitere Beschwernis kam auf mich zu. Ich hatte schon seit Tagen bei meinem Vater einen Zug festgestellt, der mich in Unruhe versetzte. Mein Vater pendelte damals im täglichen Wechsel zwischen Hubes Buchhandlung und dem Castelletto des Erzherzogs hin und her, so daß ich ihn nur abends zu Gesicht bekam. Er erzählte dann meiner Mutter und mir von der entnervenden Ungeduld des Erzherzogs und seiner Frau Charlotte, die in ihrem schnell hochgezogenen Schlößchen die Fertigstellung von Miramare nicht mehr abwarten konnten. Wie es aussah, würde das vor Jahresende nicht der Fall sein.

Trotz der Redseligkeit meines Vaters ließ es sich immer weniger verhehlen, daß ihn etwas plagte. Und so wie er angelegt war, verschlossen und eigenbrödlerisch, würde es seine Zeit dauern, bis er damit herausrückte. Irgendwie spürten wir, daß es mir den Fahrten zum Castelletto zusammenhängen mußte und seinem Umgang mit Maximilian. Eines Abends jedoch drängte es ihn, sich uns zu offenbaren. Meine Mutter hatte gerade das Essen abgeräumt, ich meinem Vater die Frage beantwortet, wie ich den Tag verbracht habe, als er ganz, entgegen seiner üblichen Manier, nicht zum Korbstuhl neben der geöffneten Balkontür ging, sondern meine Mutter aus der Küche in den Salon bat.

Ich war auf meinem Stuhl sitzen geblieben, festgenagelt von der Spannung, die sich auf uns niedersenkte.

„Ist was?" fragte meine Mutter, von einer stillen Ahnung angerührt.

„Ja", sagte mein Vater, „aber nimm bitte Platz!"

Seine Art, sie immer schonen zu wollen, erwies sich auch jetzt von Nachteil. Ganz deutlich spürte ich, wie Mutter zu schwanken begann, als sei das Herannahen des Gottesgerichts in Aussicht gestellt worden. Als sie schließlich saß, blickte sie meinen Vater mit ihren glühenden, sich anheftenden Augen an, die immer ein Barometer ihrer Krankheit waren.

„Erec wird zu uns ziehen!"

Die Inaussichtstellung ließ ihre Gesichtszüge nur etwas starrer werden, als wolle sie an ihnen Halt finden. Ich öffnete meine Augen um eine Nuance weiter.

„Erec... kommt?" fragte ich dummerweise und setzte damit die Gedankentätigkeit meiner Mutter in Gang.

„Ja... ja... aber das Seminar... zu Ende machen", stotterte sie und konnte es nicht verhindern, daß ihr die Krebsröte vom Halse aufstieg. Bei mir war der Mund aufgeklappt, und ich hockte dort wie jemand, der entschlossen ist, sich auch nicht die kleinste Nebensächlichkeit entgehen zu lassen. Eine schreckliche Vermutung keimte in meiner Mutter, das sah man ihr an, und als habe Mitleid meinen Vater erfaßt, beeilte er sich zu erklären: „Erec hat in Wien eine dumme Sache gemacht, nichts Schlimmes, eben eine dumme Sache, was Politisches. Du weißt, wie die Polizei reagiert."

Meine Mutter bekam feuchte Augen.

„Du erinnerst dich an den Brief vor vier Wochen?"

Sie nickte.

„Eine Vorladung zur Vernehmung. Erec soll vor Gericht gestellt werden."

Ich mußte mich bei den letzten Worten so ungeschickt bewegt haben, daß meine Anwesenheit Vater zu Bewußtsein kam. Sein Redefluß stockte für einen Moment, ein mißbilligender Blick traf mich, der allerdings ohne Konsequenzen blieb. Ich wurde nicht aus dem Raum gewiesen. Mein Vater erzählte, daß er beim Erzherzog in Erecs Angelegenheit vorstellig geworden war und Erfolg gehabt hatte. Maximilians Intervention könnten wir es verdanken, daß Erec nicht vor Gericht gebracht, sondern an uns überstellt würde, erklärte er.

„Er ist zwar zwanzig, aber leider noch ein dummer Junge."

Meine Mutter überließ sich einem Tränenschwall, der ihr Erleichterung verschaffte. Ich aber dachte nur daran, daß ich mein Zimmer nun mit Erec würde teilen müssen.

Der Juli war herangekommen. Zum ersten Mal erlebte ich einen Sommer, der einem nichts schuldig blieb. Niemand schien die Bläue vom Himmel verbannen zu können. Die Wärme hatte sich bei und niedergelassen, um nie wieder von uns zu gehen.

Ich war mal mit einem oder anderen von Rita Scarpas Mädchen unterwegs, um Wäsche zu expedieren, ließ mir Hubes Buchhandlung zeigen und hoffte, den von meinem Vater oft zitierten alten Hube zu erwischen oder Verenice, seine Nichte, die mein Vater einmal etwas pathetisch eine außergewöhnlich nette junge Frau genannt hatte.

Ich blieb vom Unglück verfolgt. Rita Scarpas Mädchen trösteten mich, indem sie mich zum Kai führten und die Schiffe erklärten, die auf der Reede lagen oder an den Molen, wo sie Passagiere und Ladung aufnahmen. Das Hin und Her der Gepäck- und Frachtwagen, die Kutschen mit den Reisenden auf den Molen: All das versetzte mich in ein Fieber, wie es nur die Betrachtung Gina Zimbarellos vermocht hatte. Die ganze Stadt schien sich in Licht aufzulösen. Hell war alles; die Kleidung, die Sonnendächer der Händler auf dem Fischmarkt und die Markisen über den Fenstern und vor den Cafés. Hell erschien jetzt auch das Grau der Karstberge. Die Dinge um mich herum hatten so die Farbe der Sauberkeit angenommen, daß die dunklen Tupfer in meinem kleinen Leben, die Herabsetzung meines Idols Gina, die vor mir liegende Schulzeit und Erecs Einzug in mein Zimmer nicht dagegen auszurichten vermochten. Meine Welt blieb heiter.

Darum war mein Entsetzen um so größer, als ich zur Mittagszeit an einem Tag Ende Juli in unsere Wohnung hinaufstieg und eine fürchterliche Entdeckung machte. Meine Mutter hatte an diesem Tag nicht nach mir gerufen. Aber ich erklärte es mir damit, daß ich es überhört haben mußte.

Ich stieß die Tür auf, rannte durch den Flur in den Salon und wunderte mich über die fehlenden Vorbereitungen fürs Mittagessen. Ich rief nach meiner Mutter. Keine Antwort. Suchte in der Küche nach ihr. Nichts. Eine Unruhe erfaßte mich. Als wüßte ich, daß etwas passiert war, eilte ich ins Schlafzimmer. Dort überkam mich das Entsetzen. Dabei hockte meine Mutter ganz ruhig auf dem Bettrand, blaß, aber lächelnd inmitten einer Blutlache, die sich über den Fußboden verteilt hatte. Ihre Hände waren besudelt. Ich brachte keinen Ton heraus. Obwohl ich die Gefahr, in der meine Mutter schwebte, nicht einzuschätzen vermochte, fühlte ich, daß sofortiges Handeln nötig war. Trotzdem lief ich zu ihr, faßte ihre Hände und brachte nur ein hilfloses: „Mama... Mama...", zustande, während meine Mutter zu schwach, um anderes zu tun, sich an mir festhielt. Nach wenigen Minuten gewann ich meine Geistesgegenwart zurück, raste aus der Wohnung zu Rita Scarpa hinunter und setzte sie mühsam ins Bild.

Ihr: „Nur ruhig... Vittorio... ruhig... ruhig!", konnte nichts daran ändern, daß ich mich unentwegt verhaspelte und wohl nur soviel Klarheit schaffte, wie nötig war, um Rita in die Wohnung zu bekommen. Mutter, schon dabei, im Schlafzimmer die Spuren ihres Blutsturzes zu beseitigen, wollte uns beruhigen, aber Rita bestand darauf, einen Arzt zu holen. Während er Mutter untersuchte, saßen Rita Scarpa und ich schweigend im Salon. Nur ab und zu streifte mich ihr Blick, auf der Suche nach Anzeichen, die ihr Mitleid gerechtfertigt hätten. Ich kann mich nur nicht erinnern, Mitleid erweckend gewirkt zu haben. Ich weiß nur, daß meine Seele sich auf leisen Sohlen aus dem Salon gestohlen hatte und sich auf dem Balkon versteckt hielt, als traue sie sich nicht zu, die Wahrheit zu ertragen. Von der Gasse her stiegen angeregte Stimmen zu uns herauf, und da ich am Morgen schon einen Blick auf die Terrasse der Zimbarellos geworfen hatte, wußte ich, daß das Hauspersonal Vorbereitungen für ein Fest traf. Vor meinem geistigen Auge sah ich schon die Lampions, die die Terrasse umspannten, die weißen Tischchen und die feinen Damen und Herren im Pastellicht der Kerzen, während die Nachtfalter die Lichter umschwirrten und ihre Flügel raschelnd gegen das Papier der Lampions klatschten.

Einen Augenblick mußte ich geschluchzt haben, denn Rita streichelte mich.

„Vielleicht ist es doch nicht so schlimm," tröstete sie. Ich nickte, obwohl ich Grund gehabt hätte, in Tränen auszubrechen. Mir war, als habe eine kalte, ruchlose Hand nach dem Gehäuse meiner Seligkeit gegriffen, und ich fürchtete, mir würde die Kraft fehlen, sie vor ihr in Sicherheit zu bringen. Nur zu bald bestätigte der Arzt meine Besorgnis. Mit zögerndem Schritt war er aus dem Schlafzimmer gekommen, als formuliere er an einem Gedanken, hatte seine Tasche zwischen uns auf den Tisch gestellt und unvermittelt gefragt: „Gibt es etwas, das Frau Anselli bedrückt?"

Die Frage war natürlich unsinnig, weil Rita Scarpa völlig uninformiert und ich zu ängstlich war, um etwas dazu sagen zu können. Der einzige, der hier Rede und Antwort hätte stehen können, war mein Vater, aber der hielt sich bei Hube oder im Castelletto auf. Der Arzt bat Rita, dafür zu sorgen, daß er in der Praxis vorspreche, es sei dringend. Danach zog er sich mit ihr in die Küche zurück, schloß die Tür, und ich hörte, wie er mit ihr redete, in einem eindringlichen, beschwörenden Tonfall. Von der richtigen Annahme ausgehend, daß einem Fünfjährigen Situationen dieser Art kaum zugänglich sind, dämpfte er seine Stimme nicht, so daß ich ihn auch dann hätte verstehen können, wenn ich nicht zur Tür geschlichen wäre. Nach einer Minute wußte ich soviel, daß es schlecht um meine Mutter stand und mit ihrem Ableben jederzeit gerechnet werden mußte.

„Noch ein Blutsturz," vernahm ich, „und es ist aus... Frau Scarpa... sagen Sie das dem Herrn. Wenn sie Glück hat... nun ja... dann vielleicht noch ein halbes Jahr."

Ich spürte, wie sich meine Haare aufzustellen begannen und ich in ein Wechselbad heißer und kalter Schauer getaucht wurde. Gleichzeitig erfaßte mich ein verzehrender

Haß auf meinen Vater, als sei seine Abwesenheit für Mutters Unglück verantwortlich, und auf meinen Bruder Erec, den ich richtig mit Mutters Bedrücktheit in Verbindung brachte.

Nachdem der Arzt die Wohnung verlassen hatte, nahm mich Rita in den Arm und tätschelte meinen Kopf. Ihre Sprachlosigkeit machte alles nur schlimmer. Und während sie ins Schlafzimmer zu meiner Mutter ging, raste ich auf den Balkon. Ich war so durchgerüttelt, daß ich mich am Geländer festhalten mußte, während ich Dr. Zimbarellos Gäste betrachtete, die die Gasse heraufschritten: Damen in drapierten Kleidern, befederten Hüten und Schals, Herren im straffsitzenden schwarzen Frack und Zylinder. Alle verschwanden bald im Eingang, um auf der Terrasse wieder aufzutauchen, wo schon die Lampions brannten. Ich wußte zwar nicht, was Tod und Sterben bedeuten, konnte allenfalls damit den Gedanken verbinden, daß meine Mutter uns verlassen würde, aber ich spürte, daß die alten Tage, die so heiter gewesen waren, für immer dahin sein würden.

Es war schon dämmrig, und ich hockte immer noch auf dem Balkon. Die flackernde Lichterkette vor mir. Musik von einem Steichquartett klang herüber. Im Garten wurden Fackeln angezündet. Mein heimkehrender Vater trug mich schließlich zurück in die Wohnung. Der Nachtwind war schon dabei, sich über den Dächern zu zerstreuen.

In den nächsten Wochen veränderte sich manches. Mein Vater fand keine Muße mehr für seine Lektüre. Das genüßliche Lesen gehörte zu den Grundbestandteilen seines Lebens, und das Bild des Mannes, der unzugänglich Stunde um Stunde im Sessel verbringen konnte, ein Buch vor der Nase, hat sich mir so eingeprägt, daß ich es heute noch plastisch vor mir sehe.

Der Lesesessel vor der Balkontür diente nun anderen Zwecken. Da der Blutsturz meine Mutter über das Erwartete hinaus geschwächt hatte, war sie zur Haushaltsführung nicht mehr fähig, mit anderen Worten: Sie war ein

Pflegefall geworden, der die Tage auf dem Balkon verbrachte, in eben dem Sessel, der meinem Vater gehörte. Aufgaben, die vorher Mutter ausführte, mußten nun von ihm übernommen werden. Er bewährte sich darin mehr schlecht als recht. Auf jeden Fall zwangen sie ihn, seine beruflichen Tätigkeiten einzuschränken, gelegentlich zurückzukehren, nach Mutter zu sehen, Einkäufe zu tätigen und sich um das Essen zu kümmern. Mein Vater ertrug es klaglos, aber man sah ihm an, daß er der Erschöpfung nahe war. Eine Rolle spielte dabei sicherlich auch eine Korrespondenz, die er wegen Erec mit Wiener Behörden zu führen hatte, weil sie sich weigerten, ihn zu überstellen.

Die Substanz meines Vaters zehrte sich zusehends auf. In einer Weise, die auch Rita Scarpa nicht verborgen bleiben konnte. Eines Morgens – es ging schon in den Spätsommer – klopfte sie an die Tür und kredenzte Vater und mir ein liebevoll hergerichtetes Frühstück. Ein glücklicher Umstand wollte es, daß Mutter es nicht mitbekam. Es hätte ihr sicherlich im entgegengesetzten Fall die letzten Monate ihres Lebens vergällt eingedenk der Entwicklung, die die Beziehung Ritas zu uns nahm.

Dem Frühstück jedenfalls sah man an, daß es eine Investition war, ohne daß ich damals auf den Gedanken hätte kommen können. Ich freute mich nur über die Reichhaltigkeit des Angebotes und die Finesse der Gestaltung, dabei die Kärglichkeit vor Augen, die seit Vaters Verantwortlichkeit bei uns üblich geworden war. Bei Rita bedankte er sich jedenfalls überschwenglich und sicherlich auch ehrlich, zumal sie ihm das Angebot machte, ihm unangenehme Pflichten abzunehmen, womit sie das Kochen und Einkaufen meinte. Außerdem bot sie sich an, in Vaters Abwesenheit nach Mutter zu sehen und auf mich aufzupassen, damit, wie sie sagte: „Der Herr Bibliothekar seine Arbeit tun kann."

Sie hatte es mit einer solchen Betulichkeit vorgebracht, daß sie meinen Vater damit verlegen machte. Vielleicht hatte er damals schon gespürt, was sich dahinter verbarg.

Der, wenngleich oftmals übersteigerten Empfindlichkeit meines Vaters, durfte man das zweifellos zutrauen. Aber ich bin sicher, er hat Rita Scarpa niemals mehr entgegengebracht als Dankbarkeit. Hingegen glaube ich nicht, daß er Rita ihrer Berechung wegen abgelehnt hat. Andere Gründe halte ich für wahrscheinlicher, wie die Zukunft dann auch bewies.

Rita war tatkräftig, burschikos, wußte, was sie wollte. Eine dralle, in den weiblichen Proportionen reich bestückte Person, die ihre Mädchen zu dirigieren wußte. Mitte dreißig, hatte sie es zu einer gutgehenden Wäscherei gebracht. Obwohl unabhängig, litt sie unter ihrem geringen sozialen Status. Rita hatte viel zu klare Vorstellungen von ihrem Leben, um hier nicht Abhilfe schaffen zu wollen. Ihr Verhalten später legt zumindest diesen Gedanken nahe. Zunächst jedoch zeigte sie eine Seite von sich, die eine Annäherung zwischen ihr und uns zwangsläufig machte und den Namen Rita so natürlich werden ließ, daß mein Vater den Hausnamen Scarpa zugunsten des Vornamens ganz überging.

Unsere Rita war sie auch an Sonntagen, wenn sie vorgab, wegen Mutter im Hause zu bleiben, wenngleich ich ihr damals schon nicht glaubte. Rita verweigerte notorisch den Kirchgang. Seltsamerweise trug ihr niemand diesen ostentativen Atheismus nach. In ihrem Gewerbe besaß sie ein gewisses Maß an Narrenfreiheit.

Also konnten mein Vater und ich den Gang zur Kathedrale San Giusto unbelastet von jeder Sorge antreten. Der Weg zum Kastellberg gehört zu meinen schönsten Erinnerungen. Das Geläut der Glocken, die Menschen, die sich mit feierlichen Gesichtern hinaufmühten. Der Geruch des Wassers, der hier oben schärfer und näher war als in unserer zum Meer viel näher gelegenen Wohnung. Ganz deutlich steht das Gefühl vor mir, das die Kathedrale in mir weckte: Jene Mischung aus stiller Scheu und versteckter Lüsternheit, die ich von draußen mit hineingeschmuggelt hatte und die mich so grundsätzlich von den anderen zu unterscheiden schien. Die Kathedrale barg ein Geheimnis. Das spürte ich immer wieder. Sie verwandelte die Menschen in leblose, in sich gekehrte Wesen, deren Impulse von einem Mechanismus gesteuert wurden, über den der Priester am Altar verfügte. Ich nahm das als Warnung, nicht aus der Rolle zu fallen.

In unserer Familie wurde Religion wie eine Kulturerscheinung neben anderen gehandelt. Meinen Vater und meine Mutter habe ich nie beten hören, und mich haben sie dazu nie angehalten. Mein Vater las mit Leidenschaft Voltaire und das sicher aus einer inneren Übereinstimmung heraus, so daß es letztlich unbegreiflich war, daß er den Kirchgang praktizierte. Insofern mehrte er das Geheimnisvolle, das die Kathedrale umgab, obgleich ich später seine Motive dafür verstehen lernte. Aber das war bedeutend später, und es sollte mein Bruder Erec sein, der mir die Augen öffnete.

Damals aber saß, kniete und stand ich in der hölzernen Bankreihe, verfolgte den Gang der Liturgie, wie ein Spion im feindlichen Land seine Umwelt belauert. Nicht lange, und ich entdeckte Gina Zimbarello und bald auch ihren Mann Cesare. Ich senkte meine Augen, um von ihm nicht bemerkt zu werden. Aber ich registrierte jede Nuance seines Gesichtes, vor allem den trotzig herausgeschobenen Unterkiefer, der dafür sorgte, daß der Kopf unten breit und plattformähnlich auswuchs, als schiene alles darüber auf ihm zu ruhen. Gleichwohl schien der Trotz eher die nach außen gekehrte Seite einer Traurigkeit zu sein, die den ganzen Mann überzog, diesen mittelgroßen, etwas füllig gewordenen Mann im korrekten Anzug, der die Hände vor dem Körper gefaltet hielt und über etwas nachsann. Als die Orgel begann, ihre Bässe auszuspielen, zuckte ich zusammen und war froh, das Licht vielfarbig durch die Fensterrose an der Westfront der Kathedrale fallen zu sehen, wie eine Brücke nach draußen, über die ich mich geschwind hinausstahl. Es sollte mir noch öfter so ergehen.

Als ich mich auf dem Vorplatz der Kathedrale wiederfand, war es mir, als seien zwei Hälften von mir wieder vereint worden. Ich wurde vorgestellt. Eine von meinem Vater kurz zuvor gemachte Bekanntschaft hieß Reisinger, war Inhaber einer Apotheke und ein Büchernarr. Sie hatten sich in Hubes Buchhandlung kennen und schätzen gelernt. Warum Reisinger zur Kirche ging, war ein ebenso großes Rätsel wie der Kirchenbesuch meines Vaters. Jedenfalls war ich ihm dankbar dafür, daß er sich jetzt mit diesem Mann in ein Gespräch einließ. Das konnte nur meine Chance erhöhen, Gina zu sehen. Womöglich geht sie an dir vorbei, dachte ich, und schenkt dir einen Gruß. Aber zunächst mußte ich mich damit zufrieden geben, daß alle meine Theorie bestätigten, wonach die Kathedrale ihre Geheimnisse barg. Das Fröhliche an ihnen war verschwunden. Ein grimmiger Ernst dafür an seine Stelle getreten. Ich konnte mir kaum denken, daß sie deswegen in die Kirche gegangen waren. Dann erblickte ich Gina, vorher aber noch ihren Mann Cesare, der auf sie gewartet hatte. Er überließ ihr ganz die Mühe, sich zu ihm durchzukämpfen, wartete stur und offensichtlich auch ungeduldig und reichte ihr nachlässig den Arm, in den sie sich, verlegen nach den Seiten grüßend, als wolle sie sich entschuldigen, einhakte.

Ich hing mit den Augen an ihr, aber sie bemerkte mich nicht oder schien es nicht zu wollen. Meine Enttäuschung jedoch hielt sich in Grenzen. Ich war damit zufrieden, sie gesehen zu haben. Betrüblich stimmte mich nur, daß Gina so traurig aussah wie die anderen. Da half es wenig, daß man sich einen guten Tag wünschte, wie mein Vater es plötzlich tat, und mich darauf aufmerksam machte, daß er soeben den alten Hube gegrüßt habe zusammen mit seiner Nichte Verenice. So sehr mich inzwischen beide interessierten, war ich doch zu abgelenkt, um mehr als einen Blick auf sie zu werfen. An Verenice war mir nur aufgefallen, daß sie rote Haare hatte.

Das Jahresende kündigte sich an. Meine Mutter war ganz von den Beinen gekommen und mußte ständig das Bett hüten. Rita kümmerte sich rührend um uns, so daß mein Vater seinen Pflichten unbehindert nachgehen konnte. Schloß Miramare stand kurz davor, wenigstens teilweise bezogen zu werden. Für meinen Vater bedeutete das, seinen Aufenthalt zusehends von der Stadt zum Schloß hin zu verlegen, um die Einrichtung der Bibliotheksräume zu überwachen. Ich verbrachte meine Tage wie bisher, pendelnd zwischen Hof, Wäscheexpedition und unserer Wohnung, wenngleich als Wermutstropfen die Vorstellung in mein Leben einzudringen begann, daß ich mit dem Winter auch Gina auf ihrer Terrasse nicht mehr vorfinden würde. Aber noch war es nicht soweit. Noch saß ich auf dem Balkon und äugte zur Terrasse hinunter, wenn Gina dazu Gelegenheit bot. Wegen der abnehmenden Temperaturen war das immer seltener der Fall, und wenn erst der Regen käme... ich mochte nicht daran denken. Ritas Mädchen hatten mich ganz als einen der ihren akzeptiert. Sie verloren jede Scheu vor mir. Ungeniert wechselten sie vor mir die Kleider, banden sich die Röcke beim Waschen hoch, daß ich ihre prallen Schenkel sehen konnte, öffneten sich die Blusen im Schwadendampf der zischenden Bügeleisen, ohne auf ihre entblößten Brüste zu achten. Sie gingen wohl davon aus, daß ich mich darum noch nicht kümmern würde, und erlegten sich keinen Zwang auf. Tatsächlich aber verleideten sie mir solcherart den Aufenthalt zwischen ihnen. Wenn sie mich stupsten, drückten und tätschelten, ahnten sie nicht, was sie mir damit antaten. Im Unrat meiner aufgewühlten Gefühle entwickelte sich ein ans Tollkühne grenzender Mut, der völlig im Widerspruch zu meinen Möglichkeiten stand und mich jede Herausforderung annehmen ließ. Ich dachte dabei natürlich sofort an Ginas Mann, der sie so rücksichtslos behandelt hatte, und liebäugelte mit dem Gedanken, sie aus seinen Klauen zu befreien. Aber so kühn auch der Aufschwung war, die Wirklichkeit nahm mir schnell den Wind aus den Segeln. Ich brauchte mir nur das bärbeißige Gesicht Dr. Zimbarellos zu vergegenwärtigen, und alles Draufgängertum war dahin.

Kurz vor dem Jahreswechsel 1860/61 erreichte uns die Nachricht, daß die Wiener Behörde Erec freigegeben habe und wir mit seinem Eintreffen rechnen müßten. Das mehrte natürlich die Aufregung. Meiner Mutter ging es immer schlechter. Ein neuer Blutsturz war aufgetreten. Leichenblaß dämmerte sie in ihrem Bett dahin, und wenn Rita von ihr kam, konnte ich leicht ihrem Blick entnehmen, daß sie mit ihrem baldigen Ende rechnete. Um so übler nahm ich es ihr, als sie mich eines Nachmittags fragte, welchen Titel mein Vater führe, ob er sich nur Bibliothekar oder Hofbibliothekar nenne, wir nur vorübergehend in Triest bleiben würden oder mein Vater im Schloß Miramare eine beamtete Lebensstellung übernehme. Ich war reif genug, um dahinter mehr als reine Neugier zu vermuten. Also sagte ich: „Hofbibliothekar", und behauptete, wir würden für immer in Triest bleiben.

Sie nahm es hin, das Kinn gekräuselt und die Lippen darüber tellerförmig aufgestülpt, als halte sich darin ein schwarzer Gedanke gefangen.

Dieses Ärgernis war nichts im Vergleich zur Ankündigung von Erecs Ankunft. Mein Vater, in diesen Tagen aufs höchste in Anspruch genommen durch den Umzug des Erzherzogs ins Schloß, hatte Rita und mich angewiesen, mein Zimmer zu präparieren, damit auch Erec in ihm unterkommen könne. Die Bereitwilligkeit, mit der Rita darauf eingegangen war, mehrte in mir den Verdacht, daß sie meinem Vater gefallen wollte. Bestärkt wurde der Verdacht weiter durch den Aufwand, den sie neuerdings trieb, wenn sie mit ihm zusammentraf. Ansonsten unbekümmert um ihr Aussehen, bändigte sie jetzt ihre struwelige Mähne, nahm die dreckige Schürze ab und stieg von ihren Holzpantinen in hochhackige Schuhe um. Sie sah damit nicht schön aus, und ich bezweifelte, ob sie es jemals sein konnte, aber manierlich und irgendwie häuslich bieder wirkte sie darin schon. Mein Vater war fünfundvierzig, zudem, wie zu erwarten, bald Witwer mit einem nun sechsjährigen Kind. „Da schrauben sich die Ansprüche von selbst herunter", mußte sich Rita Scarpa wohl gesagt haben und fuhr konsequenterweise in ihrem Treiben fort.

Inzwischen war es so kalt geworden, daß die Mädchen im Hof Umschlagetücher trugen, wenn sie am überdachten Bassin wuschen. Der Tag war nicht mehr fern, an dem es draußen unmöglich sein würde und man es mit Hilfe von Bottichen ins Haus verlegen mußte. Alle sprachen schon von der Bora, vom Eiswind, dessen Überraschungen man zur Genüge kannte. Und ich krampfte bei der Ankündigung zusammen, weil ich an meine Mutter dachte. Doch stellte sich etwas ein, was das Befürchtete hinauszögerte. Ausnahmsweise sorgte es für eine angenehme Aufregung. Wieso mein Vater mir plötzlich den Vorschlag machte, ihn nach Miramare zu begleiten, konnte ich mir nicht erklären. Alle Unternehmungen waren bisher so exklusiver Natur gewesen, daß wir über einige belanglose Informationen hinaus keinen Einblick in sie genommen hatten. Die Buchhandlung Hube, der Erzherzog und das Schloß: Die drei Begriffe waren für uns die Topographie seiner Tätigkeit gewesen. Nun war er bereit, mit diesem Gesetz zu brechen. Im Nachhinein kann ich es nur damit plausibel machen, daß mein Vater in der Befürchtung lebte, mir könne etwas in seiner Abwesenheit passieren.

Wie dem auch sei: Eines Morgens Anfang Dezember 1860 trippelte ich an seiner Hand zur Riva hinunter, der Seepromenade, um mit einer Barkasse hinüberzuschippern. Genau genommen, war die Vorstellung des Hinüberschipperns falsch. Miramare lag auf derselben Uferseite wie Triest. Aber die Tatsache, ein Schiff besteigen zu müssen, verband sich in mir unweigerlich mit der Erwartung, daß es zu einem jenseitigen Ufer ging. Ein steifer, stark abgekühlter Wind wehte und spitzte die Wellenberge messerscharf an. Der Golf brodelte. Wir kletterten in die Barkasse, ein mit einem Leinentuch überdachtes Boot, in dessen Mitte sich ein Dampfkessel mit einem schmalen Schornstein befand. Ich setzte mich mit meinem Vater auf eine querlaufende Holzbank und lauschte dem besorgten

Geplänkel der Leute, die davon redeten, daß man in den nächsten Tagen wegen der Bora wohl den Pfad an der Küste nehmen müsse. Allen Unbilden zum Trotz hatte uns die Barkasse schon bald hinüber zur Landzunge gebracht, auf der sich Miramare befand. Die Ufermauer des Schlosses, bis an die Wasserlinie herangebaut, zersprengte die anstürmende See, deren Gischtwolken hinauf zur Promenade stoben, um sie mit weißem Schaum zu überschütten.

Ich hatte meine Vorstellung von Schlössern aus Wien mitgebracht, kannte Schönbrunn, Laxenburg und die Hofburg. Sie alle rechtfertigen den Begriff nicht. Jetzt glaubte ich zum ersten Mal einem Schloß begegnet zu sein, das den Namen verdiente. Ein Schloß wie eine Mischung aus Burg und Zuckerguß. Die Zinnen muteten an wie die Zähne eines Hais und die Türmchen dazwischen wie die herausgeschobenen Fühler einer Schnecke. Ich muß dagesessen haben wie entgeistert zwischen all den Männern, die etwas ganz anderes in Anspruch nahmen.

Unsere Barkasse schlingerte bedenklich. Der Wind war immer steifer geworden und wir waren sicherlich gut beraten, möglichst schnell die Anlegestelle aufzusuchen. Aber die Sorge der Mitpassagiere berührte mich wenig. Ich starrte nur auf diesen Klotz, der mir so märchenhaft unwirklich erschien, und nahm ihn fasziniert in mich auf. Wahrscheinlich ist darum alles Nachfolgende aus dem Gedächtnis verschwunden: Das Einlaufen in das kleine Hafenbecken, das Verlassen des Bootes. Ich wurde erst wieder wach, als wir durch verglaste Flügeltüren in den Schloßtrakt traten, der auf der nördlichen Seeseite lag.

In der Folgezeit hatte ich oft Gelegenheit dazu, Miramare zu besuchen. Es bestätigte sich, was zunächst nur Vermutung war: Mein Vater folgte in seiner Fürsorge einem nicht ganz unbegründeten Beschützertrieb. Immerhin bestand Ansteckungsgefahr. Vielleicht wollte er mir damit auch indirekt zu verstehen geben, daß ich mit Mutters Tod rechnen müsse. Aber das ahnte ich ja längst.

So fuhr ich täglich nach Miramare hinüber. Inzwischen

war mir der Anblick des Schlosses so vertraut geworden, daß ich mich für Einzelheiten zu interessieren begann. Ich wußte inzwischen, daß die Erde für den Park von weit her stammte. Bäume und Sträucher, die dort angepflanzt werden sollten, kamen aus allen Teilen der Welt. Teiche würden angelegt, Laubengänge und Terrassen geschaffen. Dazwischen sollten antike Statuen ihren Platz finden.

Es war wohl die große Zahl der geplanten Unternehmungen, die in mir die Empfindung weckte, dieses Stückchen Erde könne das Ganze unmöglich aufnehmen. Für die Landzunge war die ganze Welt zuviel, das spürte ich, und sie würde den, der sich solcherart auf ihr einzurichten gedachte, irgendwann dafür zur Rechenschaft ziehen.

Weihnachten war nicht mehr fern, als der Arzt meine Mutter das letzte Mal untersuchte. Vater hatte dafür seine Unternehmungen abgesagt und sich mit mir in den Salon zurückgezogen. Eine ähnliche Situation, wie ich sie mit Rita Scarpa durchlebt hatte, baute sich auf, nur daß sich jetzt niemand fand, der den Versuch machte, mich zu trösten. Ich hatte vielmehr den Eindruck, daß mein Vater Trost von mir erwartete. Die Lage meiner Mutter war hoffnungslos: Sie würde in Kürze sterben, so lautete die Diagnose des Arztes. Mein Vater war mit ihm aus der Küche zurückgekehrt, das Gesicht langgezogen und erstarrt, und ich brauchte mir seinen Bericht gar nicht anzuhören, um alles zu wissen. Und doch wollte ich es nicht glauben. Wie bei der ersten Nachricht dieser Art, setzte ich alle Hebel in Bewegung, um sie vergessen zu machen. Damals war ich auf den Balkon geflüchtet, um mich von den Festivitäten der Zimbarellos einfangen zu lassen, heute suchte ich Zuflucht bei dem Versprechen, ich würde das Weihnachtsfest in Miramare feiern dürfen. Von meiner Leidenschaft zu Miramare längst in Kenntnis gesetzt, hatte mein Vater mir eine Einladung zu einer Benefizveranstaltung verschafft, die der Erzherzog für hundert Triestiner Kinder durchzuführen gedachte. Sie half mir jetzt über betrübliche Stunden hinweg und bereicherte mich gleichzeitig um den Allgemeinplatz, daß des Menschen Glaube sein Himmelreich ist.

Dann kam der Tag, der die Bora brachte. Es wurde schneidend kalt. Der Wind stürmte über den Golf. Die See tobte. In unserer Wohnung spürten wir, wie unter der Brandung der Festlandsockel erzitterte. Im Putz der Häuser zeigten sich Risse. Und wenn ein unregelmäßiges Poltern den Vorhang des Rauschens zerriß, wußten wir, daß es irgendwo in unserer Nähe Dachpfannen regnete.

Rita klärte uns darüber auf, daß wir es mit der Bora Chiara, der hellen Bora, zu tun hätten. Sie beschere uns einen gläsernblauen Himmel. Die Bora Scura sei weitaus schlimmer, tröstete sie uns. Aber die Bora Chiara war schlimm genug. Alle Unternehmungen in der Stadt wurden auf das Notwendigste eingeschränkt. Ritas Mädchen blieben öfter der Arbeit fern, und auch mein Vater wagte sich kaum aus dem Haus angesichts des Machtworts, das die Natur sprach.

Es war eine unruhige Nacht, als das Unvermeidliche geschah. Wegen des Windes war ich mehrmals wach geworden und hatte meinen Vater durch die Wohnung schleichen hören. Die ganze Situation war darauf angelegt, mich eine Gefahr wittern zu lassen. Etwas Unerbittliches streckte seine Hand nach uns aus. Und wenn ich den Eindruck zunächst auch nur mit dem Sturm verbinden konnte, so beschlich mich bald die Ahnung, meiner Mutter sei etwas passiert. Trotz meiner Unruhe, die mich immer länger wach hielt, wagte ich es nicht, aufzustehen. Ich preßte mich in mein Bett, von einer Schreckensstarre zur Bewegungslosigkeit verurteilt, und lauschte der Aufeinanderfolge der Geräusche.

Dazwischen muß ich immer wieder eingeschlafen sein. Erlebtes und Geträumtes gingen bald eine so dichte Verbindung ein, daß ich das eine vom anderen nicht zu unterscheiden wußte. Daß es gegen Morgen ging, erkannte ich nur an dem hellen Kranz, der sich um das Fenster herum bildete. Ich war so benommen von den Geschehnissen der Nacht, daß ich beschloß, im Bett zu bleiben und erst auf das Bitten meines Vaters hin aufzustehen. Es war ein letzter Versuch, der Wahrheit auszuweichen, die ein in mir verleugneter Teil längst anerkannte; daß meine Mutter gestorben war.

Ritas etwas zittrige Stimme ließ es mich dann zur unabweisbaren Gewißheit werden. Mein Vater mußte sie wohl heraufgebeten haben. Ich hörte sie immer wieder sagen: „Oh, wie schrecklich... schrecklich für Sie... und für den Jungen."

Die Geschäftigkeit in der Wohnung erinnerte an einen Auflösungsvorgang, und ich weiß heute noch nicht, was es zu tun gab, das diesen Eindruck rechtfertigte. Vielleicht war es einfach nur die Kopflosigkeit, die sowohl Rita als auch meinen Vater befallen hatte.

Beide ließen mich im Bett, bis weit über die gewöhnliche Aufstehzeit hinaus. Ich sehe noch deutlich vor mir, wie mein Vater schließlich hereinkam, übernächtigt, welk geworden in seinem sonst so jugendlich wirkenden runden Gesicht. Seine lockigen schwarzen Haare klebten am Kopf, und er stotterte in einer für mich befremdlichen Weise, als er mir erklärte: „Vik, Mama ist tot."

Dann legte er mir eine Hand auf den Kopf, und ich rutschte unter die Decke, ganz verwirrt, und versuchte zu begreifen, was ich vernommen hatte. Trotz aller Anstrengung gelang es mir nicht, tiefer zu dringen als bis zu der Einsicht, daß sich etwas Wesentliches geändert hatte.

Eine Stunde später bekam ich eine Vorstellung davon, daß ein Erdbeben über unsere Familie hinweggegangen war. Ich war aus dem Bett gekrochen und durch die Diele zum Salon geschlichen. Vorher hatte ich mitbekommen, wie der Arzt erschienen und wieder verschwunden war. Die Salontür war angelehnt, und ich schob sie ganz vorsichtig auf. Mein Vater saß gebeugt auf einem Stuhl, die Unterarme auf dem Tisch, und schaute mit geröteten Augen durch die Balkontür, als suche er über den Dächern draußen die Ursache für Mutters Hinscheiden. Neben ihm stand Rita Scarpa. Jeden Abstand aufgebend, preßte sie sich an ihn, als wolle sie ihn mit ihrem Körper abstützen. Sie sah dabei auf meinen Vater herunter, mit einem melancholisch teilnehmenden Ausdruck im Gesicht, während sie zuweilen zärtlich über seinen Nacken strich. Ohne bemerkt worden zu sein, schlich ich wieder zurück. Niemals zuvor und niemals danach habe ich mich so verlassen gefühlt wie in diesem Augenblick.

Als sei es der Heimsuchungen nicht genug, traf am nächsten Tag das Telegramm ein, mein Bruder Erec würde mit dem Zug eintreffen. Das Telegramm war vom Wiener Polizeipräsidenten aufgegeben worden. Die Intervention Erzherzog Maximilians hatte die Widerstände der Wiener Staatsanwaltschaft also doch niedergezwungen.

An einem trocken kalten Nachmittag war es soweit. Erecs Zug dampfte in den Triester Bahnhof ein. Mutters Beerdigung lag gerade einen Tag zurück. Ich war noch ganz benommen von der Zeremonie. Wenn ich es vorher nicht begriffen hatte, daß meine Mutter tot war, jetzt war es unabweisbar geworden. Immer wieder tauchte das Schrekkensbild in mir auf: Der einsegnende Priester, die Kondolationen und – schmerzhaft wie eine körperliche Marterung – das Echo aus der Tiefe des Grabes, als Erde auf den Sargdeckel fiel. Ein Geräusch, das mir die Luft nahm. Da war ich sogar dankbar, daß das qualmausstoßende, zischende Ungeheuer von Lokomotive, das in den Bahnhof einlief, uns Erec herbrachte.

Der Bahnsteig belebte sich. Türen flogen auf. Menschen kletterten aus den Waggons. Gepäckträger kamen ihnen entgegen. Inmitten der überhandnehmenden Unruhe blieb mein Vater beeindruckend gelassen. Für den Außenstehenden jedenfalls. Die Wahrheit dürfte gewesen sein: Er sah eine Verantwortung auf sich zukommen, der er sich nicht mehr gewachsen glaubte. Ich weiß nicht, welche Versprechungen er Erzherzog Maximilian gegenüber abgegeben hatte für den Fall, daß Erec einer Verurteilung entginge. Aber ich bin sicher, daß er sein Wort gegeben hatte, Erecs Lebensführung in geregelte Bahnen zu lenken. Jetzt ohne Mutter und mit mir am Halse dürfte er Zweifel bekommen haben, sein Wort halten zu können.

Wie es auch war, ich betrachtete die Gelassenheit meines Vaters mit Bewunderung und tat wohl gut daran, denn als ich auf dem langgezogenen Bahnsteig meinen Bruder Erec ausmachte, hätte mich der Schreck anderenfalls umgeworfen.

Erec war kaum noch als das zu erkennen, was ich von ihm in Erinnerung hatte. Seine Magerkeit war in Auszehrung übergegangen. Das Gesicht war ledern geworden, mit einer Reihe tiefer Kerbungen auf den Wangen, kaum gemildert durch den wuchernden schwarzen Haarschopf darüber. Man spürte seine Verdrossenheit in jeder Bewegung, während er auf uns zukam, langsam, wie von einem Widerwillen zurückgehalten.

„Grüß Gott, Erec", sagte mein Vater und reichte ihm die Hand. Er übersah sie und murmelte etwas, das wie ein Gruß klang. Mich berührte er an der Wange, wohl um mir seine Sympathie zu zeigen.

„Mutter ist tot", erklärte mein Vater, ohne die Ablehnung zur Kenntnis zu nehmen, „ich habe dich davon nicht mehr unterrichten können."

„So... so... tot...", meinte Erec und blickte uns etwas irritiert an.

Wohl eine Minute standen wir so, dann schlug mein Vater vor, wohl in Anbetracht des Zustandes von Erec, der halb erfroren aussah, nach Hause zu gehen.

Ich hatte mir ausgemalt, wie es sein würde, Erec zu begegnen, dabei mit vielem gerechnet, aber nicht mit dem, was ich nun erlebte. Ohne auch nur ein Wort zu wechseln, marschierten wir den Weg zurück über die Piazza della Caserna, am Canale Grande vorbei zur Via di Riborgo, wo wir wohnten. Das Wetter war rauh wie an den Vortagen und ließ es klug erscheinen, möglichst schnell ein Dach über dem Kopf zu suchen. Alle, bis auf uns, fühlten sich auch diesem Grundsatz verpflichtet. Aber Erec sorgte dafür, daß wir nicht von der Stelle kamen. Ein Gemisch aus

Gleichgültigkeit und Trotz schien ihn abgehärtet zu haben. So erreichten wir verhältnismäßig spät und durchgefroren unsere Wohnung.

Besser indes wäre es gewesen, wir hätten sie niemals erreicht...

4. Kapitel

Das Frühjahr 1861 sorgte in Italien für beängstigende Entwicklungen. Garibaldis Aktionen im Vorjahr hatten der zweiten, neben den Habsburgern dort nicht bodenständigen Dynastie – den Bourbonen – Niederlagen beigebracht, die ihrer Herrschaft auf absehbare Zeit ein Ende setzen würden.

Dadurch ermuntert, war Piemont – Sardinien unter der Ägide seines die Nationalitätenfrage vorantreibenden Ministerpräsidenten Graf Cavour dazu übergegangen, sein volksvertretendes Organ zum gesamtitalienischen Parlament aufzuwerten und das Königreich Italien zu begründen, wenn auch zunächst nur auf dem Papier.

Ein Vorgang, der die Habsburger in Rest-Italien in Panikstimmung versetzte. Die Garnison in Triest wurde verstärkt, die Polizei zu erhöhter Wachsamkeit aufgerufen. Den Veränderungen vor der Haustür glaubten die Habsburger nur dadurch erfolgreich Widerstand entgegensetzen zu können, daß sie die zentralistischen und absolutistischen Kräfte im Inneren stützten. Der kräftigste Riegel nur erschien gerade stark genug, um den nationalen und liberalen Ansprüchen den Zutritt zu verwehren.

Nicht weniger aufregend gestaltete sich in jenen Tagen das Leben für José Manuel Hidalgo, den ersten Sekretär an der mexikanischen Botschaft in Paris. Das Jahr hatte schon aufregend für ihn begonnen. In seinem Heimatland war der Krieg zwischen den rivalisierenden Präsidenten Miramon und Juárez zu Ende gegangen. Durch den Sieg der falschen Partei war Hidalgo in ein berufliches Vakuum gestoßen worden. Als Angehöriger eben der Gesandtschaft, deren Regierung sich gerade auf der Flucht befand, wären seine Zukunftsaussichten in der Tat trübe gewesen ohne seine exzellenten Verbindungen. Seit einiger Zeit schon trug er den Brief seines väterlichen Freundes José Maria Gutierrez de Estrada mit sich herum. Das war keine leichte Sache, denn Gutierrez befleißigte sich der Unart, keinen Brief unter dreißig Seiten zu schreiben. Aber dieses Mal schien es Hidalgo der Mühe wert.

Da er mit der Kaiserin auf bestem Fuße stand, konnte sich immer die Möglichkeit ergeben, mit Seiner Majestät Napoleon III. ins Gespräch zu kommen. Geübt darin, sich dessen Ohr zu sichern, würde er bei solcher Gelegenheit Gutierrez Brief zur Sprache zu bringen und nebenbei anzuklopfen versuchen, wie ausgeprägt noch das Interesse des Kaisers an der Wiedererrichtung einer Monarchie in Mexiko war.

Die Vorliebe Napoleon III. für den mittelamerikanischen Kontinent war so sprichwörtlich wie seine Not, mit politischen Erfolgen aufwarten zu müssen. Gemeinsam mit Eugenie – davon war er überzeugt – würde es ihm gelingen, Napoleon für den Plan zu begeistern, den Gutierrez Brief ihm umrißhaft entwickelt hatte. Eugenies Mithilfe war er sich nicht zuletzt deshalb so sicher, weil er ihren missionarischen Eifer in Glaubenssachen kannte. Darum mußte die Vorstellung, irgendwo in der Welt könne der Antichrist an Boden gewinnen, unerträglich für sie sein. Und genau das würde in Mexiko unter Juárez geschehen – oder war bereits schon geschehen – als Juárez den Kirchenbesitz säkularisiert und verkauft hatte. Dabei stellte dieser Akt nur den spektakulärsten Teil einer Reihe von Aktionen gegen die Privilegien der Kirche dar. Eugenie mußten solche Vorgänge das Herz abdrücken. Auch schien Hidalgo die politische Konstellation in diesem Frühjahr 1861 äußerst günstig zu sein. In Nordamerika braute sich ein Krieg zusammen, der Juárez des Verbündeten berauben würde. Das konnte Napoleon nur ermutigen. Und was noch dazu kam: Der Herzog von Morny, Napoleons Halbbruder, hatte ihn darüber in Kenntnis gesetzt, daß er auf seine Sympathien rechnen könne. Er sei schon in der Mexikosache bei Seiner Majestät vorstellig geworden und auf Interesse gestoßen. Außerdem könne man sich der Unterstützung durch den französischen Botschafter in Mexiko, Dubois de Saligny, sicher sein. Eine Tatsache von nicht zu unterschätzender Bedeutung, wie er meinte.

Als Hidalgo an einem Abend Mitte Mai endlich Zeit fand, Gutierrez Brief zu beantworten – es handelte sich um einen jener seltenen Tage, die ihn am Hofe nicht in die Pflicht nahmen – war er guter Dinge. Aufgeräumt, mitunter auch heiter, hatte er seine Utensilien bereitgelegt und das Licht angezündet, darum wissend, daß er kaum vor Mitternacht ins Bett kommen würde. Aber das, was ihn aufwühlte, reichte aus, um den still gewordenen Boulevard vor seinem Fenster wieder mit Leben zu erfüllen. Da er um keinen Preis der Welt gestört werden wollte, hatte er die Tür hinter sich verschlossen. Als er schließlich die Feder aufs Papier setzte, schrieb er, im vollen Bewußtsein der Tragweite seines Briefes, ohne zu zaudern:

An Señor José Maria Gutierrez de Estrada,
Palazzo Mariscotti, Rom

Lieber Freund!

Entschuldigt meine verspätete Antwort. Ihr habt ja recht, wenn Ihr mich deswegen der Unzuverlässigkeit zeiht. Gerade wir Exilanten sollten wert darauf legen, regen Kontakt miteinander zu pflegen. In der Tat steht Euch gegenüber jeder von uns in einer besonderen Schuld. Seit nunmehr zwanzig Jahren kämpft Ihr in vorderster Front unermüdlich darum, unserem geliebten Vaterland einen ihm würdigen

Herrscher zu verschaffen, um dort wieder Ruhe und Ordnung einkehren zu lassen, nach vierzig Jahren der Selbstzerfleischung. Guter Freund, wenn ich um Verzeihung für meine Verspätung bitte, so würde ich es mit schlechtestem Gewissen tun, könnte ich keine triftige Entschuldigung ins Feld führen. Ich spiele damit auf Euren letzten Brief an. Er hat meine Aktivitäten hier am Hofe nicht nur beflügelt, sondern ihnen auch eine Überzeugungskraft verliehen, die uns zu den schönsten Hoffnungen berechtigt. Wie lang und beschwerlich und mit wieviel Hindernissen verstellt war bisher unser Weg. Wieviel vergebliches Antichambrieren an den Höfen Europas, wieviel Absagen und wieviel persönliche Opfer liegen hinter uns. Jetzt scheint alles ein Ende zu haben. Vielleicht hat Gott Eurer verehrten Schwiegermama, der Gräfin Lützow, die Hand geführt, als sie Euch den Vorschlag machte, Miramare in Erwägung zu ziehen. Ihr habt mir über viele Zeilen dargestellt, welche Gründe die Gräfin zu dem Schritt bewogen haben. Wenn sie schreibt – und als Vorsteherin des Erzherzoglichen Haushalts verfügt sie zweifellos über intime Kenntnisse – daß sich der Erzherzog nach den persönlichen und politischen Schicksalsschlägen, vor allem nach dem Verlust des Gouverneurstitels, jetzt in einer weltflüchtigen Verdrossenheit in Miramare einzurichten versucht, so sehe ich darin, ganz wie die Gräfin, eine Verpflichtung, ihn aus dieser Stimmung herauszureißen. Hierin alles andere als säumig, bin ich sofort bei Hofe vorstellig geworden, um Euer Angebot vorzutragen. Ihr kennt die prekäre Lage, in der sich die französische Politik befindet. Seiner Majestät bourgeoise Gläubiger haben ihm den Staatsstreich von anno 51 bekanntlich nicht verziehen. Kein Wunder also, daß Napoleon ihnen entgegenkommen muß, wo er kann. Seine Vorliebe für den mittelamerikanischen Kontinent mit seinen noch unerschlossenen Märkten findet darüber wenigstens teilweise eine überzeugende Erklärung. Aber auch seine Angst, sich deswegen in Abenteuer stürzen zu müssen, die ihn teuer zu stehen kommen könnten. Ich meine das im wörtlichsten Sinne. In meinen Gesprächen mit Seiner Majestät klang immer wieder durch, mit wieviel Schwierigkeiten er zu rechnen habe, wenn eine französische Aktion in Mexiko zur finanziellen Belastung des Staatshaushaltes führe. Vor allem die radikalen Republikaner in der Deputiertenkammer würden vor keiner Gemeinheit zurückschrecken. Und bei einem Scheitern des Unternehmens wären die Konsequenzen unausdenkbar. Das ist nichts Neues, werdet Ihr einwenden, diese Bedingungen haben schon gegolten, als uns die Absagen nachliefen. Dennoch hat sich etwas völlig verändert. Wenn ich vorher in der unglücklichen Lage war, Kronprätendenten ohne Präferenzen anbieten zu müssen, zweite Garnitur sozusagen, Männer ohne Format und Erfahrung, so ergibt sich jetzt eine andere Ausgangslage. Napoleon kennt Maximilian viel zu gut – schließlich ist er anno 56 hier in Paris mit ihm zusammengetroffen – um ihn als einen der gewöhnlichen politischen Windbeutel abstempeln zu können. Genau das dürfte die letzten Vorbehalte gegen unseren Kandidaten ausräumen. Zumal wir mit Maximilian noch einen zweiten Pfand in die Hand bekämen: Seine Ehefrau Charlotte, die Sachsen-Coburgerin, deren ebenso politisch kluger wie auf Machtzuwachs hin taktierender Vater den Gedanken einer Kaiserinnenkrone für seine Tochter mit allen Mitteln unterstützen würde. Dieser Leopold, König des kleinen Belgien, wäre das dritte Zugpferd vor unserem Wagen. Vorausgesetzt, daß sich die Dinge gut anlassen, könnte daraus eine prächtige Troika werden, wenn Ihr das Bild erlaubt.

Aber noch ist alles Vision, ohne belebende Kraft, die unser Werk in Bewegung setzen könnte. Wie sehr wünschte ich, daß die Gesetze der Natur auch für solche Dinge Geltung hätten und nicht nur das Jahr mit Riesenschritten voranginge, sondern auch unsere Angelegenheit. Das immer vor Augen, bitte ich Euch, lieber Freund, den Kontakt zu Eurer Schwiegermama, der Gräfin Lützow, nicht nur unverzüglich wieder aufzunehmen, sondern ihn auch besonders eng zu gestalten. Ich selber will hier, unter Einschaltung Almontes, der als akkreditierter Botschafter unseres Landes den Unternehmungen einen offiziösen Anstrich verleihen könnte, Fühlung aufnehmen mit dem österreichischen Botschafter Metternich, um den Wiener Hof vorzubereiten. Aber von dorther sind Widerstände ohnehin nicht zu befürchten. Kaiser Franz Joseph dürfte kaum Interesse daran haben, seinen Bruder zu halten. Andere Gegner werden auf dem Plan erscheinen. Fehlt uns nur, um fürs erste zufrieden sein zu können, eine frische Brise von jenseits des Atlantiks. Hoffen wir, lieber Freund, auf eine Dummheit, die Juárez begeht, eine jener forschen Unüberlegtheiten, die kleine Geister im Überschwang des Erfolges vorzuweisen pflegen. Das würde Vieles leichter machen. In der Hoffnung, mich für meine Verspätung hinreichend rehabilitiert zu haben

Euer
José Manuel Hidalgo

5. Kapitel

Die politischen Ereignisse des beginnenden Jahres 1861 finden kaum einen nennenswerten Niederschlag in Viktor Ansellis Erinnerungen. Triest zählte von jeher zu den ruhigsten und loyalsten Teilen des Habsburger Reiches. Die Vorkommnisse in Italien müssen sich dort nur schattenrißhaft widergespiegelt haben. Jedenfalls erschienen sie Viktor Anselli nicht bemerkenswert genug, um ihnen mehr als einen gelegentlichen Nebensatz zu widmen. Für ihn stand damals – Anfang 1861 – alles im Zeichen seiner Einschulung und der sich verkomplizierenden Beziehung zu seinem Bruder Erec. Er schreibt darüber:

...Obwohl ich frühzeitig von meinem Vater darin eingeweiht worden war, mein Zimmer mit Erec teilen zu müssen, fiel es mir schwer, damit zurecht zu kommen. Seine Anwesenheit, die mich in Wien nicht zu stören schien, empfand ich jetzt wie eine Bedrohung meiner Ansprüche. Dabei wies sein Verhalten in eine ganz andere Richtung. Er mied unsere Wohnung, sooft er konnte. Verließ sie früher als ich und kam spät abends nach Hause. Sehr zur Beunruhigung meines Vaters, der von Erec mit nichtssagenden Erklärungen über seinen Verbleib abgespeist wurde. Ich war inzwischen eingeschult worden und litt unter dem drakonischen Eingriff in meine Freiheit. Ganz bestimmt aber hat die Schule dazu beigetragen, Erecs Anwesenheit für mich noch unerträglicher zu machen. Und als er schließlich von unserem Vater dazu abkommandiert wurde, mich mittags abzuholen, um mich nach Hause zu geleiten, obwohl die Schule um die Ecke lag, begann ich ihn zu hassen. Natürlich wäre mein Vater der richtige Adressat meiner abscheulichen Gefühle gewesen – schließlich wollte er mit seiner Anordnung Erec Fesseln anlegen – aber soweit habe ich damals nicht gedacht. Eine klebrige Rachsucht beherrschte mich statt dessen, die darauf sann, Erec das Beschneiden meiner Selbstherrlichkeit heimzuzahlen. Uneingestanden mochte ich auch gespürt haben, daß er indirekt den Tod unserer Mutter verschuldet hatte. Das alles zusammen schuf dann ein Reservoir an übel wollenden Wünschen, die Erec noch Probleme machen sollten.

Ich bekam bald Gelegenheit zu triumphieren. Einer der ersten wirklich warmen Tage war vorüber gegangen. Ich hatte meinem Vater ausführlich erzählen müssen, was wir in der Schule trieben. Zusammen mit Rita Scarpa saßen wir im Salon bei geöffneter Balkontür, durch die sich immer wieder, wenn auch in großen Abständen, das Tuten eines der im Hafen liegenden Schiffe hereinstahl. Als gehöre sie zur Familie, beteiligte sich Rita mit einer Frage oder einem Kommentar an unserem Gespräch, während sie kandierten Zucker in sich hineinstopfte, ungeachtet der Körperfülle, über die sie schon verfügte. Ihr Anwesenheitsrecht leitete sie offensichtlich von der Tatsache ab, daß sie uns regelmäßig das Abendessen heraufbrachte und mit uns einnahm. Mittags aß ich mit ihr und den Mädchen in der Bügelstube. Dieser opfervolle, aber nicht ganz selbstlose Einsatz für mich, meinen Vater und zweilen auch Erec hatte inzwischen eine Vertraulichkeit geschaffen, wie sie zwischen Familienmitgliedern nicht größer sein konnte. Meinen Ausführungen nur halbherzig folgend, hatte mein Vater immer unruhiger zur Uhr geblickt, mich dann unterbrochen, um Rita zu fragen, ob Erec im Laufe des Nachmittags schon einmal aufgetaucht sei, und war – uns damit in Erstaunen versetzend – auf den Balkon gelaufen. Rita, immer darum bemüht, meinem Vater zu gefallen, rief hinterher: „Beruhigen Sie sich nur, Herr Anselli, der Herr Sohn wird seinen Ausflug in die Karstberge bestimmt nur etwas weiter ausgedehnt haben."

Ich hörte, wie die Kandisstücke gegen ihre Zähne klapperten, während sie sprach, und erinnerte mich, daß ich diesen Verdacht wohl auch hätte äußern können, weil ich den Zustand von Erecs Schuhen kannte, deren Oberleder durch das scharfkantige Gestein fast völlig zerfetzt war.

„Aha, Ausflüge ins Gebirge macht der Herr Sohn", sagte mein Vater nur. Er stand dort draußen, die Hände in den Hosentaschen, ein Schatten nur, blau angehaucht von der sich abdunkelnden Abendfarbe des Himmels.

Gegen Mitternacht endlich kam Erec zurück. Er war ins Zimmer geschlichen, um mich nicht zu wecken. Aber die Anspannung der vorausgegangenen Stunden hatte mich erst gar nicht einschlafen lassen. Ich vernahm das Rascheln seiner Kleider, während er sich auszog, und bald auch den säuerlichen Geruch seines Atems. Er hatte getrunken. Als er die Decke seines Bettes aufklappte, öffnete sich die Tür, ein Kerzenlicht flackerte ins Zimmer, und ich hörte die verhaltene Stimme meines Vaters: „Komm bitte in den Salon", sagte er. An den darauffolgenden Bewegungen merkte ich, daß Erec der Aufforderung widerstandslos Folge leistete. Da ich mich völlig ruhig verhalten hatte, waren sie wohl der Auffassung gewesen, daß ich schlief.

Die Tür des Zimmers blieb angelehnt, wohl um mich durch das Einrasten nicht zu wecken. Hingegen war die Tür zum Salon geschlossen. So konnte ich mir die Mühe sparen, das Zimmer zu verlassen. Außerdem nahm die Diskussion zwischen Erec und Vater bald an Lautstärke so zu, daß ein Mitanhören keine Schwierigkeiten bereitete. In keinem Augenblick dachte ich daran, daß die Wesselings unter uns Zeuge der Auseinandersetzung geworden sein könnten. Als sei es nicht Jahrzehnte her, höre ich Erecs Geschrei ganz deutlich. Er hatte wohl eine Weile Vater die Initiative überlassen müssen, Vorwürfe hingenommen und war dann darüber belehrt worden, daß er von der nächsten Woche an Dienst auf dem Bahnhof tun müsse. Sein Leben bekomme wieder eine Ordnung, hatte Vater gemeint, und nach allem, was hätte passieren können, wäre Dankbarkeit am Platze.

„Lieber verrecke ich", hatte Erec geschrien, „schick mich meinetwegen zurück nach Wien. Ich gehe in den Kerker, wie Oxner, aber du steckst mich nicht noch mal irgendwo hin."

Als hätten sie beschlossen, der Nacht wieder das Feld zu überlassen, verhielten sie eine ganze Weile. Neben dem Türspalt hockend, nahm ich die Unterbrechung des Disputs mit Unruhe wahr und wappnete mich für eine Flucht zurück ins Bett. Aber ich hatte zu früh Vorkehrung getroffen. Vater eröffnete den zweiten Gang des Gefechts mit einer Kanonade von Rechtfertigungen, die Erec nicht die geringste Möglichkeit bot, Einwände anzubringen.

„Werd erst einmal so alt wie ich", erfuhr er von Vater, „dann wirst du maßvoller sein in deinen Urteilen."

Es war das Wort „maßvoll", das Erec schließlich aus der Haut fahren ließ und ein hysterisches Verhalten aufnötigte. „Maßvoll..., maßvoll...", brachte er krächzend hervor, als sei er auf die Ursache aller Übel gestoßen, „das ist jedes zweite Wort bei dir. Damit hast du dich immer aus der Affäre gezogen. Nicht zuviel, nicht zuwenig. Alles wohl bemessen. Froh sein für das, was man hat. Dir reicht das, mir nicht."

Stille kehrte wieder ein. Aber es war mir, als sei inzwischen die ganze Stadt zusammengelaufen, um Anteil zu nehmen.

Dann ergriff Vater wieder das Wort.

„Red nicht so aufgeblasen daher", wies er Erec in die Schranken, „du kannst froh sein, daß du mit einem blauen Auge davongekommen bist."

„Immerhin hab ich nicht nur palavert, wie du", entgegnete Erec. Ein leichter Triumph schwang in seiner Stimme und forderte Vater zu einer sofortigen Reaktion heraus.

„Damit wärst du vielleicht besser gefahren", bremste er Erec, „daß ich heute bei dir Kindermädchen spielen muß, ist der beste Beweis."

Die darauffolgende Zuspitzung des Gesprächs kann aus meiner heutigen Sicht der Dinge nur auf diese etwas ungeschickte Bemerkung meines Vaters zurückzuführen sein. Jedenfalls steigerten sich beide in eine Heißblütigkeit hinein, die den Eindruck vermittelte, als wollten sie übereinander herfallen. Vaters Stimmbänder wurden rauh und führten zu einer trockenen, abgehackten Sprechweise, die etwas nach Rückzug klang. Er prophezeite Erec eine grauenhafte Zukunft, wenn er so weitermache. Immer könne er seine Hand nicht über ihn halten. Daraufhin brach Erec in ein nervöses Gelächter aus und nannte Vater einen bedauernswerten Aufschneider, der es doch nur fertig gebracht habe, sich den Habsburgern anzudienen. Im Gegensatz zu Vater entbehrte Erecs Stimme jeder Zurückhaltung und war von einer unverschämten Direktheit.

Wenn er geglaubt habe, schnaufte Erec, die eigene Freiheit in ihm wieder auferstehen zu sehen, dann irre er sich gewaltig. Er sei aus anderem Holz geschnitzt.

„Ich bitte dich, das ein für allemal zur Kenntnis zu nehmen", beendete er seine Attacke, die wohl den Gipfel all dessen darstellte, was er Vater hätte sagen können.

Von da an – wenn ich klar sehe – nahm sein Verhältnis zu Erec eine eigenartig unterkühlte Form an. Trotz aller Großsprecherei trat Erec in der folgenden Woche seinen

Dienst beim österreichischen Lloyd an, der neben der Schiffahrtslinie auch die Südbahn unterhielt. Die Einstellung verdankte Erec natürlich wieder Vaters Beziehung zum Hofe.

Durch Erecs Wechselschicht bei der Güterabfertigung verlor ich ihn mehr und mehr aus den Augen. Das mochte auch damit zusammenhängen, daß der Schulbesuch mir einen Freundeskreis erschloß, der mich nachmittags ausreichend beschäftigte, zuweilen sogar in Atem hielt. Besonders bemerkenswert daran war, daß er es sogar zuwege brachte, meine Leidenschaft zu Gina Zimbarello, die wieder regelmäßig auf ihrer Terrasse saß, zu zügeln, wenn nicht gelegentlich sogar zum Erliegen zu bringen. Dennoch sorgte das Schicksal dafür, daß wir in Verbindung blieben.

Obwohl ich offiziell Ritas Aufsicht unterstellt war, gelang es mir immer wieder mit Leichtigkeit, mich der Fürsorge der Mädchen zu entziehen. Ihre Zuwendungen, die mir ein Jahr vorher soviel bedeutet hatten, waren in ihrer Wirkung verblaßt. Wenn sie mich jetzt berührten, wehrte ich es verärgert ab. Die drei, vier Schulkameraden, die fast immer zur Verfügung standen, aus der häuslichen Obhut auszubrechen, machten meinen ganzen Stolz aus.

Weil die Hafengegend zu belebt und geschäftig war, wichen wir auf den Kastellberg aus. Hier, auf dem Vorplatz der Kathedrale, mit der Stadt zu Füßen und den Mauern des Kastells im Rücken, fanden wir die Freizügigkeit, die wir brauchten. Im Brand der Julisonne, die auf dem baumlosen Vorplatz ein erbarmungsloses Strafgericht hielt, konnten wir sicher sein, ungestört zu bleiben.

Ich entsinne mich der herrlichen Nachmittage, an denen wir uns an den bröckligen Gemäuern entlangschlichen und der Welt unsere romantischen Träume überstülpten, den Durst verachtend, der uns quälte, und die Uhrzeit vergessend. Wir nahmen alles dafür in Kauf. Wie besessen trieb es uns immer wieder hinauf, und nur zu oft, wenn die Hitze unerträglich wurde, tauchten wir in die Kühle des

Kirchenschiffs. Da Kirchgänger selten waren, benutzten wir das Gestühl der Kathedrale für unsere Fangenspiele. Nur einmal wurden wir überrascht und zurechtgewiesen. Es erscheint mir deshalb erzählenswert, weil es mir in Art einer Offenbarung vor Augen führte, daß die Verschworenheit mit meinen Spielkameraden eine Selbsttäuschung war.

Es war an einem jener typisch heißen Nachmittage im Juli. Wir mußten Zuflucht in der Kathedrale nehmen, weil die Sonne den Schotter des Vorplatzes in eine heiße Ofenplatte verwandelt hatte. Uns klebte die Zunge am Gaumen. Dessen ungeachtet fuhren wir drinnen mit dem Spielen fort. Es mußte einen unbeschreiblichen Lärm verursacht haben, wenn wir hintereinander durch die Bänke jagten, über die Fliesen von Karree zu Karree hüpften und in die Beichtstühle kletterten. Und es wundert mich eigentlich, daß wir nicht früher aufgefallen sind. An jenem besagten Tag aber gab es für uns keinen Aufschub mehr.

Wie aus heiterem Himmel tauchte einer der Kirchenschweizer unter uns auf, packte einen am Hemdkragen und zog ihn zu sich. Auf seinem Gesicht zeichnete sich das Herannahen eines Unwetters ab, das Grauenhaftes in Aussicht stellte. Alle vier, aber besonders der Junge, der unter dem harten Zugriff des Schweizers zappelte, reagierten wir darauf mit barem Entsetzen.

„Mitkommen!" hörten wir den Schweizer zischen. Ohne Aussicht auf Entkommen, folgten wir ihm mit hängenden Köpfen in den Turm. Als wir den Altar der Hauptapsis kreuzten, hielt er uns an zu knicksen und das Kreuzzeichen zu machen und wies dann unwillig mit einer Kopfbewegung in eine Ecke des Turms, wo er uns eine Lektion zu erteilen gedachte. Der Zorn in seinem Gesicht war sicherlich echt. Puterrot glühte es trotz des Zwielichts. Er starrte uns an. Dann knallte die erste Backpfeife.

Ob wir nicht wüßten, wo wir seien, fragte er uns. Wir nickten alle schnell und voller Angst. Darauf gefaßt, daß wir noch Schlimmeres hinnehmen müssen, versetzte er uns mit einer plötzlichen Freundlichkeit in Erstaunen.

Er könne sich kaum vorstellen, sagte er, daß wir mit Absicht so respektlos gewesen seien.

„Dort in dem Tabernakel wohnt unser Herr Jesus", rief er uns ins Gedächtnis zurück, „dies hier ist ein Haus Gottes, ein Tempel des Herrn, geweihter Boden, auf dem ihr euren Schabernack treibt. Begreift ihr eigentlich, was ihr getan habt?" Sein Blick wurde stier und lauernd. Dann schnellte seine Hand vor, griff dem ersten von uns unters Kinn und riß es hoch.

„Begreifst du, mein Junge?"

Keine Sekunde verstrich, und ich hörte, wie er anfing zu heulen. Genau das schien der Schweizer einkalkuliert zu haben, denn er ließ momentan von ihm ab und faßte dem nächsten unter das Kinn, der in erwarteter Weise reagierte. Jetzt heulten zwei. Geraume Zeit später waren es drei, die mit schuldhaft gesenkten Köpfen die Tränen laufen ließen. Als er meinen Kopf hochriß, verschwand jene verdächtige Milde aus seinem Gesicht. Irgend etwas an mir mußte ihn mißtrauisch, ja wütend gemacht haben. Irgend etwas in meinem Blick rief den Verdacht in ihm wach, es mit einem besonders bösartigen Fall von Aufsässigkeit zu tun zu haben. Ein Zug gequälter Verachtung stahl sich in sein Gesicht, angeekelt nahm er die Hand von meinem Kinn, dann richtete er sich zu voller Größe auf.

„Wie heißt du?" wollte er wissen.

Ich sagte ihm meinen Namen.

„Anselli", wiederholte er nachdenklich.

Die Furcht in mir fraß immer größere Löcher, und ich war mir nicht mehr sicher, ob ich der Bedrohung durch diesen Mann länger standhalten könnte. Wenn ich nur hätte heulen können, wie die anderen. Aber ich konnte es nicht. Ich war mir offensichtlich nicht derselben Schuld bewußt wie sie. Ich hatte nur Furcht, eine Furcht, die dabei war , die Grenze des Erträglichen zu übersteigen. Der Moment steht mir noch ganz deutlich vor Augen. Aus dem Munde des Schweizers hatte ich gerade vernommen, daß man sich meinen Namen merken solle, weil ich bestimmt ein schlimmes Ende nehmen würde, als meine Angst überschwappte. Nichts lag näher, als mich hilfesuchend an meine Spielkameraden zu wenden. Ich unternahm den Versuch – und noch heute spüre ich das nicht zu vermittelnde Gefühl der Verlassenheit – als ich in ihren Gesichtern las und nichts als Verrat mir entgegenfeindete.

Trotzdem denke ich gerne an die frühe Schulzeit in Triest zurück.

Vielleicht weil gerade sie mir etwas vermittelt hat, was mein späteres Leben bereicherte. Obwohl der Unterricht in der Elementarschule im Grunde aus nicht mehr bestand, als einer um den Katechismus herumgebauten Unterweisung im Rechnen, Schreiben und Lesen, regte er meine Phantasie so nachhaltig an, daß ich nicht umhin konnte, die Geschichten aus der Fibel zu Hause nachzuspielen. In Ermangelung von Spielsachen verfiel ich auf die Idee, mir Knöpfe, Baumrinden und Kieselsteine zu besorgen, die ich zu Personen und Landschaften umfunktionierte. Bei den Knöpfen kam mir meine gute Beziehung zu Rita Scarpa sehr zustatten. So war ich um ein großes Stück unabhängiger von meinen Spielkameraden geworden, deren immer drohende Unzuverlässigkeit mir keinen Schrecken mehr einzuflößen vermochte. Ja, ich merkte bald, daß die Welt meiner Einbildungen den Erlebnissen mit den Spielkameraden sogar überlegen sein konnte und mir die Möglichkeit bot, jeden Ort aufzusuchen, ohne auch nur einen Fuß zu bewegen. Ich hatte etwas Faszinierendes entdeckt.

Zur selben Zeit begann ich mich für die Bücher meines Vaters zu interessieren. Oft ging ich zur Büchervitrine im Salon, fingerte eines der dickleibigen Werke heraus, blätterte darin herum und gewann mehr und mehr einen Begriff davon, daß die Buchstabenfolgen dort, die ich gerade dabei war, in der Schule zu lernen, etwas gemeinsam haben mußten mit den Symbolen, die ich bei meinen Spielen benutzte. Gleichzeitig veränderte sich das Verhältnis zu meinem Vater, der mir über diese Erfahrung um ein großes

Stück näher gerückt war. Leider machte ich noch am gleichen Tag den Fehler, Erec davon zu erzählen.

Er hatte bis in den frühen Abend hinein auf dem Bahnhof gearbeitet. Wenn er zu Hause eintraf, war er in der Regel leicht angetrunken. Ich bekam es gewöhnlich nur dadurch mit, daß ich seinen Atem roch, wenn er zu Bett ging. Und das war meist spät. Da die Nächte im Juli voller Leben waren, weil die Wärme des Tages aus den Mauern dunstete und die Leute nach draußen trieb, konnte ich nicht einschlafen. Ich vernahm ihr Lachen, das aus allen Ecken der Stadt herbeizufliegen schien, die Musik aus Akkordeonen, und überließ mich dem ungelenken Strom meiner inneren Bilder, als Erec hereintaumelte. Ohne sich auszuziehen, warf er sich auf das Bett, begleitet von einem Seufzer, der wie die Quintessenz eines vertanen Tages klang. Vater hatte ihn – wie üblich – ohne ihn anzusprechen, gewähren lassen, obwohl er mit einem Buch im Salon saß. Noch voll der Eindrücke nahm ich mir ein Herz und redete Erec an. Zunächst brummte er nur unwillig, rückte sich, vom Alkohol betäubt, im Bett zurecht und ließ mich von meinen faszinierenden Entdeckungen erzählen. Darum wissend, daß Erec selber im Klerikal-Seminar mit Büchern hatte umgehen müssen, fragte ich ihn gerade heraus, ob es beim Lesen ähnlich im Kopfe zugehe wie bei den Spielen, die ich ihm beschrieb. Meine Ausführungen hörte es sich geduldig an, um dann eine längere Pause aufkommen zu lassen. Ich lag auf dem Rücken, die Decke wegen der Hitze beiseite geschoben, und spürte eine Spannung in mir aufkommen, die sich durch die Geräusche von draußen weiter steigerte. Erec war in eine totenähnliche Unbeweglichkeit versunken, die mir umso unheimlicher vorkam, als ich sie nicht erklären konnte. Jenseits unseres Hofes, wo der Gasthof lag, quälte sich gerade ein Akkordeon damit herum, den verlorenen Rhythmus wiederzugewinnen, als Erec mit brutaler Offenheit erklärte: „Weißt du, Brüderchen, wenn ich dich so reden höre, möchte ich meinen, daß du dabei bist, denselben Klaps zu entwickeln wie der Alte."

Er machte eine schnelle Bewegung, die seinen Schatten im Bett aufrichtete, ich konnte erkennen, daß er sich mit dem Unterarm abstützte und seine Müdigkeit völlig verloren zu haben schien.

„Wenn du ein paar Jährchen älter wärest", begann er wieder, „könnten wir uns eine ganze Nacht darüber unterhalten. Aber so kann ich dir nur wünschen, daß du anders wirst als er." Wie er es nun vermutet hatte, verstand ich nichts, was ihn aber nicht davon abhielt, seinem eigenen Vorsatz, von einer Unterhaltung Abstand zu nehmen, untreu zu werden. Ich ließ mir nicht anmerken, daß mich seine Bemerkungen getroffen hatten.

„Zu wissen, daß unser Vater seine Liebe zum gedruckten Wort einen Anfall von Feigheit verdankt, ist wahrlich keine Empfehlung, ihm hierin zu folgen", fuhr Erec plötzlich fort, „unser verehrter Papa hat sein Leben in dem Augenblick zwischen Buchseiten versteckt, als er angstschlotternd im Keller der Hofbuchhandlung Wenzel hockte. Anno 48 war das. Draußen auf Wiens Straßen machten andere Revolution, zeigten den Metternichschen Nachtwächtern, was Sache ist. Aber unser Vater – ansonsten ein glühender Anhänger aufklärerischer Ideen – verkroch sich in die Kellergewölbe, bis Studenten ihn hervorzerrten und vor ein noch in der Buchhandlung gebildetes Volksgericht stellten. Das ganze Pack der Hofbuchhandlung Wenzel war schließlich verdächtig, nicht gerade mit ganzem Herzen die Revolution begrüßt zu haben. Nun, unser Vater hat wohl daraus den Schluß gezogen, daß es besser sei, sich um nichts mehr zu kümmern, und schon gar nicht um das, was er zumindest früher gedanklich gutgeheißen hat. Daß er überhaupt damals davongekommen ist, verdankt er überdies nur einem Zug kaiserlicher Pioniere, die in die Hofbuchhandlung eindrangen, weil sie dort revolutionäre Flugblätter vermuteten. Ansonsten hätten sie unseren Vater wohl aufgehängt. Diese mehr als zufällige Rettungsaktion hat dem Hause Habsburg einen seiner ergebensten Diener eingetragen und mich leider die Erfahrung mit dem Klerikal-Seminar machen lassen, eine Vorsichtsmaßnahme unseres Vaters, um mich vor der bösen Welt zu bewahren."

Mit einem Plumps verschwand der Schatten aus meinem Augenwinkel. Erec hatte sich zurückrollen lassen. Trotz der Geräusche von draußen war sein Atem jetzt vernehmbar.

„Ich hab dir die Ohren vollgeredet", sagte er, „und das sicher alles für nichts. Aber du hast mich gefragt, und ich hab dir geantwortet."

Dann hörte ich, wie es in seinem Hals anfing zu rasseln und die ersten Schnarchtöne aus seinem aufklaffenden Munde stiegen. Ich hatte mich die ganze Zeit über nicht gerührt und – wie Erec es vorausgesagt hatte – wenig begriffen. Aber es war immerhin soviel, daß ich wußte, wie schlecht er über Vater gesprochen hatte. Und dafür haßte ich ihn dieses Mal maßlos...

6. Kapitel

Am frühen Nachmittag erfaßte für gewöhnlich den Boulevard eine überbordende Quirligkeit. Ein Mahlstrom wälzte sich durch die Straßen von Paris, vorbei an den Palais und Kaffeehäusern, auf deren Terrassen die Bewegungen nicht zur Ruhe kamen. Ein zu Tausenden zählendes Publikum saß hier bei Sherry und Mocca im Schatten von Linden und Akazien, die den Boulevard säumten. Wie ein grünes Tuch schirmten sie die Terrassen und das Trottoir von der Straße ab, über deren Kopfsteinpflaster unentwegt Kutschen aller Größen und Klassen rasselten. In einer dieser Kutschen, einer zweispännigen Droschke, saßen der Herzog von Morny und der Bankier Jecker bei angeregtem Gespräch zusammen. Die Pferde vor dem Wagen waren in Schritt verfallen, weil die Verkehrsdichte den Kutscher zur Zurücknahme des Tempos gezwungen hatte. Den beiden kam die Verzögerung aber nicht ungelegen. Sie hatten den Abschnitt erreicht, der sich Boulevard des Italiens nannte. Unentwegt wechselten Passanten die Straßenseite. Gußeiserne Kioske und Blumenstände tauchten auf, Meilensteine auf einer Strecke, die so gerade gezogen war wie ein Lineal. „Eine solche Entwicklung war in der Tat nicht vorauszusehen, lieber Jecker", unterstrich der Herzog von Morny einen soeben vorgebrachten Einwand des Bankiers, dabei mit überlegener Grandezza aus dem Wagen grüßend, weil sich auf dem Trottoir seinetwegen einige Zylinder gelüftet hatten, „und schon gar nicht, wenn ich Salignys Ungeschicklichkeiten bedenke, deren er sich sonst rühmen kann."

Die Droschke hatte wieder einiges an Tempo zugelegt. Der Herzog blickte zur Uhr. Vor einer Viertelstunde hatte er Jecker zusteigen lassen. In der Nachricht, mit der er ihn hatte versorgen lassen, war der Vermerk gewesen: Erbitte sofortige Unterredung. Dann der Treffpunkt unweit eines bekannten Kiosk.

„Protektionen zahlen sich irgendwann aus – oder sollten es doch wenigstens tun", erging sich der Herzog in Belehrungen. Der weißliche Asketenschädel des Bankiers belauerte ihn regungslos.

„Wenn Saligny Seine Majestät davon in Kenntnis gesetzt hat, daß dieser neue Präsident Juárez weder gewillt ist, die mexikanischen Staatsschulden zu zahlen noch die Schadensansprüche der dort ansässigen Ausländer zu begleichen, haben wir Ihre Naturalisierung zum französischen Staatsbürger längst unter Dach und Fach gebracht. Dann wird uns der Vorwurf – ich will es mal so formulieren – ganz persönlichen Neigungen zu willfahren, nichts mehr anhaben können."

Während seines Vortrages hatte der Herzog nach vorne geblickt, als sei seine Information nur eine Beiläufigkeit gewesen. In Wirklichkeit aber genoß er die Aufgewühltheit, die sich bei Jecker jetzt bemerkbar machte.

„Mit anderen Worten", sagte der Herzog nach einer

Kunstpause, „Seine Majestät ist frühestens in fünfzehn Tagen über einen Sachverhalt im Bilde, den wir heute schon kennen. Sie wissen ja, wie lange ein Telegramm aus Mexiko braucht, das über Washington gehen muß. Und in den Vereinigten Staaten herrscht Krieg."

Jetzt konnte Jecker nicht mehr an sich halten. Das „Kolossal... unglaublich... ein Kunststück, das Saligny zustande gebracht hat", stand ihm im Gesicht geschrieben, noch bevor er es ausgesprochen hatte. Der Herzog beschattete seine Augen, weil die Lindenblätter das Sonnenlicht in flirrende Punkte zerlegte.

„Kein Kunststück, Jecker. Es gibt bekanntlich Leute, die das Gras wachsen hören", meinte er väterlich unterweisend, „diplomatische Umständlichkeiten, bestechliche Beamte, die gerne etwas hinauszögern und ganz gewöhnliche Leute, die für ein gutes Handgeld gerne eine Depesche in ihrem Reisegepäck unterbringen."

Er hatte seinen Blick abschweifen lassen, weniger zufällig, als ihm bewußt war. Von jenseits des Trottoirs, wo die Kaffeehausterrassen lagen, war die Vergangenheit an ihn herangetreten: Tortoni, die Cafés Anglais, de Paris, Riche... und hatte die immer noch brennende Sehnsucht in ihm wachgerufen nach der frechen Unbekümmertheit seiner frühen Jahre. Das brachte ihn bemerkenswert schnell zurück zu dem Thema, dessentwegen er mit Jecker hier im Wagen saß.

„Versuchen wir, die Dinge zusammenzubringen", griff er den Faden wieder auf. Er bemühte sich, bedächtig zu sprechen. „Zunächst mal, Jecker, wird die dreiste Provokation des Señor Juárez alle irgendwie an Mexiko interessierten Staaten in einen Entrüstungsschrei ausbrechen lassen. Da hätten wir die USA, Spanien, England und uns natürlich, die Franzosen. Sie sehen, Jecker, ich zähle Sie schon dazu."

Der Herzog lachte in einer etwas verletzenden Weise. Jecker ließ die Zelebrierung seiner Abhängigkeit kühl an sich abgleiten. Der Herzog redete weiter.

„Über die gegenläufigen Motive der Nationen brauchen wir uns gar nicht auszulassen. Die liegen auf der Hand. Eines dürften die europäischen Mächte bei allen Divergenzen jedoch gemeinsam haben: Die Sorge, Mexiko könne seine Handelsbeziehungen von Europa weg nach den Vereinigten Staaten hin ausrichten. Der Interessengegensatz der möglichen Interventionsmächte könnte sich indes in unserer Rechung als Nachteil erweisen. Nur Glück für uns, daß die Vereinigten Staaten durch den Bürgerkrieg noch genug zu tun haben werden."

Die gestreiften Markisen der Maison d'Or kamen in Sicht. Der Herzog unterbrach seinen Vortrag und blickte wehmütig hinüber. Jecker bemerkte es mit einer selbstzufriedenen Gehäßigkeit. Als die Droschke die Hausfront des Etablissements passiert hatte, wachte der Herzog auf.

„Problem zwei, Jecker", sagte er, in einer eigentümlichen Weise erfrischt, „wird sich aus der unglücklichen Verbindung unserer Interessen mit denen der Mexikaner um die Señores Hidalgo und Gutierrez ergeben, die den Exilantenklüngel der mexikanischen Bischöfe am Bändel haben. Man kann hier ruhig von einer gefährlichen Mesalliance sprechen, die uns unter Zeitdruck setzen wird und sicherlich nicht weniger Seine Majestät, den Kaiser. Er wird der eigentlich Leidtragende sein, wenn er sich – was für mich ausgemachte Sache ist – an einer Intervention beteiligt. Dieses zweite Problem macht unsere Rechnung, lieber Jecker, vergleichbar mit einem Hochseilakt, den ein Ungeübter vorzunehmen gedenkt."

Das Restaurant Bignon schob sich ins Bild. Zarte Grüntöne überhauchten das Weiß der Seidenkleider, die die Damen an den Tischen trugen. Die Sonnenschirme darüber erschienen unter den Blättern der Bäume blaß und ausgebleicht und machten die Zylinder der Messieurs durchsichtig. Ein Duft von Bratensoße hing in der Luft, und Jecker hatte den Eindruck, daß der Herzog – wenn es in seinem Belieben gestanden hätte – ausgestiegen wäre. Ein stilles Schmunzeln stellte sich bei dem Bankier ein.

„Sehen Sie, Jecker", meinte der Herzog, von dem es nicht bemerkt worden war, „diese mexikanischen Bischöfe sind der Sand im Getriebe. Sie werden mit ihren Forderungen Seine Majestät deshalb zu Fall bringen, weil sie dem mexikanischen Unternehmen die moralische Stoßkraft rauben. Schließlich tragen sie wie eine Monstranz ihre wahren Absichten vor sich her: In Mexiko wieder feudale Verhältnisse einzuführen. Zum Teufel mit ihnen, entschuldigen Sie, Jecker, aber dieses Pack wird die von liberalen Ideen trunkene Opposition in Frankreich gegen das Unternehmen auf die Barrikaden bringen und die Intervention zu einer Sache auf Zeit machen."

Der Herzog fingerte ein zweites Mal nach der goldenen Uhr in seiner Brokatweste und inspizierte sie mit einem kritischen Blick. Die Droschke war zum Stehen gekommen, weil querende Wagen die Verkehrsverhältnisse unübersichtlich gestaltet hatten, zur offenkundigen Beunruhigung des Herzogs, der den Kutscher jetzt zu einem beherzteren Drauflosfahren aufforderte.

„Entschuldigen Sie, Jecker", meinte er dann, „daß ich abgeschweift bin. Aber Sie sehen ja selber."

Als sich die Pferde vor der Droschke wieder ins Geschirr legten, gab es einen sanften Ruck, wie ein Signal für den Herzog, zum Thema zurückzukehren.

„Problem drei", sagte er mit einem Stirnrunzeln, „berührt uns nur zur Hälfte. Die andere Hälfte hat der Mann zu tragen, der das Firmenschild für das Ganze abgeben soll: Der Habsburger Erzherzog Maximilian. Es ist betrüblich, aber wahr: Ich muß seine Rolle so einschätzen angesichts der politischen Gegebenheiten in Mexiko."

Der Herzog streckte seine Beine aus. Ein gewagter Versuch bei den begrenzten Raumverhältnissen in der Droschke. Jecker staunte darüber, daß er überhaupt zu einer Bewegung fähig war, wenn er das vom Wasser aufgetriebene Fleisch unter der straff sitzenden Hose betrachtete.

„Wissen Sie, daß Eingeweihte behaupten, es gäbe in

Mexiko nicht die geringste Basis für die Errichtung einer Monarchie", führte der Herzog den letzten Gedanken aus, „und eine Monarchie wollen diese verrückten Exilmexikaner in ihrem Heimatland mit Hilfe dieses Habsburgers wieder aufrichten. Sie wollen einen Sproß auf einen toten Baum pfropfen, Jecker. Und wie sich die Dinge anlassen, besteht begründete Hoffnung, daß Maximilian auf das Angebot eingeht. Wenn er Bereitschaft zeigt, dann marschiert auch Seine Majestät, der Kaiser von Frankreich."

Der Herzog seufzte.

„Jecker, von dem Augenblick an zählt jeder Tag, wenn wir das Geld aus Mexiko herausbekommen wollen. Dieser Habsburger wird fallen, früher oder später. Sie werden ihn totschlagen, oder wenn er Glück hat, zurückschicken, aber bis dahin muß das mexikanische Kaiserreich des Maximilian von Habsburg die übernommene Schuldenlast an uns zurückgezahlt haben." Den Plural: Uns hatte der Herzog besonders betont, um nicht sagen zu müssen: „Die dreißig Prozent", die er Jecker für seine Verwendung abgerungen hatte.

„Was dann geschieht: Ob das Kaiserreich – dieses Produkt wirklichkeitsfremder Geister – einen Tag länger existiert oder nicht, dürfte uns hiernach kaum interessieren."

Die Droschke hatte inzwischen vor einem vierstöckigen Gebäude gehalten, einem Palais mit geöffneten Balkontüren und herauswehenden Vorhängen.

„Eigentlich müßte es Sie doch befriedigen, Jecker, blaues Blut fließen zu sehen, Ihrer Millionen wegen, nicht wahr?" meinte der Herzog im Aufstehen.

„Unserer Millionen wegen", korrigierte der Bankier mit einem mokanten Lächeln.

„Richtig, unserer", ging der Herzog darauf ein. Schon im Begriff auszusteigen, wandte er sich noch einmal um und bemerkte: „Optimismus steht uns wirklich gut an, Jecker, lachen Sie nur", um schwerfällig auf die Haustür zuzutappen, hinter der eine stadtbekannte Kokotte ein Appartement unterhielt. Als der Herzog im Eingang verschwunden war, entwich auch der letzte Schimmer von Freundlichkeit aus Jeckers Gesicht. Der Kutscher, der sich, auf eine Anweisung wartend, umgewandt hatte, fragte erschreckt:

„Wohin darf ich Sie fahren, Monsieur?"

Als sei er dadurch belästigt worden, schnarrte der Bankier ungehalten: „Natürlich zur Börse, du Dummkopf."

7. Kapitel

Inwieweit es ihm Spaß machte, die Damen in Verlegenheit zu bringen, ließ sich nicht erkennen. Daß er sich nicht scheute, war indes offensichtlich.

Mit einem kräftigen Armzug hatte er das Wasser verlassen und stand jetzt auf der untersten Stufe der Anlegestelle, während ihm von oben die Gräfin Kallonitz und seine Frau Charlotte mehr zufällig als in Absicht zusahen. Gemächlich die Stufen heraufplatschend, auf denen sich sofort Wasserlachen bildeten, um in feinen Strichen abzufließen in die türkisfarbenen Fluten des Hafenbeckens, spreizte er die Arme, als wolle er das Maß an Verlegenheiten für die Damen voll machen.

„Ein Oberkommandierender ist ein Oberkommandierender in jeder Lage und in jedem Kostüm. Ich erwarte Respekt, meine Gnädigsten!" rief er hinauf, das Gesicht indigniert verzogen und eine Betroffenheit mimend, die seiner Erscheinung einen Anstrich von Lächerlichkeit nicht ersparte.

„Es ist grausam, wie Max sich in letzter Zeit heruntermachen muß", seufzte Charlotte und sah sich in den verwirrt aufflackernden Augen ihrer Hofdame, der Gräfin Kallonitz, bestätigt.

Der Erzherzog hatte sich inzwischen die triefnassen Haare zurückgestrichen und den Backenbart gezauselt. Er war auf der obersten Stufe der Hafentreppe angelangt, die sich in der unteren Terrasse des Schlosses fortsetzte. Hier saßen im Schatten schwellenden Buschwerks Freunde und Höflinge auf Klappstühlen, Tee, Kaffee und Gebäck neben sich, etwas konsterniert, seit der Erzherzog verkündet hatte, er wolle ein Bad nehmen. Als er sich im baumwollenen Badekostüm näherte, zweifellos darauf bedacht, den Schock weiterzugeben, der ihm bei den Damen soeben Befriedigung verschafft hatte, spürte die Gräfin Lützow große Lust in sich, den Erzherzog zurechtzuweisen, wenn nicht besseres Wissen sie zurückgehalten hätte. Dessen Verhalten machte ihr nämlich nur ein weiteres Mal deutlich, daß sie richtig gehandelt hatte, ihren Schwiegersohn Gutierrez auf Maximilian anzusetzen.

Inzwischen wußte auch Charlotte davon. Und sie war es gewesen, die den Satz geprägt hatte, Max brauche eine Aufgabe, die ihm entspreche, wenn es nicht dahin kommen solle, daß er sonderlich werde. Zynisch wäre er schon immer gewesen. Jetzt werde er auch noch impertinent und geschmacklos.

Die Gräfin Zichy, Frau des Kammerherrn Graf Zichy, blickte hilflos zu Boden. Max genoß es sichtlich. Und als Sebastian Schertzenlechner, sein Leibdiener, mit einem Bademantel den Erzherzog abdecken wollte, behauptete der, er friere nicht und er solle ihn lieber der Kallonitz umlegen, denn die zittere ja in einer hundserbärmlichen Weise.

Schließlich nahm er das Angebot an, nicht ohne sich flegelhaft auf einen Stuhl plumpsen zu lassen. Mit dem Mantel wischte er an seinen feuchten Beinen herum und bemerkte zu seinem Jugendfreund, dem Grafen Carl de Bombelles: „Daß du mich nicht begleitet hast, werd ich dir nie vergessen. Was hältst du übrigens davon, wenn ich in Wien am Hofe meines Bruders diese Vorstellung zelebrieren täte?" Der Angesprochene zuckte mit keinem Gesichtsmuskel, als er ernsthaft abriet, weil die Probleme schon groß genug seien. „Hast recht, hast recht... Carl", murmelte Max, „und allen anderen hier ein großes: Vergebt's mir!"

Er schloß die Augen und warf den Kopf zurück, als sei er entsetzt über sich selbst.

„Hier im Schatten holst du dir den Tod, Max", vernahm er augenblicklich Charlottes Stimme hinter sich. Sie hatte dem Vorgang schweigend beigewohnt, war dem Wortwechsel verständig gefolgt und hatte ihre Schlüsse gezogen.

„Hab ich nicht recht, Dr. Jilek?" fragte sie vorsichtshalber den betagten Leibarzt des Erzherzogs, der Maximilian schon als Kind behandelt hatte.

„Völlig, Euer Kaiserliche Hoheit", bestätigte der alte Mann, „der Wind ist unberechenbar. Kaiserliche Hoheit müssen sich umziehen." Max hatte die Augen wieder geöffnet, ganz plötzlich, als sei er geweckt worden.

„Ja", sagte er nur und sprang auf, „ja... ja."

Dann überkam ihn eine sonderbare Eile und trieb ihn ins Schloß zurück. Schertzenlechner, der Leibdiener, hatte Mühe, ihm zu folgen.

Ein Räuspern der Erzherzogin zerriß schließlich den Bann, der sich als verlegenes Schweigen auf die Gesellschaft gelegt hatte. Die überstandenen Minuten hatten Charlotte ihren bräunlichen Teint zurückgegeben, der von einem fahlen Gelb überschattet gewesen war. Ihr ovales, in den Wangen etwas ausgeprägtes Gesicht zeigte wieder jenen Ernst, der für sie typisch, aber gemessen an den einundzwanzig Jahren, die sie zählte, reichlich ungewöhnlich war. Keiner der Anwesenden sah darin einen Grund zur Beunruhigung. Die meisten von ihnen waren schon in Monza dabeigewesen, als Maximilian in seiner Eigenschaft als Gouverneur von Lombardo-Venetien dort Hof hielt. In den vier Jahren ihrer Ehe mit dem Erzherzog hatte sie sich allen besonders durch ihre nimmermüde Tatkraft empfohlen, die nur darunter litt, daß ihr das rechte Betätigungsfeld fehlte. Manche sagten ihr deshalb nach, daß sie unentwegt für ihren Mann das fordere, was sie selber brauche. Und meinten damit die Rolle, die sie ihrer Schwägerin, der Kaiserin Elisabeth, neidete.

Jetzt empfand sie es als Erleichterung, daß der Marineadjudant ihres Mannes, Stefan Herzfeld, die Frage des Grafen Zichy, ob die Adriaflotte bereit sei, um notfalls eine Landung, ähnlich der von Garibaldi in Sizilien, abzuwehren, mit rhetorischem Getöse beantwortete.

„Gell, Stefan", meinte die immer noch verschreckte Gräfin Zichy, „der Kontreadmiral Tegetthoff wird sie schon ins Meer werfen. Und so tüchtig, wie der Erzherzog die Flotte in den vergangenen Jahren aufgebaut hat, wird das ein Kinderspiel sein."

Der Adjudant setzte ein Glas an den Mund und meinte, mehr in den Kelch hineinsprechend als zur Gräfin gewendet: „Aber ganz sicher... sicher."

Dann entwickelte sich auf das Stichwort hin ein Gespräch über die kaum gewürdigte Aufbauleistung Maximilians als Oberkommandierender der Flotte. Schließlich habe er damals, 1854, aus einem Haufen untauglicher Pötte nach englischem Vorbild eine kleine, aber schlagkräftige Seestreitmacht geschaffen, neue Werften gegründet und Befestigungen angelegt. Diese Leistung könne niemand dem Erzherzog streitig machen.

Ein Anflug von Röte huschte über Charlottes Wangen. Die Gräfin Kallonitz hatte den Eindruck, daß der Marchese Corio, ein Höfling, wie er im Buche stand, der Erzherzogin mit der Bemerkung schmeicheln wollte.

„Ja, Kaiserliche Hoheit", paraphrasierte er noch einmal, „ich will hier stellvertretend für alle betonen, daß die Flotte des Habsburger Reiches allein ein Geschöpf unseres Erzherzogs ist." Nachdem er sich so weit vorgewagt hatte, war die Zustimmung der anderen eine Formsache. Der einzige, der sich zurückgehalten hatte, war der alte Leibarzt, Dr. Jilek, gewesen. Er wußte um die Unzufriedenheit derer, die hier zusammensaßen. Der schwülstige Lebensstil in den Schlössern Lombardo-Venetiens hatte sie verwöhnt. Miramare, trotz seiner pompösen Ausstattung und aufwendigen Hofhaltung, reichte nicht annähernd an das heran, was die Hofschranzen – das waren sie in den Augen

Dr. Jileks – für sich beanspruchten. Er witterte ein Komplott. Zumal er eingeweiht war in das Gerücht, Maximilian solle die Krone eines fremdes Landes angetragen werden. Ihn endlich die lange Freitreppe herabkommen zu sehen, wirkte auf den alten Mann wie die Befreiung von einem Alpdruck. Wenngleich er wußte, daß das Gefühl trügerisch war und nichts an der Wirklichkeit änderte. Aber vielleicht war es nur die zu verständliche Reaktion des alten Leibarztes, der die vielen kleinen und großen Krankheiten bekämpft hatte, der zuweilen ums Leben bangen mußte und dann doch Sieger geblieben war. Die einmal übernommene Verantwortung war zu einer lebenslänglichen geworden. Das fühlte der alte Mann jetzt mit der Verläßlichkeit einer Eingebung, während er den Erzherzog betrachtete, der die Stufen, elastisch wie immer, hinunterschritt. Sein Gang war vielleicht nicht mehr so wippend wie früher, wirkte etwas gezähmter, aber beileibe nicht steif.

Das hätte sich auch in keiner Weise mit seiner beeindruckenden Gesamterscheinung vertragen, der er seine nicht unbeträchtlichen Erfolge als Gouverneur verdankte. Nicht zuletzt auch mit dem guten Eindruck, den er am belgischen Hofe anno 1856 hinterlassen hatte. Charlottes Ehe mit ihm legte dafür beredtes Zeugnis ab. Sie sei eine Liebesheirat eingegangen, wurde behauptet, und mochte damit nur ihren guten Geschmack unter Beweis gestellt haben, wovon sich Dr. Jilek wieder überzeugen konnte, als Maximilian in lockerem Hemd und tadellos gebügelter Steghose im Kreis der anderen Platz nahm.

„Hat Kuhacsevich sich schon sehen lassen?" fragte er. Seine Stimme klang frisch und tatendurstig.

Herr Kuhacsevich bekleidete das Amt des Schatzmeisters und hatte versprochen, heute die Rechnung vorzulegen, auf die sich die Restauration eines alten Klosters auf der Insel Lacroma belaufen würde.

„Nicht ein Rockzipfel von ihm, Kaiserliche Hoheit", erklärte Graf Zichy, sichtlich erfreut, daß sich die peinliche Situation von eben so gut beigelegt hatte.

„Gut, gut", meinte der Erzherzog, „wie spät haben wir es?"

„Achtzehn Uhr, Kaiserliche Hoheit", sprang Schertzenlechner, der Lakai, eifrig, wie er sich immer gab, herbei.

Die Sonne war zu dieser Stunde ums Schloß herumgewandert und stand in der Bucht von Grignano, ein wabernder Feuerreif, der den Kalksteinklotz aus Türmen und Zinnen in den Park hinein projizierte, an dessen Fertigstellung unermüdlich gearbeitet wurde.

„Wann treffen die Glyzinien aus China ein, Stefan?" wollte der Erzherzog von seinem Adjudanten wissen.

„In sechs Wochen etwa, Kaiserliche Hoheit."

„Carl", meinte er darauf, „kümmere du dich bitte darum, daß die Laubengänge sauber gearbeitet werden."

Der Graf de Bombelles nickte.

„Und Sie, Corio, sind mir für die planmäßige Durchführung bei den Lotosteichen verantwortlich."

Der Marchese verbeugte sich leicht, gelassen den Unwillen überspielend, den die Aufgabe in ihm wachgerufen hatte. Einen Unwillen, den Charlotte nicht weniger mächtig in sich spürte, wenn sie daran dachte, mit welchen Lappalien Max den Rest seines Lebens zu verbringen gedachte. In einer solchen Umwelt fehlte ihr die Luft zum Atmen.

„Kommen Sie, Paula, gehen wir ein bißchen spazieren", seufzte sie und faßte die Gräfin Kallonitz sacht am Arm. Sie nahmen den Weg seewärts, an der Brüstung entlang, die sie zum Turm an der Westseite des Schlosses bringen würde. Charlotte wirkte trotz ihrer Erregtheit bedrückt.

„Es schnürt mir das Herz ab, wenn ich einem solchen Gespräch beiwohnen muß, Paula", sagte sie plötzlich.

Inzwischen waren sie außer Sichtweite der anderen. Das Brausen des anbrandenden Meeres hatte die Erzherzogin gezwungen, lauter als gewöhnlich zu sprechen.

„Wer Max kennt, weiß, was ihn das kostet", erklärte sie aufgebracht, „sich selber zu betrügen, erfordert einen größeren Aufwand, als zu tun, was man tun muß. Ach, Paula," preßte sie hervor, „welche Gaben verkommen auf diese Weise. Was könnte Max nicht alles besser machen als sein Bruder Franz Joseph. Wie oft hat er es bewiesen und sich Neider in Wien geschaffen. Darum sitzen wir doch hier."

Charlotte hatte im Schritt innegehalten. Ihr Tempo war ohnehin schneller geworden bei den letzten Worten und hatte die Gräfin Kallonitz in Schwierigkeiten gebracht. Jetzt sah sie, mit wogendem Busen neben ihr stehend, daß die Erzherzogin schluchzte. Es war eine Regung, die sie ihr nie zugetraut hätte. Dann wurde sie, ebenso überraschend für die Gräfin, von einem Ernst heimgesucht, der in eine wache Gespanntheit überwechselte.

„Paula", sagte sie hart, „wir sollten mit unserer Geduld nicht zu großzügig umgehen. Wir alle hier lieben den Erzherzog und leiden unter seinem ungerechten Schicksal. Um es zu wenden, brauchen wir allerdings mehr, als nur eine vage Versprechung. Was wir benötigen, Paula, ist eine offizielle Note. Die Gräfin Lützow muß uns helfen, wenn es darum geht, diese Note vom Hof in Wien zu bekommen. Franz Joseph dürfte über das Ansinnen der Mexikaner, ihm seinen Bruder abspenstig zu machen, hoch erfreut sein, wie ich ihn kenne. Und wir hier, Paula, werden es dann schon schaffen, den Erzherzog aus seiner selbstquälerischen Bescheidenheit herauszukomplimentieren."

Die als Selbstbeschwörung gedachten Worte hatten ihre Wirkung nicht verfehlt. Charlotte fand aus dem Stimmungstief heraus. Ihr Gesicht leuchtete. Für einen Moment war sie das, was sie in ihrem blühenden Alter darstellen sollte: Ein junges Mädchen, dem der Seewind die Flechten gelöst und über Stirn und Schläfe geblasen hatte. Mit vorgestrecktem Kinn, den Hals stolz gereckt, glitt ihr Blick jetzt über den in allen Farben funkelnden Triestiner Golf, auf dem die Sonnenscheibe aufsetzte.

„Dieses Eiland hier, Paula", visionierte sie, „ist ein Landesteg und kein Ruhesitz. Alles, das spüre ich, ist Aufbruch, Zurüstung. Innerlich sind wir auf Kommendes eingestellt, auch wenn wir es noch nicht in Worte fassen können. Doch eines ist sicher: Dieses Eiland wartet auf das befreiende Schiff, als sei es nur dafür gebaut worden. Das Schiff für die große Reise."

Als sich in der Bucht von Grignano ein dunkler Fleck zeigte, zuckte die Erzherzogin leicht zusammen, nicht unmerklich genug, um es vor der Gräfin verheimlichen zu können.

„Ein Schiff, Paula!"

Charlottes Körper reckte sich, machte sie größer, als sie war. In der Pose erinnerte sie an ein spähendes Tier. Noch einmal entfuhr ihr der Ausruf und machte die ganze Wirklichkeitsflucht deutlich, die sie angetreten hatte. Die Gräfin Kallonitz verbarg ihre Bestürztheit, so gut sie konnte. Trotzdem wagte sie zu bemerken: „Aber Kaiserliche Hoheit, es ist nur eine Barkasse."

Charlotte schaute auf, erstaunt, wie aus dem Schlaf geweckt, und wiederholte, trunken noch und tief traurig: „Ja, Paula, nur eine Barkasse."

8. Kapitel

Der Sonntag in Triest – vor allem im Hochsommer – war ein Tag von außergewöhnlichem Reiz. Wenn die frühen Nachmittagsstunden anbrachen und die Verpflichtungen des Kirchganges, das Mittagessen und die Ruhestunde danach vorbei waren, schienen sich alle besseren Leute der Stadt auf der Piazza Grande einzufinden, wo Sonntag für Sonntag eine Marinekapelle das promenierende Publikum mit Melodien von Strauß und Donizetti unterhielt.

Das Kaffeehaus Specchi platzte aus allen Nähten. Alles, was Rang und Namen hatte oder ihn haben wollte, fand sich hier ein. Das Bild war bunt wie die Wimpelparade an den Masten des Adriageschwaders, das an manchen Sonntagen auf Reede lag: Eine stolze, etwas prätentiöse Ansammlung von Schiffen verschiedener Größe. Durch die Labyrinthgänge des Volksparks bewegten sich die Menschen, träge, von der Sonne geplagt, die Frauen unter seidigen Schirmen, Arm in Arm die Paare, während Kinder vor ihnen herliefen, mit großen, weißen Kragen.

Am Maria-Theresia-Brunnen saßen die jungen Leute, weil ihnen das Geld für ein Kaffeehaus fehlte. Um sich zu erfrischen, tauchten sie ihre Hände ins Wasser.

Hin und wieder kreuzte ein Reiter den Platz, galant eine der Damen auf der Kaffeehausterrasse grüßend, während der Hafen ruhig war wie sonst an keinem Tag der Woche. Nur das Hupen des Postschiffes, das auch heute zur Dalmatischen Küste auslief, störte den Sonntagsfrieden.

...Vielleicht um sich zu revanchieren, hatte mein Vater Rita Scarpa zum Kaffee auf der Piazza Grande eingeladen – schreibt Viktor Anselli über einen dieser Sonntage – schließlich hatte sie es sich mehr als verdient, auch wenn genau besehen, eine Einladung natürlich nicht wett machen konnte, was sie für uns getan hatte. Und so blieb es nicht aus, daß sie hinter der Einladung etwas anderes vermutete. Die Art, wie sie sich für den Ausgang präpariert hatte, ließ darauf schließen, daß solche Vergnügungen für sie ungewohnt waren. Und ganz sicher war es der Besuch des Kaffeehauses Specchi.

Ihren drallen Körper in der Mitte zusammengeschnürt zu sehen, daß sich die oberen Proportionen frech herausschoben, war nicht nur für mich eine Feststellung, an die sich zu gewöhnen, schwer fiel. Auch mein Vater schien seine Probleme zu haben. Aber er schwieg dazu, taktvoll, wie er war, ließ es hingehen, daß Rita in ihrer Aufmachung mehr verloren als hinzugewonnen hatte, und reichte ihr gelassen den Arm. Woher sie das Kleid genommen hatte, blieb ihr Geheimnis.

Ich denke mir, der Gang durch die Gassen hinunter zur Piazza Grande war für meinen Vater, wenn nicht gerade ein Spießrutenlauf, so doch eine Belastung außerordentlicher Art. Ich, der ich immer einige Meter voraus lief, erkannte an den Reaktionen der Passanten, die uns entgegen kamen, daß etwas nicht in Ordnung sein konnte, und ahnte, worauf es sich bezog. Rita schien dessen ungeachtet in einer Wolke angenehmster Empfindungen zu schwelgen.

Die Piazza Grande machte unserer Not ein Ende. Erleichtert tauchten wir ein in das satte Fluidum bürgerlicher Gediegenheit. Nichts schien diese Welt aus dem Lot bringen zu können, kein Garibaldi, keine Revolution. Sie schien nach immerwährenden Gesetzen zu funktionieren.

Mein Herz begann schneller zu schlagen. Ich hüpfte im Überschwang und lief los.

„Mach dich nicht dreckig", hörte ich Vater hinter mir. Ich aber war schon am Brunnen und klatschte die Handflächen hinein, daß die Fontänen mir ins Gesicht sprühten.

Als wir die Kaffeehausterrasse betraten, war der Kragen meines Hemdes voller Spritzer. Aber im Gegensatz zu dem Aufsehen, das Rita erregte, stand ich trotz offensichtlicher Bekleidungsmängel auf verlorenem Posten.

Mein Vater schwitzte. Das sah ich. Und als er für sich und Rita Kaffee und Kuchen bestellte und für mich eine Limonade, tat er das mit offensichtlichem Unwillen. Zumal Vater den Fehler begangen hatte – der ihm sicherlich erst jetzt als solcher bewußt geworden war – sich mit dem Apotheker Reisinger zu verabreden, der seit kurzem Vaters Freund war. Augenscheinlich spielte Vater mit dem Gedanken, den Kontakt zu Reisinger enger zu gestalten, weil er an den Sonntagen auf mich und Rita angewiesen war, da Erec für ihn nicht mehr zählte.

Auffallend oft griff mein Vater jetzt in seine Westentasche, um die Uhr hervorzuholen, als gehe es ihm nicht schnell genug, sich von uns zu befreien. Rita gabelte den Kuchen in sich hinein, schlürfte den Kaffee und schielte zu den anderen Tischen hinüber.

Für mich, der ich zunächst mit meiner Limonade beschäftigt war, bekam der Nachmittag erst in dem Augenblick sein spezifisches Gewicht, als eine Gruppe gewichtiger

Herren schräg von uns ihren Tisch verließ und mir den Blick freimachte auf ein Paar, dessen Interesse aneinander so mäßig war wie das meines Vaters an Rita. Es waren die Zimbarellos.

Leider saß Gina mit dem Rücken zu mir, so daß ich nur ihr Kleid bewundern konnte, jene mit Aufsätzen und Bordüren reiche Anhäufung von Seide, die auf die Entfernung so samten erschien wie die braune Haut ihres Halses. Wenn sie ihn bewegte, verdeckte der große, mit Tüll behangene Hut auf ihrem Kopf das Gesicht ihres Mannes, in dem sich auf ewig eine stille Verdrossenheit eingenistet zu haben schien.

Das Eintreffen der Reisingers setzte einen neuen Anfangspunkt. Mein Vater, der bisher nicht mehr getan hatte, als Rita ab und zu danach zu fragen, ob es ihr schmecke oder gefalle und ansonsten den aufmunternden Potpourris der Marinekapelle gelauscht hatte, sprang plötzlich auf und begrüßte das Ehepaar überschwenglich.

„Paul!"

„Gnädige Frau!"

Dann stellte er uns vor.

Rita musterte Frau Reisinger mit einem neugierigen Blick, ohne sich von ihrer Erscheinung beeindruckt zu zeigen. Soweit ich mich erinnere, war Frau Reisinger eine recht farblose Frau, die schweigend am Tisch sitzen konnte, ohne darunter zu leiden, daß sie nicht am Gespräch beteiligt wurde. Im Gegensatz zu ihrem Mann, der so redselig wie rund war, eigentlich nur aus Bewegung bestand, was um so erstaunlicher war, als er in der Höhe soviel maß wie in der Breite. Paul Reisinger beherrschte unangefochten die Runde.

Mein Vater begleitete seine Suada mit beipflichtendem Nicken, tätschelte Reisinger ab und zu den Unterarm und kommentierte gelegentlich eine Aussage. Frau Reisinger saß stocksteif daneben und ließ den Wortschwall überlegen an sich abtröpfeln. Wenngleich ich mich nicht mehr erinnern kann, worum es an diesem Sonntag ging, so darf ich aus späteren Teilnahmen an solchen Gesprächen annehmen, daß es auch dieses Mal um Reisingers alchemistische Versuche ging, die meinen Vater mit dilettantischer Bewunderung erfüllten. Gerade das aber ließ die Teilnahme an ihren Gesprächen zu einer Geduldsprobe werden. Mein Vater und Paul Reisinger waren sich nämlich darin einig, daß der Untergang der alten Ordnung unabwendbar sei. Der Aufzug der neuen aber ein weitaus größeres Unglück darstelle, als die alte Ordnung es jemals gewesen war. Hilflos, wie sie sich fühlten, suchten sie Zuflucht bei den Offenbarungsmöglichkeiten der Alchemie.

Ich verstand natürlich von den gedrechselten Sentenzen nichts, entwickelte aber nichtsdestoweniger Hochachtung vor den gewaltig klingenden Worten. Rita folgte meinem Beispiel, obwohl sie sicher genauso überfordert war wie ich.

Nur wenn mein Vater etwas einwandt, stahl sich in ihr fragendes Gesicht ein Zug verstehender Begeisterung. Aber ich glaube, daß sie eher meinem Vater zuliebe Teilnahme heuchelte, als daß wirkliches Begreifen dahinter stand.

Auf jeden Fall wurde der Nachmittag für mich eine Enttäuschung. Zwar bekam ich widerspruchslos meine Wünsche erfüllt, trank eine Limonade nach der anderen, verlegte mich mehr und mehr darauf, das Publikum zu beobachten, aber insgeheim wünschte ich mir, daß der Tag zu Ende ginge und ich wieder in der Schule säße, die mir jetzt allemal lieber war als das Herumsitzen hier.

Zu dem Zeitpunkt konnte ich natürlich nicht ahnen, daß mir ein außerordentliches Erlebnis noch bevorstand.

Die Zimbarellos hatten inzwischen ihren Tisch geräumt und waren unter Ginas Sonnenschirm zu den Hafenmolen spaziert. Im Volkspark hatte die Marinekapelle ihre Instrumente eingepackt und machte sich für den Abmarsch bereit. Die Labyrinthgänge verloren ihre Anziehungskraft. Auf dem Brunnenrand saßen nur noch wenige. Um uns herum leerten sich die Tische. Neben der vorgerückten

Stunde mochte der kühle Wind dafür verantwortlich sein, der Rita eine Gänsehaut auf die nackten Arme zauberte und Frau Reisinger dazu veranlaßte, ihrem unentwegt plappernden Mann Ermahnungen ins Ohr zu zischen, die aber wenig beeindruckend gewesen sein müssen, denn der Apotheker vertrieb weiterhin mit ungebrochener Leidenschaft seine Ansichten.

Dann stellte sich etwas ein, dessen Folgenschwere in dem Augenblick niemand absehen konnte und dessen Bewertung auch aus meiner heutigen Perspektive nicht mehr darstellen kann als eine gewagte Konstruktion. Trotzdem will ich behaupten, daß sich in den nächsten Minuten meine und meines Vaters Zukunft entschied.

Dabei wäre die dazu nötige Begegnung fast nicht zustande gekommen, wenn nicht Rita – sinnigerweise Rita, wie sich noch zeigen wird – von Kälteschauern geschüttelt, aber nichtsdestotrotz wacker bei Vater und den Reisingers ausharrend, durch eine ungeschickte Bewegung eine Tasse vom Tisch gefegt hätte. Ausgerechnet auf die helle Weste meines Vaters, der vergeblich auszuweichen versuchte, aufsprang und die Vortragsrunde sprengte. Alle schauten entsetzt auf, am meisten Rita, die sich sofort an Vaters Weste mit einer Serviette zu schaffen machte, rieb und herumwischte und meinem Vater so auf den Leib rückte, daß er ungehalten wurde.

„Schon gut, Signorina Scarpa", knurrte er.

Rita zuckte leicht zusammen. Sie hatte die Anspielung über die distanzierende italienische Anrede verstanden und brachte mit einem Schwall von Entschuldigungen ihr Beleidigtsein unter Kontrolle.

Was nun folgte warf alle Erwartungen über den Haufen. Konsequent wäre es gewesen, sich wieder zu setzen, um den Vortragskünsten Paul Reisingers weiterhin zu lauschen. Aber mein Vater blieb stehen, etwas gebeugt, wie von einem Schlag gerührt. Wir alle am Tisch starrten ihn an, fragend, während er über uns hinweg auf die Glasfront des Cafés blickte, von etwas gebannt. Aus der Doppeltür traten Gäste. Nach Sekunden der Orientierungslosigkeit wußte ich, was meinen Vater gefesselt hatte. Die roten Haare waren mir am stärksten im Gedächtnis geblieben. Daran erkannte ich sie sofort: Verenice, die Nichte des Buchhändlers Hube, über den mein Vater für die Hofbibliothek die Bestellungen abwickelte.

Ohne Zweifel hatte auch sie jetzt meinen Vater ausgemacht. Obwohl sie in Begleitung zweier junger Männer war, winkte sie herüber, bemerkte etwas zu ihnen und näherte sich unserem Tisch. An Ritas Reaktion sah ich es zuerst: Sie bekam einen roten Kopf. Frau Reisinger legte sich einen verachtenden Hochmut zu, während ihr Mann mit glotzenden Augen und klaffendem Mund der Sprachlosigkeit zum Opfer gefallen war. Daß Verenice unsere Reaktion – und vor allem die meines Vaters – bemerkt hatte, ließ sich erkennen an einer leichten Unsicherheit, die sie allerdings geschickt zu überspielen verstand.

„Sieh da", alberte sie sich in eine überlegene Haltung hinein, „der Herr Hofbibliothekar mit Anhang", und reichte meinem Vater die Hand.

Sich erkennbar zusammennehmend, ergriff er sie und drückte in etwas gedrechselten Worten sein Entzücken aus. Da er sie von der Buchhandlung her kannte, mußte es wohl an Verenices mondäner Kleidung gelegen haben, daß er Mühe hatte, sein Überwältigtsein nicht zu offensichtlich werden zu lassen. „Aha", sagte Verenice nur, während Vater uns bekannt machte, „aha, der kleine Anselli", schenkte mir ein Lächeln, ohne sich von Ritas flackerndem Blick aus dem Gleichgewicht bringen zu lassen.

„Mein Bruder", setzte sie dann die Reihe der Vorstellungen fort, „Leutnant zur See, Wernher Neubauer."

Der etwas bläßliche, fast weißhaarige junge Mann klappte die Hacken militärisch zusammen und verbeugte sich.

„Und das ist Wernhers Freund: Baron Bernhard von Wendulic, ebenfalls Leutnant zur See."

Das ganze Gegenteil von Wernher Neubauer, dunkelhaarig, mit braunem Teint, der seine südländische Abstammung deutlich machte, zeigte er sich auch im militärischen Begrüßungsritual ungezwungener.

„Küß die Hand, meine Damen – meine Herren!"

Dabei legte er die Fingerspitzen nachlässig an den Schirm seiner Kappe.

„Ach, daß ich es nicht vergesse, Herr Anselli", fuhr ihm Verenice augenblicklich in die Parade, „ich werde übrigens morgen im Schloß auftauchen. Die Buchpakete der Erzherzogin sind eingetroffen."

Mein Vater tat sicher nicht nur überrascht, als er anfragte: „Die Buchpakete der Erzherzogin?"

„Ja", sagte Verenice mit freundlichem Entgegenkommen, „die Mexiko-Bände. Wissen Sie denn nichts davon?"

„Nein", bemerkte mein Vater etwas kleinlaut, und dann, als habe ihn seine Unwissenheit nicht im geringsten berührt, verstieg er sich zu der Behauptung, daß er sich schon auf ihren Besuch im Schloß freue.

Er hatte nicht einmal gelogen, wie sich später herausstellte...

9. Kapitel

Sie hatte ihn schon immer gemocht: Den Geruch des Ginsters, der von den Karstbergen herunterkam, wenn der Wind vom Land wehte. Das schwere Aroma besaß etwas Betörendes, das sie gewiß einem Verdacht ausgesetzt hätte, wäre sie nicht schon eine Dame in den reiferen Jahren gewesen.

Die Gräfin Lützow, Oberhofmeisterin in Miramare, hatte sich ein Umschlagetuch über die Schultern gelegt und war noch einmal nach draußen gegangen. Die Luft schmeckte nach Abkühlung. Es war schon September, und die Tage wurden unzuverlässig.

Bereits nach wenigen Schritten wußte die Gräfin, daß sie gut daran getan hatte, sich mit einem Wetterschutz zu versehen. Vom Hauptportal aus schlug sie den Weg am Brunnen vorbei zum Park ein, der sich landeinwärts auf das Dörfchen Grignano hin zog. Geräusche, die von dort kamen, deuteten an, daß Bautrupps noch dabei waren, an irgendeinem der vielen Projekte, die dem Erzherzog am Herzen lagen, zu arbeiten. Selbst eine in technischen Dingen so wenig versierte Frau wie die Gräfin Lützow konnte sich leicht vorstellen, daß die Arbeiten sich noch lange hinziehen würden. Die Uferpromenade, ein breiterer Kiesweg, war allerdings fertig.

Die Krinoline gerafft, tastete sich die Gräfin, mehr als sie schritt, vom Brunnenplatz hinunter auf den Weg, eingehüllt in jene berauschenden Düfte, deretwegen sie das Schloß verlassen hatte. Ein weiterer Bewohner des Schlosses hatte den Alleingang gewählt, wenngleich aus anderen Gründen.

Als die Gräfin die erste Wegbiegung hinter sich hatte, war ihr Erstaunen groß, auf der Promenade Dr. Jilek vorzufinden. Er saß auf einer Gartenbank, versonnen aufs Meer hinausschauend. Die Annäherung der Gräfin hatte er wohl bemerkt, sich aber offensichtlich geweigert, sie zur Kenntnis zu nehmen. „Wenn ich Sie störe, Doktor, schicken Sie mich ruhig weg", entschuldigte sich die Gräfin, um nicht zuviel von ihrem verletzten Stolz zeigen zu müssen.

„Nein, nein, Gräfin", beruhigte sie der alte Arzt, „ich habe ja nichts zu tun, wie Sie sehen."

„Was ich Ihnen auf der Stelle nicht glaube, lieber Doktor", erwiderte die Gräfin Lützow, „ich nehme nicht an, daß Sie hier sitzen, weil Zephyrs Düfte Ihnen plötzlich soviel wert sind. Das ist doch reiferen Damen vorbehalten, wie mir."

Sie schmunzelte in einer versteckten Weise, die eine längst überwunden geglaubte Koketterie zutage treten ließ.

„Sie haben recht, Gräfin", meinte der Arzt darauf, „ich denke über etwas nach."

„Na, sehen Sie, Doktor."

„Ich stehe vor dem Problem, die Wahrheit sagen zu müssen, Gräfin."

Die Gräfin Lützow zog in einer gespielten Entrüstung den Mund auseinander.

„Aber, Doktor, das darf man von einem Mann wie Ihnen verlangen. Mit einer Ausnahme allerdings", meinte sie, „wenn es darum geht, einen Kranken vor einer niederschmetternden Wirklichkeit zu bewahren."

Dr. Jilek nickte.

„In meinem Falle würde den Kranken die Unwahrheit verderben und die Wahrheit vielleicht auch."

Die Gräfin riß die Augen auf.

„Eine unglaubliche Sache, die sie beschäftigt", keuchte sie, „darf ich mich zu Ihnen setzen?"

Die einladende Geste des Arztes nur beiläufig registrierend, plazierte sie sich neben ihn, das Umschlagetuch fest an sich reißend. In den Büschen hinter ihnen raschelte der Wind.

„Er steht heute ungünstig."

„Sie meinen den Wind, Doktor?"

„Ja, natürlich", wies er sie zurecht.

Die abermalige Brüskierung schluckte sie hinunter, weil ihre Neugier stärker war als ihre Revanchegelüste.

„Es geht auf den Winter zu, lieber Doktor!"

Daß er ihre Bemerkung gar nicht zur Kenntnis genommen hatte, sah sie seinem Gesicht an. Gespannt und voller Unruhe ging er mit den Augen das Wasser ab, in das der Wind blies. Wenn die seichten, mitunter auch steifen Brisen über die Oberfläche strichen, dann wurde die See glatt wie ein Öltuch.

„Max ist mit seinem Segelboot unterwegs", sagte der Arzt übergangslos, „zusammen mit seinem Adjudanten, diesem Fregattenkapitän Herzfeld."

„Was dem jungen Mann nur gut ansteht, lieber Doktor", wandte die Gräfin beruhigend ein, „es drückt sich darin doch nur ein Ungestüm aus, dem die Wirklichkeit – ich meine damit seine momentane Lage – nicht Rechung tragen kann. Max ist ein tatendurstiger junger Mann. Wenn ihm kein Feld für Bewährung und Schaffensdrang zur Verfügung steht, so hält er sich eben auf diese Weise schadlos. Aber das leidige Thema wird ja – so wie es jedenfalls aussieht – in Kürze beigelegt sein."

Eine verirrte Böe hatte den Rockkragen des Arztes hochgeschlagen und sein Gesicht zur Hälfte verdeckt. Bemüht, den Kragen zurückzuklappen, kam die Gräfin ihm zu Hilfe.

„Die Mutter des Erzherzogs, Erzherzogin Sophie, verlangt eine Stellungnahme von mir", meinte Dr. Jilek nach einer Weile bedrückten Schweigens, „Sie wissen ja, Gräfin, daß die Anfrage des Pariser Hofes, ob Max für eine Kronübernahme in Mexiko zur Verfügung stehe, einigen Wirbel verursacht und Wien in zwei Lager gespalten hat. Die Gegner und auch die Befürworter machen sich daran, Parteigänger zu werben. Die Erzherzogin Sophie hält nichts von dem französischen Vorschlag und bittet mich, meine Meinung zu äußern."

Ein feierlicher Ernst prägte das Gesicht der Gräfin, als sie fragte: „Und eine Meinung zu vertreten, fällt Ihnen so ungemein schwer, Doktor?"

„Ich habe es Ihnen schon zu erklären versucht, Gräfin."

„Und haben dabei nicht die Rechnung mit meiner Borniertheit gemacht", alberte die Gräfin Lützow, „was aber nichts heißen soll. Auch wir Frauen sind nicht ganz unbegabt und immer bereit, dazuzulernen."

Sie merkte sofort, daß ihr Gesprächspartner nicht bereit war, ihren Humor dialogisch fruchtbar zu machen.

Dr. Jileks Stimme wurde leise – verdächtig leise – als er ansetzte: „Ich kenne Max seit den Tagen, als er ein Bub war. Ich bin ihm begegnet in Gesundheit und Krankheit. Wintertags in Schönbrunn und im Sommer in Ischl. Sein Leben liegt offen vor mir. Ich teile die Ansicht seiner Mutter, Gräfin, daß Max die Finger davonlassen soll."

„Doktor!"

Der Aufschrei besaß alle Qualitäten der Empörung. Von

ihrem eigenen Ungestüm fortgerissen, saß die Gräfin hochaufgereckt und schwer atmend neben dem Arzt, der entschlossen zu sein schien, jede Rücksicht fahren zu lassen, wenn es um die Wahrheit ging.

„Ich weiß, was Sie einwenden wollen, Gräfin", fuhr er fort, „seine Erfolge, sein Charisma, das er zweifellos besitzt. Aber das ist es ja gerade."

Er blickte die Gräfin in einer sie verunsichernden Weise an. „Er hat seine Erfolge errungen und sein Charisma ausspielen können in einer Welt, die ihm keinen Widerstand entgegensetzte. Er hat sich in Freiräume hinein entwickeln dürfen und ist von den Umständen gehätschelt worden. Das hat seine Bewunderer – ich will sie mal so nennen – blind gemacht für seine Beschränktheiten."

„Und das wollen Sie der Erzherzogin Sophie schreiben?" wandte die Gräfin ein, die Augen weit, wie vor Entsetzen aufgerissen, „haben Sie dabei auch hinreichend an die Konsequenzen gedacht?"

Weil der Wind gedreht hatte, ließ sich vom Schloß her Klavierspielen vernehmen. Charlotte saß an ihrem Flügel und übte an einem ihrer Lieblingsstücke: Beethovens Waldstein-Sonate.

„Auch an die junge Frau, Gräfin", meinte der Arzt beziehungsvoll, „vor allem an sie."

„Werden Sie nicht prätentiös, Doktor."

„Ganz und gar nicht", verteidigt sich Dr. Jilek, „schließlich muß die Erzherzogin mit zwei Scheuklappen leben: Dem Ehrgeiz ihres Vaters, dem sie glaubt willfahren zu müssen, und der Bewunderung für ihren Mann, die zu einer, glaube ich, gefährlichen Fehleinschätzung führt. Ich möchte Max vor dem tödlichen Irrtum bewahren, Gräfin, die mexikanischen Verhältnisse als für ihm meisterbar anzusehen."

„Sie reden, als blickten Sie auf Erfahrungen zurück, Doktor", beharrte die Gräfin auf ihrer Position, „ist das nicht etwas anmaßend?"

Aus Richtung Grignano kamen jetzt die Gärtner über

den Kiesweg zurück. Die Barkasse würde sie zusammen mit anderen Bediensteten des Schlosses abholen und nach Triest bringen. Dr. Jilek wartete mit seiner Antwort, bis sie die Bank passiert hatten. Es waren Minuten, die den Anstandregeln gehorchten. Als die Gärtner außer Hörweite waren, drängte die Gräfin auf Fortsetzung des Gespräches.

„Ich beziehe mich in meinem Pessimismus nur auf die Aussagen des englischen Geschäftsträgers in Mexiko", rechtfertigte Dr. Jilek seine Ansicht, „die einer monarchistischen Staatsform dort keine Chance einräumen. Selbst Miramon, der soeben abgewirtschaftete konservative Republikaner, sieht für konservative Kräfte in seinem Heimatland keinen Boden mehr. Das sind doch schwerwiegende Argumente."

Daß ein Gefühlssturm in der Gräfin tobte, ließ sich jetzt unschwer der stolpernden Redeweise entnehmen, die so untypisch für sie war. Mit anderen Worten... das hieße...", unterbrach sie den Arzt, „Max solle lieber weiter Blumen züchten, Tee trinken und ab und zu eine Parade abnehmen. Das verlangen Sie von ihm: Als sein Arzt und als sein väterlicher Freund? Ist das Ihr Ernst?"

Ihre Betroffenheit ließ sie übersehen, daß Dr. Jileks Aufmerksamkeit längst von etwas anderem in Anspruch genommen worden war: Einem weißen Dreieck über dem Strich des Horizonts. Als könne ihn nichts mehr halten, war Dr. Jilek zur Hecke gerannt, die den Weg vom Ufer abgrenzte.

„Sie müssen gegen den Wind segeln, wenn sie zurückkommen wollen, sehen Sie!" rief er mit besorgter Stimme, während sich die Gräfin Lützow etwas konsterniert zu ihm bequemte.

„Max ist ein vorzüglicher Seemann, Doktor."

„Das ist er nicht, Gräfin", berichtigte Dr. Jilek, „und dieser Herzfeld auch nicht."

Daß die Gräfin jetzt ganz gegen ihre Art einer Diskussion auswich, lag nur an einer weiteren Gruppe von Arbeitern, die sich auf den Heimweg machte.

„Mal etwas anderes, Doktor", versuchte die Gräfin die Unterhaltung in neue Bahnen zu lenken, „haben Sie von der Sache mit diesem – na, wie heißt er – Anselli gehört, diesem Bibliothekar bei uns?"

Obwohl Dr. Jilek nicht den geringsten Hinweis lieferte, darauf eingehen zu wollen, beharrte die Gräfin auf der Fortführung ihres Themas.

„Finden Sie es nicht auch tragisch, ja tragikomisch, was sich da abgespielt hat, Doktor? Ein so nettes, hübsches Ding – und dieser Zampal."

Aber ihr Insistieren hatte nichts genutzt, vielmehr, so schien es, für eine nicht voraussehbare Reaktion gesorgt, denn der Arzt setzte sich plötzlich in Bewegung, lief, etwas unbeholfen und taumelnd, an der Hecke entlang, dabei heftig gestikulierend und um Hilfe rufend.

Die Arbeiter, die bis zur Wegbiegung gekommen waren, blieben stehen und vernahmen, sich umdrehend, wie der Arzt nach der Barkasse rief.

„Schickt sie raus! Jemand muß zur Mole laufen und die Barkasse flott machen. Schiff in Not!" krächzte Dr. Jilek, während die Gräfin Lützow, für Sekunden bar jeder Orientierung, zu verstehen begann, daß nur jenes weiße Dreieck gemeint gewesen sein konnte, das vom Wasser verschwunden war.

„Mein Gott", entschlüpfte es ihr, „Max..."

Im ersten Schreck stand ihr der Sinn danach, die Augen zu schließen. Aber dann zwang sie sich, über die Hecke zu sehen, auf jenen hellen Punkt in der Ferne, der nur das gekenterte Segelboot sein konnte.

„...gegen den Wind segeln", entsann sie sich der Worte Dr. Jileks.

Drüben im Hafenbecken legte die Barkasse ab und stampfte in den Golf hinaus. Die Arbeiter mußten sofort begriffen haben, worum es gegangen war. Jedenfalls hatte es nur Minuten gedauert.

Ein Kälteschauer erfaßte die Gräfin und ließ sie das Schultertuch nach vorne ziehen.

„Lieber Gott", schluchzte sie, „lieber Gott, laß Max nicht ertrinken, er hat so viel Großes vor sich!"

Nie hatte sie inbrünstiger gebetet.

10. Kapitel

Brief José Manuel Hidalgos
an José Maria Gutierrez in Rom, Palazzo Mariscotti.

Paris, 15. November 1861

Lieber, verehrter Freund!

Ich kann mich zu den Glücklichen zählen, die um Neuigkeiten nicht verlegen sind. Das gleiche, weiß ich, dürft Ihr von Euch behaupten. Notabene.

Wenn sich die Dinge letztendlich so arrangieren, wie es bei uns der Fall ist, dann gehört das Briefeschreiben zu den Bereicherungen des Lebens. Verzeiht mir – wie immer – die Grandezza meines Stils, aber im Überschwang der Stimmung, die mich beherrscht, steht mir die große Phrase gut zu Gesichte.

Ganz Paris gleicht dieser Tage in seinem nervösen Gesumme einem aufgescheuchten Bienenstock, der sich für den Jungfernflug rüstet. Seit vor zwei Wochen Engländer, Spanier und die Große Nation Napoleons III. sich in London darüber geeinigt haben, ein Expeditionskorps nach Mexiko zu schicken, beginnen die Leute hier, ihre Ansprüche geltend zu machen. Ihr würdet Euch über das Interesse wundern, das Franzosen unserem Vaterland gegenüber aufbringen können. Jeder zweite gibt vor, während des Bürgerkrieges in irgendeiner Weise Vermögen verloren zu haben, im Besitz von Schuldscheinen des mexikanischen Staates zu sein, und erhebt Ansprüche auf Wieder-

gutmachung, weil er um Angehörige und Freunde trauert. Eine offensichtlich aufs engste mit uns verbundene Nation, dieses Frankreich!
So weit, so gut, lieber Freund. Es sind Entwicklungen, die uns nur freuen können, wenngleich gesundes Mißtrauen am Platze ist. Hier gibt es nämlich niemanden, der an die Londoner Zusatzklausel glaubt, daß die Interventionsmächte auf territoriale Ansprüche verzichten werden.

Alle wollen sich zweifellos bereichern, sich dabei aber so wenig sie möglich die Finger verbrennen. So sieht die Sache aus und gehört zu den unangefochtenen Gewißheiten der Leute um mich herum. Zuweilen muß ich sogar erleben, wie die Unverschämtheiten Kapriolen schlagen und allen Ernstes davon gesprochen wird, Teile unseres Vaterlandes – so den Staat Sonora mit seinen Bergwerken – in ein französisches Protektorat zu verwandeln, auf das hin schon Konzessionen ausgegeben werden.
Lieber Freund, es drückt sich hierin etwas aus, was uns Sorge, ja Angst machen sollte. Frankreich ist und bleibt der Degen, dessen wir bedürfen, wenn wir unser Vaterland retten wollen. Aber er muß in unserer Hand bleiben. Wir müssen uns der Gefahr eingedenk sein, daß dieser Degen Neigung zeigen wird, sich zu verselbständigen. Das darf nie und nimmer geschehen. Schon deshalb nicht, weil sich Frankreich ohne Unterstützung durch uns Exilanten niemals in Mexiko würde halten können. Bekanntlich ist das keiner Macht mehr gelungen, seit die Spanier verschwunden sind. Napoleon weiß es. Er weiß, daß er einen Tanz auf brüchigem Eis wagt. Nicht zuletzt deshalb hat er seine Bereitschaft abhängig gemacht von der Nominierung des Habsburgers.
Wie der österreichische Außenminister Graf Rechberg Euch Anfang Oktober hat mitteilen lassen, lieber Freund, bestehen in diesem Punkte ja keine Unklarheiten mehr. Es ist nur noch das persönliche Einverständnis des Erzherzogs nötig. Der Hof in Wien hat freie Bahn signalisiert. Das heißt, verehrter Freund, wir sind aufgerufen. Es gilt, Maximilian

davon zu überzeugen, daß der Thron es wert ist, angenommen zu werden, ein Thron nicht von der Franzosen Gnaden, sondern vergeben von den Notablen eines freien Mexiko. Daß dies gelingt – und ich will es besonders betonen – ist von immenser politischer Wichtigkeit. Denn nur so besteht erstens eine begründete Hoffnung, überhaupt regieren zu können. Zweitens wird es dem Habsburger das Eingehen auf unseren Vorschlag erleichtern. Und drittens ist damit gewährleistet, daß auch während der Regentschaft des Habsburgers unsere Interessen berücksichtigt werden.
Daß die noch ausstehende Unterredung mit Maximilian eine Reihe von Risiken beinhaltet, brauche ich nicht zu betonen. Eingedenk meiner Verpflichtungen und der sich daraus ergebenden Unabkömmlichkeit sehe ich mich persönlich außerstande, so gern ich dazu bereit wäre.
Inwieweit Ihr, lieber Freund, Geneigtheiten zeigt, kann ich nicht beurteilen. Aber zögert nicht zu lange, mich darüber in Kenntnis zu setzen. Die Zeit legt uns Fesseln an. Ich hoffe nur, Euch meine Bedenken mit der nötigen Eindringlichkeit geschildert zu haben, und verbleibe wie immer als

Euer Freund
José Manuel Hidalgo

11. Kapitel

Für den Transferdienst eingeteilt zu werden, galt als Bestrafung. Besonders im November, wenn die Luft schneidend wurde wie die Klinge eines Rasiermessers.

In der Güterabfertigung des Triester Bahnhofs kondolierten sich die Arbeiter, wenn sie auf die Frachtwagen kletterten, die sie zu den Molen brachten. Dort sollten sie Ladung aufnehmen für den Weitertransport per Bahn.

Die makabren Späße, die für gewöhnlich die Arbeiter aufheiterten, verfehlten bei Erec Anselli ihre Wirkung. Während alle um ihn herum ihr meckerndes Lachen hören ließen, krümmte er sich mißmutig in eine Ecke, die Arme umeinander geschlagen, als fröre er mehr als die anderen. Seit Tagen schon fühlte er sich nicht wohl. Er führte es auf den Wein zurück, der, in Mengen genossen, seinem Magen nicht gut getan hatte. Bestimmt kamen noch andere Dinge hinzu: Das Theater zu Hause – Zuhause? dachte er – der abgeschmackte, schmierenkomödienhafte Zirkus, der veranstaltet worden war, anläßlich der Hochzeit seines Vaters mit dieser Verenice Neubauer, die nun zu seiner Mutter avanciert war und, so alt wie er, seine Geliebte hätte sein können. Vielleicht war es das: Die Summe aus Priesterseminar, Polizeigewahrsam, Verachtung und Hochzeit, was seinem Magen zusetzte. Und natürlich der Wein, der ihm den Rest gegeben hatte.

Der Wagen ging in die Neige. Die Männer auf den Seitenbänken der Ladefläche hielten sich fest. Jenseits der überspannenden Plane quietschen die Bremsbacken.

Erec dachte daran, wie er der Hochzeit ferngeblieben war, diesem Ereignis, das sich überfallartiger eingestellt hatte als die Winterbora. Und unbegreiflich zudem für alle gewesen war, die die Ansellis kannten – und sicher auch Verenice Neubauer, diese zweiundzwanzigjährige Frau aus der Buchhandlung Hube.

Daß die Plane sich jetzt nach innen stülpte wie ein überdimensionaler Bauch, war für die Ladearbeiter ein Zeichen, die Riva – die Hafenpromenade – erreicht zu haben. Eine Beimischung von Fisch und Tran lag in der Luft, die die Fallwinde vom Markt herangetragen und über den Hafen verteilt hatten. Das knatternde Segeltuch der Plane über sich, hatten die Männer im Wagen ihre Unterhaltung aufgegeben. Und während sie stumm darauf warteten, daß der Wagenführer auf eine der Molen einschwenkte, übermannte Erec für einen Augenblick lähmende Verzweiflung. Ein Messerstoß hätte nicht schlimmer sein können. Er fühlte, wie es im Magen zu rasen begann. Eine Schiffsschraube schien sich oberhalb des Nabels zu drehen. Nur mit Mühe gelang es ihm, einen Aufschrei zu unterdrücken. Nichts wäre für ihn niederschmetternder gewesen, als die anderen teilhaben zu lassen an der ihn zermürbenden Furcht, von seinem Vater vor die Tür gesetzt zu werden.

Vorsorglich waren die Schiffe auf Reede geblieben. In schwingenden Bewegungen hingen die Hochseedampfer an ihren Ankern. Viele von ihnen waren noch reine Segler. Abgetakelt in den Brisen wiegend, erholten sie sich draußen vor den Molen wie abgehetzte Rennpferde in ihren Ställen.

Die Arbeiter waren aus den Wagen gesprungen, um Atem ringend im Anprall des Windes. In der schlingernden See kämpften Barkassen mit den Ladungen, die sie von den Schiffen brachten. Ein Anlegen an den Molen wäre für die Großraumschiffe zu einem selbstmörderischen Unterfangen geworden. So beanspruchte das Entladen mehr Zeit als gewöhnlich.

Es war ein besonders unangenehmer Tag, feucht und diesig. Von der Mole San Carlos aus war die Bucht von Grignano nicht mehr zu sehen. Ein Gazetuch spannte sich dort über das Wasser und verdeckte das Schloß.

„Dann wollen wir mal!" feuerte der Vorarbeiter seine Leute an, ein Mann mit Quadratschädel und Armen wie Brechstangen.

Der Wagen war so nahe wie möglich an den Kai herangefahren worden. Mit festgestellten Bremsbacken und ausgeschirrten Pferden stand er dort, Kisten und Seesäcke wurden aufgenommen, die von den Barkassen hochgehievt wurden. Zurufe und Flüche begleiteten die Prozedur. Handkarren mußten aushelfen, wo Menschenkraft versagte. Das leichtere Gepäck wurde über die Stafette weitergegeben.

Erec keuchte. Seine Hände bluteten. Unter den gerissenen Schwielen schimmerte das rohe Fleisch. Er hielt für einen Herzschlag inne, die wüsten Krater betrachtend, die seine Handflächen waren, und kämpfte mit dem Schluchzen, das ungewollt aufgestiegen war.

„Weiter... weiter... Anselli!" krähte vom Wagen her der Vorarbeiter.

„Es gibt genügend andere, die liebend gerne mit dir tauschen würden."

Erec fühlte das Blut in den Ärmel laufen, kitzelnd wie Ameisen auf der Haut. Aber er sagte nichts. Es wäre eine Überforderung gewesen, gemessen an der Kraft, die ihm noch zur Verfügung stand. Die Kraft, deren er bedurfte, fraß sich in seinen Magen, lief Amok gegen ihn. Beleidigt und vor den Kopf gestoßen, inszenierte sie einen Rachefeldzug.

„Schon gut... schon gut, Padrone", besänftigte er den aufgebrachten Vorarbeiter und bückte sich der nächsten Kiste entgegen, ungeachtet des Blutes und des Schwindels. Ihm war speiübel.

Dann schwanden ihm die Sinne. Er glaubte es jedenfalls. Wie anders hätte er sich erklären können, daß ihm das Gesicht Franz Oxners entgegenstarrte, Franz Oxners aus Wien, der mit ihm verhaftet und zu Kerker verurteilt worden war.

Erec wischte sich über die Augen, schüttelte den Kopf. Aber das Bild blieb: Das Gesicht Franz Oxners, verkniffen, von unten heraufschielend, so wirklich wie die Erscheinung eines Wiedergängers.

„Franz!"

Erec hatte sich niedergekniet, hielt sich an der Kaimauer fest und rief: „Franz Oxner, mein Gott, Franz...!"

Ich bin's... Erec... Erec Anselli aus Wien!"

Er begann zu lachen, ein hektisches, wahnsinniges Lachen, als könne er sein Glück nicht fassen, und winkte zur Barkasse hinunter, wo die Entladungsvorgänge ins Stocken geraten waren.

„Was ist denn da hinten los?"

Das kam von dort, wo die Arbeiter vor dem Wagen auf die nächste Fuhre warteten.

„Mensch, Franz, erkennst du mich nicht?"

In das Gesicht unten drückte sich ein Zug abwehrender Mißbilligung.

„Weitermachen...!"

Aber Erec kümmerte sich nicht darum, verharrte, gebeugt über den Rand der Kaimauer, und setzte seine Versuche, mit dem vermeintlichen Freund ins Gespräch zu kommen, fort.

„Mensch, der ist besoffen!"

Fäuste drohten Erec entgegen. Das Gesicht unten hatte sich zur Maske verfremdet, entwand sich der Einordnung, die ihm aufgezwungen wurde.

„Du verwechselst mich. Ich heiße Bruckner, Ferencz Bruckner", hörte Erec, ohne sich davon beeindrucken zu lassen.

„Karmelitergasse... die Mansarde... wir beide", redete er weiter, beschwörender jetzt, verzweifelter, „Zum freundlichen Türken... erinnerst du dich denn nicht. Ich bin Erec Anselli, der Dichter."

Als er es ausgesprochen hatte, spürte er, wie ihm ein Tränenschwall über die Wangen lief, als wolle er damit die Melancholie ertränken, die eine glücklichere Vergangenheit hatte in ihm aufsteigen lassen.

„Ich habe dir was angedroht, Anselli!"

Die Stimme des Vorarbeiters ließ jetzt keinen Zweifel daran, daß sie es ernst meinte.

Erec zuckte zusammen. Aber der Schreck war heilsam. Er spürte, wie die Kraft zu ihm zurückkehrte, und sprang auf.

Das Bild war verschwunden. Er mußte sich geirrt haben, daran zweifelte er nicht mehr. Der Mann da unten hieß Ferencz Bruckner, so war es wohl.

In die blutigen Schwielen seiner Hände quetschte sich die nächste Kiste, rasenden Schmerz verursachend. Aber er fühlte, daß er lebte.

12. Kapitel

Seit Menschengedenken war kein November so trübe gewesen wie der des Jahres 1861. Feiner Nieselregen hatte frostigen Fallwinden Platz gemacht. Tag für Tag. Das Wetter foppte die Leute und stellte ihre Nervenkraft auf die Probe. Besonders an den Sonntagen, die – jetzt im Vollsinn des Wortes – ins Wasser fielen.

Der Volkspark blieb leer. Die Marinekapelle, die üblicherweise dort aufspielte, beließ ihre Instrumente in den Futteralen und weigerte sich, von Bord der Schiffe zu gehen. Auch im Schloßpark von Miramare stellte sich kein Publikum ein, obwohl sich die Triestiner dort liebend gern Abwechslung verschafften, nachdem Maximilian – in Anlehnung an die Schönbrunner Tradition – die Pforten für jedermann hatte öffnen lassen.

Der November war eine Wetterkatastrophe ersten Ranges. In dieser Bewertung stimmten alle überein und nahmen dabei auch den letzten Sonntag des Monats nicht aus.

Am Himmel hingen blauschwarze Säcke. Den ganzen Tag über war es nicht hell geworden. Die Gaslaternen brannten rund um die Uhr, und Leute, die sonst dem Teufel nicht auswichen, scheuten den Weg zu den Cafés.

„Ich danke dir, daß du trotzdem gekommen bist", flüsterte der Mann, der sich vor zwei Tagen unter dem Vorwand, Ferencz Bruckner zu heißen, Erec entzogen hatte.

Er hatte nur andeutungsweise die Lippen bewegt, dabei so sorgsam seine Haltung kontrolliert, daß es an ein Wunder gegrenzt hätte, wäre es jemandem aufgefallen. Zumal die Lichtverhältnisse dem Versteckspiel günstig waren: Die Dutzende von Votivkerzen auf dem eisernen Rost flakkerten geisterhaft im ansonsten dunklen Seitenschiff der Kathedrale San Giusto. Erec hatte für einen Augenblick verharrt, geblendet und geschwächt von der Aufregung. Als er sich niederkniete, jene ihm zuwider gewordene devote Bewegung ausführte, spürte er ganz gegen seinen

Willen Erleichterung. Er wagte nicht zu sprechen, faltete nur die Hände, legte den Kopf zurück und schaute auf das Christusmosaik in der Apsis des Seitenschiffes. Du bist zu schnell gelaufen, dachte er, du bist verdammt müde, weil er sich eine Erklärung dafür verschaffen mußte, warum er etwas getan hatte, was er sicher nicht mehr wollte. Er atmete ein- zweimal durch und legte die Hände auf die Bank vor sich. Irgendwo hinter ihnen schlurften Füße über den Fliesenboden der Kirche. Dann merkte er, daß er nicht imstande sein würde, die Frage zu stellen. Franz Oxner neben ihm, um dessen Identität er seit vierundzwanzig Stunden wußte, ließ ihm Zeit, quälende, zermürbende Zeit, in der er sich seiner ganzen Schwäche bewußt wurde.

Er faßte sich ins Gesicht, rieb das Wasser aus den Augen und war für jede Ablenkung dankbar, die ihn von jenem Schrecken wegzog, der zweifellos mit der Frage verbunden war, die nicht aus seinem Munde wollte.

In den Augenwinkeln sah er Oxners Profil, das kräftige, in der Kerkerhaft noch markanter gewordene Profil des Küfergesellen aus der Karmelitergasse, der wußte, was er wollte.

Und heute mehr denn je.

Erec erinnerte sich, was er ihm in der Weinstube gestern abend gesagt hatte, nachdem die erregenden Minuten der Enttarnung überstanden waren.

„Es geht los... Erec... endlich. Die Ereignisse sind auf unserer Seite... und die lenkende Hand des Schicksals auch."

Dann hatte er erfahren, daß Franz Oxner frühzeitig aus dem Kerker entlassen worden war.

„Amnestiert anläßlich der Verfassungsnovelle. Daran siehst du, wie der Wind weht."

Nach Triest sei er nur gereist, weil die Wiener Bruderschaft ihn beauftragt habe, an ihn heranzutreten.

„An den Protégé des Erzherzogs", wie Oxner es formuliert hatte, dessen formidable Beziehung zum Hof mit etwas Nachhilfe den Gang der Geschichte verändern könne.

„Weißt du, Erec, daß meine Mission von der Bruderschaft

gehandelt wird wie ein Jahrhundertunternehmen. Kannst du dir vorstellen, daß man dich mit einer Aufgabe betrauen will, die deinen Namen neben die Namen der größten Männer unserer Epoche setzen wird?"

Erecs Herz begann zu pochen, weil sich die Szene wieder bildhaft vor ihm aufbaute: Die Weinstube, der Tabaksqualm, das Lallen der Betrunkenen und ihre konfuse Beredsamkeit.

„Nur du bist zu der Tat imstande, Erec", klang Oxners Stimme in ihm nach, „weil nur du die Möglichkeit hast... und auch das Recht dazu."

Er hatte das Weinglas in seinem Entsetzen heruntergekippt.

„Recht?"

Oxner hätte nicht geschickter ansetzen können. Er hatte ihn überzeugt, indem er seine Hände nahm, sie aufklappte, bis die schorfigen Innenflächen sichtbar wurden.

„Ist das kein Beweis?" hatte er geknurrt, „kein Beweis, der traurig genug ist, um möglichst schnell aus der Welt geschafft zu werden. Du bist für Großes geschaffen, Anselli, nur für Großes. Und das hier – dabei hatte er auf die Verletzungen gewiesen – ist Sünde und Schande und Verbrechen in einem. Wie so viele Verbrechen begangen werden von dieser verrotteten Welt, die ihre besten Söhne in den Käfigen ihrer überholten Ordungen verhungern läßt."

Jetzt erst merkte er, wie klamm seine Kleidung war, wie es unangenehm zu jucken begann und er sich hätte kratzen mögen, wenn es ihm möglich gewesen wäre. Aber die Erregung in ihm war zu ungebärdig, um sich mit ihr einzulassen. Und so atmete er flach und kurz und hielt sich ganz ruhig. Dafür begann sein Kopf ein Eigenleben zu entwikkeln. Oxners Stimme dröhnte in ihm, so unverfälscht und echt, als sei sie dabei, Vortrag zu halten, als käme die Vergangenheit zurück und stünde hinter ihnen.

„In der Thronfolge wäre Maximilian nach dem Tode des Kaisers an der Reihe", sagte die Stimme, so volltonig wie geheimnisvoll gegenwärtig, „du begreifst hoffentlich, was das heißt?" Erec war nahe daran zu nicken, so vollständig hatten sich die Zeitebenen verwirrt.

„Mit Maximilian als Kaiser von Österreich würde vieles leichter werden", erklärte die Stimme in seinem Kopf, „für diese Annahme haben wir gute Gründe: Maximilians Intervention zum Beispiel in Ungarn, anno 48, als er sich gegen die Hinrichtungen aussprach. Seine Abneigung gegen die einflußreiche Militärkaste. Seine Forderungen nach Unabhängigkeit für das Habsburgische Italien. Seine liberale Politik als Gouverneur von Lombardo-Venetien, und nicht zuletzt die Tatsache, daß Professor Bolza einer seiner Lehrer war, ein Mann, dessen liberale Gesinnung unbestritten ist. Maximilian wäre ein Kaiser nach unserem Geschmack."

„Ja... ja", hatte Erec gemurmelt, hilflos und seine Unterlegenheit eingestehend gegenüber der Gewalt der Argumente. Der Schmauch der knisternden Kerzen biß ihm in die Augen und veranlaßte ihn zu einer Bewegung. Oxner verharrte indes stumm und hingegeben in der heuchlerischen Haltung des Betenden.

„Weißt du übrigens, wie wir Maximilian nennen?" meldete sich dessen Stimme wieder in Erec, „unser Proporz-Kaiser heißt er, weil er sich so gut aufs Kompromißlern versteht."

Wieder entschlüpfte Erec das: „Ja... ja", wie ein heiseres Husten, das zum Bild seiner triefenden Erbärmlichkeit paßte. Oxner regte sich nicht.

„Er ist einer von der Sorte, die sich ihrer Sache nicht mehr sicher sind", meldete er sich dafür wieder in Erecs Kopf, „er ist so etwas wie eine Attrappe, die für den Aufzug taugt und die man dann in den Keller stellt. Er wird allen nach dem Munde reden und uns den Weg zum Erfolg abkürzen. Mit ihm stürzen die Popanze von Gottes Gnaden. Und mit dem Rest, dem Bourgeois, werden wir schon allein fertig."

Das Gefühl, eingekreist zu sein, das ihm schon am Vortag zu schaffen gemacht hatte, übermannte ihn wieder. Derselbe Reif legte sich um seine Brust, der ihm schon gestern das Nachfragen unmöglich gemacht hatte. Jetzt, da ihm keine andere Wahl blieb, überwand er sich.

„Die Bruderschaft glaubt, daß ich es kann?" fragte er vorsichtig.

Er hatte so leise gesprochen, daß er kaum das Geräusch der flämmenden Kerzen übertraf.

„Wir sind davon überzeugt", antwortete Oxner, regungslos wie zuvor, „Kaiser Franz Joseph wird in allernächster Zeit wieder in Miramare auftauchen, jetzt wo das mit Mexiko in Gang gekommen ist. Dann mußt du es tun."

Die letzten Worte zerfaserten wie der Rauch der Kerzen, aufgesogen von der Weite des Kirchenschiffes, in dem die Umrisse aufhörten zu existieren. Im gelbfarbenen Licht schien das Christusmosaik lebendig geworden zu sein.

Kurz nur war es Erec ins Auge gesprungen. Er schluckte. Seine Augen füllten sich mit Tränen der Scham. Aber er hielt stand, mit der letzten Kraft seines aufbegehrenden Willens.

„Womit?" fragte er tonlos und krächzend.

Den Blick hielt er gesenkt, um nicht in Versuchung zu kommen.

„Ich habe die Waffe dabei", flüsterte Oxner, „ein gutes Ding, amerikanisch, sechs Schuß. Dabei kann nichts schief gehen."

Er öffnete seine Jacke, zog ein Tuch hervor, in das etwas eingewickelt war, und schob es Erec zu. Mit derselben Obacht, wie es zugesteckt worden war, verstaute er es bei sich.

„Ich werde jetzt verschwinden", knurrte Oxner, „viel Glück, ich melde mich wieder."

Er erhob sich langsam, knickste noch einmal und tapste davon. Schon nach wenigen Schritten war das Geräusch, das er machte, nicht mehr vom Rauschen des Regens zu unterscheiden.

Erec hatte die Hände zum Gebet verschränkt. Aber er betete nicht. Ihn beschäftigte plötzlich der Gedanke, mit welcher Selbstverständlichkeit Oxner annahm, daß er zum

Äußersten bereit sei. Das erstaunte ihn einigermaßen. Aber angesichts seiner Lage, mußte er sich eingestehen, mochte Oxner durchaus recht haben.

13. Kapitel

Bis zum Weihnachtsessen sollte es noch eine Weile dauern. Die Tür zum Speisesaal wurde zudem deshalb unter Verschluß gehalten, weil dahinter die Bescherungen für die Kinder des Hofes lagen. Noch haftete allen Kirchgängern der Geruch von Tannennadeln und Weihrauch an, aber die Besinnlichkeit schien schon wieder auszuziehen, die Professor Billimek, der Hofkaplan, mit seiner Weihnachtspredigt vor einer guten Viertelstunde mit Können und Beredsamkeit seiner Zuhörerschaft eingepflanzt hatte. Besonders die Gräfin Lützow, deren Tochter über die Feiertage zu Besuch gekommen war, zeigte eine für die Stunde unangemessene Rührigkeit.

Der kleine Hofstaat von Miramare hatte sich nach draußen auf die untere Terrasse begeben, zu der die großen Türen des Speisesaales führten, um einen Blick über die Bucht zu tun, wo im Dämmer des Weihnachtsabends die Lichter von Triest glänzten, als es der Gräfin gelang, die Aufmerksamkeit des Erzherzogs auf sich zu ziehen.

„Kaiserliche Hoheit, verzeihen Sie mir meine Aufdringlichkeit", sagte sie, „aber meine Tochter und mein Schwiegersohn möchten nicht abreisen, ohne mit Eurer Kaiserlichen Hoheit ein paar Worte gewechselt zu haben."

Maximilians Gesicht war zu entnehmen, daß er die Bitte als Störung empfand und mehr Pietät bei der Gräfin vorausgesetzt hatte. Aber er besaß nicht den Mut, sie deswegen zu rügen.

„Wenn es nicht anders geht, liebe Gräfin", meinte er statt dessen.

Das angekündigte Paar hatte schon im Hintergrund gewartet. Der große Altersunterschied fiel sogleich ins Auge. Die Tochter der Gräfin Lützow, gute dreißig Jahre jünger als ihr Mann, war eine unauffällige Brünette im Satinkleid, die nur einmal knickste und dann sofort ihrem Mann das Feld überließ.

„José Maria Gutierrez de Estrada," stellte er sich vor, „Kaiserliche Hoheit, ich bin zutiefst betroffen, Ihre Bekanntschaft machen zu dürfen."

Maximilian zeigte sich für einen Moment unwillig.

„Betroffen... ist wohl nicht der richtige Ausdruck", erklärte er.

„Doch... Kaiserliche Hoheit... doch", rechtfertigte sich Gutierrez, „ein Mann in meiner Lage muß so fühlen. Wir alle, um es mit Verlaub sagen zu dürfen, fühlen so."

„Sie machen mich gespannt... Señor Gutierrez", unterbrach Maximilian ihn, „sind Sie Spanier?" fragte er dann.

„Mexikaner, Kaiserliche Hoheit", sagte Gutierrez emphatisch, „einer von denen, die angefangen haben, Hoffnung zu schöpfen für ihr gedemütigtes Vaterland."

Dabei sah der Mann nicht nach einem Mexikaner aus. Er war überdurchschnittlich groß, glatt rasiert und trug die graumelierten Haare straff nach hinten gekämmt. Trotz seines fortgeschrittenen Alters machte sein Körper einen durchtrainierten Eindruck. Zusammen mit dem gutgeschnittenen Gesicht wirkte er durch und durch aristokratisch, obwohl er bürgerlicher Herkunft war.

Wie es beabsichtigt war, hatte Maximilian die letzten Worte auf sich bezogen.

„Hüten Sie sich vor Hoffnungen", sagte er und schaute, scheinbar von etwas in Anspruch genommen, hinüber zum Lichtermeer auf der anderen Seite der Bucht. Aber Gutierrez blieb hartnäckig.

„Kaiserliche Hoheit", insistierte er, „Sie sprechen ein Wort aus, auf dem ich mein Leben begründe."

Daß Maximilian das Gespräch sichtlich unangenehm zu werden begann, ließ sich an seinen Blicken erkennen, die jetzt immer häufiger zu den großen Flügeltüren gingen.

„Ich habe noch gut die wirren Jahre in Erinnerung", fuhr Gutierrez unbekümmert fort, „als wir uns von den Spaniern befreiten und uns im Todschlag übten, nachdem meine Landsleute nicht mehr fertig gebracht hatten, als den Mann umzubringen, der sie hätte versöhnen können..."

„Sie meinen Iturbide, den Kaiser", wandte Maximilian ein und ärgerte sich sofort über seine Eitelkeit, die ihn dazu verleitet hatte, mit seinem Wissen zu glänzen.

„Ja, Kaiserliche Hoheit, und dann folgten nichts als Chaos und Ausplünderungen", erklärte Gutierrez, „ein Kapitel, über das ich schweigen sollte, aber nicht kann."

Gutierrez griff, von Empfindungen überwältigt, an seine Halsbinde, um sie zu lockern. Den Diamanten, der ihm im Wege war, nahm er ab und steckte ihn in die Tasche seiner Steghose.

„Unter diesen Umständen mußte ich meine Heimat verlassen", sagte er stockend, „nachdem ich ihr gedient hatte: Als Botschafter, als Außenminister und den unverzeihlichen Fehler beging, die Aufgabe ernst zu nehmen."

Die Bedrücktheit, die ihn überfallen hatte, begann auszustrahlen. Das Ehepaar Zichy, kaum fünf Schritte entfernt, schaute schon herüber, und der Marchese Corio zog fragend die Stirn kraus.

„Ich hatte für mein Land nur das Beste gewollt, Kaiserliche Hoheit, und eine Monarchie gefordert", sagte Gutierrez, „ich sah und sehe darin die einzige Lösung, den Untergang meines Vaterlandes aufzuhalten. Ich habe die Hoffnung nicht aufgegeben, daß es gelingen könnte, einen europäischen Fürsten dafür zu begeistern, Kaiserliche Hoheit, Hoffnung ist darum mein Leben geworden."

Ein leichtes Zucken flog um die Mundwinkel des Erzherzogs.

„Wir sollten uns mit so einer schweren Vorspeise den Appetit nicht verderben, Señor Gutierrez", bemerkte er ausweichend, „die schrecklichen Ereignisse in Ihrem Heimatland sind in der Tat für jeden eine Zumutung, dessen

Weltbild sich an Ordnung und Sitte zu orientieren pflegt."

„Und an den Lehren unserer Allerheiligsten Mutter Kirche", fügte Gutierrez an, „deren stolzester Verteidiger das Haus Habsburg von jeher gewesen ist."

„Das ist wahr", gab sich Maximilian geschlagen.

Gutierrez, der plötzlich seine Arme hochgerissen hatte, erstarrte in der dramatischen Pose, zum Erschrecken nicht nur des Erzherzogs, der damit rechnete, daß ein Zusammenbruch folgen würde. Aber Gutierrez brach nicht zusammen. Statt dessen ergoß sich eine Suada der Anklagen gegen Juárez, der sich angemaßt habe, die heiligen Rechte der Kirche mit Füßen zu treten und den von Jesuiten, Dominikanern und Franziskanern errichteten Staat dem Antichristen in die Arme zu treiben.

„Aber so wahr es den Glauben an das Gute gibt, Kaiserliche Hoheit", keuchte er, „der Kampf gegen das Unrecht ist noch nicht zu Ende. In den Sierras warten unsere Leute auf das Zeichen zum Angriff, gute Leute: Marquez, Mejia, viele Priester befinden sich unter ihnen, die ihre Kelche und Monstranzen hergegeben haben, um Waffen kaufen zu können. Ihr Leben und das Tausend anderer hängt davon ab, ob es gelingt, Kaiserliche Hoheit für die Übernahme der Krone in meiner Heimat zu erwärmen."

Mit einer Grobheit, die man ihm nicht zugetraut hätte, unterbrach der Erzherzog den Redefluß, hochrot im Gesicht, die Schläfen geschwollen, und zischte: „Impertinent, wie Sie es wagen, mich zu bedrängen, in einer solchen Situation, an diesem Abend."

Dann ging sein Blick, unsicher nach Charlotte suchend, durch die Reihen der Umstehenden, die mehr und mehr Anteil an dem Gespräch genommen hatten. Aber die Erzherzogin war nirgendwo auszumachen.

„Haben Euer Kaiserliche Hoheit einen Wunsch?" fragte Schertzenlechner, der Leibdiener, der Maximilian gewohnheitsgemäß aus angemessener Distanz beobachtete.

„Schon gut, Sebastian", meinte der Erzherzog, immer noch sichtlich irritiert, „es ist alles in Ordnung."

Obwohl er genau wußte, daß nichts in Ordnung war und er etwas dafür gegeben hätte zu erfahren, was ihn immer dazu verurteilte, bei Charlotte Halt zu suchen.

„Eines der ungewöhnlichsten und ehrenhaftesten Unternehmen, Kaiserliche Hoheit, ist dabei, in Gang zu kommen", setzte Gutierrez wieder an. Er hatte sich die Beschämung inzwischen wieder abgeschüttelt wie ein nasser Hund das Wasser.

„Ich darf Euer Kaiserliche Hoheit daran erinnern, daß zehntausend Marinesoldaten aus drei Nationen vor Veracruz liegen und es nur eine Frage der Zeit ist, wann sie landen. Daß Hunderttausende meiner Landsleute daraus den nötigen Mut schöpfen werden, die Befreiung von Juárez in die eigene Hand zu nehmen. Was, Euer Kaiserliche Hoheit", fragte Gutierrez jetzt beschwörend, „könnte neben der Ehrenhaftigkeit der Aufgabe einladender wirken, ja zu sagen, als diese Garantie, die von den drei mächtigsten Nationen der Welt ausgesprochen worden ist, und von dem liebenswertesten Volk dieser Erde?"

„Genug", knurrte der Erzherzog, „genug davon."

Er machte einen Schritt zur Seite, als könne er damit Gutierrez entkommen. An seinem Hals zeichneten sich scharf die Stränge ab, zwischen denen sich der Adamsapfel bewegte.

„Sebastian, wo bleibt die Erzherzogin?" rief er seinem Leibdiener zu, der sich vorsichtig herantastete.

„Sie wird noch im Speisesaal beschäftig sein, Kaiserliche Hoheit", erklärte Schertzenlechner eilfertig, „bekanntlich hilft sie mit beim Arrangieren der Geschenke."

Dann erschien ihm sein Verhalten wie eine unverzeihliche Flucht, und er kehrte zu Gutierrez zurück, sich aufgeräumt und heiter gebend und ganz eingefangen von der besinnlich frohen Stimmung des Festes.

Gutierrez, zu erfahren mit Menschen, um darüber hinwegsehen zu können, witterte eine Chance.

„Ich soll Ihnen Grüße übermitteln, Kaiserliche Hoheit, vom Heiligen Stuhl", sagte er mit so ruhiger Stimme, als habe es den Vorfall soeben nicht gegeben, „Seine Heiligkeit, der Papst, betrachtet die Entwicklung in Mexiko mit sorgenvollem Herzen. Vor allem die Grausamkeiten gegenüber Angehörigen der Kirche und die zum Himmel schreienden Ungerechtigkeiten. Wie mir Seine Heiligkeit anvertraute, bittet er Gott in seinen Gebeten inständig, das Herz eines Fürsten zu erleuchten, damit Mexiko endlich ein Retter erwachse." Er war ehrlich genug, um sich einzugestehen, daß er die Botschaft mit Absicht fürs Ende aufgespart hatte. Von der Voraussetzung auszugehen, dem Erzherzog damit eine Verpflichtung abzunötigen, war sicherlich klug bedacht.

Ein leichtes Flattern huschte über dessen Augenlider, und ein Schimmer von Feuchtigkeit zeigte sich dazwischen, als er zutiefst beschämt sagte: „Wenn Sie nach Rom zurückgekehrt sind, Señor, dann richten Sie dem Papst bitte aus, daß ich seine Grüße mit der gebührenden Achtung entgegengenommen habe. Und versichern Sie ihm, er irrt sich nicht, wenn er in seiner Sorge an die historischen Verpflichtungen meiner Familie Mexiko gegenüber gedacht hat. Aber bitten Sie den Papst auch, er möge mir Zeit lassen, Bedenkzeit."

Der Dämmer hatte an Schwärze zugesetzt und die Lichter jenseits der Bucht in ein Mosaik zitternder Pünktchen verwandelt. Wenn die Unterhaltungen verebbten, ließ sich Singen vernehmen, vom Rauschen der See verdünnt, aber erkennbar genug, um die Melodie von Weihnachtsliedern herauszuhören.

Maximilian hielt die Lippen immer noch zusammengekniffen, so, als verbisse er sich einen Schmerz, der keinen etwas anging. Dann lauschte er, den Kopf etwas vorgereckt, und murmelte: „Es kommt immer wieder... ja, es ist wieder da... wenn ich die Lieder höre."

„Wie darf ich Euer Kaiserliche Hoheit verstehen?" fragte Gutierrez, der sich angesprochen fühlte, die Brauen skeptisch gelüpft. „Schönbrunn, Señor", sagte der Erzherzog, „Weihnachten in Schönbrunn, mit Großvater, den Eltern und Brüdern. Draußen liegt Schnee, und am Baum brennen die Kerzen – mit einer vertraulichen Geste rückte er an Gutierrez heran – vielleicht hat man es Ihnen gesagt", meinte er dann, „daß die Fichte im Speisesaal aus den Waldungen um Ischl stammt. Ich hab darauf bestanden, wie im vergangenen Jahr."

Ein befremdendes Leuchten hellte kurz sein verdüstertes Gesicht auf, das Gutierrez betroffen machte. Er fühlte sich erst da wieder erleichtert, als der Erzherzog die Anwesenden aufforderte, in den Speisesaal zu gehen.

„Außerdem wird es kalt!" rief er und bekam von allen Seiten Bestätigung.

Der Aufbruch gestaltete sich fast geräuschlos. Die Flügeltüren waren von Lakaien geöffnet und wieder geschlossen worden. Das leise Scheppern der Butzenscheiben hatte sich verbunden mit dem Knistern der festlichen Kleider, während die Damen die Schwelle überschritten und das zornige Fauchen der Brandung hinter sich ließen, die an den Fundamenten des Schlosses leckte. Dann hüllte alle das schwerblütige Interieur ein, für das Maximilians Geschmack Sorge getragen hatte.

An der deckenhohen Fichte mit dem mannsdicken Stamm irisierten die Talglichter. Die Rauschengel begannen sich im warmen Luftstrom zu drehen. Eine mechanische Uhr spielte ein Weihnachtslied, während eine Tür aufging und eine Gruppe von Kindern eingelassen wurde.

Auf der freien Fläche zwischen Baum und Tisch, der bereits für das Diner vorbereitet worden war, hatten Charlotte und Maximilian Aufstellung genommen, um die Jungen und Mädchen zu bescheren, die von der Gräfin Lützow betreut wurden.

„Ein schönes Paar, gell?" meinte die Gräfin Zichy zu Professor Billimek, dem Hofkaplan, während die Kinder, nach vorne gerufen, ihr Geschenk erhielten.

„Ja", sagte er, „eine treffende Bezeichnung."

Dann wandte er sich, um die Möglichkeit auszuschließen, weiter darauf eingehen zu müssen, an seinen Nachbarn zur Linken, Dr. Jilek, und wünschte ihm ein frohes Fest.

„Er macht es wirklich gut, das Austeilen, Doktor, nicht wahr? Sehen Sie sich nur die Kinder an!"

„Ja, er macht es wirklich gut", entgegnete Dr. Jilek, die Stirn umwölkt von düsteren Gedanken, „beunruhigend gut..."

14. Kapitel

Die Verhältnisse hatten sich wieder ins Lot gebracht, überraschend schnell angesichts des Problems, eine zusätzliche Person in die Wohnung aufzunehmen. Gemessen an den anderen Erschwernissen jedoch, war es nichts gewesen.

Denn zum einen mußte Viktor zugemutet werden, die zweiundzwanzigjährige Verenice als Mutter zu akzeptieren. Wie er damit fertig würde, stand noch aus. Dann hatte Erec seinen Strauß mit Verenice auszufechten. Er löste sein Dilemma, indem er ihr aus dem Weg ging, wenn es eben möglich war. Und natürlich hatte sich die Beziehung Rita Scarpas zu den Ansellis verändert, in feiner Abstufung, wie sich herausstellte.

Sie behandelte Ferrante seit der Heirat korrekt unaufdringlich, ohne verhehlen zu können, daß sie sich tief verletzt fühlte. Er nahm es zur Kenntnis und reduzierte die Kontakte auf das unumgängliche Maß. So entwickelte sich eine, wenn auch nicht angenehme, so doch erträgliche Koexistenz.

Verenice ignorierte sie. Nur Viktor behielt seine Rechte. Er durfte sich weiterhin, wenn er wollte, in der Bügelstube aufhalten und beim Waschen helfen, auch wenn einige der Mädchen meinten, daß er langsam zu alt dafür werde. Auf jeden Fall hatte Rita nichts dagegen, ihn mittags an ihrem

Tisch sitzen zu lassen und zu beköstigen, weil Verenice weiterhin in Hubes Buchhandlung arbeitete und Ferrante in der Schloßbibliothek zu tun hatte.

Viktor Anselli beschreibt in seinen Lebenserinnerungen die neuen Verhältnisse folgendermaßen:

...Es war sicherlich auch dieses Mal nicht die Selbstlosigkeit, die Rita zu der Liebestat schreiten ließ. Indem sie mich weiterhin an sich band, war sie darüber informiert, was sich zwei Stockwerke über ihr ereignete. Ich, gutgläubig und naiv genug, zudem darauf bedacht, Rita Freude zu bereiten, tat ihr über Gebühr den Gefallen. Dabei stand mir dazu nicht einmal viel Zeit zur Verfügung. Den Morgen verbrachte ich in der Schule. Der Nachmittag gehörte den Spielen rund um die Kathedrale. Am Abend saßen mein Vater, Verenice und ich im Salon zusammen, die Balkontür sperrangelweit auf, und tauschten Tageserlebnisse aus. Zwangsläufig ging der größere Gesprächsanteil an Vater und Verenice, und ich weiß noch ganz gut, daß sie sich eigentlich immer nur über eines unterhielten: Die Vorgänge im Schloß.

Damals erschien es mir ganz natürlich, daß mein Vater und Verenice so miteinander umgingen, während der Unterhaltung über eine Tischlänge getrennt, freundlich, aber nicht zärtlich, und wenn ich nach meiner Beziehung zu Verenice gefragt worden wäre, so hätte ich als besonderen Vorzug an ihr herausgestellt, daß sie mich zu nichts zwang, schon gar nicht dazu: „Mama" zu ihr zu sagen.

Damit schuf sie zwischen uns eine besondere Form der Zuneigung.

Ich habe mich später oft gefragt, was meinen Vater zu der Ehe bewogen haben mochte – und vor allem Verenice. Zumal ich sicher bin, daß sie über den freundlichen Umgang hinaus keine intimeren Kontakte pflegten, und Erec sich gütlich daran tat, in Wortschöpfungen zu schwelgen, die sowohl meinen Vater als auch Verenice herabsetzten. Ich glaube, daß ihre Ehe sicherlich nicht ausschließlich das war, was man eine Zweckgemeinschaft nennt, aber daß sie es unter anderem war, ist leicht nachzuweisen.

Mit Hilfe von Verenice konnte mein Vater sich immerhin von zwei Dingen befreien: Von seiner abendlichen Einsamkeit und von Rita Scarpa, die ihm gefährlich aufdringlich zu werden begann. Gleichzeitig konnte er aber zwei Dinge hinzugewinnen: Ein besseres Gewissen mir gegenüber und die Befriedigung einer Neigung, die unausrottbar in ihm angelegt zu sein schien: Sich mit Schönem zu umgeben.

Und Verenice war zweifellos schön.

Wenn sie morgens aus dem Haus ging, das schmale und aparte Gesicht von Schillerlocken umrahmt, die sich ihr so natürlich anverwandelten, daß niemand auf den Gedanken kommen konnte, sie würde auch nur eine Minute an deren Herrichtung verschwenden, rief sie in mir jenes kopflose Bewundern wach, das so typisch war für die Reaktion der Umwelt auf sie, auch wenn sie nur zu oft in der krankhaften Form des Neides auftauchte. Und der Neid mochte es wohl auch gewesen sein – genau genommen die erfahrene Angst vor seiner Auswirkung – die Verenice Schutz in der Verbindung mit meinem Vater hatte suchen lassen.

Inwieweit mein Vater über jenes Erlebnis unterrichtet war, das den Hintergrund für Verenices Angst abgab, läßt sich nur vermuten. Daß er es in irgendeiner Form gewesen sein muß, beweisen seine späteren Reaktionen.

Jedenfalls heirateten beide und sorgten in unserem Haushalt für die von der Außenwelt als exotisch empfundenen Verhältnisse. Es blieb nicht aus, daß wir zum Tagesgespräch wurden. So erfuhr ich von Ritas Mädchen, die natürlich besser als jedes Informationsbüro unterrichtet waren, über Verenice, daß sie die Tochter eines Konditors im III. Wiener Bezirk sei, der um sein wirtschaftliches Überleben habe fürchten müssen, weil seine schöne Tochter die biederen Kundinnen verprellt habe. Zuweilen wurden die Zungen böser und behaupteten sogar, der Vater habe seine Tochter, die nichts anderes als eine Grabennymphe gewesen sei, zur Entschärfung in das sittsame Triest verbannt, um sie in der Buchhandlung des Schwagers Buße tun zu lassen.

Ich war – Gott sei Dank – noch zu unschuldig, um wissen zu können, daß die Wiener Grabennymphe ein Synonym für Prostituierte war, und erneuerte nur meinen unterschwelligen Zorn gegenüber den Ungerechtigkeiten der Mädchen, die schon im Falle Gina Zimbarellos meinen Unmut wachgerufen hatten, jener Gina, die ich über all den Ereignissen und Problemen, die nicht zuletzt auch aus meinem Heranwachsen resultierten, fast vergessen hatte.

Jetzt tauchte sie aus dem Dunkel der abgelegten Leidenschaften wieder auf.

Es muß im Mai 1862 gewesen sein. Die Tage waren herrlich warm. Meine Spielkameraden und ich bevorzugten für unsere Unternehmungen immer noch das Terrain um die Kathedrale. Wegen der schlechten Erfahrung blieben wir dem Inneren der Kirche fern. Wir hatten den ganzen Nachmittag herumgetollt und bald den einen, bald den anderen unserer Kameraden aus dem Auge verloren. Gegen sechs Uhr abends erklärte der letzte, daß ihm die Lust fehle, weiterzumachen. Wie es gekommen ist, daß ich mich ihm nicht anschloß, sondern zurückblieb auf dem Vorplatz, dessen Kies so satt war von der Maisonne, wie ich es vom Spielen hätte sein müssen, wird sich wohl für immer einer eindeutigen Erklärung entziehen.

Ich stand dort mit heißem, gedunsenen Gesicht, durstig und vollgestopft mit mehr als tausend Gründen, hinunterzusteigen in die Via di Riborgo, und ging doch, gegen jede Vernunft verstoßend, in die Kathedrale hinein. Ungeachtet aller Ungereimtheiten betrat ich das Kirchenschiff, als harre dort etwas einer Erledigung, das sich nicht aufschieben ließ. Ich kann mich erinnern, daß eine bedrückende Ängstlichkeit mich überfiel, als ich mich vortastete durch den Dämmer und den Kerzenrauch, angespannt und zittrig, während über mir die Gemäuer sich niederzusenken begannen, als hätten die Stimmen der Kirchenschweizer sie herbeigerufen.

Wie von einer nicht beeinflußbaren Kraft geführt, querte ich die Schiffe der Kathedrale, narkotisiert vom Weihrauch, und gelangte ungestört in den linken Teil, die ehemalige Maria Himmelfahrtkirche. In der Apsis glänzte das Mosaik: Madonna mit Kind, trüb angehaucht, im vielfach gefilterten Licht. Zwischen den Stuhlreihen, über die ich kaum hinausragte, fiel ich niemandem auf. Ein, zwei Kirchgänger huschten an mir vorbei, schattenhaft, ohne von mir Notiz zu nehmen.

Ich indes hatte Gina Zimbarello entdeckt.

Im Gegensatz zu den anderen Gelegenheiten, wo ich sie gesehen hatte, war sie ganz schwarz gekleidet. Über den hochgesteckten Haaren trug sie eine Spitzenmantilla, die von der Seite her nur die Wangen und die Nase freiließ. Der Feuerschein der Kerzen spielte mit dem Schwarz ihrer Kleidung und schuf einen Kontrast, der sie dunkler erscheinen ließ, als sie war. Neben ihr auf dem Betschemel lag ein Täschchen und nicht weit davon stand ein Sonnenschirm, wie vergessen und für immer abgelegt. Ich fühlte mich in meiner Verwirrtheit wie erstorben, dazu verurteilt, mit dem Leben aufhören zu müssen, als sei mir der nächste Tag verweigert, ja schon die nächste Stunde.

Gina betete. Ich sah ihre Hände, die langen, zartgliedrigen Finger aufeinander haften, reglos. Ab und zu berührte sie mit den Lippen die Daumen, als wolle sie zu jemandem zärtlich sein.

Ich wagte nicht zu schlucken. Schon der Druck des Kehlkopfs schien mir wie ein Frevel zu sein.

Wenn sie die Mantilla nach hinten bewegte, erfaßte mich ein Schreck, weil ich Gina hinzustürzen glaubte. Aber sie hob nur die Augen, hinauf in die Apsis, wo das Muttergottesmosaik lächelte, enthoben aller Zeitlichkeit.

Mit dem Speichel, der sich notgedrungen in meinem Munde ansammelte – das um so schneller, als ich es zu vermeiden trachtete – wurde ich nur fertig, indem ich die Hand auf den Hals legte und schluckte, hastig, als schämte ich mich meiner Gegenwart.

Gina betete weiter, mit derselben Hingabe, denselben Gesten, in der ganzen Fremdheit, die sie für mich bereithielt, weil sich ihre Person in meiner Vorstellung umflort hatte mit Lampions und Seidentapeten und der Aufgeräumtheit festlicher Stunden.

Und von oben sah die Madonna zu, kühl und entrückt und unerreichbar.

Mich hielt bald nichts mehr auf meinem Platz. Alles in mir riß mich fort: Ginas Anblick, die Madonna, der Speichel... Ich schlich mich davon, auf leisen Sohlen, wie ein ertappter Sünder.

Zu Hause empfing mich Verenice. Sie fragte nach meiner Verstörtheit. Aber ich gab nur ausweichende Antworten und legte mich ins Bett. Lange lag ich wach und hörte, gedämpft durch zwei Türen, das abendliche Gespräch, das Vater und Verenice zu führen pflegten. Ich bekam nicht mehr mit, wie Erec ins Zimmer trat. Trotzdem schlief ich unruhig und von Träumen gequält.

Am nächsten Morgen – ich hatte die Veränderung an Vater und Verenice mit einer sich steigernden Beklommenheit wahrgenommen – trat mein Vater zu mir, umfaßte meinen Kopf und sagte langsam, wie um mich zu schonen: „Es ist etwas Schreckliches geschehen, Vik. Faß dich! Frau Zimbarello hat sich heute nacht das Leben genommen..."

15. Kapitel

Brief des Jean Pierre Marat,
Kaporal im französischen Expeditionskorps,
an den Abgeordneten der Deputiertenkammer,
Jules Favre, Paris.

Orizaba, im April 1862

Lieber Jules!

Ich habe Deine Bitte natürlich nicht vergessen, Dich über alles hier auf dem laufenden zu halten. Inzwischen habe ich sogar gelernt, Dein Mißtrauen gegenüber den offiziellen Bulletins zu verstehen, die doch nicht mehr sind als verordnete Schönfärberei. Was ich in den beinahe vier Monaten Mexiko erlebt habe, hat mir gezeigt, daß Du recht hattest. Es ist einfach unmöglich, daß jemand über uns die Wahrheit schreiben könnte, ohne damit den Abbruch des Unternehmens zu provozieren.
Ich darf indes nicht vergessen, mich dafür zu entschuldigen, daß ich Dich so lange warten ließ. Aber seit dem Tage, da ich meine Füße auf mexikanischen Boden setzte, fehlte mir buchstäblich die Zeit. Und das, nachdem es zunächst galt, eine herbe Enttäuschung zu überwinden.
Nach der langweiligen Überfahrt wurden wir belohnt mit der Öde eines Strandes, der nichts anzubieten hatte außer Sanddünen und Zwergpalmen. Und die Ansammlung von Flachbauten, die so ramponiert aussahen, als würden sie ständig hin und her geschubst, stellte man uns vor als das verheißene Paradies: Veracruz.
Ich konnte es kaum glauben. Der Hafen: Nur eine offene, unsichere Reede. Überall Dreck und der faulige Geruch brackigen Wassers. Über dem Fort San Juan d'Ulua wehte schon die spanische Flagge, während sich in den Dünen die Zelte des spanischen Expeditionskorps reihten. Es beanspruchte schon Heimatrecht, als wir Rothosen zusam-

men mit den Engländern gerade eintrafen. Immerhin waren die Briten klüger als wir. Der große Haufen blieb auf den Schiffen. Wir aber marschierten mitten hinein in die Fieberhölle. Viele von uns, immer noch seekrank, erwischte es gleich in den ersten Tagen. Wir wußten gar nicht, wie. Die Männer wurden gelb, sie klagten über Schmerzen am ganzen Körper. Und dann folgte das Erbrechen, das eklige, unentwegte Erbrechen.

„Vomito negro", erklärten uns die Spanier – das schwarze Kotzen.

Am Ende verfielen die Männer in ein Zucken. Mit dem zehnten Tag waren sie tot. Und das alles, nachdem wir die zweite Enttäuschung hatten schlucken müssen.

Wir waren davon ausgegangen – schließlich hatte uns Vizeadmiral Jurien de la Gravière versprochen – von Landsleuten empfangen zu werden, zu deren Rettung wir schließlich hier waren. Nichts! Es regte sich buchstäblich nichts. Die Straßen, die Plätze, die Zollstationen: Leer, bis auf die Ratten. Die Bewohner von Veracruz: Ausgewandert, schien es.

Wir durchstreiften eine Geisterstadt, in der sich problemlos Quartier nehmen ließ. Ich mit meiner Gruppe stieß nur auf eine alte Frau, die uns auf den Knien bat, um Gottes willen nicht bei ihr unterkommen zu wollen.

„Por favor, Señor Soldado", flehte sie, „wir werden alle sterben, wenn Sie nicht weitergehen."

Wir müssen ziemlich blöd dreingeschaut haben. Aber wir haben uns schließlich breitschlagen lassen und sind weitermarschiert. Am nächsten Tag begriffen wir: Handfest und ins Auge springend, was sie gemeint hatte.

Ein Posten stand schon daneben, Bajonett aufgepflanzt, aber sie hatten ihn noch nicht abgeschnitten. Er baumelte noch so, wie sie ihn wohl des Nachts aufgehängt hatten: Der etwas füllige Mulatte mit der roten Bauchbinde und den radgroßen Sporen. Auf der Brust ein Pappschild: Traidor – Verräter. Das war es also gewesen, was für so wenig Probleme gesorgt hatte.

Bald stellte sich heraus, daß in ganz Veracruz kaum ein Dutzend Karren – Carretas, wie sie hier heißen – vorhanden war, um unsere Truppe ins gesündere Hochland zu transportieren. Inzwischen hatte sich der Friedhof auf der Insel de Sacrificios mit unseren Toten angefüllt. Wir nannten ihn den Franzosenfriedhof.
Und dann folgte etwas Unglaubliches. In Soledad, nicht weit von Veracruz, verhandelten Leute von uns mit Delegierten dieses als Teufel und Unmenschen verschrieenen Juárez, um unser Transportproblem zu lösen. Du weißt, Jules, daß mein Kopf eher militärisch als politisch denken kann. Aber ich verstehe beim besten Willen nicht, wie wir einerseits gegen Juárez kämpfen sollen, wenn wir andererseits um Hilfe bitten und ihn damit in jeder Hinsicht akzeptieren. Liegt es an meiner Dummheit oder der Verrücktheit dieses Landes?
Sag's mir!
Als wir die Tierra caliente – die heiße Zone – schließlich verließen und ins Hochland aufstiegen, in diese imposante Landschaft voller Täler und Schluchten, stießen wir überall auf Widerstand. Die Attacken waren immer nur kurz geführt. Obwohl in der Überzahl, hatten wir Mühe uns ihrer zu erwehren. Der Durst setzte uns zu, weil die Quellen vergiftet worden waren, und die Moral sank auf ihren Tiefstpunkt. Wenn uns die Landschaft um Orizaba nicht entschädigt hätte und das göttliche Faulenzen, das man uns dort zugestand, ich weiß nicht, was geworden wäre.
In Orizaba mit seinen tropischen Gärten und dem Klima eines ewigen Frühlings biwakieren wir nur deshalb, weil eine weitere Konferenz angesetzt worden ist. Was verhandelt werden soll, entzieht sich natürlich meiner Kenntnis. Daß aber Spannungen aufgetaucht sind zwischen uns und den Briten und Spaniern, spüren wir alle. Sollte es zu keiner Einigung kommen, dann wird uns Juárez Stück für Stück verspeisen. Vielleicht ist die Entwicklung darauf zurückzuführen, daß im März mit General Lorencez Verstärkungen für uns eingetroffen sind und mit ihnen ein Exilmexikaner,

Almonte mit Namen, der von Juárez als Verräter bezeichnet wurde und ausgeliefert werden soll. Möglich, daß er die Briten und Spanier dazu überreden konnte. Das würde die Spannung erklären.

Soviel über den bisherigen Stand der Lage, wie ich sie sehen und beurteilen kann. Bevor ich Schluß mache, möchte ich nicht versäumen, Dich mit der Meinung einer meiner Leute bekannt zu machen, weil sie – wie ich meine – so kennzeichnend ist für unsere Stimmung.
„Der liebe Gott muß verdammt durcheinander gewesen sein, als er dieses Land schuf", sagte er.
Ich schließe mich dem an.

Viele herzliche Grüße
Jean Pierre

16. Kapitel

Daß er seine Geistesgegenwart noch nicht verloren hatte, erschien dem Bankier Jecker unter den obwaltenden Umständen wie ein Wunder. Der Herzog von Morny hatte ihm vor Stunden das Angebot gemacht, den angebrochenen Abend im „Elisa" zu beenden, was an sich ganz normal für ihn war. Der Besuch exquisiter Etablissements gehörte zum Lebensstil des Herzogs. Das „Elisa" zählte zu den renommiertesten Pariser Bordellen und konnte ein erlesenes Publikum vorweisen.

„Verflucht noch mal, Jecker", stöhnte der Herzog von Morny nach einer schleppend sich dahinziehenden Stunde, „wie lange wollen Sie noch bei Ihrem Soda bleiben? Ich habe Sie zu einer Berühmtheit gemacht. Und Sie benehmen sich wie eine abstinente Betschwester."

Statt einer Antwort suchte Jecker Zuflucht bei einem

Schluck Wasser, ausweichend, wie er die ganze Zeit gewesen war, während der Herzog versucht hatte, ihn zu animieren. Seine Gesellschafterinnen neben ihm kicherten, zwei sechzehn, siebzehn Jahre alte Mädchen, grell geschminkt, in Tüllschleiern, die die schmalen Schultern frei ließen, auf denen die Magerkeit tiefe Mulden hinterlassen hatte.

„Wir haben einen Erfolg zu verzeichnen", brummte der Herzog, „wie er nach der Entwicklung nicht mehr ausdenkbar war. Und Sie wollen uns die Stimmung vermiesen."

Sein geschwollenes Bein, das auf einem samtbezogenen Hocker ruhte, kam ins Schlingern. Es war aufgetriebener als sonst, ofenrohrförmig, und verursachte brennende Schmerzen.

Die dralle Blondine, die mit ihm den Diwan teilte, griff ihm tröstend unter das Hemd. Er aber stieß sie weg, so verärgert wie rücksichtslos, ohne im geringsten auf ihren Schrei zu achten, als seine Fingernägel über die empfindliche Haut ihres Rückens ratschten.

„Wissen Sie überhaupt, daß wir alles nur meiner Voraussicht verdanken", beklagte er sich, „dem auf meine Weisung hin klugen Taktieren von Saligny, der die Engländer und Spanier ausgebootet und Frankreich ein Alibi verschafft hat, auf Mexiko-City zuzumarschieren? Wissen Sie das überhaupt? Es wäre alles schief gelaufen ohne mich und ihn."

Eine Lachsalve dröhnte durch den niedrigen Raum, in dem der Zigarettenrauch zerfloß, dicht wie Gaze, und das Granatrot der Tapete verschießen ließ.

„Zuerst in Soledad, und jetzt in Orizaba... Jecker", ächzte der Herzog, „dieser Juárez ist aufs Ganze gegangen. Er hätte beinahe dem Landungsunternehmen die Rechtfertigung entzogen. Verdammt noch mal, er war bereit zu zahlen, Jecker, auf Sou und Franc die Schadensersatzforderung zu begleichen. Und er hätte das ganze Expeditionskorps abblitzen lassen, wenn Saligny nicht Ihre Forderung, Jecker, von fünfundsiebzig Millionen Francs draufgeschlagen hätte. Juárez hatte bereits Verhandlungen aufgenommen mit der Unionsregierung in den Vereinigten Staaten wegen einer Anleihe. Eine knappe Rasur für uns, in der Tat."

Noch ganz in Beschlag genommen von seinem unausrottbaren Mißtrauen, hatte Jecker vergessen, zum Sodawasser zu greifen. Mit aufgeblasenen Backen lauschte er dem Herzog wie jene porzellanenen Amouretten an den Wänden, die in ihren prallen Proportionen vor Lebenslust zu platzen schienen.

„Ja, ja, Jecker, stauen Sie nur", sagte der Herzog von Morny, „viele werden noch Grund dazu haben. Einer von ihnen war übrigens der spanische Oberkommandierende General Prim, als Saligny ihn zum Duell herausforderte wegen der Behauptung, uns Franzosen gehe es um die vertragsbrüchige Besetzung des Landes. Ein Teufelskerl, dieser Saligny, und ein frecher Hund obendrein. In Orizaba, Jecker, wollte er die mexikanische Flagge herunterholen lassen, als sie zwischen denen der Tripelallianz aufgezogen wurde, und aus Mexiko-City hat er sich fingierte Depeschen besorgt, wonach die französische Kaufmannschaft dort dringend um den Schutz unserer Armee nachsucht. Das waren Ohrfeigen für Briten und Spanier, Jecker. Als mit General Lorencez dann noch Almonte eintraf, war auch der Gutgläubigste nicht mehr davon zu überzeugen, daß wir das Londoner Abkommen respektieren würden. Auf jeden Fall, Jecker, sind wir sie los geworden. Briten und Spanier haben unter Protest Mexiko verlassen. Der Weg ist frei. Die französische Armee marschiert auf die Hauptstadt zu. Almonte wird die Notablen des Landes auffordern, dem Habsburger Maximilian die Kaiserkrone anzutragen. Und dann beginnt die Uhr für uns zu ticken, Jecker."

Mit leicht fahriger Hand hatte der Bankier wieder zum Glas gegriffen, um gleichzeitig den vernichtenden Blick des Herzogs auf sich zu ziehen. Er spürte die Spannung erneut in sich wachsen.

Die Begegnungen mit dem Herzog hatten ihn gelehrt,

der Wachsamkeit gegenüber dem Vertrauen den Vorzug zu geben. Der übertölpelnde Schachzug war zum Greifen nahe. Jecker dachte an die dreißig Prozent, die der Herzog ihm abgetrotzt hatte, und schärfte seine Sinne.

„Ihre Worte klingen nicht gerade Vertrauen erwekkend", meinte er. Eines der Mädchen an seiner Seite füllte das leergetrunkene Sodaglas nach. Der Herzog blähte die Nasenflügel.

„Treffend bemerkt, lieber Jecker", entgegnete er, „ehrlich gesagt, mir fehlt sogar jegliches Vertrauen."

Den neuerlichen Annäherungsversuchen der Blondine hatte er inzwischen nachgegeben, vergrub sich wieder mit den Händen im quellenden Fleisch ihrer Brüste und meinte, schnaufend unter dem Gewicht ihres sich andrükkenden Körpers: „Hier an der einen Hand lassen sich die Gründe aufzählen, Jecker."

Er hatte sie unter der Last des Frauenkörpers hervorgezogen und streckte die fleischige Faust in die Höhe. Dann, Finger für Finger freigebend, begann er: „1. Die Mexikaner hassen alle Ausländer. 2. Die Nordamerikaner werden jeden europäischen Intervenisten bekämpfen. 3. Eine Monarchie in einem republikanischen Kontinent ist ein Widerspruch an sich. 4. Mexiko besitzt keinen Peso, es sei denn über Anleihen, und letztendlich 5. Die konservative Intelligenz des Landes bringt keinen fähigen Kopf mehr hervor. Sie sehen, Jecker, alles spricht gegen den Erfolg. Aber darüber sollten wir uns keine grauen Haare wachsen lassen. Uns genügt das Quentchen Zeit, das dieser neue Staat existieren wird, um unser Geld herauszuholen. Egal wie und egal womit."

Er winkte in den Raum hinein, absichtslos scheinbar, aber aus den Schleiern des Hintergrundes tauchte eine Frauengestalt auf und kam langsam, fast widerstrebend, näher. Als sie unmittelbar vor dem Herzog stand, bedeutete er ihr mit einem Fingerschnippen, sich zu ihm herunterzubeugen, damit er ihr etwas ins Ohr flüstern könne. So widerstrebend, wie sie gekommen war, gehorchte sie. Das

Gesicht eine Maske des Ekels, nahm sie die Einflüsterung entgegen. Nur einmal bewegten sich ihre Augen herüber zu Jecker, neben dem die Mädchen eingeschlafen waren. Dann nickte sie und verschwand mit der steifen Würde, die sie ihrem Gang zu geben vermochte, wieder in den Rauchschleiern des Hintergrundes.

„Vor zwei Stunden noch war sie auf der Bühne Racines Andromaque", lachte der Herzog, „jetzt ist sie die Königin aller Huren. Sei's drum. Wenn sie gegen Morgen aus dem Bett irgendeines schnarchenden Attachés kriecht, halb betäubt vom Gestank seiner Ausdünstungen und erkaltet in den Gewaltakten der Selbstüberwindung, dann ist sie immerhin ein Stück weiter. Sie ist eine Frau mit Konto."

Er begann auf der Blondine herumzutätscheln.

„Sag ich's nicht, Täubchen?"

Ein verunglücktes Lächeln zuckte im Gesicht der Angesprochenen. Aber es brachte sie immerhin dazu, ihre Anstrengungen zu verdoppeln. Der Herzog quittierte es mit einem selbstgefälligen Schmunzeln.

„Warum wollen Sie einfach nicht lernen, Jecker?" meinte er darauf, „alles tanzt nach der Flöte von Sous und Francs. Das sind die Armeen, mit denen man in Zukunft die Welt erobern wird. Armeen, über die Sie doch verfügen."

Die Blondine an der Brust des Herzogs seufzte.

„Alle hier", sagte er, „diese staubigen Perücken, protegierten Figuren und Apanage berechtigten Jünglinge sind nur die Nachhut einer großen Absetzbewegung. Mit ihrer Tollheit versuchen sie, ihr Schicksal zu zwingen. Aber es wird nur ein fades Theaterstück daraus. Mit der Vergeudung von Zeit wollen sie sich darüber hinwegtrösten, daß sie in Wirklichkeit keine mehr haben. Sie vernebeln ihre Köpfe, weil sie glauben, es sich leisten zu können. Und doch wäre Wachsamkeit und Obacht am Platze. Ausgelassenheit, Zeit und Genießenkönnen sind Dinge, die allein Leuten wie Ihnen zustünden."

Für einen Augenblick ließ er sich ablenken vom Schatten der zurückkehrenden Frau. Etwas unsicher die Füße voreinander setzend, schritt sie heran, verfremdet in ihrem antiken Faltenrock, den Spangen an den Schultern zusammenhielten. Sie trug ein Tablett mit Gläsern.

Die Unruhe, die Jecker befallen hatte, breitete sich aus. Lauernd glitten seine Augen in den Raum hinein, über die Gestalten, das angeleuchtete Fleisch, verdoppelt, verdreifacht in den ovalen Spiegeln. Er fühlte die Anfeindung, die darin lag, wie einen Stachel in sich.

„Geben Sie sich schon einen Ruck, Jecker", vernahm er von drüben, wo der Herzog ein Glas vom Tablett genommen hatte. Immer noch mit sich ringend, sah er, wie die Frau jetzt zu ihm herüberkam, unaufhaltsam, wie ein Symbol der Schicksalsgöttin in ihrem Gewand, um ihm das andere Glas anzubieten. „Hausmarke", sagte der Herzog und hob einladend sein Glas. Jecker wollte sich wehren. Alles in ihm war dazu bereit. Aber er konnte es mit einem Male nicht. Sich selber fremd, griff er nach dem angebotenen Glas, folgte dem Herzog in der Geste des Zuprostens und kippte das Getränk in sich hinein.

Ein schauerliches Brennen erfüllte ihn, kurz nur, dann verschwamm die Welt um ihn herum. Aus nichts als Watte schien plötzlich der Raum zu bestehen. Die Muskeln gaben nach. Kaum, daß er wahrnahm, wie er zwischen die Mädchen fiel, die hingestreckt auf dem Diwan schliefen. Bevor es um ihn Nacht wurde, hörte er das Lachen des Herzogs, aufreizend und verletzend. Aber er war schon zu weit fort, um sich davon noch berühren zu lassen.

17. Kapitel

...Am Tage nach Gina Zimbarellos Selbstmord – schreibt Viktor Anselli – machte das Haus an der Ecke einen verwaisten Eindruck. Seine Fassade mit den stets geschlossenen Blendladen wirkte abweisender und kälter als sonst.

Die leblose Würde, die ihm immer anhaftete, war in Totenstarre übergegangen. Auf der Terrasse blieb die Sonne allein. Und das an einem Morgen, der mit Sicherheit Gina dazu angehalten hätte, ihre Möbel herauszustellen, um an der frischen Luft den Handarbeiten nachzugehen.

Nach ihrem Tod mied unsere Straße das Haus. Eine stille Scheu webte um das Anwesen mit seiner Mauer und dem Park.

Ich hatte mich die Stunden über in der Schule nicht konzentrieren können, war oftmals gescholten worden und trat schließlich mit einer Strafarbeit im Tornister den Heimweg an. Das alles aber bedrückte mich wenig, weil meine Gefühle in der Via di Riborgo geblieben waren, immer noch so entsetzt wie am vergangenen Morgen und um nichts klüger.

Aber ich spürte, wie sie das Unglaubliche zu begreifen begannen, in der kleinen Traurigkeit, die den Schrecken in mir wegfraß und ein schmerzendes Loch hinterließ.

An Ritas Mittagstisch – das hatte ich bald heraus – war dasselbe Entsetzen inzwischen dem Wildwuchs von Vermutungen gewichen. Die Mädchen kamen in Schwierigkeit, die Bedürfnisse ihres Magens und die ihrer unstillbaren Tratschsucht in der zur Verfügung stehenden Zeit in Einklang zu bringen.

Ich löffelte meine Suppe in mich hinein und hörte überwältigt mit an, wie sie behaupteten, alles vorausgesehen zu haben. Dafür wurde eine ominöse innere Stimme verantwortlich gemacht. Und so mußte ich mich bald mit dem Eindruck auseinandersetzen, daß Ginas Tod die Mädchen weniger mitgenommen als in uneingestandener Weise zufrieden gestellt hatte.

„Ja, ja", pflichteten sie sich wechselseitig bei, „der liebe Gott hat's schon gerecht verteilt. Am End kommt für alle das Gleiche raus."

„Wie alt ist sie eigentlich geworden?"

„Neunundzwanzig, glaube ich."

„Na, wer weiß, wie lange sie davon glücklich war."

Darauf nickten die Mädchen in ihre Schüsseln hinein und belohnten sich mit einem Löffel der inzwischen lau gewordenen Suppe.

Ich hatte es weit schwerer, mich mit der Tatsache von Ginas Tod zufriedenzugeben. Aber das zeigten erst die nächsten Tage. Immer wieder stellten sich abends die Bilder von Mutter ein, auf dem Bettrand, blutbesudelt und bleich, allein in ihrer Angst, weil sie die Wirklichkeit vor uns verbergen mußte. Nicht anders als Gina, die ich vor meinem geistigen Auge in der Kathedrale knien sah, vor dem Muttergottesbild, während ich sie fast lüstern belauerte.

Es wollte mir nicht aus dem Kopf, daß Gina ebenso in ihrem Schlafzimmer gesessen haben mochte, voller Blut und voller Angst, und niemand dagewesen war, der Hilfe hätte holen können. Die Selbstvorwürfe fraßen mich auf, ich schämte mich und wand mich in Selbstbestrafungsphantasien, weil ich nichts getan hatte und nur weggelaufen war. Und ich konnte mir keinen anderen Reim auf Ginas Tod machen, als anzunehmen, daß ihr Mann, dieser Dr. Cesare Zimbarello, seine Hand im Spiel gehabt hatte. Es war die Formel, in der meine Welt aufging.

In der Schule bekam ich die ersten Prügel. Eine Strafarbeit folgte der anderen. Ich erledigte keine von ihnen, vielleicht in der richtigen Erkenntnis, daß mir die Schule auf diese Weise helfen konnte, von meinen Seelenqualen befreit zu werden. Und das besorgte dann in der Folge der Bambusstock meines völlig ahnungslosen Lehrers, der mir die beißenden Schuldgefühle aus den Kleidern klopfte. Ich sagte dabei keinen Ton, unterwarf mich still der Prozedur, die ich herausgefordert hatte, und hoffte auf ein Ende der Bußübungen, von deren Rechtmäßigkeit ich inzwischen überzeugt war.

Ich hatte nämlich in Erfahrung gebracht, daß Gina gestorben war, indem sie sich die Pulsadern öffnete.

Die bildhafte Darstellung der Mädchen hatte nicht unbedeutend dazu beigetragen, die von mir gesehene Verbindung zu meiner Mutter zu bestärken. Wie oft hatte ich mir vorzustellen versucht, nachdem ich es wußte, daß ich im letzten Augenblick herbeigeeilt wäre, geistesgegenwärtig die Lage erfassend, um wie damals bei Rita Hilfe und Beistand zu suchen.

Aber es half nichts. Die nagende Schuld, versagt zu haben, blieb und konnte nur schichtenweise durch die Strafaktionen getilgt werden. Meinen miserablen Zustand, der bald nicht mehr zu verheimlichen war, erklärte man Zuhause damit, daß ich schließlich, genau genommen, niemanden habe, der angemessen für mich sorge. Nicht im geringsten ahnend, worum es wirklich ging, beschloß mein Vater darauf, Verenice solle ihre Arbeit aufgeben und sich von nun an um mich kümmern. Damit schuf er ungewollt jene unglücklichen Bedingungen, die das Leben meiner Familie völlig aus der Bahn werfen sollten.

Die Betroffenheit über den Tod von Gina Zimbarello hielt indes nicht lange an. Schon bald verlor niemand mehr ein Wort darüber. Mit dem Leichenwagen und der polizeilichen Untersuchungskommission war auch das Interesse abgezogen. Die Via di Riborgo widmete sich wieder ihrem Alltag.

Auch meine Situation hatte sich verbessert, wesentlich sogar, weil Verenice mich wirklich mütterlich versorgte. Meine Gefühle waren wieder in die Waage gekommen. Beim nachmittäglichen Spiel und beim Einkaufen mit Verenice wurde die Erinnerung an Gina blasser und blasser. Und nur zuweilen – kurz vor dem Einschlafen – blitzte sie mit der alten erschreckenden Kraft auf.

Alles schien sich zum Guten zu wenden, auch wenn Rita Scarpa mir gegenüber nun beleidigt tat. Aber ich spürte ganz genau, daß sie nur nicht bereit war aufzugeben und um mich kämpfte. Da schlich sich das Verhängnis in die Via di Riborgo ein, unbemerkt und auf leisen Sohlen. Vielleicht war es auch nur deshalb möglich, weil alle die Augen schlossen, bewußt oder unbewußt sei dahingestellt. In jedem Falle aber verschafften sie denen, die für die folgenden Ereignisse verantwortlich waren, die Möglichkeit, Nacht für Nacht zu wiederholen, was am Tage von Dr. Zimbarellos Hausangestellten unter dem hämischen Geschmunzel der Umwelt beseitigt wurde: Jene widerwärtige Karikatur an die Hauswand zu pinseln, in der Dr. Zimbarello mit riesengroßem Kopf und winzigem Körper dargestellt wurde, dem man eine Hausmädchenschürze umgebunden hatte. Und das Schlimmste: Dr. Zimbarello trug einen Nachttopf von einem Bett weg, in dem zwei Köpfe unter der Decke zu sehen waren. Einer gehörte – für alle erkennbar – seiner Frau Gina. Der andere Kopf einem fremden jungen Mann. In großen Buchstaben darüber gekleckst stand als Frage: Cesare, der große Mann, hat der keine Hosen an?

An dem Morgen, als ich es mir zurechtbuchstabierte, zog mich Verenice vom Balkon zurück und verteidigte sich gegenüber meiner Neugier mit ausweichenden Erklärungen.

Als ich gegen Mittag aus der Schule zurückkehrte, waren die Pinseleien verschwunden und allenfalls noch als Schlieren an der Wand erkennbar. Aber mein Wissensdurst war geweckt.

Von nun an belauerte ich das Eckhaus wie in jenen vergangenen Tagen, als ich Gina auf der Terrasse suchte. Ich beteiligte mich nicht mehr an den Spielen und drückte mich statt dessen in unserer Straße herum.

Wie es jetzt üblich geworden war, ereignete sich nichts bei den Zimbarellos. Erst gegen fünf Uhr nachmittags, wenn Dr. Zimbarello aus dem Seeamt zurückkam, zeigte sich wieder Leben im Eckhaus. Die Tür wurde von einem Mädchen geöffnet, der Notar reichte ihm seinen Hut und trat ein. Ein Vorgang, der so regelmäßig ablief wie ein Uhrwerk.

Bald war ich ganz in der Nähe, wenn Dr. Zimbarello eintraf. Und ich entsinne mich, wie ich mit scheuen, aber gierigen Blicken den etwas bulligen Mann betrachtete, dessen Gesicht von Tag zu Tag grausamer zu werden schien und der trotzdem mit so überzeugender Würde über die Schwelle seines Hauses zu treten verstand.

Die morgendlichen Klecksereien an der Hauswand, die diesen Mann mit so tödlicher Lächerlichkeit umgaben, trieben mich bald in einen Zustand unerträglicher Gespanntheit. Meine Neugier war aufs Äußerste gereizt, und da Verenice mir nicht helfen wollte oder konnte, hielt ich mich in meiner Not an Rita Scarpa, die ihre Chance sofort erkannte. Zutraulich, wie ich war, hatte ich meine Bitte um Erklärung der Wandmalereien laut vorgetragen und ein hektisches Gekicher bei den Mädchen provoziert.

„Komm, laß die dummen Puten nur", hatte Rita darauf gemeint, mich in den Arm genommen und war mit mir in die Bügelstube gegangen. Das Kichern von draußen folgte uns auf dem Fuße nach und umrahmte wie eine geschmacklose Kulisse die Ausführungen Ritas über die Ereignisse im Hause Zimbarello. Mein Kopf muß in Abständen alle Rottöne durchlaufen haben, während Rita mich einweihte. Am Ende hatte ich soviel verstanden, daß Gina wegen einer Liebschaft in Schwierigkeiten geraten sei. Aus Angst vor einer Entdeckung habe sie den Freitod gewählt. Allerdings begriff ich nicht, warum Dr. Zimbarello dafür mit Lächerlichkeit büßen mußte. Trotzdem spürte ich vage das Walten mir im Moment noch unergründlicher Gesetze und fragte nicht weiter nach. Aber ich ahnte, daß die Bekanntschaft mit ihnen mein Leben um einen beängstigenden Gesichtspunkt anreichern würde.

Die Sonntage bekamen etwas von ihrer alten Betulichkeit zurück. Der nachmittägliche Gang ins Café Specchi oder in den Volkspark wurde jetzt zur Regel. Wie wir es in den guten Zeiten gemacht hatten, in Wien, als Mutter noch halbwegs gesund war, verbummelten Verenice, Vater und ich die Stunden bei Sahnetorte, Kaffee und Limonade, oft in Gesellschaft der Reisingers. Der Unterhaltung mit dem alchemiebesessenen Apotheker war mein Vater immer noch nicht überdrüssig geworden, im Gegenteil, er schien regelrecht danach zu hungern.

Seit der Heirat mit Verenice hatte Reisingers sonntäglicher Besuch bei uns zwar aufgehört, weil mein Vater Verenice mit dem gelehrten Disput nicht langweilen wollte, jetzt aber war das Gespräch unter neuen Vorzeichen wieder in Gang gekommen. Das Monologische an ihm stellte für uns, die wir nichts verstanden, nur insofern eine Einschränkung dar, als es ein anderes Thema nicht aufkommen ließ. Aber Frau Reisinger zeigte ohnehin keine Bereitschaft, sich mit uns auszutauschen, und zwischen mir und Verenice war alles Wesentliche schon gesagt.

So litten wir kaum darunter, ergingen uns in der Betrachtung der Leute und des Treibens rundum und fingen aus dem Gesprächsverlauf das auf, was für uns von Wichtigkeit war. Immerhin bekam ich so mit, wie mein Vater vom Kaisertreffen in Venedig sprach und den Begriff verteidigte, weil schließlich Erzherzog Maximilian in Kürze selber Kaiser sei. Kaiser von Mexiko – hörte ich. Das sei eine ausgemachte Sache, behaupteten mein Vater und der Apotheker Reisinger, schließlich sei unlängst eine mexikanische Delegation in Miramare gewesen und habe von Maximilian die Übernahme der Regentschaft erbeten. Damit erweise sich nur wieder einmal, daß die ganze Welt auf dem Kopf stünde, sagte mein Vater. Auch in Amerika breche alles zusammen. Im Norden herrsche Bürgerkrieg, in Mexiko das reine Chaos, wofür ja die Intervention der europäischen Mächte Zeugnis ablege. Und irgendwann gehe es auch im alten Europa mit den Revolutionen wieder los.

Ich nuckelte an meinem Strohhalm, leerte Limonadenglas um Limonadenglas und füllte die Nachrichten auf mit den erregendsten Bildern meiner Phantasie. Dann landete die Unterhaltung wieder bei der geliebten Alchemie, als seien die aus ihr zu beziehenden Schlüsse das letzte an Weisheit, was mein Vater und Paul Reisinger noch für sich in Anspruch zu nehmen wagten.

Sonntags darauf trafen wir uns im Schloßpark von Miramare. Im Sommer wurde er für den Publikumsverkehr geöffnet. Verenice trug zu dem Anlaß ein blütenweißes Kleid.

Die Haare kunstvoll zusammengesteckt, das feingeschnittene Gesicht ernst in der Betrachtung der Teiche und Baumgruppen, machte sie meinen Vater stolz, wie ich auf sie war.

Wenn jemand ein Recht hatte, sich hier zu ergehen – schien sein Gesicht auszudrücken – so war sie es. Vielleicht mochte es auch manch anderer, der uns entgegenkam, gedacht haben.

„Es spricht doch für sich", meinte mein Vater zu Reisinger, „daß der Erzherzog seine Eremitage öffnen und in der nächsten Woche eine Festivität in Szene setzen will, wie Triest sie noch nicht erlebt hat."

Der Apotheker, der sich mit schlenderndem Schritt an Vaters Seite gehalten hatte, gab sich verständig.

„Erstaunlich", sagte er, „und gleichzeitig nur konsequent, wenn unser aller Annahme richtig ist."

„Er übt sich in einem neuen Lebensstil, meinst du?"

„Wenn du es so formulieren willst", sagte der Apotheker.

Von unserem Standpunkt aus war jetzt die Bastion des Castellettos sichtbar, wo Maximilian und Charlotte bis zu ihrem Umzug ins Schloß gewohnt hatten.

„Weißt du übrigens, daß auch ich eingeladen bin?" bemerkte mein Vater.

Reisinger sah ihn groß an.

„Ja, Paul, ich und Verenice. Dazu halb Triest: Konsule, Abordnungen von Marine und Armee. Und natürlich ein paar von den Dekorationsstücken des Schlosses."

„Und dazu zählst du dich?" fragte der Apotheker amüsiert.

„Es sieht so aus, Paul."

„In deinem Falle gebe ich dir recht", spaßte der Apotheker, „aber bei deiner Frau an Dekorationsstücke zu denken..."

Ein Schwall von Röte schoß augenblicklich Verenice ins Gesicht, bis hin zum Haaransatz. Sie machte einen Schritt zurück, als müsse sie von uns fort. Dann fing sie sich, immer noch rot, und begann nervös zu kichern. Ungewollt machte sie uns damit zum Mittelpunkt.

18. Kapitel

Brief des Jean Pierre Marat,
Kaporal im französischen Expeditionskorps,
an den Abgeordneten der Deputiertenkammer,
Jules Favre, Paris.

Orizaba, im Juni 1862

Lieber Jules!

Hiobsbotschaften haben schnelle Beine. Fast bin ich sicher, daß Du schon alles weißt, trotzdem will ich Dir schreiben. Immer unsere Abmachung vor Augen, daß Du meiner Feder alles und den Bulletins Seiner Majestät nichts glauben willst.
Ohne meine Möglichkeiten überschätzen zu wollen – was kann ein kleiner Kaporal schon an Einsichten für sich beanspruchen – darf ich Dir sagen, daß der Zwirbelbart in den Tuilerien tatsächlich nichts anderes im Schilde führt als einen Eroberungsfeldzug. Und das in einem Lande, über dessen Beschaffenheit – fast für ihn typisch – er nicht das Geringste weiß.

Wie diese Unverschämtheit in Frankreich verkauft wird, entzieht sich natürlich meiner Kenntnis. Ich kann mir aber denken, daß man um verbrämende Phrasen nicht verlegen ist. Auch jetzt nicht, wo man uns eine Pleite beschert hat, wie sie härter nicht hätte sein können.
Laß es Dir erzählen!
Nach unserer Stationierung in Orizaba – fast möchte ich sagen – unserer Flucht dorthin, ging es weiter in Richtung Puebla. Selbst der Dümmste hatte begriffen, daß es eine freche Lüge gewesen war zu behaupten, wir sollten bedrohte Landsleute auffangen und schützen. Briten und Spanier waren ja inzwischen abgezogen, und wir hatten Verstärkung durch General Lorencez erhalten. Welchen Sinn machte es da, wenn nicht den von uns vermuteten,

weiter ins Landesinnere zu marschieren. Zumal bald auch dieser Exilmexikaner Almonte, ein von sich eingenommenes Großmaul, herausposaunte, er sei von Seiner Majestät dem französischen Kaiser beauftragt, Vorbereitungen für die Inthronisation eines europäischen Herrschers zu treffen. Das alles in der Annahme wohl, im Lande mit offenen Armen empfangen zu werden. Anders kann ich es mir nicht erklären, daß man unsere Armee auf zwei Regimenter zusammenstutzte. Und so kam es, wie es kommen mußte.
Puebla war uns als kirchentreu und durch und durch monarchistisch-konservativ geschildert worden. Eine Stadt, in der es keine Straße ohne Kirche, ohne Kloster gäbe. Trotz Nachschubschwierigkeiten – aufgrund der gebirgigen Zugänge – erreichten wir Puebla bei guter Laune, rekognizierten und erlebten eine böse Überraschung. Man hatte uns darauf vorbereitet, über einen Blütenteppich in die Stadt einzumarschieren. Jetzt traf uns die Wahrheit um so härter: Ganz Puebla bestand aus einer waffenstarrenden Phalanx kampfbereiter Männer. An ihrer Entschlossenheit gab es keinen Zweifel. Aber auch nicht an der Bereitschaft eines französischen Generals, jede Herausforderung freudig anzunehmen. Und so begann Lorencez Puebla zu stürmen, frank und frei, wie es eben die Art eines französischen Generals ist.
Nur liegt die Stadt unglücklicherweise auf einem Hügel. Unsere Helden von Sewastopol und Solferino gaben ihr Letztes, trotz des mörderischen Feuers aus Tausenden von Gewehren.
Jules, Du kannst Dir nicht vorstellen, wie schnell aus einer organisierten Angriffslinie ein Haufen zappelnder Gliedmaßen werden kann, wie schnell Vorsätze sich auflösen. Keine fünf Minuten dauerte es, und meine Leute waren zusammengeschossen. Dabei hatten wir nicht einmal die Hälfte des Hügels hinter uns. Von oben sprühte es uns glühendheiß entgegen. Unsere Offiziere versuchten alles, um uns vorwärts zu reißen, brüllten, drohten, bis auch ihr Mut nicht mehr glaubhaft klang und sie sich uns anschlos-

sen, den Hügel herunter, laufend, stürzend, keinen Halt mehr findend.
Konsequent nur wäre gewesen, das bis an die Küste fortzusetzen, um in Veracruz die Schiffe zu besteigen. Aber wir kehrten nur nach Orizaba zurück, wo wir jetzt unsere Wunden belecken.
Wenn ich bedenke, daß dies der Einstand war, mit dem das Land seine Bereitschaft signalisierte, jede Fremdherrschaft zu bekämpfen, dann tut mir nur der leid, der sie aufrichten will.
Diese Leute hier, Jules, sind willens, die Republik zu verteidigen. Davon hat mich Puebla überzeugt. Genauso wie Du willens sein solltest, diesem Heuchler von Bonaparte die Maske vom Gesicht zu reißen. Brülle diejenigen in der Kammer nieder, die Seine Majestät doppelzüngig den Befreier der Völker nennen und den Liberalismus mit ihrem Portemonaie verwechseln. Gibt es ein besseres Paradebeispiel für politische Bigotterie als die Verhältnisse in Mexiko?
Aber wie ich meine Franzosen kenne, werden sie nicht nur nicht zurückstecken, sondern jetzt nach der Niederlage, um ihre nationale Ehre besorgt sein, ihre Anstrengungen verdoppeln.
Man darf gespannt sein!
Ich fürchte, ich werde so schnell aus diesem Land nicht herauskommen.

Dein
Jean Pierre

19. Kapitel

Die vorgerückte Stunde schien das Meer seichter gemacht zu haben. Ein zarter Schmelz überzog die Bucht von Grignano und verband sich in der Ferne mit dem dämmerigen

Blau des Horizonts. Dort zeichnete sich die Silhouette eines Kriegsschiffes ab. Es war das Admiralsschiff des kleinen österreichischen Geschwaders: Die Novara.

Am Morgen hat es dort Anker geworfen und den Kontreadmiral Freiherr von Tegetthoff von Bord gelassen, der damit einer Einladung des Erzherzogs nach Schloß Miramare gefolgt war.

Jetzt hatte der Kontreadmiral Mühe, sich der schnatternden Unermüdlichkeit der Gräfin Zichy zu entziehen, die ihm in den glühendsten Farben auszumalen versuchte, welche Aufgabe auf die Flotte zukäme, wenn Maximilian erst einmal Kaiser von Mexiko sei. Mit Takt und Einfühlsamkeit war es dem Kontreadmiral gelungen, die Gräfin an eine Gesprächsgruppe weiterzureichen, die mehr Entgegenkommen zu zeigen versprach. Sie bestand aus der Gräfin Lützow, Frau Kuhacsevich, dem Marchese Corio und dem Grafen de Bombelles. Er selbst war die Treppe zum Hafenbecken hinuntergegangen, wo auf dem Wellenbrecher Fackeln, in Tonnen eingesteckt, entzündet wurden.

Von der Brüstung, die mit Weinlaub umwunden war, stand der Erzherzog im Gespräch mit dem Feldzeugmeister der österreichischen Truppen in Italien: General von Benedek, umgeben von einem Cordon Uniformen. Dazwischen hielt sich der unverzichtbare Leibdiener des Erzherzogs auf: Sebastian Schertzenlechner, der seit kurzem auch als Privatsekretär fungierte.

Wenn Maximilian sprach, senkte sich ein Vorhang gespannter Aufmerksamkeit hernieder, den in Abständen Lachsalven zerrissen. Tegetthoff, der zu Maximilians Jugendfreunden zählte und Reisen wie Abenteuer mit ihm geteilt hatte, kannte dessen hölzernen Humor zu gut, um die Reaktion der Offiziere als kalkulierten Opportunismus demaskieren zu können. Leider wußte er auch, daß der Erzherzog unfähig war, solche Manöver zu durchschauen.

Der Kontreadmiral trat an die Brüstung, steckte sich eine Zigarre zwischen die Lippen und entzündete sie. Vom

Schloß her, dessen weiße Fassade im Tanz der Lichtreflexe Grimassen schnitt, knatterten Fahnen im Anhauch des Windes. Nicht weit darunter konnte der Kontreadmiral Dr. Jilek ausmachen, den Leibarzt des Erzherzogs, in reger Unterhaltung mit dem Hofkaplan Professor Billimek, beide offenbar darauf bedacht, den Kontakt zu den anderen möglichst zu meiden.

Die Entdeckung erinnerte Tegetthoff nur daran, weshalb er eigentlich hier war und warum er dieses Fest, nur vergleichbar mit den großartigen Festivitäten am Hofe in Monza, kaum würde genießen können. Da war er fast dankbar, daß ihm das Geraune der Paare und Grüppchen, die in einer unaufhörlichen Pendelbewegung von der unteren Terrasse zum Speisesaal sich bewegten, das Weiterdenken unmöglich machte.

Der Erzherzogin wollte er in dem Zustand am allerwenigsten begegnen, schon gar nicht, wenn sie allein war oder in Begleitung der unvermeidlichen Gräfin Kallonitz, ihrer Hofdame.

Charlotte glaubte Maximilian immer noch in Gefahr, junggesellenhafte Manieren zu erneuern, wenn er mit dem Kontreadmiral zusammenkäme. Angesichts der heraufdämmernden Ereignisse, die vom Erzherzog den ganzen Mann erforderten, war ihrer Meinung nach Tegetthoff der schlechteste Umgang.

Dem war es unter diesen Umständen schon lieber, der Gräfin Zichy erneut in die Hände zu fallen, die jetzt am Arm ihres Mannes daherkam und ihre vom Kontreadmiral zudiktierte Gesprächsgruppe wie einen Flor hinter sich her zog.

„Das ist keine Art, lieber Admiral", scherzte sie, „die Damen einfach abzugeben, um sich vor Verpflichtungen zu drücken. Sie sind hier nicht auf der Brücke eines Schlachtschiffes, auch wenn Sie sich dorthin zurücksehnen sollten."

Ihr Mann fühlte sich sogleich angehalten, eine Entschuldigung auszusprechen, aber Tegetthoff, Zigarre paffend, zur „Novara" hinausspähend, meinte nur: „Ihre Frau hat ja recht, Graf, mein Comme il faut ist mal wieder miserabel und bedarf dringend einer Korrektur. Ich bin Ihrer Frau nur dankbar."

Die Replik schien den Geschmack aller getroffen zu haben. Die Damen schmunzelten, der Marchese Corio und der Graf de Bombelles verfielen sogar in ein derbes Lachen, das ihrer Schadenfreude ungezügelt Ausdruck verlieh. Aber alle bildeten augenblicklich einen Halbkreis um den Kontreadmiral, als habe der freundlich couragierte Einstieg den Appetit nach Mehr geweckt.

„Etikettefragen beschäftigen meine Frau schon eine ganze Weile, lieber Admiral", meinte Graf Zichy wieder, „der Anpfiff kam also nicht von ungefähr."

Tegetthoff hatte seine Zigarre auf der Brüstung ausgedrückt und sich den Unwillen von Frau Kuhacsevich zugezogen, als er den Zigarrenstummel zu allem Überfluß auch noch in die Tasche steckte.

„Die Beschäftigung mit der Etikette ist durchaus angebracht, meine Herrschaften", verteidigte sich die Gräfin Zichy, „wir sollten uns alle mehr Gedanken darüber machen. Eine kaiserliche Hofetikette will langfristig vorbereitet sein. Wenn wir in Mexiko sind, müssen wir auf fertige Statuten zurückgreifen können. Niemand wird uns ernst nehmen, wenn die Verhältnisse bei Hof nicht geregelt sind. Obgleich ich da sowieso das Schlimmste befürchte."

„Meine Frau", ergänzte Graf Zichy, „sieht schon auf uns zukommen, daß wir uns unter Umständen mit Mexikanern... wie sagtest du noch, Liebe...?"

„Indianern... Franz..."

„...ja Indianern abgeben müssen, um den Hofstaat mangels Masse aufzufüllen."

Als sei ihr etwas unverdient zugemutet worden, zeterte die Gräfin: „Ja, aber ich werde mich dagegen mit Händen und Füßen sträuben, Franz. Lieber sollten wir an allen europäischen Hocharistokratien um Kandidaten werben, als so etwas zuzulassen. Lieber ein europäisches Kauderwelsch als einen Zoo am Hofe."

„Mein Gott...", protestierte Graf Zichy, „du versündigst dich."

Aber die Gräfin machte nur ein beleidigt trotziges Gesicht und zischelte widerspenstig: „Na, ja, wenn du das so siehst."

Die Heftigkeit des Auftritts hatte alle konsterniert, ja beim Kontreadmiral sogar eine nicht zu übersehende Protesthaltung wachgerufen. Um den offensichtlich unvermeidbar gewordenen Affront abzuwehren, widmete man sich schnell der Gruppe von Offizieren um den Erzherzog. Sie hatte sich soeben aufgelöst und war dabei, sich unter die übrigen Gäste zu mischen, deren Einladung im Hofstaat von Miramare zunächst auf Widerstand gestoßen war. Besonders beim Marchese Corio, der die Neigung des Erzherzogs bedauerte, sich ausgerechnet jetzt, wo man im Begriffe war, kaiserliche Ehren zu erwarten, mit Domestiken nicht unähnlichen Elementen abzugeben. „Hier sind wir in Zukunft aufgerufen, über den Erzherzog zu wachen, meine Herrschaften", sagte er, nachdem sich alle wieder gefangen hatten, „in Mexiko haben wir die große Chance, dieses Erzübel, das sich in die europäischen Höfe eingeschlichen hat, von vornherein auszuschalten. An den Hof gehören nur Leute unseres Geblüts. Der Rest hat zu dienen oder draußen zu bleiben."

Das war dem Kontreadmiral zu viel. Die Echtheit seiner Ermannung bewies die Zornesröte.

„Sehen Sie erst einmal zu, Marchese", fauchte er, „daß Sie überhaupt einen Fuß auf mexikanischen Boden setzen können."

Der schneidige Corio, mehr Höfling als Held, zuckte zusammen und suchte die Nähe des Grafen Bombelles, der ihm erwartungsgemäß zu Hilfe kam.

„Nun, lieber Tegetthoff", beschwichtigte er, „wenn Sie dieses Mißgeschick in Puebla meinen, dann muß ich Ihnen antworten: Hier zeigte sich nur zu deutlich, daß eben nicht Napoleon, sondern der Erzherzog der rechte Mann in Mexiko ist. Wenn wir erst einmal dort sind, wird es solche Dinge nicht mehr geben."

Das Nicken der Umstehenden bewies dem Kontreadmiral nur, daß er mit seiner Meinung auf verlorenem Posten stand. Darum nahm er auch ergeben das Stück Papier entgegen, auf dem der Graf Uniformentwürfe skizziert hatte.

„Die neue mexikanische Armee", erklärte er, vom Gegenstand in eine aufgeräumte Stimmung versetzt, „gefallen Ihnen die Monturen?"

Tegetthoff sagte nichts.

„Mit den Leuten, die sie tragen werden, schaffen wir ein neues Reich."

Ein Glänzen trat in die Augen der Anwesenden. Der Kontreadmiral fühlte, wie weit er von seinen Gesprächspartnern abgerückt war.

„Ein Reich von der Größe, nur vergleichbar mit dem Karls V.", phantasierte der Graf, „trotzdem würde es alles übertreffen, was je da war. Ein Universalreich, das ganz Lateinamerika umfaßt. Eine gigantische Idee nähme damit Gestalt an. Die Neue Welt geeint unter der Krone Habsburgs."

Die Erhabenheit des Gedankens hatte den Grafen Zuflucht zur Gestik nehmen lassen. Nur so meinte er, sich ganz ausdrücken zu können. Alle hingen gebannt an seinen Lippen.

„Machen wir uns nichts vor", räsonierte er bedrückt, „die Habsburger Souveränitäten in Europa wird man Stück für Stück zerschlagen. Dieses Schicksal ist unvermeidbar. Um so größere Bedeutung kommt der Neugründung in Mexiko zu. Mit Maximilian als Kaiser beginnt eine Renaissance des Hauses Habsburg. Beweist Mexiko denn nicht, daß die Forderung nach einer charismatischen Herrschergestalt noch nicht tot ist. Daß die Welt weiterhin danach verlangt, auch wenn in Europa andere Meinungen an Boden gewinnen."

„Danke... danke", rief die Gräfin Zichy, wischte sich

übers Gesicht, in dem sich ein paar Tränen verlaufen hatten, und meinte: „Keiner hätte es schöner sagen können, worum es geht. Worte, die uns die Verantwortung vor Augen führen, sollten deutlich ausgesprochen werden. Ich will sie für meinen Teil freudig vernehmen. Und ich glaube, alle anderen hier auch."

Oberhalb der Brüstung, auf der Terrasse zum Speisesaal, hatte der Fregattenkapitän Stefan Herzfeld, Marineadjutant des Erzherzogs, endlich Gelegenheit gefunden, mit dem Rittmeister Gabor Benkö von den Honved-Husaren private Worte zu wechseln. Benkö gehörte mit zu der Delegation von Offizieren, die diesen Sommer an den gemeinsamen Manövern und Planspielen teilnahmen, die angesichts der national-italienischen Bedrohung nötig erschienen. Im Rahmen einer konzertierten Aktion sollten dabei Marine, Infanterie und Kavallerie ihre Aufgaben aufeinander abstimmen.

„Ich hätt's nicht für möglich gehalten... Steffel... du alte Wasserratte", alberte der Rittmeister und schlug dem Fregattenkapitän ebenso herzlich wie schmerzhaft auf den Rücken. Herzfeld krümmte sich unter dem etwas zu heftig ausgefallenen Hieb, war aber bemüht, gute Miene zum bösen Spiel zu machen.

„Ganz meinerseits... du Mährenschinder", kicherte er, froh darüber, daß Gabor Benkö seine Attacken einzustellen begann. Sehr zur Enttäuschung der unmittelbaren Nachbarschaft, die die Freundschaftsbekundungen der beiden Männer mit Anteilnahme verfolgt hatte.

Inzwischen war die Terrasse bis auf den letzten Platz gefüllt. Viele der Gäste wichen auf die Treppe aus oder wanderten zur Brüstung nach unten ab. Ein Blick zur Uhr hatte sie belehrt, daß es Zeit war, sich für die Illumination vorzubereiten, die auf See stattfinden sollte. Als Überraschungsgeschenk der Marine würde auf der Novara ein Feuerwerk abgebrannt, das vor dem Hintergrund des blauschwarzen Himmels ein besonderer Genuß zu werden versprach.

Je näher der Zeitpunkt kam um so mehr verebbten die Gespräche, bis bald nur noch das Rauschen der Musselin- oder Tarlatankleider zu hören war, wenn die Ungeduld eine der Damen zu einer nervösen Bewegung veranlaßte.

Die Fackeln auf dem Wellenbrecher des Hafens waren fast abgebrannt. Zuckend hielten sich die Flammen über den Pechstrünken. Das Weinlaub an der Brüstung wirkte welk und abgestorben, frühzeitig verbraucht in der abziehenden Hitze der Fackelbrände. Die Fahnen klatschten schon Beifall, obwohl nichts weiter geschehen war als Schweigen und Warten und Ausschauhalten nach jenem Objekt auf See, das den Feuerregen aus komentenhaften Streifen und spritzenden Lichtpartikeln loslassen würde, um Meer und Schloß für Minuten in eine Zauberwelt zu verwandeln.

„Wie geht's der werten Sippschaft?" fragte Stefan Herzfeld unterdessen im flappsigen Ton beim Rittmeister nach, weil er wußte, daß der es nicht übel nehmen würde.

„Leider recht gut", meinte Benkö im rücksichtsvollen Flüsterton, „besonders dem Onkel im Generalstab, der über soviel Zeit verfügt, daß er die vielen kleinen Benkös in den Hintern tritt, damit sie sich mit ihrer Karriere beeilen."

Herzfeld hielt sich die Hand an den Mund, weil er lachen mußte.

„Du bist zu bedauern, Gabor",sagte er dann toternst.

„Nicht zu vergessen meine drei Brüder, Steffel... und im Grunde der ganze Stall der Benkös mit seinem – wie sagt ihr – gretzigen Ehrgeiz."

Das erwartungsvolle Schweigen rundum machte es ihnen schwer, das Gespräch weiterzuführen. Jedes Rühren daran erschien ihnen wie eine Entweihung der Übereinkunft, erst dann wieder Äußerungen zuzulassen, wenn in der Ferne die Raketen aufstiegen. Allen Skrupeln zum Trotz wagte der Fregattenkapitän dennoch einen Ausfall.

„Mit anderen Worten", flüsterte er, „es ist aus mit den Vergnügungen. Du wandelst in mönchischer Zucht, erfreust dich an Sandkastenspielen und Herrenrunden. Armer Gabor!" Das Lachen von eben war wieder da, durch die Hand abgemildert und schelmisch in den Augen explodierend.

„Du sagst es", brummte der Rittmeister, „gesegnet seien die alten Zeiten. Aber meine Familie läßt mir keine andere Wahl. Ohne den Obristen gibt es kein Erbe. Es sei denn, du zeigst mir einen Ausweg!"

Das: „Ahh..." der Menge, sich wie Nebel vom Boden abhebend, in den vielfältigsten Tonarten aufwärts schwebend, riß sie aus der Vertraulichkeit. Im Gleichfeld der nächtlichen See zündeten Feuer, weit ab am Horizont. Ein Schiffskörper wurde sichtbar, scheinbar in Flammen stehend. Dann aber hoben die Brände ab, von Riesenarmen in den Himmel geschleudert, um dort auseinanderzufallen, Glocken und Sträuße bildend, lange Schweife, die in die See hinabschossen und erst dort verloschen. Im Sirren der Abschüsse und in der platzenden Vielfarbigkeit der Raketen geriet die See ins Taumeln. Oben und unten vermischten sich in der spritzenden Helligkeit und bildeten einen Feuerofen, dessen Glut abstrahlte auf die gebannt starrende Menschenmenge vor dem Hafenbecken von Miramare.

„Welch herrliches Bild", seufzte die Gräfin Zichy. Und Charlotte, die sich bei ihrem Mann, dem Erzherzog aufhielt, meinte prophetisch: „Die Marine erweist damit nicht nur ihrem Schöpfer Respekt, Max, sondern auch schon dem Kaiser in dir. Das spüre ich."

Der Erzherzog ließ die Aussage auf sich beruhen. Als sich Charlotte jedoch an ihn drückte, fühlte er Abneigung. Er mochte es immer weniger, daß man so über ihn verfügte. Aber die Geladenheit der Situation brachte ihn bald auf andere Gedanken.

Von einer wesentlichen Fremdheit beherrscht erschienen ihm jetzt alle. Im Licht der künstlichen Sonnen wirkten die Gesichter porzellanen. Schön und schrecklich zugleich. Wie wächserne Figuren in einem Historienkabinett.

Traf das nicht besonders zu auf den schlanken Rittmeister dort in der feuerroten Attila der Husaren, mit den Schnüren über der Brust? Glich er nicht einem der Bleisoldaten, mit denen er als Kind oft gespielt hatte?

Und die junge Frau dahinten – wie hieß sie noch mit Vornamen? Verenice, ja Verenice Anselli, deren Haar zu sprühen begonnen hatte. Erinnerte sie nicht an die Frauenköpfe, wie sie in den ovalen Bilderrähmchen in Schönbrunn geführt wurden, anziehend in ihrer Lieblichkeit, aber unerreichbar entrückt in eine vergangene Welt?

Unmöglich, daß sie Rittmeister Gabor Benkö hatte entgehen können. Seit geraumer Zeit schon weilte sein Interesse bei der jungen Frau, die sich in ihrer Frische und selbstverständlichen Anmut von den Damen des Hofes wohltuend abhob. Jetzt im Gleißlicht des Feuerwerks gewann ihr Liebreiz seinen vollendetsten Ausdruck.

„Hör mal, Steffel, gibt's eine Möglichkeit, mich mit diesem aparten Geschöpf da unten bekannt zu machen?"

Die Aufmerksamkeit des Fregattenkapitäns war ganz von dem Geschehen auf See gefangen genommen.

„Was?" fragte er deshalb, ohne den Rittmeister dabei anzuschauen, der sich daraufhin genötigt sah, seinem Nachbarn in die Seite zu stoßen.

„Da unten, die Kleine mit dem roten Haar", erklärte er ungeduldig.

Herzfeld kniff die Augen zusammen und versuchte, die Person nach der Beschreibung ausfindig zu machen. Angespannt betrachtete ihn Benkö unterdessen.

„Na?"

Herzfeld begann zu lachen, laut und blechern. Er brauchte sich jetzt keinen Zwang aufzuerlegen. Das Zerplatzen der Raketen schluckte alle anderen Geräusche.

„Das ist die Frau unseres Hofbibliothekars. Ich glaube, Anselli heißt er", sagte er, den Schalk in den Augen, „hübsches Ding... zugegeben. Aber laß die Finger davon. Außerdem hast du jetzt andere Wertsetzungen, mein lieber Gabor. Und leider einen Onkel im Generalstab..."

Herzfeld lachte schallend.

„Du meinst wirklich, die ist eisern?" fragte Benkö noch einmal nach und bekam die bestätigende Antwort: „Absolut, mein Lieber, damit mußt du dich abfinden. Aber vorstellen kann ich dich ja trotzdem."

Benkö glotzte Herzfeld betreten an, sagte aber nichts. Gerade war eine großkalibrige Rakete aufgestiegen und hatte ihren brisanten Inhalt in einem regenbogenfarbenen Kelch entfaltet. Grellweiß tauchte das Schloß aus der Nacht.

„Alles hier herum scheint dich wenig zu amüsieren, Wilhelm. Ich beobachte dich schon eine ganze Zeit", tadelte Maximilian den Kontreadmiral, nachdem er mit einer Polonaise den Tanz eröffnet hatte.

Tegetthoff und der Erzherzog waren dem Treiben auf der Terrasse ausgewichen. Sie stand jetzt ausschließlich den tanzenden Paaren zur Verfügung. Ihr Spaziergang hatte sie zur untersten Stufe der Hafentreppe geführt. Das Wasser umspülte ihre Schuhe, wenn eine Welle anlief. Aber sie kümmerten sich nicht darum.

„Ich habe den Eindruck, daß wir nicht ganz zufällig ins Gespräch gekommen sind, Wilhelm", unterbrach der Erzherzog ihre Fachsimpeleien über die Marine, „dein Verhalten im Kreise der Zichys und gegenüber dem Marchese Corio und dann diese so geschickt inszenierte Absonderung... du hast was vor, mein Lieber, stimmt's?"

Tegetthoff hatte den Blick gesenkt, wand sich in Peinlichkeiten und fand endlich den Mut zu sagen: „Ich will dich vor einer Unüberlegenheit bewahren, Max."

„So...?" gab der Erzherzog seinem Erstaunen Ausdruck, „und welche bin ich zu begehen im Begriffe, mein Freund?" fragte er in gespielter Heiterkeit.

„Das Mexikoangebot anzunehmen, Max!"

Die Mundwinkel des Erzherzogs bogen sich leicht nach unten. Für Momente tat er sich Gewalt an. Dann fauchte er: „Daß ihr mich immer unter solchen Umständen belästigen müßt. Weihnachten dieser Gutierrez, und jetzt angesichts von Musik und Ausgelassenheit du."

Er schüttelte das Wasser von seinen Schuhen und stieg eine Stufe höher.

„Oben spielen sie Strauß und Bellini. Und du kommst mir mit diesem Zeugs, das mir jeden Tag um die Ohren hängt, daher."

Unverdrossen folgte Tegetthoff dem Erzherzog die Treppe hinauf, auch wenn er ihm mit seiner Flucht deutlich gemacht hatte, daß er des Gesprächs überdrüssig sei.

„Max, die Warnungen häufen sich. Du solltest sie nicht einfach in den Wind schlagen."

„Welche Warnungen?" knurrte der Erzherzog. Er hielt es nicht einmal für nötig, sich umzudrehen.

„Du kennst doch Metternichs Einstellung zur Mexikofrage", holte Tegetthoff zur Erklärung aus, „Metternich sitzt als Botschafter in Paris immerhin an der Quelle. Jetzt nach Puebla rät er dringend ab."

„Na und...", stellt sich der Erzherzog stur.

„Du weißt, was Dr. Jilek und Professor Billimek davon halten", setzte Tegetthoff wieder an, „die Frau deines Bruders, Kaiserin Elisabeth, und vor allem deine Mutter..."

Maximilian blieb abrupt stehen.

„Ach ja...", gab er sich erstaunt, „ich war immer der Meinung, daß sie mir genau das gewünscht hat, was du mir jetzt ausreden willst: Kaiser zu werden. Wenn ich mich nicht täusche, dann hat sie mir auf jeden Fall den Eindruck nicht nehmen können."

Die Überzeugungsversuche des Kontreadmirals bekamen etwas Verzweifeltes.

„Ich kann dir versichern, Max", sagte er eindringlich, „daß es dir gegenüber nichts Loyaleres unter der Sonne gibt als mich. Ich nehme es auf mein Gewissen, daß ich immer versucht habe, dir gut zu raten."

Mit einer schnellen Bewegung hatte der Erzherzog Tegetthoff bei der Schulter gefaßt und ihn sacht gerüttelt.

„Hör auf, Wilhelm", sagte er gerührt, „das steht ja außer Frage. Deine Ratschläge in Marineangelegenheiten waren immer exzellent, und dein Verhalten als Freund ist über jeden Zweifel erhaben. Aber versuche mich bitte nicht in einer Sache zu bedrängen, in der es für mich keine Wahl gibt."

Das Orchester hatte eine kurze Pause eingelegt. Auf der Terrasse war das rhythmische Wogen übergegangen in das zerlaufende Bild der abwandernden Paare. Sie strebten auf die offenen Türen des Speisesaales zu, dessen Lüster einen weiten Lichthof nach draußen warfen. Zur besseren Beleuchtung hatte man weiterhin Fackeln auf die Brüstung der oberen Terrasse gesetzt. Herzschläge lang nahm der Erzherzog die Szene in sich auf. Dann meinte er: „Du bist doch darüber informiert, daß die Wiener Zeitungen meine Kronkandidatur publik gemacht haben."

„Und was bedeutet das?"

„Bitte, spiele nicht den Unschuldigen, Wilhelm", entrüstete sich der Erzherzog, „die Clique um meinen Bruder, Grünne und Konsorten aus der Heeresleitung, würden sich doch ins Fäustchen lachen, wenn ich einen Rückzieher mache. Ich höre schon ihr Gebell, ich sei wieder einmal weich geworden, zumal sie mich noch nie leiden konnten."

Tegetthoff zeigte sich von den Worten nicht beeindruckt.

„Und deswegen willst du dieses Risiko auf dich nehmen?" fragte er erstaunt.

Der trotzige Mund von eben tauchte wieder auf, als der Erzherzog vorwurfsvoll meinte: „Ein schlechtes Wort, Wilhelm. Nicht Risiko, Aufgabe muß es heißen. So sehen es übrigens andere auch. Darunter kein geringerer als der Heilige Vater, den ich einfach nicht enttäuschen kann."

Die ersten Takte eines Walzers riefen die Tänzer auf die Terrasse zurück. In der Phalanx der Position beziehenden Paare war dem Erzherzog erneut Verenice aufgefallen, was bei ihrem roten Haar kein Wunder war.

„Sieht sie nicht umwerfend aus?" bemerkte er zu Tegetthoff, der, hoffnungslos überfordert, stammelte: „Wer?" und schon die Erklärung bekam: „Verenice Anselli, die Frau unseres Bibliothekars. Sie tanzt mit einem Husaren. Rittmeister, soviel ich sehe. Kennst du ihn?"

Der Kontreadmiral, um Fassung ringend, scheute sich nicht, es den Erzherzog spüren zu lassen.

„Ein Ungar", knurrte er, „Benkö heißt er, soweit ich mich erinnern kann. Aber das ist doch alles nebensächlich, Max."

„Sicher...", sagte der Erzherzog, „Entschuldigung, fahren Sie fort mit dem Plädoyer, Herr Anwalt", scherzte er, „was habe ich weiterhin nicht bedacht?"

„Wieso bist du so sicher", sagte Tegetthoff, inzwischen gefaßt, „daß man in Mexiko etwas von dem, was du deine Aufgabe nennst, wissen will?"

„Weil man einen Mann sucht, der dem Land den Frieden geben kann!"

„Das sagt dieser Gutierrez, Max", erklärte Tegetthoff, „ich behaupte indes, niemand will dort den Frieden, jeder will nur die Macht."

Damit hatte er den Widerspruchsgeist des Erzherzogs herausgefordert. Tegetthoff erkannte es zwar sofort. Aber für eine Zurücknahme seiner Behauptung war es zu spät.

„Dann werde ich sie vom Frieden überzeugen", rief Maximilian aus, „wie ich es in Italien als Gouverneur gemacht habe. Waren die Verhältnisse in der Lombardei nicht ebenso schrecklich, Wilhelm?"

„Schrecklich, aber nicht vergleichbar, Max... nicht vergleichbar."

Als wolle er Trost spenden, legte der Erzherzog eine Hand auf Tegetthoffs Schulter und erklärte: „Ich werde eine Armee haben, Wilhelm, und mich von der Abhängigkeit der Franzosen frei machen, eine Abhängigkeit, die du mir doch sicherlich auch noch vorhalten willst. Mit meinem Bruder Franz Joseph bin ich in Venedig übereingekommen, daß es ein österreichisches Hilfskorps gibt und aller Voraussicht nach auch eine belgische Legion. Mein Bruder hat sich wie schon lange nicht mehr von seiner besten Seite gezeigt und meinen Plan unterstützt. Und wenn du jetzt behaupten willst, er wolle mich nur weit von sich weg haben, rede ich kein Wort mehr mit dir. Wie entschlossen ich bin, Wilhelm, mich auf die Sache einzulassen, mag dir zeigen, daß ich bereits die Mitglieder meines Hofstaates nominiert habe."

Das Blut war dem Kontreadmiral in den Kopf gestiegen. Als sei er apoplektisch geworden, glänzten seine Augen, am Hals pochte die Schlagader.

„Und wer soll das alles finanzieren, Max?" preßte er hervor, kraftlos schon in seiner Verzweiflung, „Frankreich will das Land nur ausplündern. Die Nordamerikaner werden dir zu schaffen machen. Lincoln hat mit der Monroe Doktrin gedroht. Du wirst dich nach allen Seiten schlagen müssen."

Der Stolz wirkte abgerungen, aber die Pose gelang dem Erzherzog, als er erwiderte: „Geld wird das geringste aller Probleme darstellen, Wilhelm. Mexiko ist mit seinen Silber- und Erzvorkommen ein immens reiches Land. Bis die Bergwerke mit voller Kapazität arbeiten können, werden wir die anfallenden Kosten über Anleihen finanzieren. Rotschild hat übrigens die erste Anleihe über fünfundzwanzig Millionen Franken schon auflegen lassen. Und was das Ausplündern angeht, passen wir bestimmt auf. Wenn nicht ich, dann mit Sicherheit die Erzherzogin. Du kennst ja das geflügelte Wort: Ich bin liberal, Charlotte aber ist radikal."

Der Spaß machte ihn wieder zugänglicher. Die falsche Würde wich von ihm und gab ihm den jungenhaften Zug zurück, der Tegetthoff an ihre gemeinsame Zeit in Triest erinnerte, als der Erzherzog noch ein zur Marine kommandierter Leutnant war und er selber ein unbekannter Fähnrich. Beide hatten sie damals, unbeschwert noch von der Last eines Amtes, die amourösen Orte der Stadt unsicher gemacht.

„Ich bitte dich, Max, in Anbetracht unserer alten Freundschaft, laß dich umstimmen, bleib hier," versuchte es der Kontreadmiral noch einmal.

Aber der Erzherzog interessierte sich mehr für das bunte Bild der Tanzenden als für die Beschwörungen seines Freundes. Nach einer Weile, in der er den Kontreadmiral mit seiner Gleichgültigkeit brüskiert hatte, bequemte er sich zu der kategorischen Bemerkung: „Schluß jetzt damit, Wilhelm. Ich will nichts mehr davon hören."

Dann begann er, so unvermittelt wie eben, die Treppen zielstrebig hinaufzusteigen, ohne auf den Freund Rücksicht zu nehmen. Fast schon in Höhe der Terrasse, holte ihn Tegetthoff ein.

„Noch ein Wort, Max!" sagte er atemlos.

„Ja?"

„Wenn du schon so halsstarrig bist, unbedingt Gott versuchen zu müssen, so ziehe bitte alle Möglichkeiten in Betracht, die dir in Mexiko helfen können. Ich möchte nämlich nicht, daß aus der „Novara", die dir zu Ehren heute das Feuerwerk abgebrannt hat, das Schiff wird, das deinen Leichnam zurückholt. Erspare uns und dir, um Gottes willen, dieses Schicksal."

Für einen Moment war Maximilians Gesichtsfarbe fahl geworden. Dann schaute er, mit einer beängstigenden Unsicherheit im Blick, auf die See hinaus, wo die „Novara" vor Anker lag, eingehüllt in die schwarzen Fahnen der Nacht.

Je mehr es gegen Mitternacht ging, um so stärker zeigten die Gäste Neigung, sich in den Speisesaal zurückzuziehen. Er war zu einem Salon umgestaltet worden. Die Temperatur hatte merklich abgenommen. Und selbst die wackersten Tänzer zogen es vor, ihre Kreise lieber im Schutze der Schloßmauern zu ziehen, als es auf eine Verkühlung ankommen zu lassen. Nur einmal hatte Maximilian mit Charlotte getanzt, es damit entschuldigt, daß er die Gelegenheit zu wichtigen Gesprächen nutzen wolle. Aber im Grunde wußte die Erzherzogin, daß ihr Mann das Tanzen nicht mochte und vielleicht gerade deswegen auch ein schlechter Tänzer war.

Als die kühle Nachtluft den Fingergelenken der Musiker zu schaffen machte, zog das Orchester in den Speisesaal um, der das Aufgebot an Gästen kaum zu fassen vermochte. Und das, obwohl die ersten schon gegangen waren.

Die hohen Flügeltüren standen auf, um den Luftaustausch zu ermöglichen. Der Platz vor den Türen war der bevorzugte Aufenthaltsort derer, die nicht tanzen, sondern ein ungestörtes Gespräch führen wollten. Zu ihnen zählte der Kontreadmiral Tegetthoff, der es endlich geschafft hatte, mit Dr. Jilek, dem Leibarzt, und mit dem Hofkaplan, Professor Billimek, allein zu sein.

„Was hat es gegeben?" fragte Dr. Jilek den Kontreadmiral.

„Er ist unbelehrbar", sagte Tegetthoff, sichtlich ermüdet, „er hat sich in die Idee verrannt."

Unwillkürlich sicherten sich die drei Männer zur Seite hin gegen unliebsame Zuhörer ab. Aber es war niemand da, der dafür in Frage gekommen wäre.

„Der Erzherzog wird ja auch von diesen eitlen Schönrednern und titelsüchtigen Kriechern ständig unter Druck gesetzt", meinte der alte Arzt erregt, „allesamt sind sie zu keinem klaren Gedanken mehr fähig. Gibt es denn Ihrer Meinung nach überhaupt noch eine Möglichkeit, ihn davon abzubringen?"

Atemzüge lang kam ihr Gespräch zum Erliegen. Das Orchester hatte aufgehört zu spielen. Applaus brauste auf. Als er verebbt war, meinte der Kontreadmiral resigniert: „Keine, die ich sehe, Doktor. Es sei denn, es passiert etwas ganz Außergewöhnliches."

20. Kapitel

Seit Franz Oxner ihm den amerikanischen Revolver in der Kathedrale übergeben hatte, lag er unangerührt zwischen Handspannen von Seegras in Erecs Matratze. Die Waffe dort zu deponieren, hatte ihm einiges an Findigkeit abverlangt. Vor allem, weil er den ganzen Tag außer Haus war. Spät abends, wenn er zurückkam, hatte Viktors Anwesenheit die Unterbringung verhindert. Und sonntags war er wegen seiner Angewohnheit, die Weinstuben aufzusuchen, zu betrunken gewesen, um etwas unternehmen zu können, obwohl die übrigen Ansellis ihren Spaziergang machten.

Aber das Problem, in einer günstigen Minute gelöst, war seit langem erledigt. Niemand ahnte, daß sich ein Revolver in der Wohnung befand.

Einfacher wäre indes alles gewesen, wenn ihm seinerzeit die Lebensweise zur Verfügung gestanden hätte, die jetzt für ihn notgedrungen charakteristisch geworden war.

Eingeschlossen in das kleine Zimmer, lauschte er den Geräuschen aus dem Gasthof, das zur Hofseite hin seine Fenster geöffnet hatte. Akkordeonmusik drang heraus, und die derben Späße der Männer, die dort in Erecs Manier den Sonntag mit Wein zubrachten, echoten von den Hauswänden zurück.

Das Zimmer war abgedunkelt. Erec hatte die Blendläden halb zugezogen. Draußen ließ die sommerliche Hitze Mensch und Tier in den Schatten flüchten.

„Wenn das im Kopf nicht wäre, das Dröhnen, dann könntest du es gewiß noch", hatte sich Erec zu trösten versucht. Aber im Grunde wußte er, daß es nicht der Kopfschmerz war, der für sein Unvermögen verantwortlich zeichnete, nicht mehr schreiben zu können. Es wollte ihm einfach nicht mehr gelingen, wie damals in Wien, als er mit seinen historischen Dramen die Abende des Lesevereins bereichert hatte. Mit dem gebührenden Applaus geschmückt, war er zu seiner Mansarde in der Karmelitergasse zurückgekehrt. Ein Erlebnis, das er jetzt so bitter nötig gehabt hätte, nach all der schuftigen Arbeit, die seine Hände wie zerhackte Fleischseiten aussehen ließ. So verwüstet wie seine Hände waren, war auch sein Inneres. Es gab keine Ideen mehr her. Die gleichförmige, verzehrende Plackerei mußte sich aller Kraft dort bedient haben, ohne daß er es beizeiten gewahr geworden war.

Erec schlich sich aus dem Zimmer, die klagende Musik des Akkordeons hinter sich herschleppend. Vor der Balkontür dehnte sich das Meer, gleißend im flutenden Licht des Nachmittages.

Da gerad hinaus, dachte er, geht's nach Mexiko. Das wäre die Lösung, die verfahrenen Verhältnisse aufzugeben und sich den Aussiedlern anzuschließen. Verschwinden von hier...!

Und ausgerechnet er sollte dafür sorgen, daß es nicht dazu käme: Mit einem Revolverschuß auf den Kaiser, um Maximilian die Thronnachfolge antreten zu lassen.

Für eine Sekunde war Erec fest entschlossen, es nicht zu tun, das der Bruderschaft und Oxner gegebene Versprechen zu brechen. Aber dann packte ihn die Angst. Schwindel überfiel ihn. Die Bruderschaft würde den Verrat nicht auf sich beruhen lassen und mit Vergeltung antworten. Ihr gegenüber fühlte sich Erec hilflos, selbst wenn er in besserer Verfassung gewesen wäre.

Der plötzliche Schreck schuf Ordnung in seinem Kopf. Die Gedanken fügten sich wieder einem Plan.

„Du mußt Vorbereitungen treffen, um ins Schloß zu kommen", sagte ihm der Kopf, „die Zeit drängt, der Kaiser wird dort in Kürze auftauchen."

Dann rief etwas seine Gedanken zurück.

„Und was wird aus dir? Aus deiner Flucht?" fragte er, „wohin willst du dich wenden? Auch da ist für nichts gesorgt."

Als seien ihm Verfolger auf der Spur, rannte er in sein Zimmer und verschloß es. Sich auf das Bett werfend, verbarg er seinen Kopf in den Armen. Tief unter sich in der Matratze spürte er den Widerstand des Revolvers.

21. Kapitel

Viktor Anselli bezeichnet den Abschnitt vom Sommer bis zum Ende des Jahres 1862 als eine glückliche Zeit „in der an Ereignissen so reichen Geschichte meiner Familie".

...Nach den Schicksalsschlägen – schreibt er – die uns in

so erschreckend kurzen Abständen heimgesucht hatten, war mit der Verheiratung meines Vaters eine Situiertheit in unsere Familie eingekehrt, die beruhigend wirkte. Dazu trug sicher auch Erecs Gesinnungswandel bei, der zwischen Vater und ihm ein beinahe herzliches Verhältnis schuf. Den Kontakt, den er plötzlich zu uns herzustellen suchte, honorierte Vater ihm damit, daß er sich um eine neue Stelle für ihn bemühte. Ob Erec ihn darum gebeten hat, weiß ich nicht, denkbar aber ist es, weil sich leicht an seinem körperlichen Zustand ablesen ließ, wie ihn die bisherige Arbeit zermürbte.

Da Verenice ihre Tätigkeit in der Buchhandlung Hube aufgegeben hatte, fand sich dort komplikationslos ein Unterkommen für Erec. Immerhin waren wir jetzt eine Familie, die es verdiente, so genannt zu werden.

Beinahe alles änderte sich. Erec kam jetzt nach Ladenschluß sofort nach Hause, um mit uns zu Abend zu essen, des öfteren auch mit Vater, wenn er Buchbestellungen nach Miramare gebracht hatte. Des Sonntags schloß er sich uns zwar nicht an, war mit alten Freunden unterwegs, wie er behauptete, aber er kam nie betrunken zurück wie früher. Er wirkte solide und innerlich gefestigt, auch wenn er sein mürrisches Gehabe nicht ganz ablegte. Trotzdem, er verlor nie mehr ein böses Wort über Verenice und Vater, ging Verenice, wenn er konnte, allerdings weiterhin aus dem Weg, verhielt sich ihr gegenüber aber korrekt. Mein Vater zeigte Verständnis dafür und meinte, Erec müsse sich an die neue Situation erst gewöhnen. Es sei für ihn sicher nicht leicht.

Was vorher niemals vorgekommen war, wurde nun zur Regel.

Vater und Verenice besuchten die Oper. Die Geldausgabe brauchte ihnen schon deshalb nicht mehr leid zu tun, weil mein Vater seit kurzem offiziell zum Hofbibliothekar avanciert war und das Inventar unserer Wohnung in Wien verkauft hatte. Damit war klar, daß wir in Triest bleiben würden.

Ich selber profitierte von den neuen Verhältnissen, indem sich meine Schulleistungen erstaunlich verbesserten, vor allem, was das Lesen und Schreiben anging. Meine Neigungen hier gestalteten sich bald so dramatisch, daß ich mich an Vaters Lektüre versuchte, die Buchvitrine im Salon durchstöberte und stolz die schwülstigsten Sentenzen wälzte, die ich zwar nicht verstand, aber immerhin über die Zunge gebracht hatte.

Mein Freundeskreis hatte sich inzwischen verkleinert, die freundschaftlichen Beziehungen waren darüber intensiver geworden. Mit Guido – einem Jungen aus unserer Straße – durchkreuzte ich Nachmittag für Nachmittag die Stadt. Beide getrieben von dem Verlangen, die Kräfte zu erproben, die wir in uns mächtig gewachsen fühlten. Oft kamen wir bis zu den Molen. Die Namen der Schiffe waren uns bald so geläufig wie die Gesichter der Hafenarbeiter. Und wenn es für das Herumstöbern am Hafen einen Preis gegeben hätte, uns wäre er sicher zugefallen. Am Abend in der Via di Riborgo erlaubten wir uns dann an der Villa des Dr. Zimbarello einen letzten Spaß.

Die lange Frontseite zu unserer Straße hin zeigte seit kurzem tiefe Auswaschungen im ansonsten dunklen Gestein. Dort tauchten allmorgendlich jene Parolen und Karikaturen auf, die zuerst nur unsere Straße und inzwischen wohl den ganzen Bezirk erheiterten.

Nach dem Frühstück, das Dr. Zimbarello angesichts dessen wohl kaum genossen haben dürfte, stiefelte er mit eingezogenem Kopf, Gleichgültigkeit markierend, seine Aktentasche unter dem Arm, an den Schmierereien vorbei zur Arbeit. Und das seit Wochen, in denen die Attentäter nicht müde geworden waren, ihn zu verhöhnen. Bei seiner Rückkehr am Abend hatten die Bediensteten zwar die Wand gereinigt, aber die hellen Streifen an der Hausfront erinnerten nur um so auffälliger daran, daß hier etwas gestanden hatte. Es reichte jedenfalls für viele, im Vorbeigehen zu singen: „Cesare, der große Mann, der hat nicht mal eine Hose an."

Heute muß ich tief beschämt eingestehen, daß auch ich zu denen zählte, die sich dieser Bösartigkeit nicht versagen konnten. Allerdings kann ich in meinem Fall entschuldigend das Alter ins Feld führen. Außerhalb meines Begreifens standen die Nöte eines Menschen, der sich nach dem Tode seiner Frau noch der Demütigung als Mann ausgesetzt sieht und zudem in einem Amt saß, das von ihm Autorität verlangte. Aber in mir kochte die kindliche Rachsucht, es Dr. Zimbarello heimzuzahlen, weil er Gina so unglücklich gemacht hatte.

So war es fast natürlich, daß Guido und ich, laut den Spottvers krakelend, am Hause vorbeiliefen und den Tag mit einem verletzenden Spaß beendeten.

Um verständlich machen zu können, wieso der Vorfall, der unsere Straße bald in ein so großes Erschrecken versetzte, ablaufen konnte, wie er dann ablief, muß ich vorwegschicken, daß Dr. Zimbarello von heute auf morgen sein gesamtes Personal entließ, mit der Begründung, es würde seine Maßnahmen unterlaufen und die Wände nicht hinreichend säubern.

Alle Beteuerungen der Bediensteten nutzten nichts. Dr. Zimbarello sprach von untrüglichen Beweisen. Die neue Situation, die sich darauf einstellte, mußte zwangsläufig irgendwann unhaltbar für ihn werden: Morgens an den Schmierereien vorbei zum Seeamt zu gehen und abends an ihnen den Weg zurück zu nehmen, und das im Bewußtsein, allen habe die Verspottung den Tag über für hämische Späße zur Verfügung gestanden.

Vielleicht hatte er das auch schon vorher geglaubt.

Noch ganz lebendig ist mir das in Erinnerung, was an jenem Morgen seinen Lauf nahm.

Ich hatte meine Milchsuppe ausgelöffelt, die mir Verenice als Stärkung für die Schule zu verschreiben pflegte. Erec, wie immer still und nachdenklich, war von Vater in eine Unterhaltung über Bücher und Bestellungen hineingezogen worden. Da meldeten sich aus der Gasse heraus Töne, die dort kein Heimatrecht beanspruchen durften.

Ansonsten rasselten die Handkarren der Händler unter unserem Balkon vorbei. Ab und zu versuchte es auch ein Pferdegespann, mit Mühe und Not durch die Enge zu rangieren. Die Pflasterung unserer Gasse sorgte dabei für eine verstärkte Übertragung der Geräusche.

An dem Morgen sprengten sie alle Maßstäbe.

„Gott, was ist denn das?"

Verenice, die Kaffee nachschenken wollte, hielt aufmerksam inne. Ich, der ich angehalten worden war, meinen Mund abzuwischen, ließ das Tuch fallen. Eine gelähmte Sekunde lang regte sich niemand von uns. Dann stürmten wir gemeinsam auf den Balkon.

Vor unserem Haus sah es aus wie auf einem Schlachtfeld. Melonen rollten über das Pflaster, wie eine Armee von Ausreißern, sprangen an der Villa der Zimbarellos vorbei die Gasse hinunter, zerplatzten irgendwo an den Wänden oder verschwanden.

Ein hochrädriger Handkarren stand quer in unserer Straße, die Holmen am Boden, so daß die Ladung von der Fläche rutschte und sich über das Pflaster ergoß. Und inmitten dieses dicht gesäten Feldes von kollernden und hüpfenden Melonen drosch Dr. Zimbarello in Hausmantel und Pantoffeln auf den Mann ein, der den Karren offensichtlich gezogen hatte.

„Du Saukerl", hörten wir, „du Ausgeburt kranker Phantasien, ich werde dir beibringen, was es heißt, meinen guten Namen in den Dreck zu ziehen."

Dabei schlug er mit den Fäusten, keuchend und sich verausgabend, auf den Mann ein, der immer wieder schrie: „Señior... gnädiger Herr... was ist denn nur... was ist denn nur..."

Die Arme über dem Kopf, um sich gegen die Hiebe zu schützen, während Dr. Zimbarello auf den Hockenden einschlug, der vergeblich versuchte, auf den Knien rutschend, von ihm wegzukommen.

In den umliegenden Häusern öffneten sich die Fenster. Die Zahl der Zuschauer mehrte sich. Dessen ungeachtet machte Dr. Zimbarello weiter. Sein Gebrüll war noch lauter geworden, erging sich in Beschimpfungen, die man einem Marktweib zugetraut hätte, aber nicht ihm. Immerhin verschaffte er uns eine Vorstellung davon, was sich in ihm an Verzweiflung angehäuft haben mußte. Eine Verzweiflung, die jetzt aller guten Erziehung und Rücksichten Hohn sprach und sich in dämonischer Weise seiner bemächtigt hatte. Vielleicht wagte es auch deshalb niemand, vor die Tür zu gehen, um zu helfen. Tatenlos sahen alle zu, wie Dr. Zimbarello, blindwütig und ohne Verstand, erst von dem Mann abließ, als dieser jede Abwehr aufgebend, lang hingestreckt wie ein erschlagenes Tier auf dem Pflaster lag. Schwer atmend und mit verrutschtem Hausmantel, richtete sich Dr. Zimbarello danach auf, die Augen waren rot unterlaufen und glasig verklärt. Seine Pose war lächerlich und furchteinflößend zugleich, als er zwischen den Melonen herumstolzierend gegen die Hauswände brüllte: „Ich bin Dr. Zimbarello, lausiges Pack, Dr. Cesare Zimbarello!"

Über viele Minuten lang. Dann stürmte er zurück in sein Haus, zog sich um und machte sich auf den Weg zur Arbeit.

Die ganze Straße verfolgte den Ablauf hinter halb vorgezogenen Gardinen. Auch wir, weil wir Angst hatten, Dr. Zimbarellos Zorn könne auch uns treffen.

Er verließ seine Villa, wie er es gewohnt war, korrekt mit der Aktentasche unter dem Arm, vorbei an den Schmierereien, die auch an diesem Morgen nicht fehlten.

Wie abzusehen, kam ich zu spät zur Schule. Aber man hatte dort schon von dem Vorfall gehört, der bis zum Abend die Gemüter aller erhitzen sollte.

Die Verletzungen des von Dr. Zimbarello überfallenen Mannes waren weniger schlimm als zuerst angenommen. Rita Scarpa hatte ihn in ihrer Bügelstube notversorgt.

Dr. Zimbarellos Schicksal gestaltete sich weitaus dramatischer. Noch bevor der Tag zu Ende war, wußte es die ganze Straße: Man hatte ihn aus seinem Amt heraus abgeholt und in die städtische Irrenanstalt überführt...

22. Kapitel

Brief José Manuel Higalgos
an José Maria Gutierrez, in Rom, Palazzo Mariscotti.

Paris, im Juli 1863

Lieber Freund!

Fast wünschte ich, mit Euch tauschen zu können. Wie oft habe ich in letzter Zeit meinen Posten hier in Paris verflucht und mich zu Euch nach Rom gesehnt, in die Via di Cesare. Aber inzwischen bin ich davon überzeugt, daß ich wohl einer Illusion auf den Leim gehe und Ihr nicht weniger im Kreuzfeuer der Angriffe steht als ich. Leider hat die Entwicklung in unserem Vaterland dazu geführt, daß ich in den Pariser Salons, die mir bisher immer gewogen waren, kein unbedingt willkommen geheißener Gast mehr bin. Man schließt mich zwar nicht aus, aber die militärischen Rückschläge mit ihren Einbußen an Menschen und Material haben die Einstellung der Leute zur französischen Mexikopolitik drastisch verändert. Ich werde das Gefühl nicht los, daß die Mehrheit meiner bourgeoisen Freunde, die sich in der Deputiertenkammer tummeln, den jetzt in ihren Augen so leichtfertig betretenen Schauplatz eiligst verlassen möchten. Darüber täuscht auch nicht hinweg, daß sie noch unlängst die Mittel für dreißigtausend neue Soldaten bewilligt haben, um die Schlappe von Puebla auszubügeln. Dabei mögen sie von ihrem eingefleischten Ehrbegriff korrumpiert worden sein. Noch einmal aber wird ihnen das nicht passieren, glaube ich.
Ja, lieber Freund, es sieht nicht besonders gut für uns in Paris aus. Es gibt eigentlich nur einen einzigen Lichtblick hier: Und den stellt die Kaiserin selber dar. Eugenies unausrottbarer Glaube an die missionarische Aufgabe Frankreichs, der Kirche in Mexiko wieder zu ihrem Recht zu verhelfen, bietet den Anfeindungen, wenn auch mehr schlecht

als recht, Paroli. Daran hat auch wenig die Tatsache ändern können, daß Anfang Juni das französische Interventionsheer in Mexiko-Stadt einmarschiert ist, Juárez das Weite suchen mußte und sich das Herz von Mexiko damit in unserer Hand befindet. Daß man unserem Almonte überall vorwirft, er gebärde sich nun mit seiner Interimsregierung wie ein Diktator, ist für mich nur ein Beweis, mit meiner Behauptung recht zu haben. Aber das alles beeindruckt die Pariser Geldaristokratie, die bekanntlich gut rechnen kann, wenig. Der in Aussicht stehende Gewinn scheint den Einsatz nicht mehr zu lohnen. Zudem melden sich die politischen Radikalen mit ihrem empfindlichen liberalen Gewissen immer stärker zu Wort. Jules Favre hat Seiner Majestät den Bruch heiligster Grundsätze vorgeworfen und nannte ihn in der Kammer einen Tyrannen, der fremde Länder besetze.

Mit einem Wort: Auch wenn die Dinge, oberflächlich betrachtet, nach Plan ablaufen, sollten wir die Situation mit wachen Augen verfolgen. Nicht Juárez, der sich nach seiner Flucht in San Luis Potosi eingenistet haben soll, ist jetzt unser vorrangiger Feind, sondern allein die französische Unentschlossenheit. Daran ändert auch dieser französische General Bazaine, der damit begonnen hat, die von Juárez beherrschten Provinzen zu erobern, nichts.

Lieber Freund, seien wir auf der Hut. Vergessen wir es nicht: Wenn wir bisher darauf bauen konnten, in einer Front mit der Kirche zu stehen, so gilt das ja seit kurzem nicht mehr. Ihr werdet es in Rom weidlich zu spüren bekommen haben, nehme ich an. War es einfach nur Dummheit oder mehr? Ich mag es nicht zu entscheiden.

Daß aber Frankreich – allein verantwortlich dafür – das Gesetz dieses Kirchenschänders Juárez nicht rückgängig gemacht, sondern nur formalistisch aufgehoben hat, war sicherlich eine politische Gedankenlosigkeit ersten Ranges. Rom und die mexikanischen Bischöfe können es einfach nicht hinnehmen, daß ihre enteigneten Ländereien im Besitz der Aufkäufer bleiben dürfen. Der Landverlust würde die Kirche völlig ihres politischen Einflusses berauben. Fast wage ich es nicht zu formulieren, vielleicht, weil die folgende Spekulation nicht mehr als nur das Ergebnis meiner überreizten Nerven sein könnte. Aber was wäre, wenn hinter dem Vorgang der kalkulierte französische Versuch stünde, die mexikanische Partei zu schwächen, um die Öffentlichkeit in Paris mit der Inaussichtstellung eines französischen Protektorats in Mexiko noch einmal zu ködern?

Kaum ausdenkbar, aber immerhin möglich.

Wie sieht es übrigens mit einem neuen Besuch Eurerseits in Miramare aus? Ich halte eine Rücksprache mit Maximilian für dringend nötig, um ihn unseres Vertrauens zu versichern.

Seit dem Debakel von Puebla stehe ich bekanntlich in regem Briefwechsel mit dem Erzherzog. Immer wieder bin ich dabei gezwungen gewesen, seine aufkeimenden Zweifel zu zerstreuen, die ständig neue Nahrung erhalten. Daran beteiligt ist nicht nur mehr der Kreis um die Mutter des Erzherzogs, auch der Vater der Erzherzogin, Leopold von Belgien, ein bisher eifriger Befürworter der Inthronisation seiner Tochter, zeigt sich neuerdings skeptisch. Inzwischen soll sich in Miramare ein englischer Journalist aufhalten, ein selbsternannter Mexikoexperte, von dem sich Maximilian endgültige Aufklärung erhofft. England spielt sich überdies als Freund des Erzherzogs auf und mimt Fürsorge, indem es ihn für den vakanten griechischen Thron vorschlägt. Unglaublich, aber wahr. Auch die polnische Krone ist für Maximilian im Gespräch. Aber darüber seid Ihr sicher schon ins Bild gesetzt. Was das für uns heißt, brauche ich nicht zu sagen. Wir können nur hoffen, daß ein Kaiser von Mexiko einem Habsburger Erzherzog mehr wiegt als ein griechischer oder polnischer König.

Als ermutigendes Zeichen werte ich, daß der Erzherzog Almonte, auf dessen Bitte hin, fünfzigtausend Francs überwiesen hat. Möglich, daß sich darin bereits eine Parteinahme ankündigt.

Wenn Almontes Notablenversammlung im nächsten Monat ihr Votum bekannt gibt, werden wir es genau wissen. Obwohl ich eigentlich nicht an der Bereitschaft des Erzherzogs zweifle, möchte ich Euch doch dringend bitten, Euren Einfluß in Miramare noch einmal geltend zu machen. Wir stehen an einem entscheidenden Punkt. Mit dem vollsten Vertrauen darein, daß Ihr wißt, was Ihr tut, verabschiedet sich

Euer
José Manuel Hidalgo

23. Kapitel

Der Erzherzog hatte die Papiere auf seinem Schreibtisch einige Male hin- und hergeschoben, um dann das eine der beiden mit einer herrischen Geste in der Schublade verschwinden zu lassen.

„Du meine Güte", bemerkte er, noch ganz unter dem Eindruck der vergangenen Minuten, „man soll mich jetzt mit dem Zeugs verschonen. Nur das hier ist noch wichtig!"

Dabei ließ er die Hand auf das vor ihm liegende Telegramm klatschen, in dem ihm seine Proklamation zum mexikanischen Kaiser mitgeteilt worden war. Napoleon III. hatte ihm das Abstimmungsergebnis der Notablenversammlung nebst Glückwunsch über Telegraph zukommen lassen.

„Siehst du nicht, Steffel", meinte Maximilian mit gespielter Väterlichkeit, „daß mich dieser Marinekram nur noch belästigt. Soll ein anderer sich um die Formalismen kümmern. Der Kontreadmiral meinetwegen."

Der Fregattenkapitän Stefan Herzfeld, des Erzherzogs Marineadjutant und Jugendfreund, umrundete erregt den Stuhl, auf dem er eben noch gesessen hatte. Der Fußboden des erzherzoglichen Arbeitszimmers, dem Quarterdeck des Flaggschiffs „Novara" nachgebaut, begann zu knarren.

„Mit allem Respekt, Max", sagte er, „aber du verkennst den Ernst der Sache."

Maximilian riffelte die Stirn.

„Ernst...?" fragte er amüsiert nach.

„Ja, Max, vollster Ernst..."

Mit den Fingerspitzen betastete der Fregattenkapitän seine Schläfen, als berste ihm der Kopf unter dem Unvermögen, sich hinreichend erklären zu können.

„Es handelt sich dabei nicht mehr um eine einfache Disziplinarangelegenheit, Max", versuchte er sich in einem neuen Anlauf, „die Sache hat politisches Gewicht und ist hoch brisant."

Das amüsierte Lächeln konnte er damit aus dem Gesicht des Erzherzogs nicht vertreiben.

„Nun bleiben wir mal auf dem Boden", begehrte Maximilian auf, „da hat ein Leutnant zur See einen Rittmeister geohrfeigt..."

„Ihm zwei Zähne ausgeschlagen, Max."

„Na gut, zwei Zähne ausgeschlagen", ging der Erzherzog auf die Korrektur ein, „das ganze auf einem Bankett, veranstaltet vom Offizierskorps meiner Marine für die Kameraden der Infanterie und Kavallerie. Eine dumme Angelegenheit, meinetwegen auch peinlich und blamabel. Aber was schwätzt du mir von politischer Brisanz, Steffel?"

„Der Attackierte ist unglücklicherweise Ungar", bemerkte der Fregattenkapitän beleidigt.

Die Stirn des Erzherzogs glättete sich.

„So...", meinte er gedehnt.

„Du weißt, was das bedeutet, Max!"

„Ich weiß nur, daß ein Leutnant zur See einen Husaren-Rittmeister in aller Öffentlichkeit desavouiert hat", insistierte der Erzherzog.

Das Gefühl unverstanden zu bleiben, verstärkte nur die Unruhe des Fregattenkapitäns. Seine Bewegungen bekamen etwas Hektisches, als er hervorstieß: „Man wird die Angelegenheit zu einer österreichisch-ungarischen Konfrontation hochspielen, Max, wenn du nicht bald reagierst, zumal dieser Leutnant auch noch aus Wien stammt."

„Stell dir vor, Steffel, ich weiß nicht einmal, wie er heißt", unterbrach ihn der Erzherzog.

„Neubauer", belehrte ihn Herzfeld unwirsch, weil ihn die schamlos vorgetragene Ignoranz ärgerte.

„Wernher Neubauer. Du dürftest ihn kaum kennen, Max."

„Und was schlägst du vor, soll ich tun, Steffel?" fragte der Erzherzog.

„Leite ein ordentliches Verfahren vor dem Marinegericht ein, Max", erklärte Herzfeld, „belasse es nicht bei dieser Voruntersuchung. Dieser Leutnant muß bestraft werden. Wenn er mit einer Rüge davonkommt, sind die Schwierigkeiten unausdenkbar."

Der Erzherzog hatte sich über den Kopf gestrichen, als wolle er verhindern, daß die eben gefallene Äußerung sich dort einniste. Eine Geste, deren sich Maximilian ansonsten in vertraulichen Gesprächen nicht zu befleißigen pflegte. Herzfeld war deshalb gerüstet, als der Erzherzog anklägerisch meinte: „Du kannst mir nicht weismachen, Steffel, daß du hinter dem stehst, was du forderst. Du weißt so gut wie ich, daß dieser Mann, dieser Leutnant, recht hatte, als er dem unverschämten Husaren-Rittmeister die Visage blessierte. Du wärst doch auch nicht der Mann, der es ruhigen Blutes ertrüge, wie jemand Zoten über die eigene Schwester verbreitet, schweinisches Zeug, wie es kasernierte Kreaturen produzieren."

„Natürlich nicht, Max."

„Na, siehst du", sagte der Erzherzog, „was verlangst du von mir, daß ich mein Gewissen korrumpiere."

Ein Fenster stand jetzt auf. Herzfeld hatte dafür gesorgt, als fürchte er zu ersticken. Vor dem geöffneten Fenster stehend, rief er: „Du hättest nicht die Freunde, Max, wenn du nicht genau so wärest: Ein Mann, der seinem Gewissen folgt, redlich und anständig. Aber, Gott vergebe mir, du bist ein bedauerlicher Wirrkopf, wenn du glaubst, damit bei politisch Denkenden Verständnis zu finden. Das Gewissen ist doch eine verstaubte Institution, die nur noch repräsentativen Zwecken dient. Zitiere es meinetwegen angelegentlich, es findet ja noch zuweilen seine Liebhaber, aber mach dich um Gottes willen nicht von ihm abhängig."

Das letzte Wort war eben heraus, da bedauerte Herzfeld schon seine Offenheit. Er hatte plötzlich Zweifel, ob ihre Freundschaft soviel Wahrheit ertrüge. Ein Schatten war über Maximilian gefallen, hatte seine Gestalt verdüstert und einen Graben zwischen ihnen aufgeworfen.

„Ich danke dir für deine Unverblümtheit", sagte er dann, es kam stockend, „aber du triffst die Sache haargenau. Ja, ich bin antiquiert. Das stimmt. Antiquiert und überholt. Aber ich bin stolz darauf, Steffel. Nein, ich laß mir mein Gewissen nicht nehmen. Mein Gewissen ist meine Freiheit und meine Stärke. Es gibt mir das Recht, Kaiser sein zu dürfen."

Herzfeld war vom Fenster herbeigestürmt. Seine Lippen hatten eine weiße Farbe angenommen. Mit beiden Händen faßte er seinen Stuhl und stieß ihn heftig auf den Boden.

„Max, ich bitte dich inständig", rief er aus, „auf den Knien, wenn du willst, gib deine Verbohrtheit auf! Ich kenne diesen ungarischen Rittmeister und seine Familie. Diese Benkös besitzen ausgezeichnete Beziehungen zur ungarischen Hocharistokratie. Benkös dienen in unserem Heer. Einer ist sogar in exponierter Position im Generalstab tätig. Sie werden alle Hebel in Bewegung setzen, wenn es zu keinem Verfahren kommt, und bestimmt eine Staatsaktion daraus machen. Wir können uns keine Probleme mit Ungarn leisten, jetzt, wo die Beziehung zu Preußen immer gespannter wird, und hier in Italien die Nationalisten an unsere Pforte klopfen. Denk bitte auch daran, was es für die Kooperationsbereitschaft der Waffengattungen bedeutet, wenn du einen Marineangehörigen zu Unrecht in den Augen der anderen schützt. Und nicht zuletzt Wien. Was glaubst du, wird der Klüngel um deinen Feind Günne in die Welt setzen, wenn es bei uns deswegen zu Problemen kommt. Sie werden dir einfach die Fähigkeit absprechen, eine so verantwortliche Aufgabe wie die in Mexiko zu übernehmen."

Dem Fregattenkapitän war nicht entgangen, daß der Erzherzog während des Vortrages die Hand zur Faust geballt hatte. Den Mund dagegen gedrückt, machte die Pose aus ihm einen kleinen überforderten Jungen.

„Kluge Worte, die dich für eine besondere Aufgabe empfehlen, Steffel", meinte er darauf, „ich denke mir, ich lasse dich als akkreditierten Botschafter Mexikos am Wiener Hof zurück. Was hältst du davon?"

„Max, bitte..."

„Du und Schertzenlechner", fuhr Maximilian unbeirrt fort, „seid auf dem besten Wege, mir ein unersetzliches Gespann zu werden."

„Laß uns zum Thema zurückkehren, Max", bat Herzfeld, und hielt sich am Stuhl fest. Seine Beine drohten ihm zu versagen.

„Nein, ich will davon nichts mehr hören, Steffel!"

Bei den Worten war der Erzherzog aufgesprungen und hinter dem Schreibtisch hervorgekommen, um Herzfeld auf die Schulter zu klopfen.

„Na, sei schon nicht so", knurrte er freundschaftlich, „übrigens hast du mir nicht mal gesagt, wie die Schwester dieses Leutnants heißt, die er so mannhaft verteidigt hat. Kenn ich sie?"

Herzfeld zog das Gesicht eines gemaßregelten Schuljungen, als er erklärte: „Schon möglich. Verenice Anselli heißt sie und ist die Frau deines Hofbibliothekars."

24. Kapitel

Unbeschwert verlief für Viktor Anselli das Leben bis zum August des Jahres 1863, wenn man seiner Beschreibung glauben darf.

...Längst waren wir dazu übergegangen, die Sonntage anzureichern mit Landpartien und Ausflügen. Die Piazza

Grande und das Café Specchi waren zu klein geworden für den belebenden Schwung, der uns beseelte. Mein Vater schien mit seinem Leben zufrieden zu sein, seitdem Erec keine Probleme mehr machte. Verenice hatte sich in ihre neue Rolle gut eingefügt, und ich selber war dabei, das Hätschelkind meines Vaters zu werden, weil meine Neigungen sich den seinen immer stärker anzugleichen begannen.

Aber als seien die Dinge dazu verurteilt, sich immer wieder dem Gesetz eines stärkeren Prinzips zu unterwerfen, ließ unsere Umwelt dieses Glück nicht lange zu.

Wir waren gerade dabei, letzte Hand an die Vorbereitungen für unseren Sonntagsausflug zu legen, als es an unserer Wohnungstür klopfte. Ein Vorgang, der um so außergewöhnlicher war, als wir kaum zehn Uhr in der Früh hatten. Zu dieser Stunde bestand die ganze Stadt aus dem Geläute der Glocken. Mein Vater wollte mit uns nach Duino, um das Schloß zu besichtigen und im Schatten der alten Burg zu picknicken. Jetzt schien auf einmal alles in Frage gestellt.

Verenice, die schon ihren Sonnenhut aufgesetzt hatte, nahm ihn vielsagend ab. Mein Vater schaute mürrisch drein, als er mich anwies, nachzusehen. Und ich öffnete mit gemischten Gefühlen die Wohnungstür für einen Marineoffizier in blauer Uniform und mit Säbel. „Bernhard Baron von Wendulic, mein Name", stellte sich der Offizier vor, um dann stotternd zu behaupten, daß Verenice ihn gut kenne.

„Ich komme wegen einer unaufschiebbaren Sache", erklärte er, „holst du mir deinen Vater?"

Ich ließ ihn einfach stehen und ging zurück in die Wohnung. Mein Vater, von mir ins Bild gesetzt, konnte sich gut erinnern.

„Ach ja", meinte er, „der Herr Baron, ich entsinne mich," um ihn mit einer gravitätischen Geste, die etwas zu überschwenglich ausfiel, hereinzubitten.

Der Offizier ließ sich Säbel und Kappe abnehmen und betrat hinter Vater den Salon. Die Reaktion von Verenice bestätigte die vorgebrachte Behauptung des Barons.

„Bernd, du...?" rief sie und machte zwei Schritte auf ihn zu, offensichtlich freudig überrascht.

Der Offizier küßte ihr die Hand.

„Verzeihen Sie, Herr Anselli", meinte er dann betreten, „ich sehe, Sie wollten etwas unternehmen, und ich halte Sie auf."

Das stimmte nur zu genau. Die Picknickkörbe, abgedeckt mit Tüchern, standen ja auf dem Tisch.

Mein Vater wußte darauf keine rechte Entgegnung. Verenice half aus.

„Darf ich dir trotzdem etwas anbieten, Bernd?" fragte sie.

„Danke nein", erwiderte der Baron, „das würde ja noch mehr Umstände machen. Leider braucht das, weswegen ich hier bin, einiges an Zeit."

Unseren Gesichtern muß die Enttäuschung wie ein Bewurf angehaftet haben. Der Baron konnte seine Irritiertheit kaum verbergen.

„Oder soll ich ein anderes Mal wiederkommen?" fragte er vorsichtig nach.

Verenice überwand sich.

„Oh, nein... nein", stotterte sie. Und mein Vater pflichtete ihr bei: „Nein... bleiben Sie."

Die Situation klärte sich aber darüber um nichts auf. Alle spürten, daß damit für keinen etwas gewonnen war. Erst der Vorschlag unseres Besuchers, sich dem Ausflug anschließen zu wollen, wenn niemand etwas dagegen habe, löste die Spannung.

„Macht es Ihnen auch wirklich nichts aus?" fragte mein Vater ungläubig nach.

„Ganz und gar nicht, Herr Anselli", beruhigte ihn der Baron, „ich habe ohnehin zu lange Bootsplanken unter den Füßen gehabt."

„Dann laßt uns aufbrechen", sagte mein Vater, in so heiterer Stimmung, als mache ihm die Frage, was der Baron wolle, nicht das geringste Kopfzerbrechen.

Der Tag bekam dadurch für mich einen besonderen Anstrich, daß ich an der Seite eines betreßten Seeoffiziers zur

Mole spazieren durfte, wo wir den Ausflugsdampfer besteigen wollten. Obwohl es mich Mühe kostete, mich der Schrittfolge des Offiziers anzugleichen, wie ein Soldat Tritt fassend, hielt ich das Verfahren bis zum Hafen durch. Zu recht setzte ich mich mit stolz geschwellter Brust auf dem Schiff zwischen Verenice und den Baron und hatte das Gefühl, daß der Sonntag eigentlich schon gelungen war.

Die Leute unter dem Sonnendach des Raddampfers waren gut gelaunt. Eine Drei-Mann-Kapelle unterstützte sie darin. Und als der Dampfer unter übermütigem Gehupe ablegte, stand nach menschlichem Ermessen einem heiter verlaufenden Nachmittag nichts im Wege.

Immer in Küstennähe stampfte unser Schiff durch die See, legte in Grignano an, entledigte sich dort der ersten Fahrgäste und steuerte dann auf Sistiana zu. Eingekeilt zwischen dem Baron und Verenice genoß ich jede Seemeile, weil ich bemerkte, wie die Leute die beiden beobachteten und wohl meinten, sie seien meine Eltern. Ich schämte mich nicht im geringsten, daß ich meinen Vater damit verleugnete.

In Sistiana stieß unser Dampfer einen weiteren Schwall Passagiere aus. Stark erleichtert, drehten wir auf Duino zu. Von weitem schon zeichnete sich das Neue Schloß ab, angeschweißt an einen Steilfelsen, um den die Gischt tobte. Grüne Gebüsche und fahles Gras durchwuchsen die tiefen Risse des Karstgesteins, in dem es sich gut klettern ließ. Und es wurde unruhig in meiner Brust bei dem Gedanken, welche Abenteuer dort auf mich warteten.

Aber zunächst mußte der Dampfer im kleinen Hafen von Duino anlegen, was einiges an nautischem Können erforderte. Wir packten unsere Körbe und verließen über einen Steg das Deck. Dem sich wieder entfernenden Dampfer nachwinkend, gingen wir auf die Ruine der alten Burg zu, deren Nordseite im Schatten lag.

Trotz des Sonnenhuts hatte Verenice einen Schirm aufgespannt. Mein Vater fächerte sich mit dem Taschentuch

Luft zu. Das helle Gestein warf uns die Hitze mit beiden Händen entgegen.

„Auf der anderen Seite ist es wunderbar kühl", meinte mein Vater verheißungsvoll.

Er hatte recht.

Ein Platz war schnell gefunden. Die Tücher wurden ausgebreitet. Mein Vater begann sich zu erleichtern, indem er seine Jacke auszog, die für das sommerliche Wetter völlig unzweckmäßig war, stieß einen behaglichen Seufzer aus und lehnte sich gegen einen herausspringenden Felsen, einer von einem halben Dutzend, die uns einschlossen und unseren Picknickplatz in einen Kessel verlegten.

Verenice hatte ihren Hut abgenommen und packte die Wein- und Wasserflaschen und den Käse aus, zu dem sie kleine Messer legte. Im Gegensatz zu meinem Vater schien sie sich unwohl zu fühlen, als spüre sie die Gegenwart von etwas Unangenehmem. Auch der Baron litt unter der Rolle, die ihm, wenn auch nicht aufgezwungen, so doch überraschend zugefallen war. Trotz der Enge seines Uniformrocks machte er keine Anstalten, sich seiner zu entledigen oder ihn wenigstens aufzuknöpfen. Nur den Säbel hatte er ausgehängt und neben sich gelegt, wo er bald in mir einen hingebungsvollen Liebhaber fand.

„Ich kann mir nicht vorstellen, daß Sie bei der Marine oft Gelegenheit haben, den Sonntag so zu verbringen", meinte mein Vater, schon beim Verzehr von Wein und Käse, zum Baron, dessen gedrücktes Schweigen den Verdacht nahelegte, daß er mit etwas Schwierigem in sich zu ringen hatte.

„Ja, ja, Herr Anselli", antwortete er leichthin, als sei er dankbar dafür, daß jemand den Bann gebrochen hatte, „solche Freizeitvergnügungen liegen für mich schon lange zurück. Und fast bedaure ich es, daß ich nicht nein gesagt habe, wenn ich bedenke, was ich Ihnen angesichts dieser malerisch schönen Landschaft sagen muß."

Mein Vater hörte auf zu kauen. Verenice, die endlich Ruhe gefunden hatte, sich zu setzen, ließ ihr Gesicht versteinern, als quälten sie Ahnungen. Ich spitzte die Ohren.

„Ich will und muß es kurz machen", sagte der Baron.

Dabei blickte er niemanden von uns an.

„Liebe Verenice, dein Bruder Wernher ist in einer scheußlichen Lage."

Er hatte das so anklägerisch vorgetragen, daß wir alle erstarrten. Verenice ließ die Hände in ihren Schoß fallen. Ihr blasser Teint bekam einen rosa Schimmer.

„Ihm ist ein Fauxpas unterlaufen", erklärte der Baron, „er hat einen Kameraden geschlagen, zu recht, wie ich meine, aber er wird deswegen ein Verfahren zu erwarten haben. Zur Zeit sitzt er in Pola in Arrest."

Mein Vater blickte Verenice an, sprachlos, fast wie erschlagen. Dann wandte er sich dem Baron zu, mit einem Gesicht, dem man die Fragezeichen ansah.

„Und warum", bohrte mein Vater nach, „warum hat er das getan?"

Die Insichgekehrtheit der vergangenen Minuten beherrschte wieder das Verhalten des Barons, das Unvermögen, Mut zu fassen. Doch dann gab er sich einen Ruck. Zum ersten Mal sah er auf, meinem Vater direkt in die Augen, als habe er Angst, denen von Verenice zu begegnen.

„Herr Anselli", sagte er entschlossen, „dieser von Wernher disziplinierte Rittmeister ist ein Ferkel, der die Blamage mehr als verdient hat. Viele Kameraden und ich selbst sehen das so. Auch wenn dieser Rittmeister Benkö nicht gewußt haben sollte, daß Wernher zufälligerweise Verenices Bruder ist, darf ein Offizier sich nicht so über eine anständige Frau öffentlich äußern."

Ich sah, wie die Augen meines Vaters unruhig wurden.

„Wie äußern... Baron?" unterbrach er.

„Ersparen Sie mir das", sagte von Wendulic und wich dem Blick meines Vaters aus. Der aber beharrte um so mehr auf der Auskunft und rief immer wieder: „Wie, Herr Baron... wie?"

Verenice hatte blasse Lippen bekommen, und auf den Wangen glühten hektische Flecken. Das blanke Entsetzen saß in ihr, als der Baron sich räusperte und gegen den Boden sagte:

„Er hat sie eine Britschn genannt."

Mein Vater schlug mit der Faust auf sein Knie.

„Bitte, Herr Anselli, bitte Verenice", beeilte sich der Baron hinzuzusetzen, „dieser Benkö ist ein mieser Kerl, dem die Familie im Nacken sitzt, damit er Karriere macht. Er kommt einfach nicht darüber hinweg, daß es für ihn aus ist mit Bordellen und Casinos. Er ist es nicht wert, daß man ein Wort über ihn verliert. Am besten, vergessen Sie ihn."

„Vergessen...", donnerte mein Vater. Es war eine Tonart, der er sich ansonsten nicht befleißigte. Die Augäpfel kamen ihm funkelnd aus dem Kopf.

„Und darum soll Verenices Bruder vor Gericht", sagte er vorwurfsvoll.

„Ja", erklärte der Baron, „es sieht nach einem Komplott aus. Der Erzherzog als Oberkommandierender hat das Verfahren angeordnet. Man darf wohl vermuten aus politischen Rücksichten."

Der Seufzer, der meinem Vater entglitt, sagte mehr als tausend Worte.

„Oh, Gott", stöhnte er.

Unseren Sonntagsfrieden gestört zu haben, schien sich wie ein Zentnergewicht auf das Gewissen des Barons zu legen. Er wand sich in Entschuldigungen und drückte immer wieder sein Bedauern über diese Nachricht aus.

„Aber ich hielt es für meine heilige Pflicht, Sie davon in Kenntnis zu setzen, bevor es ein offizielles Schreiben tut", erklärte er.

Mein Vater, dem es den Speichel verschlagen hatte und der unentwegt über seine Lippen leckte, wiederholte nur, wie entgeistert: „Offizielles Schreiben...?"

„Ja, Herr Anselli", belehrte der Baron, „Verenice wird zweifellos eine Aufforderung bekommen, bei der Verhandlung auszusagen."

Damit war die Ungezwungenheit, die unseren Umgang bisher bestimmt hatte, dahin. Mein Vater, wieder dazu übergegangen, sich die Käsewürfel in den Mund zu schieben, kaute nur lustlos auf ihnen herum und mußte Unmengen an Wein hinterhergießen, weil ihm vor Aufregung und Ärger der Speichel nicht wiederkommen wollte.

Verenice begann, Blumen zu pflücken, kleine, schnell vergilbende Sträuße, die eigentlich nur deutlich machten, wie peinlich es ihr sein mußte, mit uns weiter zusammenzusitzen. Auch der Baron hatte die Gelegenheit genutzt und gab vor, Verenice helfen zu wollen. Zusammen mit mir kletterte er ins Gestein und zupfte mal hier, mal dort eine Blume aus, die ihm exotisch genug erschien, um Gefallen finden zu können. In Wahrheit aber wünschten wir alle nur eines: Wieder heimzukehren.

Eine halbe Stunde vor sechs Uhr abends marschierten wir mit unseren zusammengepackten Sachen zum Landesteg, mit Gesichtern, die schroffer waren als das Gestein um uns herum. So griesgrämig wirkten wir, daß niemand es wagte, uns anzuschauen. Enttäuscht, wie ich war, dachte ich daran, daß wir nicht einmal die Burgruine besichtigt hatten.

Genau eine Woche später sollten wir es noch einmal versuchen. Unter unglücklicheren Vorzeichen und ohne den Baron. Dessen Inaussichtstellung war inzwischen Wirklichkeit geworden. Wir hatten eine Vorladung ins Seebezirkskommando erhalten, wo die Verhandlung gegen den Bruder von Verenice stattfinden sollte. Seit mehreren Tagen schon hielt sich das amtliche Schreiben in unserer Wohnung auf, ohne daß darüber gesprochen worden war.

Bei mehr Lebenserfahrung hätte ich es schon auf dem Dampfer spüren müssen: Das dumpfe Grollen, das in meinem Vater saß, das düstere Schweigen, das auftrat, wenn er in Schwierigkeiten geriet.

Von seinem Wesen her war mein Vater kein Vulkan, eher ein Erdbeben, das nur unter besonderen Umständen die Oberfläche aufriß.

Jetzt hielt er den Korb auf seinen Knien, den Henkel still

umfaßt, und überschattete mit seiner finsteren Stimmung das ganze Oberdeck. Unvergleichbar widerwärtig wurde mir da alles: Die Leute, die Musik... ohne zu ahnen , daß mein Vater am Rad meiner Gefühle gedreht hatte.

Als wir in Duino das Schiff verließen, waren Verenices Wangen leicht eingefallen. Ihren Sonnenschirm pflegte sie so zu halten, daß wir ihr Gesicht nicht sahen.

Wie vor einer Woche richteten wir uns in der von Felsen umstandenen Mulde ein und packten die Körbe aus.

Mein Vater zeichnete sich sofort durch einen Heißhunger aus, für den es keinen vernünftigen Grund gab, es sei denn, daß er sich damit beruhigen wollte. Als ich mich entkleiden wollte, unterband er mein Tun, indem er mich fragte, ob ich keine Lust hätte, mir die Burgruine anzusehen.

„Ich verspreche dir", versuchte er mich zu ködern, „daß ich nachher auch mit dir zum Schloß gehe."

Ich sah ihn groß an, unterließ es aber, mein Hemd weiter aufzuknöpfen, vielleicht weil ich spürte, daß er mich los sein wollte. Mein stummes Nicken beantwortete er mit einem gewogenen Lächeln.

Verenice verfolgte unser Zwiegespräch, indem sie, scheinbar unbeteiligt, an einem der Körbe hantierte. Aber ich fühlte dumpf, daß sie mein Verschwinden fürchtete. Trotzdem tat ich aufgeräumt, verabschiedete mich fröhlich und begann durch die Büsche zur Ruine hinaufzuklettern, die als geschwärztes Gerippe die Sonnenstrahlen von uns fernhielt.

Bald schon bedauerte ich meinen Alleingang. Ohne kundige Führung erschien mir die Ruine langweilig. Ich kletterte umher, bröckelte Steine aus den Mauern, warf sie in hell dröhnende Verliese und wünschte mir den Baron herbei. Zudem begann ich zu schwitzen und fühlte meine Zunge trocken werden. Bald schon hatte ich genug.

Eilig über Mauern und Felsbuckel setzend, näherte ich mich wieder unserem Rastplatz. Nicht lange, und ich hörte die Stimmen von Vater und Verenice, lauter und vorwurfsvoller, als ich es von ihnen gewohnt war. Verenice kam kaum gegen meinen Vater auf, ohwohl sie sich tapfer wehrte.

In den Streit hineinzuplatzen, wäre das Ungeschickteste gewesen, was ich hätte tun können, so krallte ich mich an den Strünken der Ginsterbüsche fest und wurde Zeuge, wie mein Vater Verenice Vorhaltungen wegen des amtlichen Schreibens machte. Er hielt sie für nicht ganz unschuldig.

„Es muß doch etwas dran sein an der Behauptung", stieß er immer wieder hervor, „erzähl mir nichts. So was kommt nicht von ungefähr. Außerdem hast du mit diesem Rittmeister getanzt." „Du hast mich tanzen lassen, bittschön", verteidigte sich Verenice.

„Das bleibt sich doch gleich", sagte mein Vater wütend, „es ändert bestimmt nichts an der Tatsache, daß was vorgefallen sein muß", schloß er.

Verenice hatte nach einem Korb gegriffen, als wolle sie darin Ordnung schaffen.

„Muß...?" rief sie empört, „ich frage mich nur, was mit dir los ist?"

Mein Vater riß seinen Hemdkragen auf. Sein rundes, in der Regel freundliches Gesicht entgleiste zu einer anzüglichen Grimasse, als er meinte: „Das ist mit mir los: Du bist schließlich eine Frau mit Vergangenheit..."

Als habe der Fels sie zu seinesgleichen gemacht, erstarrte jede Bewegung zwischen ihnen. Die einsetzenden Beschwichtigungsversuche meines Vaters kamen zu spät. Verenice, weiß geworden, als sei alles Leben aus ihr gewichen, stieß plötzlich einen Schrei aus. Den Korb beiseite schleudernd, schlug sie die Hände vors Gesicht. Mein Vater versuchte, sie trostspendend zu umarmen. Aber sie wehrte ihn angewidert ab, obwohl er sich weiter alle Mühe gab, gut zu machen, was nicht mehr gut zu machen war.

Die Peinlichkeit der Szene wurde unerträglich, als Verenice, die sich zusammengekauert hatte, wie ein allein gelassenes Kind Vaters Tätscheleien über sich ergehen lassen mußte. Dabei entschuldigte er sich unentwegt, was alles nur schlimmer machte. Und ich, hilflos zwischen meinen Ginstersträuchern hockend, ahnte, daß sich etwas Ungeheuerliches ereignet hatte. Obwohl es heiß war, begann ich zu frieren. Meine Zähne schlugen aufeinander. Das leise Rasseln schien mir verräterisch, und ich hielt mir den Mund zu. Kurz darauf war es so, als habe es eine Auseinandersetzung zwischen Vater und Verenice nie gegeben.

Verenice wischte sich ihr Gesicht ab. Mein Vater begann, sich wieder um Käse und Wein zu kümmern. Alles war so, wie ich es verlassen hatte. Trotzdem wagte ich es nicht, mein Versteck aufzugeben. Eine halbe Stunde verharrte ich dort, bis plötzlich mein Vater anfing, nach mir zu rufen. Um keinen Verdacht zu erregen, wartete ich, um dann mit gespielter Fröhlichkeit aus dem Gebüsch hervorzubrechen.

„Du bist ein rechter Stromer, mein Sohn", empfing mich mein Vater, kaum weniger gekünstelt in seinem Entgegenkommen, als ich es gewesen war. Keiner hätte ihm anmerken können, wie aufgebracht er war. Auch Verenice rang sich eine Portion Freundlichkeit ab.

„Iß erst mal was. Und dann besuchen wir, wie versprochen, das Schloß", stellte mein Vater in Aussicht.

Ich wehrte ab, mit dem Hinweis, daß ich müde sei und weder Hunger noch Lust habe zu einem weiteren Ausflug.

Mein Vater nickte stumm, Verenice mit einem Augenaufschlag streifend, als suche er bei ihr nach Bestätigung für seinen Verdacht.

Punkt sechs Uhr abends holte uns der Dampfer ab. Wir hatten bis dahin kein Wort mehr miteinander gesprochen.

25. Kapitel

Käufer kurz vor Ladenschluß waren selten. Wenn sie dennoch auftauchten, handelte es sich in der Regel um Kunden, die eine größere Bestellung aufgeben oder ein ungestörtes Beratungsgespräch führen wollten.

Der Inhaber der Buchhandlung Hube auf der Piazza Grande nahm sich gewöhnlich dieser Leute persönlich an, weil sie ein gutes Geschäft versprachen.

Als Erec ihn an diesem Abend seinen Namen in den Mund nehmen hörte, horchte er auf. Gerade dabei, ein Paket mit spanischer Lektüre zu verschnüren, das am nächsten Morgen zum Schloß abgehen sollte, folgte er aufmerksam dem Gang der Unterhaltung.

„Sehr wohl, Herr Professor", katzbuckelte der alte Hube, „natürlich steht Ihnen Herr Anselli zur Verfügung. Ich wußte gar nicht..."

Erec hatte die Paketschnüre seinen Händen entgleiten lassen, sich aufgerichtet und versuchte, aus dem Kontor in den Verkaufsraum zu schielen. Die tiefgezogene Decke, die dem Tageslicht immer feindlich gesonnen war, sorgte schon zu abendlicher Stunde für Sichtverhältnisse, wie sie anderswo um Mitternacht auftraten.

Aber Erec brauchte nichts mehr zu sehen. Ihm genügte die Stimme.

„Ganz recht... ein begabter junger Mann, der Herr Anselli", meinte sie, „ich kenne ihn aus Wien."

Erec fühlte seine Hände kalt werden. In den Füßen begann es zu kribbeln. Als der alte Hube nach ihm rief, stieg es die Waden hinauf, als seien ihm spanische Stiefel übergestülpt worden.

„Anselli, wo bleiben Sie?" drängte die Stimme des alten Hube, „Professor Meyerich aus Wien möchte mit Ihnen sprechen!" Meyerich, dachte Erec, verdammter Gaukler!

Dann siegte die Neugier über die Angst. Ihm war jetzt nur noch wichtig zu sehen, wie es dieser Franz Oxner fertig gebracht hatte, auch in der Rolle eines Professor Meyerich zu überzeugen.

„Schon da, Herr Hube", eiferte Erec, als er in den Verkaufsraum trat. Im Hals saß ein Kloß, während er gleichzeitig bemüht war, sich nichts anmerken zu lassen. Der alte Hube stellte ihn vor und zog sich dann diskret zurück.

Erec und Franz Oxner, Auge in Auge sich gegenüberstehend, schwiegen für eine Minute. Dann meinte Oxner jovial: „Mein Gott, Anselli, kennen Sie mich nicht wieder?"

Der Auftritt gelang so vollendet, daß Erec nur übrig blieb, die ihm konzedierte Rolle anzunehmen und zu antworten: „Aber natürlich... Herr Professor... ohne Schwierigkeiten..."

Der alte Hube hatte ihrer Bitte stattgegeben, sich ins Kontor zurückziehen zu dürfen. Um Lauscher abzuschrekken, war die Tür bis auf einen Spalt von Franz Oxner geschlossen worden. Nur der alte Hube war zwischenzeitlich einmal aufgetaucht, hatte das Gaslicht angezündet und war sofort wieder mit einer Reihe von Entschuldigungen verschwunden.

„Die Bruderschaft ist mit dir sehr zufrieden", meinte Oxner lobend.

Er hatte die Worte schnell vorgebracht, im Flüsterton zischend, weil er gezwungen war, den falschen Schein einer zwanglosen Unterhaltung zu wahren.

„Du hast dich gut eingeführt, bravo", setzte er nach.

Erec verzog keine Miene. Der Modergeruch des Papiers in den Regalen, wo die Kontorbücher standen, störte ihn plötzlich. In seinem Kopf zuckten Blitze. Ihm war aufgegangen, wie sehr er unter Beobachtung der Bruderschaft stehen mußte.

Ein kalkulierter Ausbruch von Wiedersehensfreude umrahmte Oxners Frage: „Hast du die Waffe noch?"

Erec nickte.

„Gut", entgegnete Oxner, „du weißt ja selber, wie es um die Mexikosache steht. Miramare wird in Kürze ein Taubenschlag für Delegationen aus aller Welt sein. Seine Majestät, unser hochverehrter Kaiser, wird sich auch einfinden, weil es Familienangelegenheiten zu regeln gilt. Erec, du mußt vorbereitet sein."

Das meckernde Lachen, das aus Oxners Kehle stieg, brachte Erec aus der Fassung. Der spanische Stiefel um seine Waden hatte sich zugezogen, das Blut herausgepreßt und dort Gefühllosigkeit zurückgelassen, wo er sonst den

Boden spürte. Mit beiden Unterarmen plumpste er auf das Buchpaket und stieß es vom Tisch.

Zischend kam es von Oxner: „Reiß dich zusammen! Denk daran: Wenn du geschossen hast, sieh zu, daß du auf die Straße vor dem Schloß kommst. Da steht ein zweirädriger Wagen mit rotem Verdeck. Der Kutscher – einer von uns – hat sein schnellstes Pferd eingespannt. In vierundzwanzig Stunden bist du außerhalb des Landes. Du kannst dich darauf verlassen."

Als ein Schatten den Türspalt querte, unterbrach er sich und sicherte zu der Seite hin. Als er dann mit seinen Belehrungen fortfahren wollte, bremste ihn Erec. Die unverschämte Art, in der Oxner mit ihm verfuhr, hatte ihn zum Widerstand gereizt.

„Und ihr meint, die lassen mich so laufen", bemerkte er zornig.

Oxner betrachtete ihn finster.

„Bist du so einfallslos?" knurrte er, „es gibt Möglichkeiten, das zu erzwingen."

Zum ersten Mal lächelte jetzt Erec, etwas gequält noch zu Anfang. Aber im selben Maß, wie sein Zorn wuchs, breitete sich das Lächeln über sein Gesicht aus.

„Sie werden mich in Stücke reißen", sagte er.

Oxner begann, an seiner Unterlippe zu nagen.

„Nicht so schnell", widersprach er, „man kann Vorsorge treffen."

„Und wie?" wollte Erec wissen. Sein Erstaunen war gespielt.

„Indem du eines dieser Hoffräuleins zwischen dich und die Furie setzt", phantasierte Oxner, „einen lebenden Schild sozusagen, auf den unsere Feinde sicher nicht gern ihre Pfeile abschießen werden."

Erec musterte ihn ungläubig.

„Stell dich nicht an, als wärst du eine Klosterschülerin. Wir sind Revolutionäre."

Trotz aller Härte, die er zu demonstrieren beliebt hatte, schlug er die Augen nieder, als er hinzufügte: „Setz einer der tülldrapierten Museumsfigürchen den Revolverlauf in den Nacken und laß es vor dir hertanzen. Ich garantiere dir, daß du zum Wagen kommst."

Im gleichen Moment mochte er sich vor sich selber entsetzt haben. Erec stierte ihn fassungslos an. Oxner wagte nicht, aufzublicken.

Ein paar Mal war die Ladentür geöffnet und geschlossen worden. Mit ihrem unüberhörbaren Gebimmel hatte sie das Verschwinden des Personals signalisiert. Es mochte schon weit über die Ladenschlußzeit hinaus sein.

„Wir bleiben in Verbindung", meinte Franz Oxner, den Blick immer noch auf den Boden gerichtet. „Denk daran, worum es geht. Dieser Erzherzog darf auf keinen Fall nach Mexiko gelangen."

Erec nickte. Gleichzeitig ließ sich von jenseits der Tür die Stimme des alten Hube vernehmen, irgendwo aus dem Hintergrund des Ladens heraus, als wolle er ihnen mit dem gebührenden Respekt auf den Busch klopfen.

„Herr Professor...?"

Oxner spielte seine Rolle überzeugend zu Ende, als er, völlig unbefangen, die Tür aufriß und sich, vor Verbindlichkeit übersprudelnd, entschuldigte: „Ich bin schon weg... Herr Hube... vielen Dank, vielen Dank!"

Und an Erec gerichtet: „Ein interessantes Gespräch, Herr Anselli, eine Freude, Sie wiedergesehen zu haben."

Der korrekt sitzende Talar und der Bart, den er sich hatte wachsen lassen, verliehen ihm soviel Würde wie Echtheit im Auftreten.

Der alte Hube ließ es sich nicht nehmen, ihn zum Ausgang zu begleiten, sichtlich eingenommen. Die Ladentür hinter ihm schließend, nicht ohne zuvor noch ein Kompliment von Professor Meyerich entgegenzunehmen, blieb er eine Weile stehen. Dem vergangenen Augenblick nachhängend, meinte er: „Eine beeindruckende Persönlichkeit, der Professor, und noch so jung, Herr Anselli, nicht wahr?"

„Ja", sagte Erec, „sehr beeindruckend... der junge Herr Professor."

26. Kapitel

Brief des Jean Pierre Marat,
Kaporal im französischen Expeditionskorps,
an den Abgeordneten der Deputiertenkammer,
Jules Favre, Paris.

Queretaro, im September 1863

Lieber Jules!

Wundere Dich nicht, wie ich herumkomme. Bazaines Kampagne schlägt zu Buche. Wir erobern Provinz um Provinz, Stadt um Stadt. Juárez mußte nach Monterey ausweichen. Und das Ganze haben wir mit knapp dreißigtausend Soldaten und eintausendachthundert Mann mexikanischer Hilfstruppe zustande gebracht. Ein Grund gewiß, um zu staunen, wenn die Absicht nicht so verwerflich und letztendlich das Ergebnis nicht so absurd wäre.
Das Absurde besteht darin, daß wir nämlich, genau genommen, nur ein reisendes Wahllokal sind. Wir bringen unsere Zeit damit zu, die Bevölkerung der eroberten Orte zusammenzutreiben, um ihr das Votum für den Habsburger abzupressen. Natürlich heißt das bei uns nicht so. Die Leute entscheiden sich – wie sollte es auch anders sein – freiwillig für die Monarchie. Haben wir den Vorgang erst einmal unter Dach und Fach gebracht, packen wir die Wahlurne wieder ein und verabschieden uns mit einem donnernden: Viva el Emperador.Tags darauf übernehmen wieder die Juaristen den Ort.
Dieser Art durchqueren wir Mexiko. Es würde mich nicht erstaunen, wenn Almonte seinem Kaiser in spe das Land auf einem goldenen Tablett anbieten würde. Mit der heuchlerischen Behauptung natürlich, das Volk habe sich einstimmig zu ihm bekannt.
Beruhigend von Dir zu hören, daß Du in der Kammer auf den Putz geklopft und die Verhältnisse hier richtig dar-

gestellt hast. Es ist ein niederträchtiges Spiel, in das wir uns haben einwickeln lassen. Uns will hier keiner. Und den Habsburger auch nicht. Die Konservativen in diesem Land sind versponnene Romantiker oder ausgekochte Hunde. In jedem Fall wird es der Habsburger schwer haben, sich zu behaupten.

Wie zwei mal zwei vier ist, so weiß hier jedes Kind, daß der Habsburger sich niemals wird halten können ohne Frankreichs Unterstützung. Wenn er das nicht einsieht, ist er ein Wirrkopf. Außerdem hat dieses Land keinen Centavo mehr. Dafür legen die Desertionen unserer mexikanischen Freunde beredtes Zeugnis ab. Und Frankreich wird auch bald seinen letzten Sou umdrehen müssen, falls es noch lange in diesem Land bleibt. Hämmere das bitte in die verbohrten Köpfe unserer Deputierten, damit dieses traurige Abenteuer ein Ende hat. Du weißt ja, wenn's ums Geld geht, sind unsere Abgeordneten dünnhäutig.

Bis auf Weiteres

Dein
Jean Pierre

27. Kapitel

...Der Streit zwischen Verenice und Vater, den ich beobachtet hatte – bezieht sich Viktor Anselli auf den Zwischenfall in Duino – blieb nicht ohne Konsequenzen für unser häusliches Klima. Es änderte sich grundlegend.

Am offensichtlichsten wurde das an den Sonntagen, die wir nun wieder mit den Reisingers verbrachten und den unvermeidlichen Gesprächen über Alchemie, neuerdings auch über Mexiko, das der Apotheker Reisinger mit einem Reagenzglas verglich, in dem es zu brodeln begonnen hat.

Die Reisingers waren das Barometer, an dem sich unsere

häusliche Wetterlage ablesen ließ. War sie gut, mied mein Vater den Kontakt zu ihnen, im gegenteiligen Fall suchte er krampfhaft die Nähe des Apothekers, als fände er Trost in dessen esoterischer Philosophie, die uns anderen nur langweilte.

Inzwischen hatte Verenice ihre Vorladung überstanden. Leider war der Prozeß zuungunsten ihres Bruders ausgegangen. Wernher Neubauer hatte aus der Marine ausscheiden müssen, allerdings unter Inaussichtstellung einer anderen Tätigkeit, die ihm nur angedeutet worden war und über die er auch Verenice gegenüber nicht zu sprechen wagte. Im Augenblick wohnte er wieder bei seinen Eltern in Wien, zerknirscht wegen des Schiedsspruchs, den er so ungerecht wie zynisch empfand.

Das Urteil mochte mit zu Verenices abweisender Haltung meinem Vater gegenüber beigetragen haben. Die abendlichen Gespräche zwischen ihnen blieben nun aus, wenngleich Verenice in allen anderen Belangen ihre Pflicht erfüllte.

Sie mußte maßlos enttäuscht von meinem Vater gewesen sein, vielleicht, weil sie gerade in ihm – in seiner ruhigen Gefaßtheit – einen Hort der Sicherheit und Verläßlichkeit gesehen hatte. Jetzt war sie mit seiner ängstlichen Selbstsucht konfrontiert worden.

Sicher ein Grund für sie, am Sinn einer Ehe mit ihm zu zweifeln. Ich sollte schon bald Gelegenheit bekommen, die Veränderung, die in Verenice vorgegangen war, kennenzulernen.

Da die Villa der Zimbarellos unbewohnt geblieben war, trotz vorhandener Erben, wie es hieß, wurde der Park hinter dem Haus für uns zum Spielgelände. Guido, der immer noch mein favorisierter Freund war, und ich taten uns noch ein paar Jungen auf, kletterten über die Mauer in die inzwischen wild wuchernde Parklandschaft und gingen dort ungestört unseren Neigungen nach. Am liebsten spielten wir Maximilian in Mexiko. Es war unser Lieblingsspiel nicht zuletzt deshalb auch, weil der Park der Zimbarellos mit seinen Springbrunnen und Putten den denkbar besten Hintergrund dafür abgab.

Garibaldi in Gefangenschaft hieß die andere Spielszene, die wir uns ausgedacht hatten. Sie konnte aber bei weitem nicht mit dem Mexikospiel konkurrieren. Nur hier wurde unsere ganze Leidenschaft entfacht, vor allem, wenn es um die Frage ging, wer Maximilian darstellen solle. Jeder bewarb sich darum, und oft genug kam es darüber zum Streit, bis sich der Sieger die Papierkrone überstülpen konnte, während es an den anderen war, sich die Holzsäbel umzuschnallen, weil es Juaristen zu jagen galt.

Es war ein rechtes Kindertheater, das wir veranstalteten, und wenn ich von meinem jetzigen Standpunkt aus das spätere Mexikounternehmen betrachte, so ist es nicht viel darüber hinausgekommen.

Mitten hinein in diesen losgelassenen Übermut sollte nur allzubald das maßlose Entsetzen fahren.

Nachdem wir die Villa zum Schloß das Kaisers umfunktioniert hatten, waren die Kämpfe auf die Straßen und Gassen hinausverlegt worden. Wenn es ganz schlimm kam, zogen sie sich sogar bis zum Hafen hinunter.

An einem solchen Tag hatte ich als des Kaisers erster General die Juaristen bis an die Mole San Carlo zurückgeschlagen. Ich ruhte noch nach einem wohlverdienten Sieg aus, als der Postdampfer anlegte. Er versorgte die Route Sistiana-Duino und entließ deshalb nur wenige Passagiere. Eine ganze Reihe von Frachtschiffen hielt außerdem die Mole besetzt und zog einen regen Verkehr von Wagen und Karren auf sich. Das Bild war so reich an Eindrücken, daß es bald unsere Aufmerksamkeit überforderte. Wir hatten uns auf einer Anhäufung von Seilen ausgestreckt, neue Schlachtpläne ausheckend, als ich Verenice, zum Anfassen nahe, an mir vorübergehen sah. Natürlich hatte sie mich nicht bemerkt. Sie war in Begleitung dieses Leutnants Baron von Wendulic. Meine Betroffenheit wußte ich zu verbergen, ließ Verenice dahinziehen, Arm in Arm mit diesem Baron, der sie offensichtlich in ein für sie angenehmes Gespräch verwickelt hatte. Ich preßte mich gegen die Unterlage der Seile. Angestrengt zur Seite schielend, konnte ich verfolgen, wie Verenice und der Baron sich am Ende der Mole verabschiedeten, sie sich auf die Wange küßten und Verenice ihn streichelte.

Mein Herz begann zu rasen, weil ich daran dachte, daß sie vielleicht in Duino gewesen waren, in unserem Versteck zu Füßen der alten Burg.

Gedrückt ging ich an dem Tag nach Hause. Verenice mochte gespürt haben, daß mit mir etwas nicht stimmte. Aber vielleicht ließen ihre Schuldgefühle es nicht zu, dem näher nachzugehen, ja, vielleicht befürchtete sie insgeheim, ich sei hinter etwas gekommen.

Sie schickte mich ohne eine Frage ins Bett und übergab mich ungetröstet den Angstbildern meiner Phantasie.

In ihnen begegnete ich Gina Zimbarello: In der Kathedrale, vor dem Marienbild. Und noch einmal durchlebte ich den Morgen, an dem ich von ihrem Selbstmord erfuhr.

Auch der Schlaf gönnte mir keine Ruhe. Der höhnende Maueranschrieb war wieder da, Dr. Zimbarellos Tobsuchtsanfall und die Nachricht, er sei in die Irrenanstalt gebracht worden. Einmal in der Nacht muß ich aufgeschrien haben, denn Erec kniete neben meinem Bett und hielt mich fest. Seine Frage, was mir Angst mache, beantwortete ich klugerweise nicht. Statt dessen bemühte ich mich wieder einzuschlafen, obwohl ich wußte, daß er recht hatte: Ich hatte Angst, fürchterliche Angst um Verenice und meinen Vater.

Angesichts dessen ließ ich mich zu einem verhängnisvollen Schritt hinreißen. Wie sollte ich – nicht einmal im Besitz der elementarsten Lebenserfahrung – auch annehmen, daß Menschen sich wandeln können?

Wie sollte ich meiner Rita Scarpa, jener freundlichen, agilen Frau, den Neid ansehen, als ich mich in ihre Bügelstube schlich, um mir an ihrem Busen die Nöte aus der Seele zu heulen? Welche Möglichkeit hatte ich denn, das falsche Mitleid zu erkennen, als sie mich aufforderte, meine Entdeckung zu schildern?

Sie hielt mich an sich gepreßt, meinen Kopf kraulend, während ich halb schläfrig meine Beobachtung an der Mole, immer und immer wieder, erzählte, weil Rita mich mit ihren Fragen quälte. Ich verheimlichte ihr meine Furcht nicht, mit Vater und Verenice könne es ähnlich gehen wie mit den Zimbarellos.

„Caro mio", bedauerte sie mich.

Nachdem sie mir gut zugesprochen und mich mit dem Hinweis getröstet hatte, ich solle ruhig schlafen gehen, die Dinge kämen schon wieder in Ordnung, löste sich der Alpdruck von mir. Gemessen an meiner kindlichen Logik, hatte ich das Beste getan, was ich in meiner Situation tun konnte. Schließlich war uns Rita schon einmal behilflich gewesen.

Ich ahnte nicht, welchen fatalen Fehler ich begangen hatte...

28. Kapitel

Maximilian trug noch seine Admiralsuniform. Er war soeben von einer Truppeninspektion zurückgekommen. Die Schultern leicht hochgezogen, groß und schlank, wirkte er etwas verlegen in dem Aufzug, vielleicht, weil er wußte, daß es derlei Auftritte nicht mehr viele geben würde.

In Paris wurde schon an der mexikanischen Kaiserhymne komponiert.

Verenice hatte dem Anstand genüge getan und den Hofknicks absolviert. In ihrem weißen Satinkleid mit den gehäkelten Spitzen hinterließ sie einen erregenden Eindruck, vor allem, wenn ihr Haar, kunstvoll gelockt, über dem Kragen ihres Kleides knisterte.

Die aufdringliche Bereitwilligkeit des erzherzoglichen Leibdieners Sebastian Schertzenlechner war ihr noch im Gedächtnis, als sie Maximilian gegenübertrat.

Dem Erzherzog zu begegnen, war bei aller Belastung eine Wohltat, obwohl sie allen Grund gehabt hätte, Gefühle der Abneigung zu empfinden. Schließlich hatte Maximilian das Verfahren gegen ihren Bruder angeordnet und auch sie damit in eine peinliche, ja letztendlich ihr Leben komplizierende Situation gebracht. Aber das Bild des Mannes vor ihr besänftigte ihren Zorn.

Seine Stimme klang etwas belegt, als er sie um Entschuldigung wegen der Vorladung bat.

„Aber ich war es mir schuldig", resümierte er, „nach allem, was abgelaufen ist, haben Sie ein Recht darauf, meine persönliche Meinung zu erfahren."

Der Abstand zwischen ihnen brachte zum Ausdruck, wieviel Welten zwischen ihnen lagen.

Er hielt sich vor dem Fenster auf, das seewärts ging. Trotz der Distanz war er ihr auf eine unerklärliche Weise ganz nahe. Er schien es zu spüren und wurde unsicher.

„Ich habe mir im Falle Ihres Bruders Gewalt antun müssen", begann er, „leider Gottes muß auch ich politisch denken. Mein Wunsch ist es, daß Sie wissen, wie sehr ich Ihren Bruder verstehen kann."

In Verenice schlug es flammend hoch.

„Trotzdem haben Sie ihn verurteilen lassen und aus der Marine gestoßen..."

Seine Unruhe verriet, daß sie ihn damit an einer emfindlichen Stelle getroffen hatte.

„Er ist dafür reichlich entschädigt worden, Gnädige Frau."

„Entschädigt worden...?"

„Ich habe Ihren Bruder in die Armee des künftigen mexikanischen Kaiserreiches übernommen und ihm dort den Rang eines Oberstleutnants zuerteilt", meinte der Erzherzog nicht ohne Selbstgefälligkeit, „das dürfte Entschädigung genug sein."

Für Sekunden versank er in der Betrachtung ihres Gesichts. Begutachtete den leicht geöffneten Mund, in dem die Zunge spielte, und die hellen Augen, die zu funkeln begonnen hatten. Das Funkeln in ihnen wich schnell, als sie sagte: „Aber es gibt nur eine hinnehmbare Entschädigung für meinen Bruder, Kaiserliche Hoheit: Gerechtigkeit."

Maximilian machte einen taumelnden Schritt zurück, und hielt sich am Fenstersims fest. Noch mit der Überraschung ringend, die das Verhalten bei ihm ausgelöst hatte, hörte er Verenice mit fester Stimme nachsetzen: „Ja, ich fordere Gerechtigkeit, eine von der unumstößlichen, gradlinigen Art."

Die hochgezogenen Schultern des Erzherzogs fielen plötzlich herab und verlängerten seinen Hals wie bei einem erschreckten Vogel.

„Glauben Sie mir", erklärte er etwas überhastet, „auch ich denke so. Aber leider gibt es Situationen, die alle Prinzipien über den Haufen werfen. Doch wenn wir sie schon zuweilen aufgeben müssen, meine ich, sollten wir wenigstens den Anstand wahren. Und darum möchte ich mich, Gnädige Frau, in aller Form bei Ihnen und Ihrem Bruder entschuldigen."

Die entwaffnende Ehrlichkeit hatte Verenice stärker verwirrt, als die Inaussichtstellung der Audienz es vermocht hatte. Nur mit Mühe gelang es ihr, ein Erröten zu verhindern. Sie war froh, als Maximilian das Gespräch fortsetzte.

„Ich tröste mich damit", sagte er, „daß mir in Mexiko Gelegenheit genug gegeben sein wird, gut zu machen, was ich hier nur zu oft versäumt habe. Auf meiner Südamerikareise habe ich in Brasilien das Elend der Indios mit eigenen Augen gesehen. Ich werde viel verändern müssen in Mexiko, mir Feindschaften zuziehen. Aber ich verspreche Ihnen, daß ich alles tun werde, für Gerechtigkeit zu sorgen."

Er hatte sich leicht zur Seite gewendet, den Blick seewärts gerichtet, wo die Wellen Schaumkronen trugen. Seine Augen hatten sich leicht verschleiert, als sei er einer Melancholie erlegen.

„Ja", meinte er versonnen, „mit der Gerechtigkeit steht und fällt alles. So ist es, gell?"

Er hatte sich einen Stoß gegeben und lächelte jetzt.

„Seien Sie ehrlich", fuhr er sie an, „Sie sind maßlos enttäuscht von mir", ohne zu bedenken, daß diese Art der Gesprächsführung Verenice überfordern mußte.

Die Distanz zwischen ihnen hatte sich plötzlich so verkürzt, daß sie unsicher wurde. Trotzdem fand sie den Mut zu erklären: „Ich glaube, Euer Kaiserliche Hoheit, daß es ein großer Fehler war, meinen Bruder zu verurteilen."

Der Erzherzog sah sie an, mit einem Ausdruck in den Augen, der ihr jedes weitere Wort wie ein Verbrechen erscheinen ließ.

29. Kapitel

Brief José Manuel Hidalgos
an José Maria Gutierrez in Rom, Palazzo Mariscotti.

Paris, im Januar 1864

Lieber Freund!

Wie flüchtig ist die Zeit. Kaum vier Monate ist es her, seit wir in Miramare dem Erzherzog gegenüberstanden, und doch habe ich das Gefühl, eine Ewigkeit läge dazwischen. Seltsam! Vielleicht kommt es daher, daß ich täglich hoffe, die Entscheidung möge fallen und der Erzherzog die Krone offiziell annehmen, damit das nervenzermürbende Warten ein Ende hat. Auch hier in Paris stößt die Hinauszögerung der Entscheidung auf kopfschüttelndes Unverständnis. Eugenie ist ungehalten. Napoleon bombardiert Miramare mit Unmengen von Briefen. Was hat um Gottes willen Maximilian so wankelmütig gemacht?

Neue Einflüsterungen? Möglich!
Die für die Südstaaten ungünstige militärische Lage im Bürgerkrieg? Kann sein! Oder ist es Kaiser Franz Joseph gewesen, der sich Sorgen um das Ansehen des Hauses Habsburg macht? Das erklärt vielleicht dieses leidige Insistieren auf einer Garantie durch die Großmächte, von denen man inzwischen einen Bündnisvertrag verlangt, obwohl doch jeder weiß, daß England und Spanien nicht mitziehen werden.
Wir schiffen auf Klippen zu, lieber Freund, das befürchte ich. Klippen, die alles zuschanden machen werden, was wir so mühsam in die Wege geleitet haben. Ich meine damit vor allem die Anfrage im Frankfurter Fürstenrat, wie die Thronnachfolge zu handhaben sei. Diese Anfrage zielt wohlgemerkt indirekt auf eine Verzichtserklärung ab, die Maximilian unterzeichnen müßte, bevor er die mexikanische Krone annimmt. Was damit von ihm verlangt würde, können wir uns nur schwer vorstellen. Und daß er darauf eingehen wird, noch viel weniger. Auch mache ich mir um Charlotte Sorgen. Wenn sie bisher als diejenige gelten konnte, die immum war gegen jeden Zweifel, so mag das von jetzt an nicht mehr zutreffen. Charlotte würde sich niemals damit abfinden, eine Verzichtserklärung hinzunehmen, die sie auf alle Zeiten ihres Titels und ihrer Würden in Österreich verlustig gehen ließe. Bei aller Redlichkeit, die ich Charlotte unterstelle, bin ich mir sicher, daß sie auch die Möglichkeit in Betracht gezogen hat, unter Umständen zurückkehren zu müssen. In dem Falle wären sie und Maximilian der Gnade des österreichischen Kaisers ausgeliefert. Das könnte Charlotte niemals ertragen.
Lieber Freund, Ihr seht, Probleme zuhauf. Um das knarrende Räderwerk wieder in Gang zu bringen, hat Seine Majestät der französische Kaiser Maximilian klar gemacht, daß im Falle einer weiteren Hinauszögerung der Kronannahme ein spanischer Prinz bereitstehe, für ihn einzuspringen. Vielleicht wißt Ihr davon! Drohungen dieser Art sind leider ein zweischneidiges Schwert. Hoffen wir nur, daß

Maximilian nicht kopflos wird und Charlottes sprichwörtlicher Mut sich behaupten kann. Ich will das Unglück nicht an die Wand malen. Aber was wird, wenn das erzherzogliche Paar einen Rückzieher macht?
Die Antwort darauf gebt Euch selber.
Ich wünsche uns, daß sich die im Augenblick verfahrene Situation schnellstens regelt und ich in einem der nächsten Briefe vom Besuch des Erzherzogs in Paris berichten darf.
In treuer Verbundenheit

Euer
José Manuel

30. Kapitel

Jetzt nach dem Platzregen schimmerte das Pflaster vor dem Französischen Theater blauschwarz. Erst vor Minuten war er niedergegangen, ein Regen von solcher Heftigkeit, daß die Kanalisation sich der Wassermassen nicht zu erwehren wußte. Überall standen Lachen in den Straßen. Sie erreichten zuweilen die Ausmaße von Tümpeln. Unter der Erde bollerte es gleichzeitig in den Abflußrohren, als stünde Paris vor einem Vulkanausbruch.

Schon den ganzen Tag über hatte launisches Märzwetter geherrscht, ein Wetter, dem nur mit Gummimantel und Regenschirm beizukommen gewesen war und das keine Lust zeigte, Rücksicht zu nehmen: Auch nicht auf kaiserliche Majestäten.

Die Menschenmasse vor dem Palais Royal hatte die Regenschirme eingerollt, obwohl es wieder angefangen hatte zu nieseln, fein wie Novembernebel und ebenso klamm an der festlichen Garderobe haftend. Sie beherrschte das abendliche Szenarium.

Einer Kette von Gendarmen war es gelungen, ein Spalier

zu bilden, das vom Theaterfoyer zum Kutschenpark reichte, wo wappengeschmückte Equipagen mit Lakaien und Reitereskorten bereit standen.

Das weiche Gaslicht aus dem Foyer, das sich über den Vorplatz ergoß, milderte die gebannte Erwartung in den Gesichtern der Menge. Am stärksten war sie dort, wo sich die fähnchenbewehrten Leute aufhielten, direkt hinter dem Cordon der Gendarmen, braunhäutige Männer in schwarzen Anzügen und weißen Schals, die auf ihren Fähnchen das neue mexikanische Hoheitszeichen zur Schau trugen.

Das Geraune, wie Fliegengesumm den Platz überziehend, kam erst zum Erliegen, als im Porticus Schatten zu erkennen waren.

Lakaien liefen vorweg, spannten Regenschirme auf und hielten sie den beiden Paaren entgegen, die an der Spitze einer Suite ins Freie hinaustraten.

Wellenartig setzte sich der Ruf fort: „Vive l'Empereur, Vive l'Impératrice!"

Und auf spanisch, dünner und abgehängter, aber nicht weniger enthusiastisch: „Viva el Emperador, Viva l'Emperatriz!"

Die Gestalten unter den Schirmen machten sich durch Winken bemerkbar. Napoleon trug über seinem ordengeschmückten Anzug eine Pelerine. Maximilian hinter ihm, in Admiralsuniform, hatte auf einen Umhang verzichtet. In seinem Gesicht zeigte sich der verkniffene Zug unbeherrschter Verlegenheit, wenn der Ruf: „Viva el Emperador!" ertönte.

Im Gegensatz zu Charlotte – wie Kaiserin Eugenie in einem Cape – die bewundernd hoch sah, wenn ihr Mann als Kaiser begrüßt wurde, obwohl er sich immer noch nicht zu einer verbindlichen Zusage hatte entschließen können.

Nicht weit von der Stelle, die sie erreicht hatten, war die Konversation zwischen dem Herzog von Morny und Jekker, dem Bankier, an den Rand einer ernsthaften Auseinandersetzung geraten. Der Herzog hatte sich gerade zu der Frage verleiten lassen, wie Jecker sich fühle angesichts von Menschen, für deren voraussichtlich tragisches Ende er verantwortlich sei.

„Uns allen sind Grenzen gesteckt, leider und gleichzeitig Gott sei Dank", meinte er, als Jecker mit einer Antwort zurückhielt, „ich nehme an, Sie haben sich deshalb, bei aller Unverfrorenheit sonst, nicht an der Auflage der mexikanischen Staatspapiere beteiligt, die auf den Markt gebracht worden ist. Ein Schandunternehmen übrigens, wenn man bedenkt, daß zweihundert Millionen zu zeichnen sind bei einer ohnehin vorliegenden Schuldforderung von zweihundertsechzig Millionen allein für den Unterhalt der französischen Truppen bis zum Juli 1864."

Der große Regenschirm, den Jecker über sich hielt, war nicht absichtslos mit dem des Herzogs kollidiert. Seit der Bankier sich seiner finanziellen Ansprüche sicher sein konnte, weil sie den Forderungen des französischen Staates zugeschlagen worden waren, trat er mit mehr Selbstbewußtsein gegenüber dem Herzog auf.

„Ach wissen Sie, Monseigneur", trat er gelassen der Bemerkung entgegen, „mir geht es allein darum, mein mir zugestandenes Geld zurückzubekommen. Um nicht mehr und nicht weniger. Ich werde mich nicht handgemein machen mit Leuten, die ein Desaster finanzieren."

Der Herzog hatte ihn angestrengt belauert, ohne seine verkrampfte Aufmerksamkeit auch nur für einen Augenblick von den tosenden Hochrufen ablenken zu lassen.

„Nun, dann sind wir ja auf Anhieb d'accord, zum ersten Mal übrigens", meinte er angriffslustig.

Jecker, dabei, seinen Regenschirm gegen die wütenden Attacken der Umstehenden zu verteidigen, die sich in ihrer Sicht behindert fühlten, sah ihn fragend an.

„Sie haben mich mit einer Kaltblütigkeit zitiert", erklärte der Herzog, „die mich in Erstaunen versetzt, wenn ich bedenke, daß die Menschen, die in diesem Desaster umkommen, hier an Ihnen vorübermarschieren."

Der Zylinder auf dem knochigen Kopf des Bankiers war zur Seite gerutscht, als die Innenstreben seines Schirmes mit ihm in Berührung gekommen waren. Die unfreiwillige Komik, die in dem Bild lag, verführte den Herzog zu einem gehässigen Grinsen. Er trat aber sofort den Rückzug an, als Jecker zum Gegenschlag ausholte.

„Soviel Pietät bei Ihnen würde mich auf der Stelle zu Tränen rühren, Monseigneur, wenn sie auch nur im Ansatz echt wäre."

Er blickte den Herzog offen an.

„Hingegen bin ich sicher", setzte er hinzu, „daß dies nicht der Fall ist. Seien Sie doch ehrlich, Monseigneur, Ihnen ist das Leben dieses österreichischen Erzherzogs nicht eine Sekunde Vergnügen in einem der von Ihnen favorisierten Etablissements wert."

Eine Grimasse entstellte das Gesicht des Herzogs. Unwillkürlich zog er den Schirm herunter, um sich keine Blöße zu geben. Aber Jecker hatte ihn durchschaut.

„Ich kann leicht nachvollziehen, was es heißt, seinesgleichen ans Messer zu liefern", führte er unbarmherzig den Schlag, „und ich kann begreifen, daß man da gerne sein Päckchen Verantwortung los sein möchte. Aber unter allen, die für die Übernahme zur Verfügung stehen, bin ich derjenige, der sich am schlechtesten dazu eignet. Denn mich, Monseigneur, bedrückt keine Schuld."

Sogleich hatte er den Eindruck, daß der Herzog ihn beschwichtigen wollte, um ihn am Weiterreden zu hindern. Unbekümmert aber fuhr er fort.

Dort, wo die Equipagen standen, war es mittlerweile unruhig geworden. Schläge klappten zu, Peitschen knallten, und auf dem Pflaster knirschten die Eisenbefreiungen der abfahrenden Kutschen.

Jemand hatte die Türen zum Foyer des Palais Royal geschlossen und den Platz dem schütteren Licht des wolkenverhangenen Mondes überlassen. Von den Zuschauern, die einen Ring um den Wagenpark gebildet hatten, kamen immer noch Hochrufe, wenn auch mit nachlassender Kraft.

„Unsere Offenheit zueinander versöhnt zumindest", meinte der Herzog, „wenn wir auch nie darüber hinauskommen werden."

„Ja, Monseigneur", sagte Jecker. Er hatte seinen Schirm eingerollt, weil es aufgehört hatte zu regnen.

Aus der Equipage, in der Napoleon und Maximilian mit ihren Frauen Platz genommen hatten, wurde ein letztes Mal gewunken. Aus der Menschenmenge antworteten die Fähnchen der Mexikaner, hin- und herfahrend wie die zuckenden Beine eines Halt suchenden Tausendfüßlers.

31. Kapitel

Brief José Manuel Hidalgos
an José Maria Gutierrez in Rom, Palazzo Mariscotti.

Paris, im März 1864

Lieber Freund!

Die Zeiten, wo die Pariser Salons auf Distanz gingen, sind vorbei. Endgültig. Man lädt mich nicht nur wieder ein, sondern betrachtet mich inzwischen als einen legitimen Vertreter des Kaisers von Mexiko.

Der Besuch Maximilians in Paris war ein voller Erfolg, schade, daß Ihr nicht habt miterleben können, welche Mühe sich die Stadt gegeben hat, um unserem Kaiserpaar den gebührenden Respekt entgegen zu bringen. Paris lebte für Maximilian und Charlotte und überbot sich in Theater- und Opernaufführungen. In den Straßen wurden mexikanische Fähnchen verkauft. Die Zuckerbäckereien lieferten: Bombe Mexicaine. Kurz, alles stand im Zeichen des hohen Besuches. Und ich glaube, es gab niemanden, der daran zweifelte, dem zukünftigen mexikanischen Kai-

serpaar begegnet zu sein. Um so leichter könnt Ihr die Ungeduld unserer mexikanischen Delegation nachempfinden, die nun fünf Monate darauf wartet, endlich nach Miramare reisen zu können, um die urkundlichen Fragen abzuwickeln. Formalitäten trennen uns nur noch von der Erreichung unseres Ziels. Jetzt, nachdem Maximilian seine Garantieforderungen an England und Spanien hat fallen lassen. Und die Tatsache, daß er darauf zu verzichten bereit war, läßt gleichzeitig durchschimmern, wie sehr ihm der Thron inzwischen am Herzen liegt. Dagegen werden auch die ärgsten Miesmacher nichts mehr aufzubieten haben.
Nur eine Sache dürfte uns weiterhin Probleme machen: Die Verzichtserklärung. Sie wird der Prüfstein für Maximilians Einstellung zu seiner Herrscherrolle sein. Hält er an seinen Rechten fest, dokumentiert er damit nur, daß er insgeheim mit einem Scheitern seiner Mission rechnet.
Während ich Euch diese Zeilen schreibe, hält sich Maximilian in Wien auf. Ob die Unterredung mit seinem Bruder über die Verzichtserklärung zu einem Ergebnis geführt hat, werden wir in Kürze wissen. Ich nehme an, daß Ihr in derselben Aufbruchstimmung seid wie ich.
Wir Pariser Mexikaner sind bei guter Laune.
In der Hoffnung, bei unserem Zusammentreffen in Wien bereits geregelte Verhältnisse vorzufinden, verabschiedet sich von Euch

Euer
José Manuel

32. Kapitel

Im Frühling verwandelte sich die Landzunge, auf der Miramare erbaut war, in ein farbenfreudiges Paradies. Angelockt von der Pracht der Baumblüten, überfielen Bienenschwärme den Park, Libellen tummelten sich über den Teichen mit den Seerosen, und in den Laubengängen raschelten die Spinnen durchs Blattwerk.

Ein gleichförmiger Summton breitete sich dann über der Parklandschaft aus, in den sich als gelungener Kontrapunkt das Rauschen der Brandung mischte.

Am berauschendsten aber waren die Düfte. Zuweilen lähmten sie das Atmen. Das Denken wurde schwer, wenn die Blütenkelche das Aroma entließen, das wie gasige Wolken in die Räume des Schlosses schwebte. Ihretwegen mußte man die Fenster ständig geschlossen halten.

„Ich habe schlecht geschlafen, Doktor, eigentlich gar nicht", beklagte sich der Erzherzog bei seinem Leibarzt.

Er hatte soeben das Frühstück auf der Terrasse beendet. Der frische Seewind war im Gegensatz zu den vorausgegangenen Tagen zwar seiner Stimmung zugute gekommen, konnte aber nicht verhindern, daß er weiterhin krank aussah.

Sein Gesicht war knochig geworden. Die Haut, gräulich in der Farbe, glänzte in einem Schweißfilm.

„Und geschmeckt hat das Frühstück auch nicht."

Dr. Jilek nickte nur stumm.

„Wie finden Sie übrigens die Aussicht, Doktor?"

Mit einer anklägerischen Geste wies der Erzherzog aufs Meer.

„Franz Joseph hat mir die „Novara" und Napoleon die „Themis" vor die Nase gesetzt", sagte er, „alles ist schon vorbereitet, noch bevor ich mein Einverständnis ausgesprochen habe."

Sie waren hinunter zum Hafenbassin gegangen, an dessen Wellenbrecher die Gischt fontänenhaft aufspritzte. Tröpfchenschleier wehten heran und zerfielen, bevor sie die Balustrade erreicht hatten.

Auf der Terrasse vor dem Speisesaal saß man noch beisammen: Charlotte, die Zichys, die Gräfin Kallonitz und die Kuhacsevichs. Auch hier ließ sich eine gewisse Bedrücktheit nicht übersehen. Die Konversation war weniger gelassen als sonst, brach immer wieder zusammen und endete oft im tiefen Schweigen.

„Was soll ich machen, Doktor?" stöhnte Maximilian, mit einer Hand über die Balustrade streichend, „wie oft habe ich mir in den letzten Tagen gewünscht, einfach zu verschwinden, mich in Lacromar einzunisten und niemals mehr zurückzukommen. Alle zu vergessen: Meinen Bruder, Napoleon, den Hof von Miramare, ja selbst Charlotte..."

Seine Brust hob und senkte sich in schnellen Atemzügen.

„Sagen Sie, Doktor", meinte er, „was macht mich so verrückt, auf eine Sache einzugehen, die doch die Kräfte eines einzelnen Mannes überfordern muß."

Er drehte sich gegen den Wind, als könne er ihm neuen Mut zuführen.

„Verflucht sei dieser Hidalgo und mit ihm seine sogenannten Nachrichten über die Befriedung des Landes, die doch nur ein Märchen ist. Und dieser Napoleon. Sie wissen, Doktor, daß er mir einen Brief geschrieben hat, nachdem die Angelegenheit mit der Verzichtserklärung nicht so abgelaufen ist, wie er sich das vorgestellt hat: Von Verpflichtungen ist da die Rede, meinen und seinen, indirekten Drohungen und Anspielungen auf meine Ehre. Ja, er kehrt sogar den Spieß um. Er schreibt, was ich von ihm denken würde, ließe er mich wie ich ihn in Mexiko im Stich. Man macht auf mich Jagd, Doktor. Auch diejenigen, die mich angeblich vor der Thronannahme warnen."

Eine Woge war mit donnerndem Anprall an der Kaimauer zerschellt. Überschwappendes Wasser näßte ihre Beinkleider.

„Max...!"

„Nein, sagen Sie nichts, Doktor", unterbrach der Erzherzog, „keine Ausflüchte, die Ihnen ohnehin nicht anstehen. Ich könnte Ihnen nicht in die Augen blicken, wenn ich jetzt noch ablehnen würde, nicht Ihnen und nicht meiner Mutter und all meinen Freunden, weil ein Maßstab existiert, an dem sie mich von nun an messen müßten, ob sie es wollen oder nicht. Es ist doch gleichgültig, Doktor, ob ich dafür verantwortlich bin oder nicht, ob man mir den Kaiser mit böser Absicht zudiktierte oder um mir einen Gefallen zu tun. Es ist so, und es bleibt so: Von nun an kann ich nur eins sein: Ein regierender Kaiser oder einer, der vor dieser Rolle versagte."

Der betagte Leibarzt hatte seine Brille abgenommen, um die beschlagenen Gläser zu putzen. Er tat es umständlicher, als es die Sache erforderte. Maximilian sprach weiter, Pausen einlegend, wenn das Crescendo der anrollenden See zur alles beherrschenden Größe heranwuchs.

„Und doch sträubt sich noch etwas in mir", sagte er, „ein letztes Beharren auf meinen Anrechten, auf der Möglichkeit zur ehrenvollen Rückkehr. Vielleicht geht es mir deshalb so schlecht wie einem Kandidaten vor dem Examen?"

Der anschwellende Wind preßte ihnen die Kleidung an den Leib. Er ließ sie mitunter aussehen wie Porzellanfiguren auf einem Kaminsims. Schrittweise nur bewegten sie sich vorwärts, immer wieder einhaltend und sich anschauend, sprachen sie miteinander, sparsam in den Gesten wie erschöpfte alte Leute.

„Sehen Sie dort Schertzenlechner, Doktor", meinte Maximilian, „wie beneide ich ihn um seine Wurstigkeit, seine unverwüstliche Borniertheit und sein rücksichtsloses Strebertum. Welche Kraft sorgt nur dafür, daß er immer weiß, worauf er hinaus will?" Mit einem entschlossenen Schritt hatte sich der Erzherhog dem Arzt in den Weg gestellt. Dr. Jilek fügte sich, als habe er nichts anderes erwartet.

„Ich hingegen bin wie das Auf und Nieder der See", erklärte Maximilian und kehrte sich dann, von einem Schmerz angerührt, ab. Auf eine Antwort schien er plötzlich keinen Wert mehr zu legen. „Der Kaiser wird in einer Woche zu uns nach Miramare kommen, Doktor", bemerkte er nach einer Schweigeminute kühl, „das heißt für mich: Entweder – oder. Charlotte hat in Wien nichts erreicht außer einer großzügig zugestandenen Apanage. Der Kaiser will den Verzicht, und ich bestehe auf meinem Seelenfrieden. Wenn die inzwischen in Triest lauernden Mexikaner, dieser Hidalgo und Gutierrez, über mich herfallen, werden sie ihre Unterschrift bekommen. Wird mir diese Art Selbsttherapie helfen, Doktor?"

Wieder war eine Woge an der Kaimauer zerplatzt und überschüttete sie mit einem Guß Wasser. Naßgeworden starrte der Erzherzog den alten Arzt an, auf dessen Brillengläsern sich ein undurchdringlicher Tröpfchenfilm gebildet hatte. Dr. Jilek, es dahinter aushaltend, ließ sich Zeit mit seiner Antwort. Schließlich, nach einer Ewigkeit, so schien es, meinte er: „Tu, was du tun mußt, Max, aber tu es immer mit Gott."

33. Kapitel

Seit die beiden Schiffe, „Novara" und „Themis", in der Bucht von Grignano vor Anker lagen, war das Programm der Triestiner um eine aufregende Sehenswürdigkeit reicher geworden. Über die Riva, die Hafenprommenade, spazierten an den Sonntagen mehr Ausflügler als je zuvor, und wenn sie der Schiffe ansichtig wurden, versicherten sie sich untereinander immer wieder, daß die Fregatten nur deshalb hier seien, um den Erzherzog – und viele sagten „unseren Max" – nach Mexiko zu bringen.

Die Vorgänge in Miramare strahlten in die Stadt aus, zweifellos, in einer Art, die die Triestiner für Außergewöhnliches sensibilisierte.

Die mexikanische Delegation, die in verschiedenen Hotels untergebracht war, wußte davon zu erzählen, wenn ihr bei Stadtbesuchen die entfachte Neugier in unangenehmer Weise auf den Leib rückte. Hidalgo brachte es auf den Nenner, als er behauptete, das Herumsitzen in Paris habe weniger an den Nerven gezehrt als das Begafftwerden hier in Triest. Und noch deutlicher werdend, stellte er in Aussicht, daß die Unterzeichnung der Thronannahme dieses Mal mit Sicherheit scheitere, weil sich die Delegierten bald nicht mehr aus ihren Zimmern wagen würden, wenn Kaiser Franz Joseph nicht schnellstens eine Regelung in der Thronfolgeangelegenheit zustande brächte.

Auch Viktor Anselli berichtet von jenen Tagen, unmittelbar vor der Ankunft Franz Josephs, mit einer außerordentlichen Anteilnahme.

...Das Thema Mexiko war in aller Munde – schreibt er – kein Ort in der Stadt blieb davon verschont. Der Fischverkäufer spekulierte so unbekümmert drauflos wie der Gemüsehändler, und Ritas Waschmädchen standen den Limonadenverkäufern an Kühnheit nicht nach, wenn es um die Erfolgsaussichten des Erzherzogs im fernen Mexiko ging. Ich nehme an, daß niemand von ihnen wußte, wo dieses Mexiko überhaupt lag, geschweige denn eine Vorstellung von den politischen Vorgängen dort hatte. Aber der Hauch des Exotischen hatte die Stadt in seinen Bann geschlagen.

Wir Ansellis gehörten mit zu denen, die von der Mexikomanie besonders in Mitleidenschaft gezogen wurden. Mein Vater hatte plötzlich zusätzliche Aufgaben zu übernehmen, so daß er abends gar nicht mehr nach Hause kam.

In der Schloßbibliothek waren Arbeiten angefallen wegen des Besuchs Seiner Majestät. Erzherzog Maximilian hatte vor, dort mit seinem Bruder zu konferieren.

Zuweilen blieb auch Erec im Schloß, weil er sich angeboten hatte, Vater zu helfen. Mit Verenice allein zu sein, war mir nicht unlieb, einmal, weil sie sich seit ihrem Auftritt mit Vater liebevoller als sonst noch um mich kümmerte, und zum anderen, weil ich meine nun konkurrenzlose Beschützerrolle voll genießen konnte, obwohl sie mir immer mehr Schwierigkeiten einzubringen drohte.

Nicht nur meine Schreckträume hatten zugenommen, in denen das Dreimannstück: Vater, der Baron und Verenice mir mit grausamen Szenenbildern zusetzte. Inzwischen waren für mich auch handfeste Probleme aufgetaucht. Ich begann mich zu prügeln: In der Schule, im Kreise meiner Freunde. Gezwungenermaßen. Das, was ich angestrebt hatte: Meine schreckliche Vermutung, zwischen Verenice und dem Baron könne ein Verhältnis bestehen, vor aller Welt und um jeden Preis zu verbergen, schien plötzlich allen bekannt zu sein. Die Spatzen pfiffen es von den Dächern.

Dem ersten, der jedoch wagte, es auszusprechen, schlug ich die Faust auf die Nase, rücksichtslos und mit zusammengekniffenen Lippen.

„Eine Britschn ist die Verenice!"

Dann schoß ihm schon das Blut über das Kinn, und er landete auf dem Boden. In der Schule war das.

Das nächste Mal geschah es im Garten der Zimbarellos, der immer noch unseren Spielen diente.

Im Hafen. Vor der Kathedrale. Die Unverschämtheiten machten vor keinem Ort Halt. Ich regelte das Problem mit der Unbekümmertheit meiner neun Jahre und prügelte alle durch, setzte die Angst vor die Frechheit und bekam meinen Einsatz dadurch quittiert, daß niemand mehr wagte, Verenice eine Britschn zu nennen, aber auch niemand mehr mit mir spielen wollte. Bis auf Guido.

Damit engte ich ungewollt das Terrain ein, auf dem ich mich unangefochten bewegen konnte. Am Ende blieb mir nur noch der unmittelbarste Bereich um unsere Wohnung, und oft auch nicht einmal der, wenn Rita Scarpas Mädchen sich darüber beschwerten, daß Guido und ich – halbe Männer schon – so ungeniert zwischen ihnen im Hof herumliefen und sie in Verlegenheit brachten, weil sie für gewöhnlich nur Unterkleider trugen.

Verenices Großzügigkeit verdankten wir es, in unserer Wohnung spielen zu dürfen, wenn es Großzügigkeit war und nicht ein Anlehnungsbedürfnis, das ich zusehends nach dem Bruch mit Vater an ihr wahrzunehmen glaubte.

Verenice ließ uns oft allein in der Wohnung gewähren, während sie zum Markt ging und wir uns in meinem und Erecs Zimmer ans Fenster hockten und verstohlen über das

Fensterbrett in den Hof schielten, von wo das Getratsche und Gekicher der Waschmädchen zu uns heraufdrang.

Wir hatten noch nicht jene Grenze überschritten, hinter der die Kindheit endgültig zurückbleibt. Und so konnten wir dem Geschehen unten nicht mehr abgewinnen als einen oberflächlichen Reiz. Anderes zog uns weit mehr an. Ich weiß nicht, ob Guido es war oder ich, der auf den Gedanken kam, Entern zu spielen, wobei wir die Betten von Erec und mir zu Schiffen umfunktionierten, auf die wir mal von der einen, mal von der anderen Seite sprangen.

Wir ahnten nicht im mindesten, was wir dadurch in Gang brachten. Wie auch?

Guido brachte die Lawine dadurch ins Rollen, daß er plötzlich aufschrie. Er behauptete, sich beim Sprung auf Erecs Bett das Knie gestoßen zu haben. Eine Unmöglichkeit, die er auch sofort einsah, weil Seegrasmatratzen eben nicht aus Steinen bestehen, sondern erwartungsgemäß aus einem viel körperfreundlicheren Stoff. Guido aber behauptete stock und steif, er sei auf einen Stein gestoßen.

Der Wahrheit konnten wir am selben Tag nicht mehr auf den Grund gehen, weil Verenice nach Hause kam. Zudem mußte Guido sich bald verabschieden. Seine Behauptung allerdings hatte ich nicht vergessen.

Am darauffolgenden Sonntag erschienen die Reisingers wieder bei uns. Inzwischen waren sie zu einer festen Einrichtung geworden, und immer öfter in letzter Zeit erschien auch Baron von Wendulic. Wenn sein Schiff vor Triest ankerte, versäumte er es nicht, vorbeizusehen, weil er – wie er erklärte – niemanden außer uns hier habe.

Ich wußte aber, warum er uns aufsuchte, und erlebte stets voller Bangen mit, wie gutgläubig offensichtlich mein Vater war, wenn er übersah, daß der Baron Verenice mit Komplimenten überschüttete.

Zusammen spazierten wir zum Hafen, begutachteten mit hundert anderen die beiden Kriegsschiffe auf der Reede und ließen uns vom Leutnant zur See von Wendulic die Fregatten erklären. Ich schildere diesen Sonntag, weil er mir die Bestätigung lieferte, daß meine Sorge um Verenice und Vater gerechtfertigt war und ich alles tun mußte, um eine Katastrophe zu verhindern.

Zunächst stiegen wir in Sistiana aus. Der Baron hatte zwischenzeitlich versucht, mir den Säbel zu überlassen. Aber sein freundliches Angebot war von mir ausgeschlagen worden. Ich zürnte ihm, weil ich seinetwegen mit allen im Streit lag, aber vielmehr haßte ich ihn wegen der Ängste, die er mir machte.

In einem Gartencafé konnte ich meinen Zorn bei einer Limonade fürs erste vergessen, nicht zuletzt auch deshalb, weil über Mexiko gesprochen wurde und mir schließlich durch unsere Spiele das Thema recht nahe stand.

„Eine großartige Geste unseres Erzherzogs", meinte mein Vater, „sich einer solchen Aufgabe zu stellen. Die Beendigung des Chaos war immer Angelegenheit der Aristoi. Dort in Mexiko bekommt sie erneut Gelegenheit, den Nachweis zu führen, daß sie den neumodischen Errettungsphilosophien tausendmal überlegen ist."

Der Baron schüttelte anerkennend den Kopf, auch wenn er die ganze Zeit stumme Zwiesprache mit Verenice gehalten hatte. So auffällig, daß Frau Reisinger nahe daran war, ihrer Brüskiertheit offen Ausdruck zu verleihen. Immer wieder schaute sie ihren Mann auffordernd an, mit einem Machtwort das Treiben zu stoppen, aber der Apotheker Reisinger war seiner alchemistischen Leidenschaft zu sehr erlegen, um sich um andere Leidenschaften kümmern zu können.

Sistiana, damals eher ein Fischerdorf als ein Ausflugsort, hatte neben ein paar mittelklassigen Cafés nichs Außergewöhnliches zu bieten, wenn man von der idyllischen Landschaft absah. Mit ihr allerdings konnte kein Stückchen Erde weit und breit konkurrieren. Nicht umsonst wurde behauptet: Ein Spaziergang von Sistiana nach Duino sei ein wahres Erlebnis.

Da noch genügend Zeit zur Verfügung stand und das Interesse offensichtlich ausreichte, kamen wir überein, uns zu Fuß nach Duino auf den Weg zu machen, um dort den Dampfer zurück nach Triest zu nehmen. Es dauerte nicht lange, und wir hatten uns aus dem Pulk der anderen Ausflügler herausgeschält, wenngleich in einer etwas unglücklichen Gruppierung, die auf Dauer Verstimmungen unvermeidlich machte.

Der Apotheker Reisinger hatte sich mit Vater abgesetzt, disputierend, debattierend, ohne auf Verenice und Frau Reisinger Rücksicht zu nehmen, die zusammen mit dem Baron eine Notgemeinschaft bildeten.

Daß sie in der Zusammenstellung wenig miteinander anzufangen wußten, machte ihr Zusammensein unerträglich. Verbissen nur hielt Frau Reisinger Kontakt, und nur Verenice gute Erziehung verhinderte, daß es zum Eklat kam.

Ich ging der Unerträglichkeit aus dem Weg, indem ich mich von der Gruppe absetzte und wie ein Hütehund mich mal vorne, mal hinten zeigte, und zuweilen zurückblieb, um ins Gestein hinaufzuklettern, das, mit Büschen und Krüppelkiefern durchsetzt, den Weg säumte.

Aber noch machte es mir die Beschaffenheit der Wände unmöglich, tiefer einzudringen. Und so hielt ich mich vornehmlich bei Vater und dem Apotheker auf, die ihr Lieblingsthema für einen Augenblick verlassen hatten und über Erec sprachen.

„Ja, ich bin jetzt mit ihm zufrieden", erklärte mein Vater nach einem offensichtlich längeren Vortrag, „er hat seine Dummheiten eingesehen und den Kindsverstand zugunsten einer vernünftigen Einstellung fahren lassen."

„Schön zu hören", knurrte der Apotheker, an seinem Kinn herunterstreichend, als habe er seine Zweifel, „und du glaubst nicht, es könnte dahinter kluge Berechnung stehen?"

„Na, wenn schon", wandte mein Vater überschwenglich ein, „Hauptsache ist doch, er hat wieder Fuß gefaßt und Schluß gemacht mit seiner Zerknirschtheit und dem dauernden sich Bestrafenmüssen durch eine Arbeit, die ihn umgebracht hätte. Jetzt tut er etwas, was ihm Freude macht. Und ich bin ganz sicher, daß es so ist. Er geht mir sogar freiwillig zur Hand, wie jetzt, in der Schloßbibliothek, die wir umräumen, weil dort Seine Majestät der Kaiser und der Erzherzog zusammenkommen wollen. Für mich gibt es keinen schöneren Beweis. Und irgendwo, Paul, hat jede Einsicht etwas mit kluger Berechung zu tun."

„Mag schon sein, Ferrante", meinte der Apotheker, froh darüber, dem Exkurs meines Vaters ein Ende gemacht zu haben. Es fiel ihm nicht schwer, die passenden Worte zu finden, um seinem Interessengebiet wieder Geltung zu verschaffen.

Duino kam in Sicht, beherrscht vom Weichbild des Schlosses, das in der Sonne schwamm. Zur Landseite hin hatte sich der Karst abgeflacht und war terrassenförmig zusammengefaltet. Der Bewuchs hatte zugenommen, und die Kiefern, lebensvoller und stärker hier, spendeten ausreichend Schatten.

Alle in unserer Ausflugsgesellschaft nahmen ihn gerne in Anspruch. Wenn dies auch der letzte Grund für mich war, mich der dschungelhaften Wildheit der Berge anzuvertrauen, so tat ich es doch gerne.

Bald war ich verschwunden, sprang hoch, hangelte mich über Kanten und Plateaus, stieg höher und höher, wenngleich immer darum bemüht, mich parallel des Weges zu bewegen, um den Anschluß nicht zu verlieren. Ein aussichtsloses Unterfangen, von Anfang an, aber ich lernte es erst da einzusehen, als ich von bodenwüchsigen Kiefern eingeschlossen war, deren Strünke mich wie Netze festhielten. Ich war zu keiner Regung mehr fähig.

Da ich mich zudem auf einer Schiefebene befand, mußte ich mich mit beiden Händen anklammern. Meine Naivität half mir, den Zustand schweigend zu ertragen, in der vollen Gewißheit, die anderen würden schon merken, daß etwas passiert sei, und nach mir suchen.

Als trotzdem nichts geschah, begann ich zu rufen. Meine Arme waren lahm geworden. In den Händen brannte es, als seien sie dabei, zu verkohlen. Dann löste sich die Verbindung zum Kiefernstrunk, der mich gehalten hatte. Die Hände mußten abgeglitten sein, ohne daß ich es wollte. Zwischen mir und dem Stück Holz fehlte plötzlich etwas, und ich begann zu rutschen, langsam, aber unaufhaltsam, schlug hier an und dort, schrammte mir die Knie auf. Dann ging es ganz schnell. Die Erde tat sich auf, ich stürzte, und es fing mich auf, wie warmer, weicher Sand.

Ich mußte wohl ohnmächtig geworden sein. Das erste, was ich beim Aufwachen spürte, war der Stoff, der mich umgab, Filztuch, blau eingefärbt, ein Uniformrock, der mich wie einen Kokon einhüllte. Eine erschöpfte Schläfrigkeit hielt mich gefangen, wie ein Widerwillen, mich der Wirklichkeit zu stellen. Ich wagte nicht, die Augen aufzuschlagen, blieb ruhig und ungerührt liegen, in der Behaglichkeit des wärmenden Rocks, und gab mich erst da zu einem Blinzeln her, als Laute an mein Ohr schlugen, Laute, tief und kreatürlich, zu fremd für mich, um sie irgendwo einordnen zu können. Ganz leicht und unmerklich wendete ich den Kopf und erschrak.

Ein kurzer, schneidender Schmerz fuhr durch mich. Ich wollte die Augen wieder schließen. Aber der Spalt, den ich zugelassen hatte, führte sein Eigenleben, zwang mich, durch ihn hindurchzusehen, meine Vermutungen mit Wirklichkeit aufzufüllen und das Entsetzen zu spüren, das nur die ganze Wahrheit bereithält. Verenice und der Baron knieten voreinander, ungeachtet des schrundigen Bodens mit seinem Geröll und seinen Rissen, nur von mir getrennt durch einen Wacholderbusch.

Sie starrten sich an, schweigend, als sei jedes Wort ein Frevel an der Zeit. Ihre Hände hatten sie um den Nacken des anderen gelegt. Ihre Arme vibrierten. Ihre Münder waren geöffnet. Der Atem ging schwer, und ihre Körper bebten unter dem Zug der Arme. Und dann stürzten sie, einen langsamen, wohlbedachten Sturz, aufeinander zu, ihn auskostend über den ganzen Weg, den ihre Körper nahmen, bevor sie hinter dem Wacholderbusch verschwanden. Nur ihre Füße waren noch sichtbar. Verenices Stiefeletten und die schwarzen Schuhe des Barons, verstrickt in einen wilden, leidenschaftlichen Tanz.

Die Angst, einen Laut von mir geben zu können, schloß mir die Augen. Ich krampfte mich zusammen und wünschte, tot zu sein. Aber ich war nicht tot, sondern hellwach. Und so hörte ich aus der Richtung, wo Verenice und der Baron lagen, das rhythmische Klopfen des Säbels, wenn er den steinigen Boden berührte.

Die nächsten Tage verbrachte ich im Bett. Der Arzt hatte wegen der Ohnmacht dazu geraten. Aber auch wegen der Schürfwunden an den Unterarmen und den Knien.

Verenice legte mir regelmäßig neue Verbände an, mit einer Rührigkeit und Fürsorge, die mir unangenehm war. Wenn sie sich zu mir herunterbeugte und die Umschläge abwickelte, hatte ich Mühe, meine Gefühle unter Kontrolle zu bringen: Jene wilden Anmutungen von Wut und einschüchternder Angst, die mich zu einem willigen Patienten machten und Verenice den Glauben ließen, alles sei in Ordnung. Aber in mir war nichts mehr in Ordnung, seit mich der Baron nach Duino getragen hatte und ich still, erschöpft und hilflos in meinem Zorn in jenen Armen liegen mußte, die eben noch Verenice umfaßt hatten. Teuflische Gedanken waren in mich eingezogen. Sie ließen mich Tag und Nacht nicht zur Ruhe kommen. Wenn durch das Fenster der Geruch des Ginsters von den Karstbergen hereinströmte und das Gezirpe der Grillen mich einschläferte, meldeten sie sich mit unausrottbarer Beharrlichkeit.

Dann wünschte ich dem Baron den Tod.

Nicht weniger schlimm ging ich mit Verenice um. Ich warf ihr vor, mich arglistig getäuscht und um meinen Glauben an sie gebracht zu haben. Meinen Vater verachtete ich wegen seiner leeren Drohungen.

Alles Rasen aber nützte mir wenig. Am Ende kämpfte ich nur wieder mit der Angst, Vater und Verenice zu verlieren. Und viel mehr noch fürchtete ich die Wahrheit, und daß sie ans Licht kommen könnte, ohne daß es mehr eine Möglichkeit gab, sie zu bestreiten.

Wie sehr mich mein ängstlich gehütetes Geheimnis in der Beziehung zu meinem Vater belastete, merkte ich, wenn er zu mir kam, sich auf den Bettrand setzte, mir über den Kopf strich und fragte: „Wie geht's denn unserem Bergsteiger?"

Mein: „Gut, Papa", klang dann zwar aufrichtig, aber im Kern war es alles andere als echt. In Wahrheit erschreckte mich seine Nähe, weil ich nicht wußte, ob ich den Mund halten könnte und ob nicht irgend etwas an mir meinen Vater auf die Spur führen würde. Auch ein Schuldgefühl mochte eine Rolle gespielt haben, meinem Vater etwas vorzuenthalten, worauf er ein Recht hatte.

Aufgewühlt, wie ich war, in meiner Hilflosigkeit, trieb es mich dazu, etwas zu unternehmen. Vielleicht fühlte ich mich deswegen angehalten, Guidos Behauptung auf den Grund zu gehen, in Erecs Bett lägen Steine. Soweit hergestellt, mich ohne Schmerzen bewegen zu können, wartete ich ab, bis Verenice außer Haus war, und zog Erecs Matratze aus dem Bettkasten. Zuvor hatte ich den Seegrassack abgetastet und nichts Verdächtiges wahrgenommen. Trotzdem war ich entschlossen, die Naht auf der unteren Seite der Matratze zu öffnen, um die Füllung zu untersuchen. Ich ging vorsichtig zu Werke, weil ich jeden Schmutz vermeiden mußte. Endlich hatte ich den Faden aus der Naht gelöst, das trockene Werg quoll hervor und mußte von mir zurückgedrängt werden. Als ich eine Hand vorsichtig hineinsteckte, stieß ich sofort auf Widerstand. Er befand sich unmittelbar unterhalb der Naht, so daß er von oben nur bei extremstem Druck fühlbar war.

Ich griff danach und zog ein Stück Eisen mit aller Umsicht heraus. Achtsam säuberte ich es von den anhaftenden Splissen und verfiel in ein maßloses Staunen. Was ich in der Hand hielt, war ein Revolver, mit langem Lauf und Trommel, wie ich ihn noch nie gesehen hatte. Ich wußte nur, daß es eine Waffe war, wie sie die Soldaten trugen, und daß sie dazu taugte zu töten.

Diese Verbindung mochte es dann auch bewerkstelligt haben, daß ich den Revolver an seinen Platz zurücklegte, die Naht darüber schloß und die Matratze in den Bettkasten hievte.

Ich erinnere mich, wie ich in mein Bett zurückkroch, voller wirrer Gedanken darüber, was es mit einem solchen Instrument in Erecs Besitz auf sich haben könne, während im Hof Ritas Mädchen ausgelassen über ihrer Arbeit kicherten...

34. Kapitel

Der 9. April 1864 war ein Samstag. Kühles Frühlingswetter herrschte. Im Park von Miramare verflüchtigten sich die Nebel nur langsam über den Teichen. Von den Hecken tropfte der Tau. Die Wege waren naß und glitschig, und aus den Mündern derer, die sich zur frühen Stunde draußen aufhielten, quollen die Atemfahnen.

Trotz des unangenehmen Wetters schien alles auf den Beinen zu sein. Dabei war es noch früh am Tag. Nicht einmal sieben Uhr.

Der kleine Bahnhof des Schlosses wurde gesäubert. Zwei Männer rollten einen Teppich aus. Eine Kompanie der Triestiner Garnison war anmarschiert, nahm Aufstellung und übte noch einmal den Präsentiergriff.

Im Speisesaal wurden alle Vorbereitungen für das Galadiner getroffen. In der Bibliothek inspizierte Ferrante Anselli zum letzten Mal die für die Konferenz eingerichtete Sitzgruppe, deretwegen einige Regale hatten entfernt werden müssen.

Unentwegt hielten Kutschen vor dem Schloß, während die Barkasse im Hafen alle möglichen Leute an Land setzte, die vorgaben, im Rahmen des Kaiserbesuchs irgendeine Aufgabe übernehmen zu müssen. Die Gendarmen um das Schloß herum seufzten nur hilflos und ließen sie passieren.

Punkt acht Uhr lief der kaiserliche Salonzug in den Bahnhof von Miramare ein. Fauchend und rußigen Qualm ausstoßend, der Charlotte, eingehängt in Maximilians Arm, zu einem bissigen Kommentar veranlaßte.

Minuten später entstieg der Kaiser mit einem stattlichen Gefolge dem Zug und überforderte mit den sieben Erzherzögen, drei Ministern, den Kanzlern von Ungarn, Kroatien und Siebenbürgen, dem Chef des Generalstabs sowie den Zivil- und Militärgouverneuren von Venetien und Istrien, nebst Sekretären und Adjutanten das Fassungsvermögen des Bahnhofs vollkommen.

Das Protokoll brach zusammen. Eher lustlos als geschmeichelt defilierte der Kaiser an der Ehrenkompanie vorbei, während sein Gefolge schon dabei war, sich in den Räumen des Schlosses zu verteilen. Eine Marinekapelle spielte Märsche, als Maximilian und sein Bruder Franz Joseph, nebeneinander, aber jede Tuchfühlung vermeidend, auf das Schloßportal zugingen.

Charlotte war mit ihrer Hofdame, der Gräfin Kallonitz, auf dem Bahnhof geblieben. Ernst sahen sie den beiden hinterher, die sich zurückzogen, um einsam miteinander zu ringen.

„Wenn wir den Tag nur überstanden hätten, Paula", seufzte Charlotte, „ich darf nicht daran denken, daß die kommenden Minuten darüber entscheiden, ob es für Max die Kaiserkrone gibt oder die Fortsetzung dieses Lebens hier."

Als sei schon die Vorstellung für sie zuviel, hielt sie sich am Arm ihrer Hofdame fest.

„Es wird alles gut werden, Kaiserliche Hoheit", meinte die Gräfin Kallonitz und tätschelte Charlotte vertraulich die Hand, „der liebe Gott wird es schon fügen. Und schließlich weiß auch unser Erzherzog, worum es geht."

„Das wünschte ich mir, Gräfin", sagte Charlotte etwas müde, „aber ich glaube es erst, wenn ein Ergebnis vorliegt."

Der Nebel war über die Baumwipfel gestiegen und hatte

dem Park sein gewohntes Aussehen wiedergegeben. In satten Farben leuchtete das Grün, und die Vögel, die sich bisher zurückgehalten hatten, begannen zu zwitschern.

„Man kann auch die Schiffe schon wieder sehen, Kaiserliche Hoheit", sprudelte es erleichtert aus der Gräfin Kallonitz.

„Ja", antwortete die Erzherzogin und lächelte gelöst, „sogar ganz deutlich, Paula, kann man sie jetzt sehen."

35. Kapitel

Die Reihen der ledergebundenen Folianten dämpften die Stimmen, die bald aufgeregt, bald sich mäßigend, miteinander stritten. Mitunter verloren sie sogar an Beherrschung. Und dann trat Schweigen ein, lang und tief, als seien alle Vorsätze und Absichten für alle Ewigkeit zu Papier geworden.

In solchen Augenblicken hörte Erec auf zu atmen, drückte sich zitternd und matt gegen die Regale, während er sich langsam vortastete, an den Schmalseiten der Buchreihen entlang, die ihn zur Galerie bringen würden. Unterhalb der Galerie befand sich die Sitzgruppe, an der Maximilian und sein Bruder, der Kaiser, die Verzichtsakte aushandelten.

Fünfzehn Schritte mochten es sein: Vom Geländer der Galerie bis zum Sessel, in dem der Kaiser saß. Die Entfernung auszumessen, hatte er tagelang Gelegenheit gehabt. Eine gute Entfernung, wie er hoffte. Wenn er den Revolver zusätzlich auf dem Handlauf abstützte, konnte er den Kopf des Kaisers unmöglich verfehlen. Und auf den Kopf mußte er schon zielen, weil ihm kaum ein zweiter Schuß zu Gebote stehen würde.

Die revolverbewehrte Hand zuckte. Fast wäre der Lauf der Waffe gegen das Regal geschlagen. Erec trat der

Schweiß auf die Stirn. Hunderte von Malen hatte er sich in letzter Zeit den Vorgang vergegenwärtigt: Wie er den Revolver in der Bibliothek versteckt, sich unter dem Vorwand, er habe etwas vergessen, der Kontrolle durch seinen Vater entzieht, er ohne Probleme in die Bibliothek gelangt, weil die Bediensteten des Schlosses ihn kennen, um dort die letzte Phase seines Vorsatzes, den Kaiser zu töten, abzuwickeln. Diese letzte Phase setzte ihm jetzt mehr zu, als er geglaubt hatte.

Als das Geräusch schabenden Holzes an sein Ohr drang, kehrte er zurück in die Wirklichkeit. Unten hatte sich etwas zwischen den Disputanten getan, etwas Unvorhersehbares. Die Stimmen waren aufeinander geprallt, unüberhörbar wütend. Maximilian hatte zweimal geschrien: „Nein... nein...!"

Dann Schritte. Glas klirrte, als die Flügeltür zur Terrasse aufgerissen wurde und das Rauschen der See von draußen hereinschlug. Erec hatte einen Schritt weiter in Richtung Galerie gemacht. Die eindringende kühle Luft hatte die dunklen Gedanken vertrieben. Vergessen geglaubte Vorstellungen tauchten auf: Ruhm, Unsterblichkeit, sein Name: Erec Anselli, auf ewig verbunden mit dem Namen des Kaisers. Der erträumte Lorbeer würde ihm doch noch zufallen, auf diese Weise eben.

Die Bedeutsamkeit der Tat wischte alle Bedenken hinweg. Sein Körper straffte sich, eine unnatürliche Sicherheit beherrschte ihn. Sein Vorwärtstasten wurde leicht. Die Bewegungen waren gewandt, frei von Furcht. Den Revolver in seiner Hand empfand er wie eine Verlängerung seines Armes. Und er zweifelte nicht im geringsten, daß er ihn mit derselben Genauigkeit auf ein Ziel würde richten können, wie er es mit dem weisenden Finger zu tun gewohnt war. Kein Gedanke mehr daran, daß er gepreßt war, daß ihm die Angst vor Franz Oxner und der Bruderschaft im Nacken saß. Die Vision von Ruhm und Größe stellte sich vor die Wirklichkeit und vernebelte sie.

Unten saß der Kaiser in seinem Sessel, allein, und wartete. Zwischen den Holmen, die das Geländer der Galerie bildeten, konnte Erec ihn sehen. Es waren noch zwei Schritte, bis er den Revolver würde anlegen können.

Er nahm sich vor, die verbleibende Wegstrecke beherzt zurückzulegen. Mit geblähten Nasenflügeln sog er die frische Luft ein, die immer noch durch die offene Terrassentür drang, und machte sich für den Sprung bereit. In den Fingerspitzen fühlte er das Pulsieren des Blutes, so heftig, daß er befürchten mußte, den Revolver nicht auf das Ziel richten zu können. Durch Mund und Nase atmete er langsam und tief, um sich zu beruhigen. Die Flügeltür begann wieder zu scheppern. Der Erzherzog war zurückgekommen.

„So nimm doch Vernunft an, Max", empfing ihn der Kaiser, „welche unselige Starrköpfigkeit legt dir nur nahe, auf dem Thronfolgerecht zu beharren? Du wirst in Mexiko eine neue Linie des Hauses Habsburg begründen, größer und einflußreicher als unsere es je gewesen ist. Schließ hier ab. Deine Zukunft liegt drüben."

Er hielt sich leicht gebückt, gerade so, daß die obere Begrenzung der Balustrade mit seinem Rücken eine Linie bildete. Das würde ihm erlauben, in Schußposition zu kommen, ohne von unten entdeckt zu werden. Zuerst glaubte er, er sei seinem Schattenbild begegnet, das sich plötzlich rechts von ihm zeigte. Aber dann sagte er sich, daß es unmöglich so sein könne.

Das Schattenbild stand aufrecht, war kompakter und kleiner und kam mit schnellen, gleichzeitig lautlosen Schritten auf ihn zu. Wie ein Feuerstrahl schoß es da durch Erec. Um die Kehle legte sich ein Eisenreif. Die Augen drohten aus den Höhlen zu springen, während er verzweifelt um Luft rang. Er spürte, wie die Knie versagten und er langsam zu Boden glitt. Noch hielt die Hand den Revolver umklammert, als sei der Entschluß zur Tat von allem unberührt geblieben. Dann fiel der Schatten über ihn wie ein herabstürzender Raubvogel, dem zu entkommen, unmöglich geworden war.

Eine fleischige, gepflegte Hand griff nach dem Arm, der den Revolver hielt, und zog ihn nach oben, weg von der Richtung, in der der Kaiser saß. Erec hatte betäubt den Kopf in den Nacken fallen lassen, hechelnd wie ein sterbender Vogel. Kaum zwei Zentimeter von ihm entfernt, das Gesicht seines Vaters, groß und rund und anklägerisch, mit Augen, die schmerzhafter in ihn eindrangen, als Dolche es hätten tun können.

Jeder Widerstand war in Erec zusammengebrochen. Er begann zu zittern, ein feines Vibrieren der Nervenstränge, als habe eine Faust ihn gepackt und in schüttelnde Bewegungen versetzt. Die Hand war vom Knauf des Revolvers abgeglitten, der Mund aufgeklappt, als wolle der Schreck in einem Schrei Gestalt annehmen. Aber alles blieb still, bis auf die Stimmen des feilschenden Bruderpaares.

Gegen zwölf Uhr hatten der Kaiser und Erzherzog Maximilian ihr Gespräch beendet. Der Nebel war inzwischen ganz abgezogen. Wie eine blaue Kuppel wölbte sich der Himmel über dem Schloß. Auf dem Meer tanzten weiße Schaumkronen, über denen Möwen kreuzten. Ihre heiseren Schreie begleiteten die nervenzermürbende Spannung, die den Wartenden zusetzte, als die Terrassentür aufging und das kaiserliche Bruderpaar heraustrat. Haltung und Ausdruck des Kaisers verrieten sofort, daß die Auseinandersetzung zu seinen Gunsten ausgegangen war. Seine weiße Uniform reflektierte das wogende Sonnenlicht und ließ ihn in einer Gloriole erstrahlen.

Maximilian dagegen wirkte farblos und gedrückt. Seine blaue Marineuniform erschien in dem Zustand noch dunkler, fast schwarz.

Dr. Jilek und der Hofkaplan, Professor Billimek, die während der Zeit, in der die Verhandlung geführt wurde, im Park spazieren gegangen waren, schauten sich betroffen an. Durch die Reihe der Erzherzöge, Generäle und Gouverneure lief ein verhaltenes Murmeln, begleitet von einem diskreten Kopfnicken, als sei allen darum zu tun, sich in ihrem Eindruck abzustimmen. Die Verzichtserklärung war unterschrieben, und die Thronannahme danach nur noch eine Frage des Protokolls. Charlotte durchbrach als erste den Bann der Bedrücktheit. Eiligen Schritts überquerte sie den mit Kies ausgelegten Platz vor der Terrasse, die Krinoline leicht angehoben, daß man ihre schwarzen Schuhe flink die Position wechseln sah. Mit strahlendem Gesicht, aus dem jeder Kummer gewichen schien, hakte sie sich bei ihrem Mann unter und richtete an ihren Schwager, den Kaiser, einige Worte.

Unter dem Hofstaat von Miramare herrschte eine an Euphorie grenzende Stimmung. Die Ohren des Marchese Corio glühten, und die Gräfin Zichy hatte angefangen zu schluchzen. Carl de Bombelles und Stefan Herzfeld blickten mit einer Inbrunst zur Terrasse hinüber, als seien dort Heilige zur Anbetung freigegeben worden.

Die Einladung zum Dinner, von Charlotte wegen der Aufregung mit etwas zittriger Stimme vorgebracht, registrierten sie angesichts dessen eher unbewußt. Um so gesünder erwies sich nach der Anspannung ihr Appetit, eine Erfahrung, die auch alle anderen machten. Wegen des heiteren Wetters hatte man die Türen aufgelassen. So wurde das Essen eingerahmt von den Darbietungen der Marinekapelle, die im Park Aufstellung genommen hatte und dabei war, ihr Repertoire durchzuspielen. Maximilian nahm an allem nur wenig Anteil. Gleichgültig ließ er sich die Gänge servieren und sie unberührt wieder zurückgehen. Die Übelkeit der letzten Tage machte ihm wieder zu schaffen. Eine Tatsache, die Charlotte nicht im mindesten zu denken gab. Sie unterhielt sich angeregt mit dem Kaiser, und obwohl sie ihn nicht mochte, funkelten ihre Augen wie Bernsteine, wenn sie ihn ansah.

Von all dem bekam Ferrante Anselli kaum etwas in der Bibliothek mit. Er hatte nur gehört, wie die Kapelle wieder angefangen hatte zu spielen, und sich den Schweiß abgewischt, der in Perlen auf seinem Gesicht stand.

Erec war immer noch besinnungslos. Und das war ein

Glücksumstand, den er nicht zu hoffen gewagt hatte, als er sich entschloß, das Attentat um jeden Preis zu verhindern. Trotzdem waren seine Probleme nicht kleiner geworden, wenngleich diejenigen offenkundig ausbleiben würden, die notwendigerweise auf einen Attentatsversuch folgten.

Erec lag hingestreckt an der Stelle, wo er überrascht worden war, mit offenem Mund und entblößten Zähnen. Ferrante konnte zunächst nicht mehr tun, als ihn so liegen zu lassen.

Kurz vor 14 Uhr setzten die Heizer des kaiserlichen Salonzugs den Kessel wieder unter Dampf. Beim Heraustreten aus dem Schloßportal intonierte die Kapelle: Gott erhalte... Die Anwesenden verharrten andächtig, bis die Hymne abgespielt war. Dann bewegten sich die Angereisten zum Bahnhof, würdig, aber der Situation Rechnung tragend, auch erleichtert. Als erster bestieg der Kaiser den Zug, trat ans Fenster seines Salonwagens, scheinbar, um sich noch einmal zu zeigen. Aber seine Absicht wurde offenbar, als er sich zu Maximilian herunterbeugte, der unter dem Fenster stand. Sein Mund bewegte sich unter nervösem Zucken, während er ein letztes Mal mit ihm sprach. Maximilian, starr, wie zu einem Eiszapfen gefroren, lauschte. Um nichts hatte sich seine Haltung verändert, als die Lokomotive anzog und die Waggons langsam aus dem Bahnhof liefen. Der Kaiser, an seinem Fenster stehend, Tränen in den Augen, wie die Gräfin Zichy bemerkte, rief noch einmal den Namen seines Bruders. Aber das: „Max... Max", für alle verständlich über den Bahnsteig hallend, ließ den Erzherzog unberührt zurück.

„Wie ist mir doch leichter ums Herz, Paula", meinte Charlotte zur Gräfin Kallonitz, die es nun nicht mehr für nötig befand, der Erzherzogin die Hand zu tätscheln.

„Dafür besteht wahrlich ein Grund, Kaiserliche Hoheit", bestätigte die Gräfin und sah mit verträumten Augen dem Zug nach, der unter den Klängen der Marinekapelle in der Ferne verschwand.

Zur völlig entgegengesetzten Auffassung war hundert Meter von der Gräfin entfernt ein Mann gekommen, der dort seit einigen Stunden ergebnislos ausgeharrt hatte. Ein Mann in einem roten Einspänner und einem kräftigen Traber in der Deichsel, dem es nicht schwer fallen würde, den Wagen in kürzester Zeit über die italienische Grenze zu bringen.

Jetzt war sich der Mann sicher, daß er umsonst gewartet hatte.

36. Kapitel

An den Sonntagen war es üblich, den Schloßpark für den Publikumsverkehr freizugeben. In welchem Maße davon Gebrauch gemacht wurde, hing natürlich vom Wetter ab.

An diesem 10. April 1864 hätten weder Sturmböen noch Regengüsse es vermocht, die an die Hunderte zählenden Spaziergänger davon abzuhalten, den Park aufzusuchen. Erfreulicherweise spielte das Wetter den Besuchern in die Hände. Der Himmel war klar geblieben. Selbst der Nebel des Vortages hatte sich am Morgen nicht gezeigt. Überall auf den Wegen, in den Laubengängen und Rondellen promenierten die Leute in leichter Sommerkleidung. Die Damen hatten Schirme aufgespannt, in rosé und weiß, und die alabasterfarbenen Leinenanzüge der Herren bezeugten nur den Ehrgeiz, heute sauber und adrett auszusehen. Niemand schien Zeit zu haben. Die Herren klappten ständig die Deckel ihrer Taschenuhren auf. Die Damen schauten zu den Türmen des Schlosses hin, deren Spitzen Fahnenmasten verlängerten. Wenn hier die Standarten aufgezogen würden, hatte Maximilian im Zeremoniensaal des Schlosses die Krone von Mexiko angenommen.

Jedem Kind in Triest war bekannt, worum es an diesem Morgen ging. Mit Hochrufen hatte man die mexikanische

Delegation aus den Hotels geleitet, dieselbe Delegation, die jetzt unter Führung von Gutierrez und Hidalgo vor dem erzherzoglichen Paar stand und ihnen das Schicksal Mexikos anvertraute.

Ferrante Anselli – wie nicht anders zu erwarten seit kurzem – in Begleitung des Ehepaars Reisinger und des Barons hatte soeben eine peinliche Situation hinter sich gebracht. Rita Scarpa, im Arm eines dreibastigen korpulenten Mannes, mit einem Haarschnitt, dessen Zweckmäßigkeit auf einen einfachen Beruf schließen ließ, war ihm auf dem schmalen Weg unter den Zweigen eines Judasbaums ins Gesicht gelaufen und hatte in gemessenem Gruß, der nicht frei von verlegenem Spott war, ihr Ressentiment zum Ausdruck gebracht.

Seit sie in Erfahrung gebracht hatte, daß Verenice bei Hof eingeladen war, hatte ihr Groll zugenommen. Wahrscheinlich, weil sie sich vorstellte, wie leicht sie an ihrer Stelle hätte gewesen sein können. Jetzt strafte sie die komplette Familie Anselli dafür, indem sie alle nicht beachtete.

Ferrante war froh, als die Situation hinter ihm lag. Nach der Auseinandersetzung mit Verenice hatte er zwar des öfteren sein Verhalten gegenüber Rita bedauert, aber eine Bindung an sie konnte er sich trotzdem nicht vorstellen.

...Wir durchkreuzten an diesem Sonntagmorgen den Park wie ein hungriges Wolfsrudel – schreibt Viktor Anselli – ohne Ergebnis allerdings. Wie auch? Gleich den anderen warteten wir nur auf das Zeichen vom Schloß. Mir war die Begegnung mit Rita auf den Magen geschlagen, so heftig, daß Verenice mich fragte, ausgerechnet Verenice, was los mit mir sei. Sie beugte sich dabei zu mir herunter, assistiert vom Baron, der Mitgefühl zu zeigen sich bemühte, und schnippte mir mit den Fingern auf die Nase. Ich schüttelte nur trotzig den Kopf und behauptete, es sei nichts.

Aber mein Magendruck verschlimmerte sich. Jetzt fühlte sich sogar mein Vater, der an diesem Tag übermüdet und geistesabwesend aussah, aufgerufen, nachzufragen:

„Geht's dir nicht gut?" Meine Erklärung: „Ich bin so aufgeregt, Papa", klang für ihn Gott sei Dank überzeugend genug, um nicht weiter auf Begründungen zu beharren. Außerdem hatte er sich mit Paul Reisinger auf eine Diskussion eingelassen, bei der er kompetenter Position beziehen konnte als in den einseitig geführten Gesprächen über Alchemie. Es ging um die Frage, ob eine Monarchie in Amerika eine Zukunft habe. Mein Vater vertrat dabei fest und stur die Meinung, daß es so sei und Maximilian es als Kaiser in der Hand habe, von Mexiko aus ein gigantisches Reich zu begründen. Das staunende Gesicht des Apothekers interpretierte er wohl fälschlicherweise als bewundernde Zustimmung, denn er legte ihm breit und umständlich dar, warum die europäischen Monarchien noch in diesem Jahrhundert verschwinden würden.

„Sie haben den Teufelspakt mit dem Geld geschlossen, Paul, das ist es", unterstrich er mehrmals lautstark seine Gedankengänge und fuchtelte mit der Faust in der Luft herum, „dafür zahlen sie, Paul, dafür zahlen sie..."

Der Baron schaute einige Male zu ihm hin, ohne allerdings rechtes Interesse zu bekunden. Verenice den Arm zu reichen, traute er sich in Gegenwart der anderen nicht. Vor allem Frau Reisinger belauerte ihn und Verenice mit schnellen, gierigen Blicken, während sie gleichzeitig ein abschätziges Schmunzeln zur Schau trug.

In dieser Girlande buntester Vermutungen und verborgenster Gefühle nahm Erec eine Sonderstellung ein. Nicht nur, weil er für gewöhnlich unseren Ausflügen fern blieb. Er hatte sich im ganzen verändert, wirkte steif und eckig, so, als hätten sich seine Muskeln verkürzt oder als sei das, was in ihm das Gleichgewicht hielt, aus dem Lot geraten. Er lief meinem Vater hinterdrein, wie ein Haustier seinem Futtermeister, in hilfloser Verbissenheit. Zuweilen streifte ihn der musternde Blick des Barons, als spüre er die Abgründe, die sich in ihm aufgetan hatten. Abgründe, für deren Zustandekommen ich mitverantwortlich war. Schließlich war ich es gewesen, der mit dem Revolver zu meinem Vater gegangen war. Jenem Revolver, mit dem er den Kaiser erschießen wollte.

Aber damals im Park ahnte ich die Ursache für Erecs sonderbares Gebaren nicht, seine gebrochene Anhänglichkeit, die mir so fremd und unheimlich vorkam. Gelegentlich sah mein Vater sich nach ihm um, wie ein Wachtmeister, mürrisch und zurechtweisend, um sich dann wieder in ein Gespräch verwickeln zu lassen.

Wir hatten gerade einen Laubengang passiert und bewegten uns auf sein hinteres Ende zu,, als im Park das Geräuschvolumen zu unser aller Erstaunen abnahm. Die Gespräche, immer so gegenwärtig wie das Lachen von irgendwoher, waren allesamt verschwunden und hatten dem monotonen Gesumm von Bienen und Fliegen den Platz überlassen. Noch im Schatten des Laubengangs verharrten wir, hingebungsvoll lauschend, als läge die Begründung für den Vorgang in der fremdartigen Stille. Dann barst der Park buchstäblich in einem Aufschrei auseinander. Mein Vater begann zu laufen, mit kurzen, ungelenken Schritten. Der Kies spritzte unter seinen Absätzen weg. Plötzlich blieb er stehen, riß seinen Hut vom Kopf und rief überschwenglich: „Max ist Kaiser!" Und dann, als halte er soviel Respektlosigkeit für unangebracht: „Unser Erzherzog ist Kaiser von Mexiko!" Jetzt sahen wir es auch: Auf den Türmen des Schlosses wanderten ruckartig die mexikanischen Standarten an den Fahnenmasten nach oben. Aus allen Ecken des Parks stiegen Vivat-Rufe auf. Ganz in unserer Nähe umarmten sich Leute, und draußen auf See begannen die Fregatten „Novara" und „Themis" Salut zu schießen.

In gleichmäßigen Kadenzen donnerten die Geschützsalven über das Wasser, das an diesem Tag nur leicht gekräuselt war. Weiße Rauchwolken trieben vor den Schiffen dahin, und wenn sie in Strandnähe kamen, verflüchtigten sie sich zu feinen, durchsichtigen Tüchern.

Ich hatte derweil mitgezählt, und als der letzte Schuß verhallt war, informierte ich alle darüber, daß die Geschütze einundzwanzigmal Salut gefeuert hätten. Aber ich fand mit meiner Belehrung nur wenig Anklang. Von allen Seiten waren die Menschen herbeigeströmt und hatten sich vor dem Schloß versammelt. Sie klatschten und wurden nicht müde, die Hoch-Rufe zu intonieren.

Irgendwie waren wir dazwischen geraten. Der Baron hatte seine Kappe abgenommen und schwenkte sie unmilitärisch. Verenice war aufgeräumter Stimmung, mein Vater winkte sogar freundlich zu Rita Scarpa hinüber, als gebe es nicht die geringsten Divergenzen, und auch Frau Reisinger hatte alle Griesgrämigkeit abgelegt.

Da vergaß selbst ich meine nagenden Sorgen und brüllte lauthals, wieder und wieder, weil es mir sinnig erschien: „Es lebe der Kaiser... es lebe der Kaiser...!"

37. Kapitel

„Nochmals Dank, daß Sie mich davon befreit haben", murmelte Maximilian und starrte über die Baumwipfel zum Schloß hinüber. Dessen Umrisse waren mit der inzwischen eingefallenen Dunkelheit eins geworden.

„Majestät...", begann Dr. Jilek etwas unsicher noch in der Benutzung des neuen Titels, „wenn ich auch immer Willens bin, Majestät von etwas zu befreien, aber heute habe ich nicht mehr als meine ärztliche Pflicht erfüllt."

Die Nacht, so dunkel, daß nicht einmal das blinkende Meer sie aufzuhellen vermochte, ließ die Illumination des Schlosses wie flüssiges Gold erscheinen.

„Ja, Doktor", pflichtete Maximilian seinem Leibarzt bei, „ich wäre unfähig gewesen, das Bankett heute abend durchzustehen. Ihr Bulletin über eine fiebrige Erkältung war ein Gnadenakt."

„Majestät...!"

„Doch... doch", bestätigte Maximilian, „Gnade ist nicht

nur Souveränen vorbehalten. Sie haben sie mir heute erwiesen."

Oben auf dem Turm des Castellettos, wo sie standen und das er bis zur Fertigstellung des Schlosses mit Charlotte bewohnt hatte, fühlte er sich unerklärlicherweise sicher. Ganz anders als vor Stunden in der Bibliothek, wohin er sich geflüchtet hatte – ja geflüchtet – weil ihm die Aufgaben plötzlich über den Kopf gewachsen waren. Kein Wunder, nach dem Morgen im Zeremoniensaal. Und jetzt am Abend noch das Galabankett, in einer Rolle, neu und ungeübt unter den Augen der Welt. Da hatte das Flimmern vor den Augen begonnen und das Pochen in den Schläfen.

Nur gut, daß es Charlotte gibt, dachte er, mit ihrem eisernen Durchhaltevermögen und ihrer kalten Noblesse.

Zeit für solche Überlegungen hatte ihm das sinnende Schweigen des alten Leibarztes verschafft. Leicht gebeugt, verharrte er neben Maximilian, als spüre er, daß jedes Wort jetzt Verschwendung war. „Sie hätten Charlotte statt meiner zum Kaiser machen sollen", räsonierte Maximilian über seinen Einfällen, „sie beweist hinter den erleuchteten Fenstern dahinten zum wiederholten Male, wie leicht ihr die offiziösen Dinge von der Hand gehen. Ist es das, Doktor, was die Abneigung gegen sie in mir wachruft?"

Dr. Jilek verschanzte sich hinter seiner Sprachlosigkeit. Aber Maximilian begann um so ungestümer auf ihn einzudringen.

„Ist es das, Doktor?" fragte er barsch.

„Sie ist die Frau Eurer Majestät", gab der Arzt ausweichend zur Antwort und unterband damit – vorerst jedenfalls – weitere Einwände.

Zuweilen kamen Geräusche vom Schloß herüber, gedämpft und zerstreut, als wolle sie jemand von ihnen fernhalten.

„Wissen Sie, daß ich nicht einmal – Maximilian stockte – die Kaiserin lieben kann", sagte er. Er hatte es so unbekümmert gesagt, daß Dr. Jilek diese Pietätlosigkeit auf seinen Ausnahmezustand zurückführte.

„Wenn ich überhaupt eine Frau lieben konnte, so ist das schon lange her."

Dr. Jilek erinnerte sich an die Mittelmeerreise im Sommer 1852, als Maximilian sich Hals über Kopf in eine portugiesische Prinzessin verliebt hatte und von Heirat gesprochen worden war. Im Jahr darauf war sie gestorben.

„So sieht die Wirklichkeit leider aus, Doktor", fuhr Maximilian unbeirrt in seiner Bekenntniswut fort, „vielleicht ist es darauf zurückzuführen, daß Charlotte soviel von meiner Mutter hat und ich manchmal glaube, sie stehe leibhaftig vor mir."

Es erschien dem Arzt das Beste zu sein, sich wieder in sein Schweigen zurückzuziehen.

Maximilian bewegte sich tapsend ein paar Schritte von ihm weg. Leicht war ihm anzumerken, wie wackelig er auf den Beinen stand. Aus dem Grunde wohl unterbrach er schon bald seinen Marsch, den Rücken Dr. Jilek zugekehrt, rief er in die Nacht hinaus: „Solange ich lebe, hat man sich die Münder heiß geredet, daß ich nicht der Sohn meines Vaters sei, sondern der Sohn des Herzogs von Reichstadt, Doktor. Das heißt mit anderen Worten: Ich bin ein Enkel – wenngleich ein illegitimer – des Großen Napoleon."

Er reckte den Kopf, als lausche er dem Echo seiner Stimme. Als nur die See mit ihrem Wellenschlag antwortete, begann er im selben Tonfall und mit derselben Lautstärke fortzufahren. „Das wäre doch eine gute Erklärung, Doktor, warum ich bei aller Abneigung mich auf dieses Possenspiel eingelassen habe. Das Blut, Doktor, das Caesarenblut in meinen Adern läßt mich nicht zur Ruhe kommen. Der Welteroberer in meinem Inneren ruft mich zu großen Taten auf. Und der Neid dieses Kretins in den Tuilerien, dieses Napoleons des Kleinen, schickt mich auf die Schlachtbank. Heute morgen ist es mir ganz deutlich geworden, als ich die in Paris ausgehandelten Bedingungen paraphiert habe. Ich werde in ein Land gehen, Doktor, wo mich Franzosen gegen meine Untertanen schützen und wo ich jeden Centavo erbetteln muß."

Das letzte Wort war noch nicht verklungen, da drehte er sich auf dem Absatz um, schnell wie bei einer Pirouette. In der mondlosen Nacht nur erkenntlich am Umriß seiner Gestalt. Dr. Jilek erschrak, weil ihn das Bild an eine Silhouette erinnerte, die man aus schwarzem Papier geschnitten hat. „Schweigen Sie nur, Doktor", erklang Maximilians Stimme jetzt, weicher und versöhnlicher, „Sie haben ja recht, wenn Sie nichts einwenden. Morgen werde ich alles widerrufen, werde von meiner Mission sprechen, werde mutig sein und optimistisch. Charlotte werde ich meine geliebte Frau nennen und es nicht abwarten können, aufs Schiff zu kommen. Morgen vielleicht." Dann setzte er sich in Bewegung und kehrte zurück, nur mühsam imstande, das Gleichgewicht zu halten.

„Die dahinten schlafen", sagte er im Näherkommen und wies am Zackenkranz des Schlosses vorbei auf die hell gepunktete Fläche des nächtlichen Triest, „sie werden enttäuscht sein, wenn sie morgen von meiner Krankheit erfahren. Wieviel Schiffe des Lloyd schaukeln schon vollbeladen auf See, Doktor? Etliche, was? Und wieviel wackere Untertanen der österreichischen Krone wollen mir vertrauensvoll folgen? Soviel, wie es hier Leute mit der Hoffnung gibt, in der Fremde ihr Schicksal wenden zu können, nehme ich an. Sie alle werden morgen dumm dreinschauen."

Um die in der Verschämung entgleisten Gesichtszüge des Kaisers nicht sehen zu müssen, rückte Dr. Jilek ein Stück von ihm ab. Er verfluchte sein Alter, weil es ihm zu dieser späten Stunde nicht mehr erlaubte, mit der Schlagfertigkeit zu operieren, die ihm in jüngeren Jahren zu Gebote gestanden hatte.

„Majestät", sagte er recht hilflos, „es sind die Leute, auf die Sie sich in Mexiko zuerst verlassen können."

„Oh ja", entfuhr es Maximilian, „Leute wie Hidalgo und Gutierrez wahrscheinlich. Wissen Sie, was die beiden mir geantwortet haben, nachdem ich sie zu Botschaftern des neuen Kaiserreichs Mexiko ernennen wollte?"

Dr. Jilek spürte den säuerlichen Atem des erregt Sprechenden an seiner Wange, wagte aber nicht, einen erneuten Fluchtversuch zu unternehmen.

„Nun, Doktor", sagte er beleidigt, „Gutierrez lehnte ab mit der heuchlerischen Begründung, ihm sei das Erreichte Lohn genug, und er wolle bescheiden in Rom bleiben. Hidalgo präsentierte mir sogleich eine modifizierte Gehaltsforderung, die es ihm erlaubt, seine angenehme Lebensweise in Paris um so unbeschwerter fortzusetzen."

Der Zorn, der Maximilian durchbebt hatte, festigte ihn. Dr. Jilek bedauerte, daß niemand im Schloß ihn so sehen konnte: Aufgerichtet, die Schultern auseinandergezogen, kampfbereit. Aber schon in der nächsten Minute fiel die Pose zusammen. „Nicht anders ist es mit meinen Hofschranzen", entrüstete er sich, „sie verteilen schon die Chargen, streiten sich über die Uniformen der Lakaien und disputieren eine neue Variante des Hofknicks. Sie taugen zu nichts, allenfalls zum Kartenspielen oder fürs Picknick."

„Majestät...!" fiel ihm Dr. Jilek – außer sich – ins Wort, „es sind Ihre Freunde. Menschen, die Ihnen aufs tiefste zugetan sind."

„Ja, ja", bemerkte Maximilian verächtlich, „ich kann mir schon ein Bild davon machen."

Dann schwieg er, als habe sich sein Körper vom Gift gereinigt. Die Bedrücktheit in seiner Gegenwart verschwand. Er wirkte befreit, fast gelöst, und verbreitete ein Fluidum, das Dr. Jilek als angenehm empfunden hätte, wenn nicht der Gedanke daran, wieviel Selbsthaß doch in Maximilian stecken mußte, ihm jede Lust dazu genommen hätte.

Rauchig und grau breitete sich jetzt der Park vor ihnen aus. Das Blattwerk, in der immer dunkler werdenden Nacht kaum mehr auszumachen, erinnerte an ein krustiges Lavafeld, das sich zum Schloß hinüberstreckte. Im Schein der Lüster schien Miramare zu brennen.

„Wann werde ich die Reise antreten können, Doktor?" fragte Maximilian. Seine Stimme klang herb, fast rauh.

„In drei bis vier Tagen, Majestät", erwiderte der Arzt, „unter anderen Umständen würde ich sagen: In drei bis vier

Wochen. Solche Erschütterungen wollen auskuriert sein."

Er zeigte wieder jene steife Zutraulichkeit, die Maximilian bei ihrer letzten Aussprache aufgefallen war. Zutiefst verletzt fauchte er: „Um es klar auszudrücken, Doktor, im Grunde sind Sie überhaupt gegen die Abreise. Und was meine Erschütterung angeht, halten Sie sie doch eher für einen Webfehler in meinem Nervenkostüm als für das zufällige Ergebnis einer Überlastung."

Dr. Jilek hatte den Eindruck, daß etwas ihn einschnürte. Und so versuchte er es mit Vertraulichkeit. Aber Maximilian unterband jede weitere Ausführung.

„Auf ein Wort, Doktor", sagte er fordernd, „werden Sie mich überhaupt nach Mexiko begleiten?"

Dr Jilek, der um eine Antwort verlegen war, ließ sich Zeit. Als aber Maximilian mit einem: „Auf ein Wort, Doktor...!" nachsetzte, meinte er: „Ich bin zu alt, Majestät. Ich würde nur zur Last fallen."

Abrupt wandte sich Maximilian zur Seite. Kaum war zu vernehmen, was er entgegnete. Aber es klang wie: „Ich verstehe schon."

38. Kapitel

...Es spricht vieles dafür, daß der letzte große Eklat zwischen Verenice und meinem Vater seine Ursache in einer anonymen Zuschrift hatte – beginnt Viktor Anselli das letzte Kapitel im ersten Teil seines Memoirenbuches – mir als unfreiwilligem Zeugen war nach anfänglicher Verwirrung sofort klar – schreibt er weiter – daß genau das eingetreten sein mußte, was ich versucht hatte, um jeden Preis von uns fernzuhalten: Nämlich, daß mein Vater erfuhr, was die frechen Mäuler meiner Spielkameraden ausgespien hatten.

An jenem 13. April kamen alle meine Ängste in einer

gigantisch gesteigerten Form über mich, als ich früher als sonst aus meinem Bett kroch, weil die Aufbruchsstimmung, die seit nunmehr drei Tagen über der Stadt lag, auch mich erfaßt hatte. Wie gewohnt, wollte ich in den Salon gehen, wo Verenice das Frühstück bereitete, um mir nach Begrüßung und Ratschlag, was ich anziehen sollte, den Wasserkrug in die Hand zu drücken. Mein Vater würde auf dem Balkon stehen, als suche er ungeduldig nach seiner Barkasse.

Dieser 13. April begann nun ganz anders.

Munter war ich drauflos stolziert und wurde um so heftiger vom heiseren Gebell einer Stimme zurückgestoßen. Die Stimme gehörte meinem Vater. Er mußte über etwas reden, was hart wie Gestein in ihm saß und sich nur stückchenweise freisetzen ließ. Die Schreckmomente der letzten Zeit hatten meine Gefühlswelt so erschüttert, daß sie bei der leichtesten Unregelmäßigkeit aus dem Lot geriet. Trotzdem blieb mein Kopf unerklärlicherweise klar, beängstigend klar, als sei er dazu verurteilt, die Rolle mitzuübernehmen, die der Körper abgegeben hatte. Noch heute fällt es mir deswegen leicht, jene grausamen Minuten der Offenlegung zwischen Verenice und Vater mit protokollarischer Genauigkeit wiederzugeben.

Mein Vater warf Verenice Betrug vor. Sie habe ihn über ihre Vergangenheit im Unklaren gelassen, krächzte er.

„Betrug?" gab Verenice nicht minder heftig zurück, „wenn überhaupt, dann nicht mehr als bei dir."

Und dann kam ihre Abrechnung. Sie machte meinem Vater deutlich, daß er sich ein billiges Dienstmädchen und ein gutes Gewissen eingekauft habe.

„Und leider auch eine...", schrie mein Vater, die Schmähung aber nicht aussprechend. Dazu wiederholte er immer wieder demonstrativ das Wort: „Da... da...!" als läge etwas vor, worauf er Bezug nehmen konnte.

„Hast du überhaupt eine Ahnung, in welche Situation du mich bringst?" rief mein Vater.

„Und in welche du mich gebracht hast", parierte Verenice schlagfertig, „durch deine unbegründeten Vorwürfe, deine ängstliche Besorgtheit um deine Person und deinen Wunsch, um alles in der Welt unbehelligt zu bleiben."

Es war gut zu hören, wie mein Vater schnaufte. Bei ihm ein Zeichen äußersten Aufgebrachtseins.

„Heißt das, du gibst es zu?" stieß mein Vater hervor, „heißt es das?"

„Ja", schrie Verenice zurück, und ich wußte, daß sie in diesem Augenblick über sich hinauswuchs, „ja, wenn zugeben das richtige Wort ist. Aber sag mir bittschön auch, ob meine Liebe zu Bernhard das ist, was diese bösartige Behauptung auf den Begriff bringt!"

Im Wirbel der Dialogführung trat eine Stockung ein. Dann meinte mein Vater kleinlaut: „Immerhin bist du eine verheiratete Frau."

„Diesen Sachverhalt bestreitet ja niemand, Ferrante", entgegnete Verenice. Auch sie hatte sich im Ton gemäßigt.

„Sachverhalt?" wiederholte mein Vater. Darauf Verenice mit klarer, fester Stimme: „Ja Ferrante. Du brauchtest mich. Und ich brauchte dich. Wir haben uns nichts vorzuwerfen."

Die Zügel, die sich mein Vater nun anlegte, ließen seine Stimme wieder wie früher erscheinen: Ruhig, artikuliert, in jeder Äußerung bedacht.

„Du brauchtest mich nur?" fragte er.

„Ja", sagte sie.

„Deswegen heiratet man nicht", knurrte mein Vater, reichlich selbstgefällig, und bekam dafür sofort die Quittung: „Deswegen verleugnet und haßt man sich sogar, Ferrante. Deswegen übersieht man sich. Deswegen ist man mit Blindheit geschlagen."

„Nun, der Baron hat dir ja glücklicherweise die Augen wieder geöffnet", gefiel sich mein Vater in einem sonst nicht für ihn typischen Sarkasmus.

„Er hat mir nur geholfen", erwiderte Verenice, ohne ihren Zorn zu zeigen, „aber auch du, Ferrante, hast mir geholfen, indem du mir durch dein Verhalten deutlich gemacht hast, daß ich um nichts schlechter sein kann als du, auch wenn ich für meinen um Geschäft und Reputation fürchtenden Vater in Wien nicht mehr tragbar war."

Damit brach ihr Gespräch ab. Es bedurfte keiner Worte mehr. Wie ich es bereits schon einmal erfolgreich praktiziert hatte, wartete ich eine Zeit. Dann marschierte ich mit gespielter Arglosigkeit in den Salon.

Mein Vater stand bereits auf dem Balkon. Verenice begrüßte mich und gab mir den Wasserkrug für die Morgentoilette in die Hand.

Als sei nichts vorgefallen, begannen wir den Tag...

39. Kapitel

...Natürlich war ich damals weit davon entfernt, die Möglichkeit einzubeziehen, Rita Scarpa könne ihre Finger im Spiel gehabt haben, im Gegensatz zu heute, wo ich geneigt bin, andere Verursacher grundsätzlich auszuschließen. Nur Rita Scarpa wußte von dem Verhältnis zwischen Verenice und dem Baron. Deren gemeinsames Auftreten in der Stadt, wenn es jemals stattgefunden haben sollte, dürfte auf andere einen viel zu unverfänglichen Eindruck gemacht haben, um den Gedanken an eine Liebschaft nahezulegen. Außerdem war der Baron längst zu einem Bestandteil unserer Familie geworden. Die reine Beobachtung konnte also kein hinreichendes Material für einen Verdacht geliefert haben. Dafür bedurfte es intimerer Information und vor allem eines Grundes, meinen Vater tief zu kränken. Und den hatte Rita gewiß.

Mich beschäftigten an jenem Morgen des 14. April 1864 hingegen nur zwei Dinge. Ich war froh darüber, daß der vergangene Tag mit seinem fürchterlichen Disput zwischen Vater und Verenice so folgenlos geblieben war. Und ich brannte darauf, mitzuerleben, wie unser Erzherzog

Miramare verließ, um in Mexiko als Kaiser ein neues Kapitel des Hauses Habsburg zu schreiben. Natürlich fiel die Schule an diesem Tag aus. Die ganze Stadt war auf den Beinen, bis hin zum Bürgermeister, den Stadträten und den Vertretern der Handelskammer, die allesamt in sechs Dampfbooten angereist waren, um Abschiedsgeschenke zu überreichen. Eine unübersehbare Menschenmenge belagerte die Ufer. Auf der Straße zum Schloß standen die Leute, ebenso wie im Park. Windstill war es an dem Tag, und die Fahnen auf den Schloßtürmen hingen schlaff an den Masten, wie die Wimpel der Schiffe, die im Gala ihrer Beflaggung prunkten.

Wir – Vater, Verenice und ich, Erec war seit drei Tagen unauffindbar – bestiegen die Barkasse, die allmorgendlich das Personal zum Schloß brachte. Im Hafen von Miramare legten immer noch Boote mit Kisten und Truhen ab, weil die „Novara" unaufhörlich beladen wurde. Auch zu den anderen Schiffen hin, die auf Reede lagen, herrschte ein reger Pendelverkehr. Ganz Triest schien sich Maximilian anschließen zu wollen. Alle Bediensteten des Schlosses, einschließlich der Gräfin Lützow und des Präfekten, hatten sich auf der unteren Terrasse versammelt. Man sah es der Gräfin an, daß sie die ganze Nacht geweint haben mußte. Vielleicht, weil sie sich plötzlich verantwortlich fühlte für das, was im Augenblick geschah.

Oberhalb der Treppen, die zum Wasser hinunterführten, hielten sich der Marchese Corio auf, der Graf de Bombelles, die Ehepaare Zichy und Kuhacsevich und der Hofkaplan, Professor Billimek, allesamt etwas derber als sonst gekleidet, als gehe es zu einer Bergwanderung oder Safari.

Die leichte Anspannung, die sie trotz allem beherrschte, kicherten sich die Damen von der Seele. Die Herren schwiegen würdig, den Blick ausgerichtet auf die See, spähend zuweilen, als suchten sie schon die Küste des verheißenen Landes.

Ich befand mich mit Verenice und Vater in der Reihe des Personals, das für die Abschiedszeremonie angetreten war.

Angesichts des Ereignisses hätte man auch Freude darüber erwarten dürfen, daß Maximilian endlich eine große Aufgabe beschieden war. Nur von Freude war nicht viel zu spüren. Gelangweilte Gleichgültigkeit zeichnete die meisten hier aus, auch Enttäuschung darüber, die Anstellung verloren zu haben, nachdem Miramare nun mit einem kleineren Aufwand würde auskommen müssen.

Dann war es endlich soweit. Alle hatten gespannt die Barkasse betrachtet, die von der „Novara" herangerudert worden war. Jetzt berührte ihr Bug die unterste Hafentreppe. Die Matrosen in ihren weißen Uniformen hatten die Ruder hochgestellt, die wie ein Lattenzaun das Boot rechts und links begrenzten.

Vor dem Schloß, im Park, auf der Straße nach Miramare: Überall begannen Kapellen die verschiedensten Weisen zu intonieren. Als sei die Feierlichkeit, die bisher das Klima bestimmt hatte, umgekippt in die Ausgelassenheit einer Kirmes, gingen Wellen von Hochrufen, Beifallsgeklatsche und Gewinke über den Ufersaum.

Die Barkasse hatte das Startzeichen gegeben, auch für Maximilian und Charlotte, die aus der Glasfront des Festsaals traten und die Terrasse überquerten. Maximilian ganz in schwarz gekleidet, mit Zylinder, steif und scheu. Charlotte versuchte, mit einem gelassenen Lächeln unter Beweis zu stellen, wozu ihrem Mann die Kraft fehlte: Daß sie guten Mutes waren. Die Ovationen beantwortete sie allein, mit der Würde und Selbstverständlichkeit, wie sie nur der natürlich gewordene Anspruch möglich macht. Auch sie war dunkel gekleidet. Nur an ihren Hut heftete sich ein großer weißer Tüllschleier. Dann schüttelten sie Hände, schweigend, Worte erstickten in unkontrollierbarer Rührung. Tiefer als sonst beugten die Lakaien den Kopf, wenn Maximilian ihnen auf die Schulter klopfte. Die Mädchen zelebrierten den Hofknicks, gewandter und hingebungsvoller denn je.

Als Maximilian meinem Vater die Hand reichte, brach er sein gedrücktes Schweigen zum ersten Mal.

„Wie lange kennen wir uns schon, Herr Anselli?"

Mein Vater, sich in eine geborgte Würde hineinrettend, erwiderte: „Sehr lange schon, Majestät... in Wien..."

Alle Bedrücktheit, die auf Maximilian lastete, war für eine Sekunde abgelegt.

„Wien...", wiederholte er, „ja, unsere vielen, schönen und so herrlich belanglosen Gespräche über die Bücher damals."

Als schrecke er davor zurück, sich zuviel auf die Vergangenheit einzulassen, wurde der Tonfall seiner Worte wieder sachlich.

„Achten Sie gut auf die Bibliothek", sagte er, „und wenn mich hin und wieder in Mexiko die alte Passion quälen sollte, dann hoffe ich, daß Sie mir mit Ihrem Spürsinn für bibliophile Raritäten aus der Bredouille helfen werden, auch über soviele Meilen hinweg."

Sein Lächeln war abgerungen. Aber da die Situation ohnehin überschattet wurde von quälenden Sentiments, fiel es nicht auf. „Immer zu Diensten, Majestät", antwortete mein Vater einfallslos. Aber Maximilian, dankbar für das kleinste Entgegenkommen, erklärte freundlich: „Und wenn ich es gar nicht mehr aushalten sollte, oder" – er überlegte kurz – „Sie die Nase voll haben sollten von der Eingeschränktheit hier im kleinen Triest, dann packen Sie einfach Ihre Sachen und kommen zu mir an den Hof nach Mexiko. Sie sind herzlich willkommen."

Ein Anflug von Röte huschte über das angespannte Gesicht meines Vaters. Ich weiß es deshalb noch so genau, weil es mich reichlich irritierte. Eine derartige Reaktion hatte ich bisher nur bei meiner Mutter erlebt oder Verenice und bei Rita Scarpas Mädchen. Aber nicht bei meinem Vater.

Und dann kam etwas, was mich erheblich zweifeln ließ an dem Verteilungsschlüssel, den ich mir zurechtgelegt hatte, um die Welt der Erwachsenen zu verstehen.

Mein Vater beugte ein Knie, tief herunter bis auf den gefliesten Boden, und murmelte ein: „Zu gütigst, Majestät", bevor er nach Maximilians Hand griff, sie an seinen Mund zog und mit geschlossenen Augen küßte. Die Ergebenheit, die er darin zum Ausdruck gebracht hatte, trieb den Umstehenden Tränen in die Augen. Maximilian schluckte, machte die Treuebezeigung an mir gut, indem er mit den Fingerspitzen über meinen Kopf glitt und darauf Verenice behilflich war, sich aus dem Hofknicks zu erheben.

„Gnädige Frau", sagte er dabei, „es gilt auch für Sie, was ich Ihrem Mann gegenüber geäußert habe. Wenn Sie des alten Europas müde sind, kommen Sie nach Mexiko."

Sein Blick bekam etwas Unsicheres, als er Verenice geradewegs anschaute und ihr: „Danke, Majestät", entgegen nahm. Es fiel zusammen mit jener sachten und eher nachlässigen Berührung durch Charlottes behandschuhte Finger, die mir über die Wange strichen. Dann knickste schon Verenice, während ich erkennen konnte, daß Maximilian den Abgang zum Hafenbecken erreicht hatte.

Die Barkasse lag jetzt quer vor den Stufen. Als Charlotte zu ihrem Mann trat, verstummten die Kapellen. Alle Dinge um uns herum nahmen Ausrichtung, ordneten sich in großen konzentrischen Kreisen um das Kaiserpaar an.

Die Menschen hatten ihre Hochrufe eingestellt. Eine bodenlose Stille kehrte ein. Nur das Schaben der Barkasse an der Marmortreppe verriet noch die Gegenwart von Leben.

Als die Marinekapelle die mexikanische Kaiserhymne zu spielen begann, konnte Maximilian nicht mehr an sich halten und ließ seinen Tränen freien Lauf. Charlotte biß sich auf die Unterlippe.

Von da an ging alles sehr schnell. Nachdem der letzte Takt verklungen war, schritten sie langsam die Treppe hinunter, ließen sich ins Boot helfen und begaben sich durch das Spalier der Matrosen zum Heck, wo ein brokatdurchwirkter roter Baldachin für sie aufgebaut worden war.

Vor dem Hafenbassin warteten schon ungeduldig die Boote, die das Gefolge aufnehmen sollten, jene Leute des Hofstaates, die aufgeregt darauf drängelten, daß die Barkasse ablegte. Aufrecht vor dem Baldachin stehend, wohnten Maximilian und Charlotte dem Vorgang bei.

Wir alle auf der Terrasse verfolgten, wie das Boot aus dem Hafenbecken hinausschwamm, einen weiten Winkel in die blanke See schnitt, während die Ruder in unüberbietbarer Akkuratesse auf- und niedergingen.

Es war gegen zwei Uhr mittags, und die Sonne, die während der Morgenstunden keinen Zutritt zur unteren Terrasse hatte, blinzelte schon um die Ecke. Die Beifallsbekundungen der vorausgegangenen Stunden waren übergegangen in verhaltenes Schluchzen, fein und zerlaufend wie der Wellenschlag zwischen den Kieseln. Auch die Geschäftigkeit im Hafenbecken konnte dem keinen Abbruch tun.

Das Gefolge bestieg nun die Boote. Draußen auf See begann ein erhabenes Schauspiel. Als die Barkasse die Hälfte der Strecke zwischen Hafen und „Novara" zurückgelegt hatte, eröffneten plötzlich die Geschütze aller Triestiner Befestigungen, die Maximilian als Marineoberbefehlshaber ausgebaut hatte, das Feuer. Aus Hunderten von Geschützmündungen puffte es rauchig in den stillen Tag hinaus, in unaufhörlichen Serien, während die Barkasse, gemessen und ohne Hast, auf die „Novara" zulief. Die Kriegsschiffe, die vor Triest auf Reede lagen, schlossen sich mit ihren Kanonen an. Fischerboote lösten sich von den Ankerplätzen und segelten zu dem Konvoi von Schiffen hinüber, die die „Novara" über viele Seemeilen hinweg begleiten wollten. Wir mußten mit der Hand unsere Augen abdecken, wenn wir dem Geschehen weiter folgen wollten. Denn ein gleißender Korridor hatte sich an der Balustrade und am Ufersaum gebildet, die letzten Dunstschleier vertreibend. Und während der Park ein letztes Mal für Maximilian zu leuchten begann, kehrte die „Novara" ihren Bug gegen das offene Meer, um den Kaiser von Mexiko unter dem Grollen von Kanonen an ein fremdes Gestade zu tragen...

II. Buch

CHAPULTEPEC

Im Schatten der Zypressen

1. Kapitel

Jorge wußte: Wenn der Patron sich am Sattelkopf anklammerte, dann war es vorbei mit seiner Kraft, dann fiel er einfach vom Muli, blieb am Boden liegen wie erschlagen und vertraute darauf, daß er ihn wegschaffen würde.

Merida, dachte Jorge, was der Patron wohl für Vorstellungen hatte. Er war weder so stark wie ein Lastenschlepper noch der Patron leicht wie eine Feder. Am ärgsten aber würde sein, daß sie die Nacht draußen verbringen müßten, hier in der Tierra Fria, wo die Temperaturen die Knochen zu Eisstangen gefrieren ließen.

Den schwankenden Mann vor Augen, gab Jorge seinem Burro die Fersen, solange, bis er neben dem Muli des Patrons herlief. An dessen weit herunterhängendem Staubmantel zupfend, wies er nach vorn auf eine Ansammlung von Häusern, die hinter einem Kiefernwald auftauchten. Sein Mund bewegte sich dabei, ohne daß er einen Ton herausbrachte.

„Tiachichuca", sagte der Mund, immer und immer wieder, „Tiachichuca", mit stummen, toten Lippen.

Der Patron, der verstanden zu haben schien, nickte, griff wieder nach den Zügeln und richtete sich, neu belebt durch die Nachricht, im Sattel auf.

„Gott sein Dank", murmelte er in deutscher Sprache und zauberte in Jorges große schwarze Augen, die immer etwas zu groß waren, um nur an jungenhafte Neugier glauben zu lassen, ein selbstzufriedenes Flunkern.

Die Posada, in der sie abstiegen, lag gleich am Dorfeingang. Es war ein größerer Gasthof, der seine Existenz einem Gebirgsriegel verdankte, der mit seinen schneebedeckten Gipfeln den Weitermarsch aussichtslos erscheinen ließ. Wer von Tiachichuca aus nach Cordoba oder Veracruz wollte, tat gut daran, vor dem Aufstieg eine Rast einzulegen.

„Señor...", meinte der Wirt, als sie im Innenhof der Posada standen, „Señor..." Er rang um den Namen, und Erec hätte beinahe gesagt: „Anselli", bezwang sich aber und ergänzte: „Vinzenti, Erec Vinzenti."

„Richtig, Vinzenti", lärmte der Wirt, „der Pulque – Vertreter."

„Ja, der bin ich", bestätigte Erec humorlos.

Hinter ihnen trappelte eine Karawane von beladenen Maultieren in den Hof. Die vor der Sala angeleinten Pferde begannen bei der Annäherung aufgeregt zu schnaufen.

„Darf ich fragen, wie die Reise war?" bemühte sich der Wirt, das Gespräch in Gang zu halten.

„Wir haben es überstanden", knurrte Erec unfreundlich und gab zu verstehen, daß er auf eine Unterhaltung keinen Wert legte. Jorge hatte sich inzwischen ihrer Tiere angenommen, einen Platz im Mietstall ausgehandelt und mühte sich ab mit den Satteltaschen, während der Wirt von Erec wissen wollte, ob seine Frau ihm noch ein Abendessen auftischen solle. Aber Erec winkte ab. Er sei zu müde.

„Alles weitere morgen", sagte er, „auch das Geschäftliche." Er faßte sein Gewehr und setzte sich auf eine Treppe zu in Bewegung.

„Wo werde ich schlafen?" fragte er im Davongehen.

„Meine Frau wird es Ihnen zeigen, Señor Vinzenti", sagte der Wirt.

„Rosana!"

Schon auf der Treppe zur umlaufenden Empore, sah Erec, wie zwei Reiter in den Hof einschwenkten, Männer mit bunten Rebozos und mächtigen Sombreros. Männer, die in einer Posada, die Handelsvertreter beherbergte, nichts zu suchen hatten.

Für eine Sekunde fiel die Müdigkeit von Erec ab. Er unterbrach seinen Aufstieg. Rosana, die Frau des Wirts, die hinter ihm hergegangen war, kam darüber ins Stolpern und entschuldigte sich gestenreich.

„Schon gut", beruhigte sie Erec und kletterte weiter die Stiegen hoch.

Als er in dem weißgekälkten Raum saß, den ihm Rosana zugewiesen hatte, griff er an seine Schläfen und rieb sie, als wolle er verhindern, daß sich noch Gedanken in seinem Kopf festsetzten. Für Gedanken war er zu erschöpft, auch wenn er spürte, daß es angezeigt war, sich welche zu machen. Aber es war ihm schon schwer genug gefallen, Jorge zu ertragen, der ihm die Satteltaschen ins Zimmer nachgeschleppt hatte, um dann in den Stall zu verschwinden, wo die Jungen schliefen.

„Buenas Noches!"

Erec wälzte sich auf dem Bett, die Stiefel noch an den Füßen. Der überforderte Körper trotzte dem Schlaf, wenngleich er ihn brauchte. Aus der Sala drang das Plappern trinkfester Gäste. Wie das Zerplatzen von Blasen klang es, wenn die Hufe der Burros, Mulis und Pferde mit dem Steinpflaster des Innenhofs in Berührung kamen.

Irgendwann mußte ihn das Bewußtsein verlassen haben, er abgestürzt sein in einen ohnmachtsähnlichen Zustand, der so lange anhielt, wie die Temparaturen erträglich waren. Als er aufwachte, zitterte er am ganzen Körper.

Er konnte nicht lange geschlafen haben. Aus der Sala kamen immer noch Geräusche, und im Hof irisierten die Fackelbrände. Es mochte nicht einmal Mitternacht sein.

Für die Phantasiebilder konnte er nichts. Sie kamen, wenn sie wollten, drängten sich ihm auf, als führten sie ein Eigenleben. Begünstigt wurden sie von jenem Schwebezustand, in dem er sich befand. Er war wach, aber er war unfähig, aufzustehen, sich eine Decke zu holen gegen die Kälte oder auf die Seite zu drehen, wenn er das Kitzeln des Ungeziefers an sich spürte. Er begann an Tulancingo zu denken: Das gitterbewehrte Gebäude auf der Plaza, wo seine Seele zu Hause war, während er auf dem Muli Tag um Tag und Woche für Woche die Posadas abgraste. Seit fast einem Jahr.

In Tulancingo wurde jeder Schritt gezählt, jeder Schweißtropfen aufgewogen, jede Mühe ausgemünzt in Pesos, Reales und Centavos. In Tulancingo stand die Bank, die Buch führte über seine Anstrengungen und Risiken, die sein Leben dokumentierte, kühl und abstrakt, auf der Habenseite eines Kontos, aber es wurde immerhin dokumentiert.

Ansonsten hatte er aufgehört zu existieren, war gestorben auf einer Armenstation in Veracruz, hinter einem Verschlag von Brettern – war gestorben für alle, bis auf einen einzigen Menschen: Seine Majestät den Kaiser von Mexiko. Bei ihm allein ruhte das Wissen um seine wahre Identität und das Wissen um seinen neuen Namen.

Erec Vinzenti, so hieß jetzt der Mann, der Waffen aufkaufte und als Pulque – Vertreter getarnt zwischen den Städten und Orten herumreiste, der Verträge in den Posadas über Pulquelieferungen abschloß und dabei doch nur an Waffengeschäfte dachte – und an Jonas Welsh, der ihm in den Posadas Nachrichten hinterlegte, wenn eine Waffenladung in Aussicht stand. Jener Jonas Welsh, der mit ihm in Veracruz gestorben war am Gelbfieber, zwischen Blut und Erbrochenem.

Manchmal klang noch die Stimme des Kaisers in ihm nach, so lebendig und nah, als stünde er ihm gegenüber, wie an jenem Tag, als es ihm nach dem mörderischen Marsch von Veracruz nach Mexiko-Stadt gelungen war, eine Audienz bei ihm zu erhalten.

„Ich vertraue Ihnen, wie ich Ihrem Vater vertraut habe, Herr Anselli", wiederholte die Stimme in ihm, „und ich danke Ihnen noch einmal für die Bereitschaft, mir und dem Kaiserreich einen Dienst erweisen zu wollen."

„Majestät sind zu gütig."

„Nur um Gerechtigkeit bemüht, Herr Anselli. Hören Sie, was ich angeordnet habe."

Die Stimme, sanft und verbindlich bisher, bekam einen metallenen Klang.

„Zuerst müssen Sie Ihren Namen ändern."

„Natürlich, Majestät."

„Zweitens: Das Geld, über das Sie verfügen werden, stammt aus den Kassen der von mir lizenzierten Silberminen und muß vom Kaiserreich über die Tilgung von

Hoheitsrechten beglichen werden. Denken Sie daran, wenn Sie die Beträge in die Bankanweisungen einsetzen. Drittens: Sie werden Kontakt aufnehmen mit einer noch näher zu bezeichnenden militärischen Einheit, die sich dann um die aufgekauften Waffen kümmert. Sie haben ja deutlich gemacht, daß die Anlieferung und der Abtransport beträchtliche Probleme aufwerfen werden und ständig neue Absprachen mit ihrem Geschäftspartner verlangen."

„Ganz recht, Majestät."

„Und ein hohes Maß an Vertrauen, das Sie doch rechtfertigen können?"

„Ohne Zweifel, Majestät. Dieser Jonas Welsh, wie er sich nennt, braucht keine Geheimnisse vor mir zu haben. Wir waren beide damals in Veracruz so gut wie tot."

„Das beruhigt mich ungemein, Herr Anselli, schließlich geht es ja darum, dem Kaiserreich endlich eine eigene Armee zu verschaffen, damit es anfangen kann, sich aus der französischen Vormundschaft zu befreien."

Erec preßte beide Fäuste gegen seine Schläfen, weil die Stimme nicht verstummen wollte, ihn zwang, ihr zu lauschen, als beabsichtige sie, ihn zu quälen. Unter Aufbietung seines ganzen Willens kehrte er seine Sinne nach außen, ließ sie suchend umherfahren, um einen Laut zu erhaschen, einen Schatten, der über das Fenster wischte. Vergebens. Die in den Zellen seines Körpers gefangenen Stimmen meldeten sich wieder, anklägerisch jetzt, bösartig, als seien sie darauf aus, ihn zu kränken.

„Ausgeburt der Verlogenheit, du. Was ist dir noch heilig? Welche Niedertracht wärest du nicht bereit zu begehen? Und überhaupt, worum geht es dir eigentlich?"

„Ich will mein Recht!"

Das war seine eigene Stimme, frech und dreist, so, wie er es nie gewagt hätte, sich zu äußern.

„Daß ich nicht lache, dein Recht? Du hast das Recht in Anspruch zu nehmen, das für alle gilt. Nicht mehr und nicht weniger."

„Ich bin Erec Anselli!" verteidigte sich seine Stimme.

„Aufgeblasener Kerl! Was besagt schon dein Name. Ein Name, wie es viele Namen gibt."

„Ein Name, der ein eigenes Schicksal aufzuweisen hat", sagte seine Stimme jetzt erbost.

„Eine Kette von Katastrophen und Abstiegen müßte es korrekterweise heißen. Eine Reise ins Verderben."

Und seine Stimme darauf: „Zu neuen Ufern, mit Verlaub. Eine Reise ohne die Knebelungen allergnädigsten Wohlwollens."

„Eine Reise mit der Verlogenheit im Gepäck, der Unverschämtheit und Hinterlist. Was hast du diesem Kaiser vorzuwerfen, daß du ihm das antun konntest?"

„Er hat mir das Vorgehen nahegelegt."

„Den Betrug, muß es heißen."

„Ich könnte nicht mehr zu mir stehen, wenn ich diese Chance ungenutzt hätte vorübergehen lassen", hielt seine Stimme dagegen.

„Sprich es ruhig aus: Dich ungerechtfertigterweise zu bereichern durch die Schmiergelder der Silberbergwerke, für die du die Einkaufspreise bei den Waffeneinkäufen in die Höhe gehen läßt."

„Ich trage Sorge für mein Leben. Wer tut das nicht?" erklärte seine Stimme beleidigt.

„Viele, richtig, und vergehen sich nur wie du an sich selber."

„Mein Konto in Tulancingo, das Palais in Queretaro, das mir bald gehören wird, beweisen das Gegenteil", gab seine Stimme zu bedenken.

„Gefängnisse, in denen du dich einsperrst."

„Träume, die in Erfüllung gehen", beharrte seine Stimme.

„Und denen du zu entkommen versuchst, weil sie dich ersticken." Der letzte Satz hatte ihn erschreckt. Sein Herz begann zu rasen und fachte die Lebensgeister in ihm an. Überwältigt wichen die Stimmen zurück. Langsam zeichneten sich wieder die Bewegungen der Umwelt in seinem Hirn ab. Sogar das Fauchen der Feuerzungen auf den

Pechköpfen der Fackeln glaubte er wieder wahrzunehmen. Auf der Empore knarrten Bretter. Verspätete Gäste schlichen aus der Sala zu ihren Zimmern.

Ob Jonas Welsh eine Nachricht hinterlegt hatte? Eine tiefe Unruhe begann sich in Erec auszubreiten. Seine Gedanken gingen hinüber, nach Tulancingo, zur Bank, in der sein Geld lag. Die wildesten Vermutungen marterten ihn: Die Bank gesprengt, zerschossen. In Bäuschen sah er sein Geld über die rotbraune Plaza flattern, wie einen Haufen aufgescheuchter Tauben, aber das Bleigewicht seiner Erschöpfung ließ ein Aufspringen nicht zu. Stöhnend kam es aus ihm. Dann zog ihn die Schwere seines Körpers wieder hinunter in das Nebelland des Erschöpfungsschlafs.

Die Berührung an seinem Hals war schmerzhaft wie der Stich eines Skorpions. Wie lange er so gelegen hatte, vermochte er nicht zu sagen. Sicher war nur, daß die Sonne noch nicht aufgegangen war. Im Zimmer herrschte tiefste Dunkelheit. Die Pechfackeln im Hof waren gelöscht worden. Mit einer Drehung des Kopfes versuchte er, der Berührung auszuweichen, den Druck zu mildern, von dem es brennend abwärts stieg in die Schultern.

„Rühr dich nicht, Muchacho!"

Ein Hieb hätte ihm nicht schmerzhafter zusetzen können.

Er erstarrte. Die Augen weit aufgerissen, gewahrte er einen Schatten neben seinem Bett auftauchen, wie den Rücken eines Wals.

„Wenn du dein Maul aufmachst, schneide ich dir das Hälschen durch!"

Erec glaubte es aufs Wort. Lang ausgestreckt, klammerte er sich an die Matratze und verfolgte die Bewegungen des Messers an seiner Schlagader entlang.

Nur einmal hatte er die Augäpfel zu der Ecke gedreht, wo sein Gewehr stand, ganz vorsichtig und den Argwohn der anderen berücksichtigend. Aber das Aussichtslose seines Unterfangens war ihm sogleich deutlich geworden, noch bevor die Tür einen Spalt aufging und ein zweiter Mann ins Zimmer huschte.

„Steh auf und mach Licht an, wir müssen uns unterhalten!"

Die Aufforderung ließ an Bestimmtheit nichts zu wünschen übrig. Einen Einwand zu riskieren, hielt Erec unter diesen Umständen für unsinnig. Sein Herz hatte angefangen zu hämmern. Die Nachtkälte war vergessen. Langsam erhob er sich. Am Holzregal an der Wand machte sich einer der Männer zu schaffen. Dort stand die Petroleumlampe. Das Flämmchen im Zylinder züngelte auf. Aus dem sich aufhellenden Dämmer schälten sich Gesichter, auf denen die ganze Entschlossenheit von Männern zu lesen stand, die sich freiwillig für eine heikle Aufgabe zur Verfügung gestellt hatten.

„Setzen wir uns, Muchachos", meldete sich der später ins Zimmer gekommene Mann. Erec fühlte es unter seiner Jacke klamm werden. In seinem Kopf wuchsen die Fragen zu gigantischen Gebilden heran. Aber er sagte nichts. Den anderen das Feld zu überlassen, hielt er im Augenblick für das Klügste. Mit dem Fuß schob einer der beiden Erec einen Hocker zu, damit er sich darauf setzen konnte. Er tat es mechanisch, wie in Trance. Im Abstand plazierten sich die anderen. „Machen wir's kurz", knurrte der Wortführer, „wir wissen, daß du die Pulquerias und Posadas nicht aufsuchst, um Pulque zu verkaufen. Du machst Waffengeschäfte."

„Blödsinn!"

Das Wort war kaum aus ihm heraus, da spürte er schon den Tritt gegen seine Kniescheibe.

„Lüg uns nicht an, Muchacho!"

Erec ersparte sich die Antwort.

„Sag uns, wie du die Sache abwickelst", knurrte der Mann vor ihm. Sein Gesicht war breit und flächig. In den Augen flackerte es unversöhnlich. „Ich will die Namen der Leute wissen, die die Waffen liefern, wo du die Verträge mit ihnen abschließt und wo die Waffen ausgeladen werden."

„Es gibt keine Waffen", ermannte sich Erec.

Dieses Mal trat der andere zu. Vom Hocker aufgesprungen, hatte er ihm den Stiefel in die Hüfte geknallt. Es gab einen knirschenden Laut, so, als sei etwas zerrissen.

Als Erec zur Seite kippte, fing ihn der andere auf.

„Ihr könnt mich totschlagen", keuchte Erec, „ich werde nicht aufhören damit: Es gibt keine Waffen."

Er wunderte sich, wie geläufig ihm das Spanisch von den Lippen ging, selbst in dieser Situation. Vielleicht aber gerade deswegen. Das Priesterseminar mit seinen Lateinexerzitien war schließlich doch zu etwas Nutze gewesen.

„Ich bin Pulquevertreter", beharrte er, „ihr täuscht euch."

„Ein dreckiger Extranjero bist du", zischte das breitflächige Gesicht vor ihm, „einer dieser Fremden, die unser Land ausplündern wollen. Aber Juárez wird mit euch aufräumen. Und mit dir fangen wir gleich an."

Die Aussage, unzweideutig genug, wurde noch unterstrichen vom Knirschen seiner Zähne, als er ansetzte: „Dieser Emperador, dieser österreichische Miesling", sagte er, „versteckt sich schon in seinem Schloß Chapultepec. Das weißt du vielleicht. Unsere Truppen stehen vor Mexiko-Stadt. Niemand wird Maximilian noch retten können."

Die Gespanntheit seines Körpers bewahrte ihn jetzt davor, in die aufgebaute Falle zu tappen. So sagte er ausweichend: „Mich interessiert die militärische Entwicklung nicht im geringsten. Ich verkaufe Pulque..."

Fast unmerklich huschte ein bewunderndes Lächeln über das Gesicht des anderen Mannes. Doch dann ballte er die Faust und schlug zu. Ein kurzer kräftiger Hieb traf Erecs Schlüsselbein, riß seinen Kopf herunter und schleuderte ihn auf das Knie. Halb betäubt pendelte sein Oberkörper zurück.

„Deine Waffenkäufe für die Kaiserlichen kommen zu spät, glaube mir, Muchacho", meinte der Wortführer beschwörend, „gib die Sache auf. Sie ist bei uns besser aufgehoben."

Der letzte Schlag hatte ein Loch in Erecs Verteidigungsanstrengungen gerissen. Die Gedanken, eben noch klar und beweglich, liefen auseinander wie ein Haufen aufgescheuchter Hühner.

Zurück blieb ein starrer, zäher Klumpen, der sich nicht formen lassen wollte.

„Komm schon, Muchacho", vernahm er, „fang an zu erzählen!"

Er fühlte, wie es durch den Riß in ihm herauszusickern begann. Etwas rannte in ihm herum, verzweifelt bemüht, das Leck zu stopfen. Seine Nerven vibrierten wie angerissene Gitarrensaiten.

„Nein... nein...", raunte es. Niemand würde ihn dazu bewegen können, dieses Mal nachzugeben. Wie ein feuriges Gemälde flammten die Stationen seines bisherigen Lebens vor ihm auf. Wenn er Jonas Welsh preisgab, dann gab er sich preis.

„Es gibt nichts zu erzählen", stammelte Erec, „aber auch gar nichts."

Sein Stolz war in der Erschöpfung gut aufgehoben. Die Männer spürten das und ließen von ihm ab.

Im Innenhof explodierten Geräusche, als seien Dachziegel auf das Pflaster geknallt. Kommandos ertönten. Metall schlug aneinander. Das Husten übermüdeter Pferde durchhallte die Nacht. Einer der Männer in Erecs Zimmer war zum Fenster gelaufen, beschattete die Augen und sah hinunter.

„Kaiserliche Gendarmen", zischte er.

Sein Begleiter sprang auf, steckte das Messer in die Scheide und blickte sich um.

Die Gendarmen im Hof waren von den Pferden gesprungen, rannten auseinander und kletterten die Stiegen hoch. Ihre schweren Stiefel traktierten die Holzbohlen mit Hammerschlägen.

„Aufmachen!" schrien sie, „aufmachen!" Dann regnete es Hiebe gegen die Türen, Holz schmergelte über rauhe

Fußböden, und verschlafene Stimmen meldeten sich furchtsam. Das Klopfen kam näher und näher.

„Mierda!" fluchte der als Wortführer in Erscheinung getretene Mann und fingerte am Griff seines Revolvers herum. Aber selbst im Halbdunkel des Raums erkannte man, daß es nicht ernst gemeint war.

Erec blieb regungslos. In seinem Hirn jagten sich die absurdesten Gedanken. Dann pochte es an ihre Tür. Gelähmt sahen die Männer, wie Erec aufstand, um zu öffnen.

„Aufmachen!"

„Bin schon da", meinte er schläfrig.

Der Flackerschein der Petroleumlampe umhüllte den Gendarmen im Türrahmen, einen Mann mit buschigem Schnurrbart und säbelbehangenem Koppel. Hinter ihm warteten andere, Gewehre in den Händen. Sie ließen keinen Zweifel daran, daß sie einzutreten wünschten. Erec gab ihnen den Weg frei.

Der Raum, für eine so große Ansammlung von Menschen nicht geeignet, füllte sich in Kürze mit erdrückender Schwüle.

„Ihre Papiere!"

Erec händigte sie dem Schnauzbärtigen aus. Neben ihm nestelte der Mann mit dem flächigen Gesicht an seiner Jacke herum. Da es nichts zu beanstanden gab, erhielten sie ihre Ausweise zurück, wortlos, aber nicht ohne Mißtrauen.

„Noch eine Frage", meinte plötzlich der schnauzbärtige Gendarm, schon dabei, das Zimmer zu verlassen.

„Ja?" bemerkte Erec.

Seine nächtlichen Besucher konnten ihre Anspannung kaum noch verbergen.

„Was um alles in der Welt machen sie hier um diese nachtschlafene Zeit?" wollte er wissen, „behaupten Sie jetzt bloß nicht, sie wollten Karten spielen."

„Wir haben Geschäfte abgeschlossen", erklärte Erec, ruhigen Tons, „Geschäfte, nicht mehr..."

Er hörte das Ausatmen an seiner Seite. Tief erleichtert, als seien eben zwei Hälse aus der Schlinge gezogen worden.

2. Kapitel

Brief José Manuel Hidalgos
an José Maria Gutierrez in Rom, Palazzo Mariscotti.

Paris, 15. Juni 1865

Verehrter Freund!

An Euch zu schreiben, wird mir immer mehr zu einer schmerzlichen Pflicht. Erinnert mich doch jede Korrespondenz an Zeiten, als wir noch voller Hoffnung waren und Entwicklungen entgegen sahen, die von der Wirklichkeit inzwischen in den dunkelsten Schatten gestellt worden sind.

Wie Ihr seht, bin ich bemüht, das Kind nicht beim Namen zu nennen, mir jenes kleine Fünkchen Hoffnung zu erhalten, das der Mensch braucht, um leben zu können.

Ich will nicht von meinem Trübsinn reden, der mich überfällt bei dem Gedanken an unser Vaterland. Ich weiß ja, daß es bei Euch nicht anders ist und bei allen wackeren Patrioten, die dem Geschehen ohnmächtig zusehen müssen. Wir haben viel gewagt, fürwahr, den höchsten Einsatz gewagt: Unsere Ehre – und sind schamlos betrogen worden. Ja, ich lege Wert darauf, daß es heißt: Wir sind betrogen worden. Betrogen worden in unserer Gutgläubigkeit, unserem Sinn für Redlichkeit und Treue.

Wie um alles in der Welt konnten wir erwarten, daß ein Abkömmling des Hauses Habsburg, das immer als Beschützer unserer Mutter Kirche aufgetreten ist, gegen eben die Kirche zu Felde ziehen würde. Wie läßt sich das jemals begreifen? Und doch ist es so.

Wo sind die Erklärungen dafür, daß Maximilian dieses teuflische Gesetz ratifiziert hat, das ihn zum Komplizen eines Juárez macht?

Enttäuschung darüber, daß ihm der Vatikan bisher das Konkordat verweigert hat? Verwirrung angesichts finanzieller

und militärischer Probleme? Oder schlicht Dummheit?
Laßt uns annehmen, daß Enttäuschung am Werke war, die Enttäuschung eines Mannes, der sich durch Herkunft und Charakter zum Herrscher von Gottes Gnaden berufen fühlt und Ablehnung erfährt gerade von jenen, für die er mit seiner Macht bereit gewesen wäre, Zeugnis abzulegen.
Wenn es so ist, dann kann man ihm Unerfahrenheit zugute halten. Aber nur, wenn es so ist, guter Freund.
Ihr, die Ihr dem Heiligen Stuhl näher steht als ich, wißt nur zu gut, wie skeptisch unsere Kirche geworden ist gegenüber allen sogenannten Selbstverständlichkeiten, nachdem es die Franzosen 1863 nicht für nötig befunden haben, die Kirchengesetze dieses Juárez aufzuheben. Skeptisch sicher auch im schlechtesten Sinne. Diesem Mißtrauen gewiß verdankt Maximilian die Ablehnung des Konkordats.
Wenn ich Euch heute am Jahrestag des Einzugs von Maximilian in Mexiko-Stadt schreibe, dann liegt natürlich der Gedanke nahe, die Ereignisse von damals noch einmal Revue passieren zu lassen, um nach jenen Momenten zu suchen, die für den Zustand des Kaisers verantwortlich sein könnten. Korrigiert mich, verehrter Freund, wenn ich irren sollte. Aber ist es nicht mehr als konsequent, daß ein Souverän, dessen Erfahrungen sich an europäischen Verhältnissen geschult haben, verunsichert wird durch Vorkommnisse, wie sie nur in unserem bedauernswerten Vaterland möglich sind: Städte und Gemeinden, die ihrem Kaiser zujubeln und dann zum Feinde übergehen. Truppen, die die Fronten wechseln, schneller als ihre Stiefel. Kontingente und Befehlshaber in der eigenen Armee, die erbitterter aufeinander eindreschen und sich befehden, als sie bereit wären, auf ihre Feinde loszugehen. Siege, die den Namen nicht verdienen. Und Niederlagen, die alles zum Einsturz bringen.
Erspart es mir, diese Liste der Blamage und Unerfreulichkeiten zu komplettieren. Nur an die drückende Schuldenlast sei noch erinnert. Und was sicherlich stärker einwirkt, als es auf den ersten Blick scheint: Fast alle Hofschran-

zen haben Maximilian inzwischen wieder verlassen: Die Zichys, die Gräfin Kallonitz und dieser Marchese Corio. Eingedenk seiner Verbundenheit mit ihnen, muß ihre Abreise nicht nur eine tiefe menschliche Enttäuschung bei ihm ausgelöst, sondern auch eine nicht mehr zu bemäntelnde Einsicht in die verworrene Wirklichkeit geschaffen haben.

Und genau hier, guter Freund, frag ich mich, ob nicht auch eine Portion Dummheit bei ihm am Werke war. Dummheit indes wäre unverzeihlich und müßte uns stärker in unserer Ehre treffen als alles andere.

Was um Gottes willen kann einen Mann, der sich nach jedem Halt umsehen muß, bewegen, diejenigen vor den Kopf zu stoßen, die bereit wären, ihn zu stützen, und solche zu hätscheln, die ihn umbringen wollen, wenn nicht abgrundtiefe Dummheit. Wie kommt Maximilian dazu, sich mit einem liberalen Kabinett zu schmücken, wenn gerade Liberale ihm an den Kragen wollen? Wie kann er die Kirche demütigen und Frankreich, das sich zum Retter der Kirche in Mexiko aufspielt, so unüberlegt von seiner Beschützerrolle entbinden?

Welcher Ungeist muß den Kaiser heimgesucht haben bei der Anordnung, die während der Säkularisationszeit erworbenen Kirchengüter juristisch überprüfen zu lassen, wenn doch gerade die Käufer dieser Liegenschaften Liberale waren, eben solche Leute, an die sich anzulehnen er bemüht ist.

Guter Freund, mir fehlen die Worte, dieser Politik einen Namen zu geben. Herumfuhrwerken wäre eine milde Bezeichnung für das, was ich darin zu erkennen glaube. Planloses, hilfloses Herumfuhrwerken vor dem Hintergrund persönlicher Unfähigkeit.

Es erübrigt sich, verehrter Freund, nach dieser Beschwerdeführung darauf hinzuweisen, daß wir in diesen Ereignisstrudel stärker einbezogen sind als nur über unsere verletzten Gefühle. Den Betrug an seinen schönsten Hoffnungen ertragen zu müssen, verlangt schon den ganzen Mann.

Mehr aber noch werden wir in unserer Person herausgefordert, gegen den Treuebruch zu Felde zu ziehen, um nicht untreu zu werden an unserem Grundsatz: Das Vaterland zu retten.
In Erwartung einer baldigen Antwort bleibe ich

Euer
José Manuel

3. Kapitel

Die Reisewagen hatten die letzten, den Grenzbereich des Schlosses markierenden Schilderhäuschen passiert. Während die livrierten Kutscher dabei waren, die Bremsbacken zu lösen, weil das Land vor dem Schloßberg lang und flach wurde, salutierten die Wachen vor einer von zwölf weißen Maultieren gezogenen Equipage. Es war der Wagen Seiner Majestät des Kaisers von Mexiko, umgeben von Lanzenreitern in rotweißer Uniform und roßhaargeschweiftem Silberhelm. Betreßte Lakaien standen zwischen den Hinterrädern, während vorneweg eine Schwadron mexikanischer Gardekavallerie ritt, die der Oberst Miguel Lopez anführte.

Fünf Kutschen bewegten sich an diesem düsteren Sonntag auf Mexiko-Stadt zu. Dort wollte das Kaiserpaar in der Kathedrale an einem Gottesdienst teilnehmen.

Es war Regenzeit, und die Lakaien und Soldaten, die den Kondukt begleiteten, beobachteten argwöhnisch den grauen Himmel, der sich zwischen den Bergen ausspannte. Eine tiefhängende, geriffelte Wolkendecke überzog das Tal von Mexiko und verwehrte den gewohnten Ausblick auf die Schneegipfel des Popocatepetel und Iztaccihuatl. Schon fielen die ersten Tropfen, von bösen Verwünschungen begleitet, weil alle, die sich außerhalb der Kutschen befanden, wußten, daß sich die Straße in wenigen Stunden in eine Kloake verwandeln würde.

In sorgsam gehütetem Abstand glitten die Wagen durch das ebene Land. Wiesen dehnten sich rechts und links, dazwischen Hazienden und Klöster. In der Ferne, mit einer Unmenge von Türmen und Mauerkränzen: Mexiko-Stadt, wie ein schartiger Schildbuckel, der sich dem Land in den Weg stellte.

„Die Straße war meine Idee, Max... und wie du dich immer wieder überzeugen kannst, eine gute", meinte Charlotte nach einer Zeit der Sprachlosigkeit.

Sie hatte aus dem Fenster der Equipage geblickt, sinnierend, und sich irgendwelchen Überlegungen überlassend, von denen Maximilian nur zu gerne Kenntnis gehabt hätte. Als sie ihn jetzt mit runden, fragenden Augen anblickte, lächelte er matt.

„Du hast sie für dich gebaut", sagte er unfreundlich.

„Um dich vor Torheiten zu bewahren, ja", bestätigte sie.

Ihre unverhohlen vorgetragene Fürsorge ließ ihn für einen Moment ärgerlich reagieren.

„Zählst du jetzt schon das Billardspiel zu den Torheiten?" knurrte er sie an.

Charlotte rückte sich auf ihrem Platz zurecht, wie um in Angriffsposition zu kommen. Dann zischelte sie: „Ja, wenn man Kaiser ist, gewiß."

Während der nächsten Minuten sahen sie aneinander vorbei.

Maximilian war nach rechts gerutscht und überschaute, soweit es der Fensterausschnitt zuließ, das Land, angestrengt und wehmütig, als suche er jene Hazienda, deren Kasino Charlotte zum Ärgernis geworden war.

Gelangweilt folgten sie dem Trappeln der Pferdehufe, jenem Kastagnetten ähnlichen Geräusch, das sich mehr und mehr mit dem der Glocken von Mexiko-Stadt vermischte, die aus Hunderten von Türmen den Sonntag begrüßten. Schließlich brach Charlotte das Schweigen.

„...um noch einmal dieses, wie soll ich sagen, Possenstück anzusprechen", meinte sie, nicht ohne einen Rest von Gereiztheit in der Stimme.

Maximilian wandte den Kopf.

„Ich hoffe, du wirst mit dem entsprechenden Taktgefühl auf die Hochzeit dieses alten Pfaus Bazaine, Seiner französischen Majestät Kommandierender in Mexiko, reagieren. Gerade weil er alles andere als unser Freund ist – sprechen wir es ruhig aus: Unser bigottester Feind – solltest du ihn mit Großzügigkeit beeindrucken. Noch brauchen wir die französische Armee."

„Du hältst ihn für verschlagen, Charlotte?"

„Ja, Max", sagte sie, jeden Zweifel ausschließend, „schließlich heiratet man mit vierundfünfzig nicht eine siebzehnjährige Mexikanerin, wenn man vorhat, eines Tages wieder aus unserem Lande zu verschwinden."

„Du meinst, er boykottiert die von Napoleon gegebene Anweisung, schnellstens eine mexikanische Armee aufzustellen deshalb, weil er sich ausmalt, einmal meine Rolle übernehmen zu können?" fragte Maximilian ungläubig nach.

„Genau das meine ich, Max", erwiderte Charlotte und trieb ihm die Röte ins Gesicht.

„Alle Boykotts werden ihm, das verspreche ich, nichts nutzen", protestierte er mannhaft, „ich habe meine eigenen Vorkehrungen getroffen, im Geheimen. Oberstleutnant Neubauer ist von mir zum Chef eines Planungsstabes ernannt worden, der sich auch um die Errichtung eines Waffenarsenals kümmert, das nun peu à peu für die neue Armee aufgebaut wird."

Jetzt überhauchte ein rosa Schimmer auch ihr Gesicht. Sich vorbeugend, als wolle sie näher kommen, frohlockte sie: „So gefällst du mir, Max, so zupackend und folgerichtig. Ganz der, der den Papisten den Stuhl vor die Tür gesetzt hat, um sie nur wieder einzulassen, wenn sie zu Kreuze kriechen. Mit dieser Einstellung kannst du, wenn es nötig werden sollte, der ganzen Welt die Stirn bieten."

Maximilian räusperte sich, als ringe er noch mit einer Entgegnung. Sein eingefallenes Gesicht sprühte vor Leben wie schon lange nicht mehr, als er dazwischenfuhr: „Jetzt mach mal einen Punkt, Charlotte!"

Sie betrachtete ihn voller Unverständnis.

„Frankreich, die USA und Juárez am Halse zu haben, dürfte allemal reichen – und neuerdings auch noch meinen Bruder Franz Joseph."

„Daß du es immer drauf anlegen mußt", mäkelte sie, „in meiner Gegenwart brillierst du ständig mit einem morosen Pessimismus. Anderen gegenüber gibst du dich zukunftsfroh. Ich bin nahe daran zu glauben, daß du einen Affront gegen mich hegst."

Er zog es vor zu schweigen, fühlte sich dann aber durch Charlottes irritierten Blick in die Enge getrieben und nahm das Gespräch wieder auf.

„Das hast du falsch verstanden", beruhigte er sie, „was scheren uns die Amerikaner, dieser Napoleon und auch mein Bruder? Wir werden aus eigener Kraft ein neues mittelamerikanisches Reich schaffen, das weit bis in den südamerikanischen Kontinent hineinreicht. Daran glaube ich fest. Und im Grunde bin ich froh, daß Franz Joseph diesen schäbigen Familienvertrag im Januar an die Öffentlichkeit gebracht und mich mit dieser Unverschämtheit gezwungen hat, meine Meinung über seine Politik der Welt zu unterbreiten. Damit sind wir uns jetzt nichts mehr schuldig. Zwischen Österreich und uns besteht von nun an nicht mehr als eine formale Beziehung. Und das ist gut so."

Ihre Augen glänzten.

„Bravo", rief sie, „Bravo, das sind Worte, die ich gerne von dir höre."

Eine Anwandlung von Selbstgefälligkeit straffte seinen ausgemergelten Körper, der sich seit Monaten mit einer hartnäckigen Dysenterie herumschlug. Die plötzliche Aufgeräumtheit ließ ihre Gedanken abschweifen.

„Ach, übrigens", bemerkte sie, „dieser Oberstleutnant Neubauer, ist das nicht der Bruder dieser..."

„Frau Anselli", ergänzte er.

Sie zog die Stirn kraus.

„Warum sagst du nicht Verenice?" meinte sie und garnierte ihre Frage mit einer Portion Anzüglichkeit.

Sein Gesicht verdüsterte sich.

„Warum sollte ich..."

„Weil du ihr nicht gerade aus dem Wege gehst", beschwerte sie sich.

„Sie ist eine fesche Weibsperson", erklärte er und erregte damit Charlottes Unwillen weiter.

„Eben", schulmeisterte sie pikiert, „mit einem reichlich turbulenten Lebenswandel, der dazu geführt hat, daß ihr bedauernswerter Mann seine Stellung in Miramare aufgeben mußte."

„Ein schmutziges Spiel, das dort mit den beiden getrieben wurde", wandte Maximilian ein.

„Dem du mit deiner Großzügigkeit ein gutes Ende bereitet hast", vollendete sie den Gedanken, nicht ohne Hohn.

„Ja", sagte er nur.

Sie lächelte boshaft.

„Oh, du edler Mann. So uneigennützig war's ja sicherlich nicht." Ihre Angriffe brachten ihn wider Erwarten nicht aus der Ruhe. „Bibliothekar Anselli ist ein guter Mann. Ein zuverlässiger Mann", erklärte er ohne Hast, „ich bin froh über jeden Landsmann, der bei mir ausharrt, nachdem mich meine sogenannten Freunde, die sich den Mühen der Aufbauarbeit nicht zu unterziehen bereit waren, schmählich verlassen haben."

Charlotte, nicht willens, die Rolle der Boshaften aufzugeben, meinte darauf: „Schöne Landsmänner, denen zu Hause der Boden unter den Füßen zu heiß wurde."

Aber Maximilian bewahrte seine moralische Überlegenheit.

„Niemand hat den Anselli dort herausgeworfen", belehrte er sie, „er hat mich nur beim Wort genommen, das ich ihm beim Abschied gegeben habe: Jederzeit zu mir kommen zu können."

Jetzt lachte sie laut auf.

„So kann man es natürlich auch sagen", alberte sie.

Eine aufgeplusterte schwarze Wolke hatte sich über sie geschoben und die Landschaft in ein trübes Licht getaucht. In der Fahrgastkabine der Equipage wurde es dunkel.

„Der Regen kommt heute früher als sonst", kommentierte Maximilian den Vorgang und machte damit deutlich, daß er das Thema zu wechseln wünsche.

„Es ist eben ein unzuverlässiges Land", bemerkte Charlotte und tat ihm den Gefallen, ungeachtet der Tatsache, daß der Disput noch in ihr nachbebte.

Kommandos, die in der vorausreitenden Schwadron ertönt waren, flogen an ihren Fenstern vorüber und belebten Charlottes Zorn neu.

„Was hältst du davon, Frau Anselli den Rang einer Palastdame zu verleihen", sagte sie spöttisch, „dann wäre sie für dich immer zugänglich."

„Und für dich immer überwachbar", parierte er schlagfertig. Daß er so geistesgegenwärtig reagieren konnte, überraschte ihn. Offensichtlich hatte er Charlotte damit verblüfft, denn sie unterließ es, den Gedanken weiter auszuführen. Was nicht viel heißen mußte bei ihr, dafür kannte er sie zu gut.

„Immerhin tröstet mich die Vorstellung", begann sie nach einer Weile und bestätigte seine Einschätzung, „daß diese fesche Weibsperson, wie du sie genannt hast, wohl kaum größeres Entgegenkommen von dir erwarten dürfte als ich."

Sie hatten die Dunkelzone hinter sich gelassen. Von Wolkenschleiern gefiltertes Sonnenlicht streute über die Wiesen. Der Ausdruck des Leidens in Maximilians Gesicht hatte sich verschärft. Sie hatte ihn an einer ungeschützten Stelle getroffen – und wußte es. Aber sie war weit davon entfernt, Mitleid zu empfinden. Nicht jetzt, nicht nach diesem Wort. Sie fühlte, wie es in ihr raste. Nur mit Mühe gelang es ihr, die Tränen unter Kontrolle zu bringen. Ihre Stimme war nahe daran, umzukippen, als sie sagte: „Weißt du überhaupt, welchen Peinigungen du mich aussetzt?"

Die Leidensspuren in seinem Gesicht hatten sich wieder geglättet.

„In einem Lande, in dem der Wert einer Frau sich an der Zahl ihrer Geburten mißt, ist eine Frau ohne Kinder, und wenn sie zudem noch Kaiserin sein will, ein Nichts."

In der Gleichgültigkeit, die er jetzt zeigte, bewies er nur wieder einmal den Grad an Selbstbeherrschung, zu dem er angesichts solcher Vorwürfe fähig war. In ihm begann es zu toben, nicht weniger heftig, als er es bei Charlotte voraussetzen durfte. Aber nach außen drang nichts.

„Weißt du eigentlich, was die Bänkelsänger auf den Plätzen einem belustigten Publikum feilbieten?" vernahm er Charlottes weinerliche Stimme.

Er hielt den Atem an.

„Kennst du nicht die Pamphlete, die im Land herumgereicht werden?"

Er glaubte, zerbersten zu müssen, so angespannt war sein Körper.

„Stört es dich denn gar nicht, daß sie von einer Weiberherrschaft sprechen?" krächzte die Stimme jetzt, die wie feine Schnitte in ihn drang und ihn irgendwann töten würde. Der Unterkiefer hing schwer in seinem Gesicht und machte es noch länger, als es war. Er war unfähig zu antworten, atmete nur kurz und schnaufend und starrte sie an. In seinem schmerzenden Kopf entstand ein gähnendes Loch, in dem nur noch Platz war für das Trappeln der Pferdehufe, das unentwegte Trappeln an der Equipage entlang.

Dann, in irgendeiner der nächsten Sekunden, zerplatzte das Land in einem rollenden Knall. Zu hell und zu fein gewebt, um der Vorläufer eines Gewitters sein zu können, und zu brachial in seiner Auswirkung, um im Kreis der Naturphänomene beheimatet zu sein.

In die Kabine der Equipage drang ein berstender Laut. Partikel, wie leichte Daunenfedern, regneten herab, während der Wagen einen radikalen Schwenk von der Straße weg machte und in die Wiesen schlitterte. Schreie umbrandeten die Equipage, Befehle. Das Trappeln löste sich auf in eine wilde Bewegtheit von scharrenden Pferdehufen. Charlottes Gesicht glich sich dem Maximilians an. Beide schwiegen, als der Wagenschlag aufgerissen wurde und das hektische Gesicht eines Lakaien erschien.

„Bitte untertänigst, Eure Majestäten, sich in Deckung zu begeben. Ein Überfall!"

Durch den geöffneten Wagenschlag ließ sich die Unordnung erkennen, die der Vorfall ausgelöst hatte. Die Lanzenreiter waren von den Pferden gesprungen und hatten die Tiere zu Boden gerissen, um mit ihren Leibern einen lebendigen Schutzwall zu bilden. Die Begleitkutschen standen in den Wiesen, wie sie gerade zusammengefahren worden waren. Personen in Krinolinen und würdigen schwarzen Anzügen eilten herbei, mit rudernden Armen.

„Majestät, ich bitte Sie, hinter der Equipage in Deckung zu gehen!"

Das war Oberst Lopez, der Kommandeur der Gardekavallerie. Der hellhäutige Mann, der für einen Europäer gelten konnte, stand vor dem Wagenschlag und reichte Charlotte die Hand.

Maximilian, der die Sprache wiedergefunden hatte, fragte nach dem Ausmaß des Überfalls.

„Nichts Besorgniserregendes, Majestät", beruhigte ihn der Oberst, „die Sache wird gleich geklärt sein. Eine Abteilung meiner Kavallerie rekognosziert."

Inzwischen hatten sich die Personen aus den anderen Kutschen bei der kaiserlichen Equipage eingefunden. Die für den Kirchgang angelegten schwarzen Krinolinen waren grau gesprenkelt, nicht minder die Anzüge der Herren. Das Schlammbad der Wiese legte beredtes Zeugnis ab.

„Majestät... oh wie schrecklich!" lamentierten die Damen.

Darauf einzugehen hielt das Kaiserpaar für müßig. Auch nicht auf das Geschimpfe der Herren, die vom dreisten Pack sprachen. Charlotte und Maximilian hatten sich hinter den Wagen führen lassen, wo die Mitfahrenden schon versammelt waren, umschlossen von einem Cordon Gardekavallerie und Lanzenreitern, die ihre Waffen auf die Pferdekörper gelegt hatten, um ihre Verteidigungsbereitschaft zum Ausdruck zu bringen. Jenseits der Straße stoben die von Lopez abkommandierten Reiter auf einen Hain zu. Vereinzelt lösten sich Regentropfen aus den dicken Wolken.

Oberst Lopez, der Kommandeur der Garde, bat die anwesenden Zivilisten, in die Hocke zu gehen.

„Auch Eure Majestäten", setzte er hinzu, „wer weiß, von welcher Seite wir noch beschossen werden können."

Señora del Barrio und Frau Kuhacsevich, die beiden Hofdamen Charlottes, begannen sofort, Vorsorge zu treffen, und säuberten den Boden zu Charlottes Füßen von Zweigen und Steinen, damit sie sich hinkauern könne. Dr. Basch, der neue Leibarzt des Kaisers, und Professor Billimek rieten Maximilian, seiner Frau darin nachzueifern.

„Unausdenkbar, Majestät", begründete der Hofkaplan, Professor Billimek, seine Besorgtheit, „was es für uns und das Reich bedeuten würde, wenn Sie einer Kugel zum Opfer fielen."

Unmittelbar neben dem Kaiser schickte sich das Ehepaar Almonte an, hinter einem der großen Wagenräder in Deckung zu gehen.

Maximilian hatte den ehemaligen Reichsverweser zum Hofmarschall ernannt und seine Frau zur Oberhofmeisterin. Trotzdem trauerten sie noch der Zeit nach, als er in Paris Botschafter sein durfte.

„Majestät... ich bitte Sie...!"

Daß er trotz seines beschwörenden Appells abgewiesen würde, hatte Lopez vorausgesehen. Einem dritten Versuch räumte er von vornherein nicht die geringste Chance ein. Ungeachtet dessen meinte er: „Für das Kaiserreich wäre es bedeutungslos, ob ich falle oder all die Männer hier, Majestät. Nur Sie dürfen nicht fallen, ich bitte Sie untertänigst, das zu bedenken, wenn Sie weiterhin mit mir das Terrain beobachten."

Der Reitertrupp hatte den Hain erreicht und begann ihn, in einer Umfassungsbewegung einzuschließen.

Gebannt verfolgt von Maximilian, der den Worten des Obristen nicht eine Sekunde Aufmerksamkeit gewidmet hatte. Statt auf die Warnung einzugehen, meinte er plötzlich: „Ein Pferd, Lopez!"

„Majestät...!"

Er würde gleich ungehalten werden, daran war nicht zu zweifeln. Trotzdem wagte es der Oberst.

„Majestät, das wäre Selbstmord. Es besteht doch gar kein Grund." Gleichzeitig aber winkte er zur Seite hin, weil er sich der Nutzlosigkeit seines Unterfangens sicher war.

Ein Gardekavallerist brachte sein Pferd auf die Beine und führte es heran. Der mitgereiste Hofstaat, hingekauert unter dem jetzt stärker einsetzenden Regen, hob die Köpfe. Charlotte, gestützt von ihren Hofdamen, richtete sich auf, Bewegung und Ausdruck nahmen ihr die Worte aus dem Mund: Worte der Zustimmung und der wiedergewonnenen Achtung.

In den Augen der anderen hatte sich das Erschrecken niedergelassen.

Maximilian war mit dem Schwung des geübten Reiters im Sattel gelandet. Auf dem Militärpferd sah er etwas deplaziert in seinem Frack aus. Fassungslos reichte ihm der Oberst seine Pistolen. Aufrecht und gestrafft saß Maximilian im Sattel, die Angst genießend, die sein Verhalten bei den anderen ausgelöst hatte.

Auf Lopez Befehl hin waren die Kavalleristen aus ihren Positionen im Verteidigungsring gewichen und auf ihre Pferde gestiegen.

„Gott stehe Ihnen bei, Majestät!" rief Frau Kuhacsevich.

„Wollen Majestät den Entschluß nicht noch einmal überdenken?"

Das war wieder die Besorgtheit des Hofkaplans.

Aber Maximilian zwang sein Pferd in eine spektakuläre Pirouette hinein, riß den neben dem Sattel hängenden Säbel aus der Scheide und gab das Zeichen zur Attacke.

Durch die Freiräume der zurückgebliebenen Lanzenreiter preschte die Schwadron davon. Es hatte inzwischen angefangen, aus den schwarzen Wolkenbänken in Sturzbächen zu regnen. Die Bedenkenlosigkeit, mit der Maximilian den Gegenangriff organisiert hatte, belebte den Widerstandsgeist der anderen. Über die Schultern der Lanzenreiter hinweg verfolgten sie den Weg der Schwadron. Blinzelnd wegen des sprühenden Wassers, die Augen mit den Händen schützend, beobachteten sie das weite Feld, über das, Erde aufwirbelnd, die Pferde dahinpreschten. Im weiten Abstand um den Hain wartete die Aufklärungsabteilung auf das Herannahen der Schwadron.

Mathilde Döblinger, Charlottes Zofe, bewegte die Lippen in einem stillen Gebet. Dr. Basch, der sein Arztbesteck immer zur Hand hatte, umfaßte die Tasche mit beiden Händen, als bereite er sich darauf vor, hinauszustürzen, um Hilfe zu leisten.

Dabei war es ganz still, bis auf das Fluten des Wassers und das Trommeln und Pladdern auf den Wagendächern und Helmen. Die Schwadron hatte sich vor dem Hain zur Schlachtreihe formiert. In der Linie der roten Husarenuniformen hob sich das Schwarz des Kaisers in besorgniserregender Weise ab. Er hatte vor der Phalanx Aufstellung genommen. Als er das Angriffssignal gab, zuckten alle bei der Equipage zusammen.

Dann donnerten die Hufe ein weiteres Mal, nur wilder noch als vorhin, wütender. Die Schwadron brach in den Hain ein, Schüsse krachten, brachten die Baumwipfel zum Schwanken, die sich hin- und herwarfen, als schüttelten sie verständnislos ihre Häupter. So plötzlich, wie es begonnen hatte, löste sich das Rasen auf. Die Baumwipfel reckten sich wieder, ruhig und besonnen in den schüttenden Himmel. Das Geknalle war abgeflaut. Die ersten Reiter entwanden sich dem Blätterdickicht und verteilten sich über das grasüberwucherte Feld. Ein befreiendes: „Ahhh...", begleitete das Erscheinen des schwarzen Fracks. Jemand hatte begonnen zu klatschen, ein zweiter fühlte sich angehalten, darin mitzutun. Und dann brandete ein Applaus auf, lauter noch als das Donnern der Hufe es gewesen war, und zog wie ein Willkommensgruß aus tausend Kehlen den Reitern entgegen.

Charlotte glühte. Der Disput war vergessen, der Vorwurf und die Wunde, die ihr Maximilian geschlagen hatte. Ihr war, als gingen von seiner kühnen Tat Heilkräfte aus. Als habe sich hierüber etwas in Ordnung gebracht, was eine neue Gemeinsamkeit zuließ. Kaum, daß sie es abwarten konnte, Maximilian bei sich zu haben.

Im Gegensatz zu ihrer Ungeduld zeigte die Schwadron keinerlei Eile. Im Schritt bewegten sich die Tiere zurück. Der Kaiser verzichtete sogar darauf, den Verband zu führen.

Als die Schwadron in Hörweite kam, nahm die Hofgesellschaft ihr Klatschen wieder auf. Charlotte vergaß alle Etikette, stürmte von ihren Damen weg, lief auf die Reiter zu und faßte dem Pferd des ersten Offiziers in die Kandare.

„Erzählen Sie schon, Teniente!" redete sie ihn überhastet an, „mit wem hatten Sie es zu tun?"

Der Offizier, durchnäßt und dreckbesudelt bis zur Husarenmütze hinauf, mußte sich erst einmal sammeln, bevor er antworten konnte. Dann keuchte er: „Mit einer zurückgelassenen Muskete, Euer Majestät."

Charlotte, zu perplex, um weitere Auskunft einholen zu wollen, stammelte nur: „Einer Muskete ...?"

„Ja, Majestät", bestätigte der Teniente, immer noch so atemlos wie eben, „es sah wohl schlimmer aus, als es war."

4. Kapitel

Brief des Jean Pierre Marat,
Sergeant im französischen Expeditionskorps,
an den Abgeordneten der Deputiertenkammer,
Jules Favre, Paris.

Hermosillo, im Juli 1865

Lieber Jules!

Ich danke Dir für Deinen freundlichen Brief und vor allem für Deinen Glückwunsch zu meiner Beförderung. Wie Du so treffend in Deiner entgegenkommenden Art bemerkt hast, war sie längst fällig. Ich sehe daraus, daß Du Dich mit meiner Korrespondenz intensiv beschäftigt hast und es mir in meinen Briefen gelungen ist, Dir ein gültiges Bild von unseren Strapazen zu vermitteln. Wenn sie mir nun mit der Beförderung zum Sergeanten versüßt worden sind, so heißt das ja keineswegs, daß sie damit aufhören. Im Gegenteil, ich muß mich darauf vorbereiten, Situationen zu bestehen, die unter Umständen alle anderen an Widerwärtigkeit in den Schatten stellen.
Was sage ich? Bei Dir habe ich sowieso immer das Gefühl, mit meinen Schreiben offene Türen einzurennen. Ich berichte Dir über Ereignisse, die Du bestimmt viel besser kennst als ich. Schließlich sitzt Du in der Kammer.
Wenn es so sein sollte, lieber Jules, zögere nicht, es mir mitzuteilen. Ich möchte nicht, daß Du Dich aus reiner Freundschaft verpflichtet fühlst, Deine Zeit mit höflichen Antwortbriefen an mich zu verplempern. Ich sehe Dich schmunzeln: Dem guten alten Jean Pierre ist der Garnisonsdienst in dieser elenden Wüstenstadt auf den Verstand geschlagen. Er entwickelt Feinfühligkeiten, wie man sie nur schrulligen Jungfern zutraut. Vielleicht hast Du recht! Vielleicht ist mir der Aufenthalt in diesem Lande nicht besonders gut bekommen und hat grüblerische Seiten an mir

freigelegt. Vielleicht aber fördert das mörderische Klima der Wüste auch nur eine Feinnervigkeit, die zukünftige Ereignisse mit der Klarheit von Offenbarungen vorausahnen läßt.
Meine folgenden Anmerkungen behandle bitte in dem Sinne. Daß wir hier in Hermosillo sitzen, könnte bei einem naiven Betrachter den Eindruck erwecken, die militärischen Probleme seien so gut wie gelöst, was soviel heißen soll wie: Die politischen werden dann von alleine folgen. Vieles spricht und sprach ja auch dafür.
Nachdem Maximilian im Juni 1864 seine Regentschaft antrat, brach die republikanische Armee Stück für Stück auseinander. Bis zum Oktober hatten wir alle wichtigen Golfhäfen erobert. Juárez wußte nicht mehr, wie ihm geschah. Gleichzeitig aber passierte etwas Merkwürdiges. Etwas, was sich durchgängig bis zum heutigen Tag fortgesetzt hat und schon in den ersten Monaten nach unserer Landung im massiven Widerstand der mexikanischen Forts zum Ausdruck kam: Der unbändige Wille, sich den Extranjeros zu widersetzen. Die Aufpfropfung fremder Triebe abzustoßen, selbst um den Preis, alles dabei draufgehen zu lassen. Wir spüren es jeden Tag bei den Patrouillen. Wir vernichten den Feind hier, dort steht er neu auf. An das Mark des Widerstands sind wir noch längst nicht herangekommen. So ist es erklärbar, daß wir trotz großartiger Siege Ende 1864 fast vor einer Katastrophe standen. Zwischen Dezember 1864 und Januar 1865 war die Situation so verzweifelt, daß der kaiserliche Hof in Erwägung ziehen mußte, das Land wieder zu verlassen. Du weißt, daß nur Seiner französischen Majestät Prestigeverlustangst und der interne Streit zwischen Maximilian und Franz Joseph den völligen Rückzug verhindert haben. Ich höre schon die Vorschläge der Besserwisser, wie man dieser dämonischen Kraft Einhalt gebieten könne: Mit mehr Truppen, mehr Waffen. Ich sage Dir, es würde nichts nutzen. Gewalt wird das Land nicht erobern, wenn sie es jemals vermocht hat. Armes Frankreich, armer Maximilian. Wohin wir gehen, wohin wir sehen: Feindschaft.

Die aus dem Bürgerkrieg siegreich hervorgegangenen Nordstaaten der USA beginnen, Juárez jetzt auch mit Waffen und Freiwilligenverbänden zu unterstützen, ganz zu schweigen von der moralischen Unterstützung, die Napoleon den Angstschweiß auf die Stirn treiben dürfte. Die Liste ließe sich beliebig verlängern. Es zu tun, darf und kann aber nicht meine Aufgabe sein. Auch weil vieles Dir davon bekannt ist. Sicherlich aber weniger, daß es neben diesen mehr äußerlich bedingten Infragestellungen unserer Existenz noch interne Schwierigkeiten zu bekämpfen gilt. So die sich überall bemerkbar machende Befehlsunsicherheit. Auf den unteren Kommandoebenen zeigt das Kompetenzgerangel seine schädigende Auswirkung darin, daß sich die Kommandeure der verschiedenen Nationalitäten weigern, Befehle von Vorgesetzten anderer Kontingente in Empfang zu nehmen.
Du siehst, an Fallgruben ist wahrlich kein Mangel. Und es müßte schon an ein Wunder grenzen, wenn wir nicht irgendwann in einer solchen landen würden.
Lieber Jules, wieder einmal bitte ich Dich, Deinen ganzen Einfluß geltend zu machen, um den Söhnen Frankreichs die so absehbare wie grausame Agonie in diesem Lande zu ersparen. Wie Du meinem Brief unschwer entnehmen konntest, ist ein solcher Ausgang für mich allein noch denkbar. Die französische Nation würde ihr Gewissen darüber erleichtern und Napoleon um eine politische Schmach erster Güte kommen. Und das alles wäre möglich zu dem erträglichen Preis einiger nicht verdienter Francs. Laß mich nicht zu lange warten.

Dein
Jean Pierre

5. Kapitel

...Der Umwelt zu unterstellen, sie habe seinerzeit auch an mir wahrgenommen, was Verenice und mein Vater nicht mehr zu verbergen vermochten, hieße, ihr ein Gespür zuzubilligen, das sie bei Gott nicht besaß und nicht besitzen kann – schreibt Viktor Anselli in seiner Autobiographie – die Nachstellungen hatten sich wohl über ein halbes Jahr hingezogen, waren nach der Aussprache zwischen Verenice und Vater auf das erträgliche Niveau einer Belästigung herabgesunken und hatten dann eine unvorhersehbare Auffrischung erfahren, als seien wir vom Schicksal dazu verdammt worden, das Böse anzuziehen. Bekanntlich liebt das Böse, die Tarnungen zu wechseln. Dieses Mal tauchte es auf in Gestalt einiger Gendarmen und eines Polizeiinspektors, die eines schönen Tages – sinnigerweise war es ein Sonntagnachmittag – unsere Wohnung auf den Kopf stellten. Wie in letzter Zeit üblich geworden, hatte der Baron von Wendulic bei uns zu Mittag gegessen – ein Verhalten, an dem mein Vater nichts mehr auszusetzen hatte, nachdem die Fronten geklärt waren.

Verenice hatte gerade abgeräumt, als die Gendarmen sich Zutritt verschafften. Ihre polternde Art und ihr martialischer Auftritt bezogen die Nachbarschaft in einer Weise mit ein, die üble Nachrede, Verdächtigungen – und was gar nicht ausbleiben konnte – falsche Ursachenzuschreibung geradezu zwangsläufig machten.

Was war geschehen?

Mein Vater brauchte eine ganze Zeit, um zu begreifen, jedenfalls wußte er den Eindruck zu erwecken.

„Mein Sohn Erec?"

Der Polizeiinspektor zwirbelte seinen Bart und funkelte meinen Vater an.

„Ich rate Ihnen nur, mit der Wahrheit nicht hinter dem Berg zu halten", drohte er, „die Sache ist alles andere als komisch. Ihr Sohn war an einem Attentatsversuch auf den Kaiser beteiligt". Die besondere Neigung meines Vaters, seine Aufgewühltheiten zunächst nach innen zu verlegen, half ihm jetzt, den Ahnungslosen zu spielen.

„Sagt Ihnen der Name Franz Oxner etwas?" drang der Inspektor weiter in ihn.

„Nichts", versicherte mein Vater. So überrumpelt, wie er sich gab, mochte man ihm das voll und ganz glauben.

Wir anderen standen derweil hinter dem noch mit Soßenflecken angereicherten Tisch und folgten, von einer Schreckstarre überfallen, dem Wüten der Gendarmen.

„Seit einem halben Jahr haben Sie also keinen Kontakt mehr zu ihm?" ironisierte der Inspektor eine dahingehend gemachte Behauptung meines Vaters, „Mann, wenn Sie uns nicht helfen, diesen konspirativen Haufen hochzunehmen, dann werden Sie bald wieder Kontakt zu Ihrem Sohn bekommen, aber auf eine verdammt unangenehme Weise."

Das Verhör, immer wieder unterbrochen von hinzutretenden Gendarmen, die achselzuckend meldeten, nichts Brauchbares gefunden zu haben, zog sich unangenehm in die Länge.

„Wissen Sie eigentlich", meinte der Inspektor, plötzlich vertraulich geworden, „daß man im Syndikat über die Angehörigen abrechnet, wenn jemand bei einem Auftrag versagt hat?"

Die Rolle des Ahnungslosen durchzuhalten, fiel meinem Vater zusehends schwerer.

„Mit anderen Worten", ergänzte der Inspektor, „wenn es uns nicht gelingt, den Haufen bis in die letzten Verästelungen hinein hochzunehmen, sind Sie und Ihre Familie des Lebens hier nicht mehr sicher."

Mein sich bisher so gefaßt gebender Vater verlor darüber die Beherrschung. Das Blut wich ihm aus dem Gesicht. Sein Blick wurde unsicher, Hilfe suchend, und nährte nur den Verdacht des Inspektors, belogen worden zu sein.

„Sollte Ihnen noch etwas einfallen, Herr Anselli", meinte er mit fürsorglich strengem Ton, „dann stehe ich Ihnen selbstverständlich zur Verfügung. Es wäre nur in Ihrem Sinne, bei der Aufklärung nach Kräften mitzuhelfen."

Damit verließen der Inspektor und seine Gendarmen unsere Wohnung, so auffällig, wie sie gekommen waren.

Der Sonntag hatte seine Ordnung wieder. Scheinbar.

Denn tags darauf erfuhr jeder von uns auf seine Art, daß von nun an nichts mehr in Ordnung war.

Zu der eigentümlich angespannten Atmosphäre in unserem Haus, die von der Mutmaßung herrührte, Rita Scarpa könne verantwortlich sein für die beleidigenden Briefe, mit denen sich Verenice und mein Vater herumärgerten, gesellte sich jetzt noch die Mißachtung durch unsere Straße. Mein Vater wußte davon zu erzählen, daß er nicht mehr gegrüßt werde. Verenice berichtete von Behandlungen, die sie beim Bäcker und Metzger erfahren habe und die darauf hindeuteten, daß die Leute begannen, sich etwas herauszunehmen. Ich schwitzte in der Schule Blut und Wasser, von der Vorstellung besessen, eine Frechheit hinnehmen zu müssen, ohne mich wehren zu können. Das Gefühl der Ohnmacht setzte mir so zu, daß ich anfing, meine Spielkameraden zu meiden, mich in mein Zimmer zurückzog und morgens mit klopfendem Herzen aus der Haustür trat, weil ich täglich erwartete, an den Wänden eine ähnliche Schmiererei vorzufinden, wie sie auf Dr. Zimbarello allmorgendlich gewartet hatte. Die Gewißheit, daß ich mich auf ein Unglück zubewegte, hatte noch stärker von mir Besitz ergriffen als zu der Zeit, als mir das Verhältnis zwischen Verenice und dem Baron zur Gewißheit geworden war.

Aber das vermutete Unglück blieb aus, vorerst jedenfalls. Die Polizeiaktion war von den Leuten wohl in Verbindung gebracht worden mit der Liäson zwischen dem Baron und Verenice. Ich hörte meinen Vater die Vermutung äußern, nachdem er wieder eine dieser ominösen Zustellungen gelesen hatte, als deren Absender Rita Scarpa galt.

Erstaunlich nur, wie mein Vater das alles verkraftete. Erstaunlich und in gewisser Weise bewundernswert, wenn man voraussetzt, daß seine Ehe mit Verenice nicht mehr war als eine Zweckgemeinschaft, deren Fundament durch den Baron ja nicht in Frage gestellt wurde, solange Verenice ihre haushälterischen und erzieherischen Pflichten erfüllte.

So blieben natürlich auch die von mir so ängstlich erwarteten Konsequenzen aus: Verenice brachte sich nicht um, und mein Vater wurde nicht verrückt. Trotzdem machte uns die Umwelt zu schaffen.

Ich denke an den Abend, als er, vom Schloß zurückgekehrt, mit eingefallenen Wangen im Sessel hockte, so, wie ich es an ihm noch nie gesehen hatte, und Verenice ihm von den dreisten Annäherungen berichtete, die sie tagsüber hatte hinnehmen müssen.

„Tröste dich", unterbrach er sie, „es hat die längste Zeit gedauert.

Verenice ersparte sich jeden Einwand. Mit hochgezogenen Augenbrauen lauschte sie den Ausführungen meines Vaters, der, um Worte ringend, bemüht war, ihr klarzumachen, daß die Gerüchte inzwischen auch den Hof erreicht hätten und er damit rechnen könne, als untragbare Person den Dienst quittieren zu müssen.

„Was soll dann aus uns werden?" fragte Verenice kleinlaut an. Vielleicht meinte sie auch, was aus ihr und dem Baron würde, wenn wir Triest verlassen müßten.

Mein Vater hob übertrieben langsam die Schultern und ließ sie dann wieder kraftlos fallen. Verenice wurde zuerst rot, dann schneeweiß und ging aus dem Salon. Bei mir verkehrte sich der Vorgang. Meine Dauerblässe wich einem lebendigeren Rosa, weil mir inzwischen alles recht war, wenn wir nur aus Triest wegkamen. Seit Mutters und Gina Zimbarellos Tod schien mir die Stadt fähig und willens zu sein, alle Ungeheuer zu gebären, die es auf der Welt gab.

Die Fähigkeit meines Vaters, sich auszugrenzen, Welt Welt sein zu lassen, wenn es nicht anders ging, half ihm sicher, diese schwere Zeit durchzustehen. Eine Fähigkeit, die ihn auch Erecs spurloses Verschwinden mit einer Nonchalance hatte hinnehmen lassen, die ihm als Gleichgültigkeit hätte ausgelegt werden können.

Der Mut von Verenice war bewunderswert, nichtsdestoweniger weil es genau das war: Mut.

Daß sie Gina Zimbarellos Schicksal teilen würde, stand nicht mehr zu befürchten, trotz aller Unverschämtheiten und Anfeindungen. Der Prozeß, in dem sie Gegenstand und Zeugin zugleich gewesen war, hatte ihr ein Rüstzeug verschafft, das ihr jetzt zugute kam.

In diesen Tagen, als sich alles zusammenballte: Die Anschläge durch den briefeschreibenden Heckenschützen, die Anspielungen und Dreistigkeiten der Umwelt, die drohende Entlassung meines Vaters und nicht zuletzt die Bedrohung durch jenes ominöse Syndikat, begann mein Vater bei der Alchemie Hilfe zu suchen, zum ersten Mal auf eigene Faust.

Die Reisingers waren uns auch in dieser Zeit treue Freunde geblieben und hatten uns weiterhin des Sonntags besucht. Von Paul Reisinger lieh mein Vater sich nun Bücher aus, vertiefte sich abends in sie und wurde noch stummer und eigenbrödlerischer als sonst. Während er in seinem Sessel las, saß Verenice wortlos strickend am Tisch.

Herbst 1864 eröffnete uns mein Vater eines Morgens, daß er alles verkaufen würde: Die ganze Wohnung.

Unser Erschrecken wußte er damit zu beschwichtigen, daß er uns einen Brief zeigte. Obwohl Briefe bei uns seit langem mit Skepsis betrachtet wurden, ging von jenem etwas Beruhigendes aus, weil sich in der linken oberen Ecke das Staatswappen Mexikos befand.

Mit gesetzten Worten trug mein Vater den Inhalt vor.

„...gedenke ich mit Freude unseres letzten Gesprächs, als ich Sie aufforderte, gegebenenfalls zu mir zu kommen. Darüber in Kenntnis gesetzt, daß Sie nun den Zeitpunkt für angebracht halten, kann ich Sie nur bitten, den Plan nicht länger aufzuschieben und umgehend eine Passage zu buchen. Sie und Ihre Familie sind herzlich willkommen. An Aufgaben gibt es hier keinen Mangel.

Maximilian, Kaiser von Mexiko

Mein Vater hatte also gehandelt, sich den Stuhl nicht vor die Tür setzen zu lassen und war der drohenden Entlassung zuvor gekommen. Mit der Abreise drängte es. Wenn wir nicht in die Herbststürme kommen wollten, mußten wir das nächste Schiff nehmen. Niemand protestierte. Verenice erbat sich lediglich einen Tag Bedenkzeit. Währenddessen leitete mein Vater alles in die Wege, um einen Käufer zu finden und die Buchung vorzunehmen.

Ich kann noch gut nachempfinden, in welche Turbulenzen ich geriet bei der Vorstellung, den Ozean zu überqueren. Vor allem aber konnte ich wie mit einem Fußtritt alles, was mir bisher zugesetzt hatte, von mir schleudern.

Knapp viereinhalb Jahre, nachdem wir an einem Januartag mit der Bahn in Triest eingetroffen waren, wiederholte sich noch einmal alles: Die Aufgabe der Wohnung, der Verkauf des Inventars und das Verpacken der notwendigsten Sachen in große Holzkisten, die dieses Mal zum Hafen transportiert wurden. Abschiede sind einander so schrecklich ähnlich. Wie damals in Wien gab es einen letzten Sonntag. Die Reisingers kamen, der Baron. In der schon fast leergeräumten Wohnung mochten wir nicht mehr sitzen und suchten deshalb zusammen das Café Specchi auf. Taktvollerweise fragte niemand nach den Gründen unserer Auswanderung. Mein Vater versorgte die Gesellschaft vorsichtshalber mit einer Version, die glaubhaft klang, wenngleich anzunehmen war, daß alle die wahren Beweggründe ahnten. Er erklärte, daß der kaiserliche Hof in Mexiko um seine Abstellung gebeten habe. Die ersten Schwierigkeiten seien überwunden, wie jeder sich in der Zeitung überzeugen könne, und Maximilian habe endlich Zeit gefunden, sich um seine Bibliothek zu kümmern. Und außerdem, fügte mein Vater hinzu, komme ihm das nur entgegen, angesichts der Entwicklung im alten Europa. Triest würde über kurz oder lang sowieso italienisch, Österreich werde sich mit Preußen anlegen müssen, und wenn Frankreich sich noch einmische, dann sei ein großer Krieg da. Und ob die Monarchien das überleben würden, halte er für noch nicht ausgemacht.

Mit ausgesuchter Freundlichkeit ließen seine Zuhörer die Zukunftsbeschwörungen über sich ergehen. Verenice nippte an ihrer Limonade, still und eingezogen, als befinde sie sich in fremder Gesellschaft. Wenn sie sich unbeobachtet fühlten, sandten sie und der Baron sich kurze Blicke zu, Blicke, die Abbitte zu leisten schienen.

Mein Vater redete sich indes in eine Begeisterung hinein, die ihn vergessen ließ, daß er im Begriff war, an einer Legende zu weben.

„So sieht es nun aus, meine Freunde."

Womit das letzte Wort gesprochen war. Da niemand einen Einwand wagte, beendeten wir diesen Sonntag in Triest voller Eintracht. Zwei Tage später gingen wir an Bord. Das Wetter war ähnlich dem, als Maximilian und Charlotte Miramare verließen. Die Reisingers standen auf der Mole. Der Apotheker versuchte immer wieder, meinem Vater etwas aus zu Trichtern geformten Händen zuzurufen. Mein Vater nickte freundlich dazu, obwohl er kaum etwas verstanden haben dürfte. Frau Reisinger, sonst eher von steinerner Unzugänglichkeit, verdrückte sich sogar einige Tränen.

Da immer noch Fracht an Bord genommen wurde, unterhielt eine Kapelle die Wartenden. Dann begann ein brüllender Ton sich aus dem Signalhorn unseres Schiffes zu lösen. Die Frauen an Bord schluchzten. Die Männer bekamen harte Gesichter. Alle anbrandenden Lebewohls vermochten indes Verenice nicht zu rühren. Als könne sie uns jetzt am allerwenigsten gebrauchen, lehnte sie allein an der Reling, den Blick auf die See hinausgerichtet, als suche sie die Fregatte, auf der der Baron Dienst tat. Ich glaube, sie war sich in dieser Minute alles andere als sicher, richtig gehandelt zu haben.

Wir blieben so lange an Deck, wie der Küstensaum noch zu sehen war. Verenice war schon unter Deck gegangen. Vielleicht wollte sie ihre Melancholie vor uns verbergen.

Nicht lange und uns nahm die hohe See auf – für sechs zermürbende Wochen, in denen der Wind in die Takelage blies, steif und manchmal so heftig, daß wir um unser Leben fürchteten, bis wir endlich Veracruz vor uns erblickten...

6. Kapitel

Respektlos rang der Nachtwind mit den jahrtausendalten Zypressen im Park von Chapultepec. Über die aufgefurchten Wipfel irisierte das zerstreute Licht aus dem Speisesaal des Schlosses, in dem Ferrante Anselli gerade seine Lesung beendet hatte. Als er sacht die ledergebundene Ausgabe von Cervantes „Don Quijote" zuschlug, erhoben sich Charlotte und Maximilian von ihren Stühlen. Lakaien waren in den Saal getreten, Karaffen auf den Tabletts.

Die Gäste hatten das Verhalten des Kaiserpaars als Aufforderung verstanden, ebenfalls ihre Plätze aufzugeben, und gingen zur Konversation über.

„Wie fanden Sie den Einfall, uns mit einer Lesung zu beehren?" bemerkte Baron von Magnus, akkreditierter preußischer Gesandter bei Hofe, zu seinem österreichischen Kollegen Graf Thun. Nebeneinander schritten sie in den leergeräumten Teil des Speisesaals, in dem sich als einziges Mobiliar Charlottes Flügel befand.

„Möglich, daß Ihre Majestät uns heute abend noch mit einer Fingerübung auf dem Instrument in Erstaunen versetzen wollen", beglich der Graf die herausfordernde Frage.

Der preußische Gesandte lächelte milde.

„Ich verstehe", sagte er.

Als sie in die Nähe des Kaisers gerieten, unterbrachen sie ihr Gespräch. Maximilian, der stehen geblieben war, winkte zurück.

„Kommen Sie, Herr Anselli, und bringen Sie Ihre Frau mit."

Die Botschafter hatten sich unterdessen zu einer Gruppe

von Offizieren in französischer Uniform durchgeschlängelt, zwischenzeitlich ein Glas Sherry aufgenommen und versuchten, mit einer Reihe umständlicher Honneurs Kontakt aufzunehmen mit Seiner französischen Majestät Oberkommandierenden in Mexiko: Marschall Hector Bazaine.

Umgeben von einem Schwarm Generalstabsoffizieren schien er nur für eines ein Auge zu haben: Seine um dreißig Jahre jüngere Frau, Doña Josefa de la Pena, eine sich etwas in Zurückhaltung zierende Schönheit.

„Aha, die Herren Gesandten", entfuhr es dem Marschall nach einer Weile, als habe er überlegt, ob er das Kontaktangebot annehmen solle oder nicht. Mit einer herrischen Handbewegung verscheuchte er seine Offiziersbegleitung.

„Man hat nicht oft Gelegenheit, sich zu treffen."

Der preußische Botschafter Baron Magnus fühlte sich sogleich zu einer Schmeichelei gedrängt.

„Fürwahr, Exzellenz", meinte er, „wenn man wie Sie in diesem Lande den Kehraus machen muß, sind Begegnungen in der Tat selten."

Bazaine quittierte die Herausstellung mit gewohnter Gelassenheit. Er war ein eher kleiner als mittelgroßer Mann, mit rundem, markantem Schädel. Aus dem Mannschaftsstand aufgestiegen, beherrschte ihn ein eiserner Wille, dessen Absichten nicht immer ganz leicht zu durchschauen waren.

„Meine Frau...", stellte er das siebzehnjährige Mädchen an seiner Seite vor.

Etwas linkisch streckte es dem Gesandten die Hand entgegen. „Wann wird die französische Armee Mexiko aufgeben, wenn ich fragen darf", begleitete Baron Magnus die von seinem Kollegen vollzogene Prozedur des Handkusses. Bazaine starrte ihn deswegen etwas ungehalten an. Erst als Graf Thun die Hand von Doña Josefa freigegeben hatte, fand er sich zu einer Antwort bereit.

„Darüber werden Seine Majestät in Paris befinden", sagte er ausweichend.

„Nicht vielleicht doch eher die USA?" versetzte Baron Magnus spitz und brachte den Marschall in sichtliche Verlegenheit. Er reagierte mit Verstimmung.

Ferrante Anselli war zuerst zögernd, dann mit mehr Selbstbewußtsein dem Angebot des Kaisers nachgekommen, sich dem Kreis der Gäste anzuschließen. Maximilian hatte Verenices Hand zu sich gezogen und geküßt, so einlässig, daß es den anderen aufgefallen war.

„Es gibt einen Geburtsadel, Gnädige Frau", begrüßte er sie schmeichlerisch, „aber Sie überzeugen mich immer wieder davon, daß es auch einen Adel der Schönheit gibt."

Es war offensichtlich, daß Verenice diese Art des Komplimentemachens schon wegen Charlotte nicht gefallen konnte, die plötzlich mürrisch dreinschaute, und auch wegen der Umstehenden nicht, die belustigt oder schadenfroh zu schmunzeln begannen, weil der emphatische Ausbruch des Kaisers sie zu Mithörern gemacht hatte.

„Im Kreise der Damen, die die Kaiserin unterhalten, gibt es, wie ich feststellen durfte, einen unausgefüllten Platz, Gnädige Frau", erklärte Maximilian, ungeachtet der Reaktion von Charlotte, „was halten Sie davon, Ihren Aufgabenkreis um die Stelle einer Hofdame zu erweitern."

Das erste, was Verenice einfiel, war, daß vom Aufgabenkreis bei ihr im Grunde keine Rede sein konnte. Die Sekunde, die sie dazu gebraucht hatte, war von Maximilian als begreifliches Zögern angesichts eines Angebots verstanden worden, das für eine bürgerliche Frau wie Verenice sicher außergewöhnlich war. Der Kaiser, immer noch ihre Hand haltend, ermunterte sie.

„Es wäre mir eine große Freude und der Kaiserin bestimmt auch", meinte er, und Verenice, zu überfahren, um Einwände formulieren zu können, behalf sich darauf mit einem zustimmenden: „Zu gütig, Majestät."

Wenige Schritte weiter nahm die Ehefrau des nunmehrigen Hofmarschalls Almonte ihren Mann beiseite und bemerkte flüsternd zu ihm: „Es ist unübersehbar, wie er

Charlotte bei jeder Gelegenheit zu demütigen versucht. Wenn es um andere Frauen geht, beweist er eine Phantasie in der Variation seiner Komplimente, die ihm in der Politik völlig fehlt."

Der Hofmarschall signalisierte seiner Frau, daß er mit ihr einer Meinung sei.

„Wundert dich das", sagte er, „nach dem, wie sie über seinen Kopf hinweg bestimmt."

Der kleine Zwischenfall hatte eine wohltuende Wirkung auf Marschall Bazaines Verstimmung ausgeübt. Nach zwei Schlucken aus dem Sherryglas hatten die Botschafter ihm mit viel Taktgefühl zu verstehen gegeben, daß sich ihre Äußerung keinesfalls gegen den Marschall gerichtet habe, im Gegenteil, man sein Hiersein sogar auf Dauer als wünschenswert erachte und nichts dagegen habe, einen Marschall Bazaine die Politik in Mexiko bestimmen zu sehen.

„Eine einigermaßen unglaubwürdige Haltung angesichts der spannungsreichen Beziehung zwischen Preußen und Österreich", wandte Bazaine ein. Auch er sprach jetzt französisch.

Die beiden Gesandten tauschten kurze Blicke aus und ließen den Marschall dann wissen, daß sie seine Skepsis wohl zu würdigen wüßten.

„Aber ich darf Sie versichern", ergriff der Baron von Magnus wieder das Wort, „daß es sich hierbei nicht um unsere Privatmeinung handelt. Wir sind von unseren Regierungen ermächtigt, Sie darüber in Kenntnis zu setzen, daß sowohl Preußen als auch Österreich mit Wohlwollen einem Regime unter Ihrer Ägide gegenüberstehen würden."

Für Verenice war es ganz natürlich gewesen, sich nach dem Gespräch mit dem Kaiser ihrem Bruder Wernher zuzuwenden, der als Oberstleutnant in der kaiserlich mexikanischen Armee Dienst tat. Sie hatte zwar vor der Lesung kurz mit ihm geredet, war aber jetzt froh, die Unterhaltung fortführen zu können, weil ihr die Erfahrung sagte, daß sie ihn so schnell nicht wiedersehen würde. Wernher Neubauer, dem darum zu tun war, die Unterhaltung mit seiner Schwester weiterhin vertraulich zu gestalten, hatte sich bei den Obristen Mendez und Lopez, mit denen er zusammengestanden hatte, entschuldigt.

Daß er sie jetzt noch einmal umarmte, wertete Verenice als einen Ausdruck besonderer Verbundenheit zwischen ihnen.

„In der neuen Uniform siehst du großartig aus", versuchte sie sich dafür zu bedanken.

„Mir war die alte Marineuniform lieber", knurrte er.

Aber Verenice ließ sich von seiner schlechten Laune nicht berühren.

„Wenn du jetzt noch vorgibst, es läge dir nichts an dem Oberstleutnant, fange ich trotz der Leute hier laut an zu lachen", drohte sie ihm im Spaß.

„Mir liegt einfach nichts an der damit verbundenen Aufgabe", versuchte Wernher richtig zu stellen. Seine Stimme hatte er merklich gedämpft.

Verenice gab sich erstaunt.

„Wie kannst du das sagen", entrüstete sie sich, „schließlich bist du maßgeblich am Aufbau der neuen Armee beteiligt."

„An der Aufrechterhaltung eines Selbstbetrugs bin ich beteiligt", bemerkte er sarkastisch.

Ihrem forschenden Blick versuchte er Paroli zu bieten, indem er erklärte, es gäbe im Lande nicht genügend Verrückte, die sich freiwillig auf die Seite eines von vorneherein zum Scheitern verurteilten Kandidaten stellen würden.

Daß seine respektlose Formulierung sie entrüstet hatte, entnahm er dem Tonfall ihrer Stimme.

„Immerhin sprichst du vom Kaiser", protestierte Verenice.

„Ich spreche von einem, der die schlechteren Karten hat", beharrte Wernher auf seiner Ansicht, „und die meisten im Lande haben dafür ein feines Gespür nach fast einem halben Jahrhundert Bürgerkrieg."

Sie sah plötzlich verhärmt aus.

„Weißt du überhaupt", sagte sie, „daß du mich damit traurig machst."

Er gab ihr einen aufmunternden Klaps auf den Unterarm.

„Es wäre das Letzte, was ich beabsichtigen würde", behauptete er, „aber so muß einer eben reden, der ständig draußen ist, der die Verhältnisse vor Ort erfährt."

Aber Verenice verteidigte ihren Standpunkt.

„So redet einer, der enttäuscht ist", warf sie ihrem Bruder vor.

„Das kann nicht stimmen", sträubte er sich, „ich hätte wahrlich Grund, der Wahrheit auszuweichen und mich den Beschwichtigern anzuschließen. Ich gehöre zu denen, die nicht mehr nach Hause können. Begreif das, Verenice!"

Aber er hatte nicht mit ihrer Unerschütterlichkeit gerechnet. „Hier sind allein zwei Männer, die deine Schwarzseherei Lügen strafen", meinte sie, „Oberst Mendez, mit dem du eben gesprochen hast, und dort drüben Oberstleutnant van der Smissen, die beide unlängst die Republikaner in ihrer Hochburg im Staate Michoacan geschlagen haben."

Wernher rümpfte nur die Nase.

„Womit du nur fleißig Wasser auf meine Mühlen gegossen hast, Schwesterlein", hielt er ihr vor, „solche Beweise legen nur den Verdacht nahe, daß auch du zu denen gehörst, die darauf angewiesen sind, es mit der Wahrheit nicht so genau zu nehmen."

Die Barrons, Bestiguis und Escandons, zur konservativen Oberschicht des Landes gehörend, allesamt vermögende Hazendados, zählten zu den persönlichen Freunden des Kaisers. Diesem Umstand verdanken sie auch die heutige Einladung.

„Soll es ein Zufall sein, daß sich dieser van der Smissen ständig in der Nähe der Kaiserin aufhält?" empörte sich plötzlich Señora Almonte.

Die Barrons, Bestiguis und Escandons unterbrachen ihr Gespräch und schauten hinüber zur Fensterreihe, wo sich

Charlotte und Oberstleutnant van der Smissen angeregt unterhielten.

„Bestimmt liegt es daran, daß man in der Fremde gerne mit einem Landsmann umgeht", meinte Señora Barron beschwichtigend, ohne damit auf Señora Almonte Eindruck machen zu können.

„Es ist wohl weniger der Belgier, liebe Freundin", belehrte sie erheiternd, „als vielmehr der Mann."

Die umstehenden Herren verkniffen sich ein Lächeln.

„Seitdem die Sache auf der Fahrt zur Kathedrale passiert ist", rief sie in Erinnerung, „steht es zwischen ihr und dem Kaiser nicht zum besten, wenn das überhaupt jemals der Fall gewesen ist."

„In ihren Augen soll er sich durch blinden Übereifer maßlos blamiert haben", setzte sie nach, um jedes Mißverständnis bei ihren Zuhörern auszuräumen, „es ist eine unglaublich peinliche Situation gewesen, nicht nur für Charlotte."

Als sie die ersten mitleidigen Blicke gewahrte, die zur Kaiserin hinübergingen, schränkte sie ein: „Es sei denn, es kommt daher, daß Maximilian diesen Iturbide-Prinzen Augustin an den Hof haben will. Sie haben doch wohl davon gehört? Da er es offensichtlich aufgegeben hat, einen Nachfolger von Charlotte zu erhoffen, glaubt er wohl, über die Iturbide Linie sein Haus fortsetzen zu können."

„Van der Smissen ist dann also ein Rachefeldzug?" resümierte Señora Barron, die folgsam zugehört hatte.

„Ein bemerkenswert unverschämter sogar", eiferte Señora Almonte, „sie sollen schon gemeinsam auf dem Chalco-See im Ruderboot gesehen worden sein."

Seinen Kinnbart liebevoll zwirbelnd, hatte Señor Escandon den Dialog aufmerksam verfolgt.

„Wenn die Bemerkung erlaubt ist", warf er ein, „ein erstaunlich dummes Manöver des Kaisers, gerade einen Nachfolger aus der Familie Iturbides zu benennen. Schließlich ist Iturbide als Kaiser seinerzeit erschossen worden. Das Volk hat für gewöhnlich in solchen Dingen eine feine Nase."

„Sehr richtig, Señor Escandon", stellte sich Señora Almonte auf seine Seite, „ein dummes Manöver, das einem dann unterläuft, wenn man mit persönlichen Problemen vollgestopft ist. Das Problem in seinem Falle heißt Charlotte."

„Ihr Einfluß auf die Politik ist in der Tat besorgniserregend", pflichtete Almonte seiner Frau bei, „sie treibt mit ihrem Durchsetzungsvermögen Maximilian in Entscheidungen hinein, die hart an der Grenze des noch Hinnehmbaren liegen. Ich denke dabei an das Sympathisieren mit den Liberalen und an die Auseinandersetzung mit der Kirche."

„Doch wohl nur, um mehr Unabhängigkeit herzustellen gegenüber Frankreich und dem Vatikan", wandte Señor Escandon, um Klarheit bemüht, ein.

Almonte mußte sich mäßigen, um seiner Aufgebrachtheit nicht zu stark die Zügel schießen zu lassen, als er entgegenhielt: „Aber nicht um den Preis eines Alleingangs, verehrter Freund, der vielleicht den Ehrgeiz einer Charlotte befriedigt, doch uns Konservativen unversehends den Kopf kosten könnte."

Plötzlich wurden die Gespräche von einem feinen Sirren skandiert, das durch die geöffneten Fenster hereinzog. Es hatte zu regnen begonnen. Die Rosen und Veilchen, die die Terrasse des Schlosses zierten, entließen ein betäubendes Aroma. Die Lakaien fingen an, die Fenster zu schließen. „Eine beruhigend regelmäßige Einrichtung, finde ich", spaßte Maximilian, während unter den einrastenden Fenstern die Geräusche des Regens allmählich verschwanden.

Charlotte kommentierte die Bemerkung mit einer etwas zu aufgesetzt wirkenden Launigkeit. Bazaine, der ihr schräg gegenüberstand, hatte sie durchschaut, wenn er annahm, daß sie damit ihrer Unterhaltung die Verkrampftheit nehmen wollte.

„So regelmäßig fast wie die Praxis Euer Majestät, Todesurteile in Haftstrafen umzuwandeln", versuchte Bazaine seine Schlagfertigkeit unter Beweis zu stellen.

Charlotte fand, daß er damit entschieden zu weit gegangen war, auch wenn er beabsichtigt haben sollte, seinerseits die Situation zu entspannen. Maximilian, der die unterschwellige Spitze wohl verstanden hatte, zuckte leicht zusammen. Charlotte fürchtete, er könne im Zorn eine Dummheit begehen.

„Nicht weniger regelmäßig, Marschall, als Ihre Armee es fertig bringt zu siegen, ohne einen Fuß breit weiterzukommen", verteidigte sich Maximilian und bestätigte damit nur Charlottes Befürchtung, es fehle ihm an Selbstbeherrschung.

Bazaine ließ den Affront an sich abgleiten.

Charlotte, der Ansicht, daß es soweit nicht hätte kommen dürfen, bemühte sich, den Fehler gutzumachen.

„Die Probleme in diesem Land sind wahrlich noch nicht ausgestanden", meinte sie, „es wird noch viel zu überlegen und abzustimmen sein."

Bazaine nickte.

„Wie fühlen Sie sich übrigens in dem neuen Palais, Marschall?"

„Vorzüglich, Majestät", entgegnete Bazaine, „ich fühle mich ganz in Ihrer Schuld. Ein größeres Entgegenkommen wäre in der Tat nicht möglich gewesen, und ich hoffe auf eine Gelegenheit, meinen Dank abstatten zu können."

In gespielter Erheiterung entgegnete Charlotte: „Beschwören Sie solche Gelegenheiten nicht, Marschall. Unter den obwaltenden Umständen könnten sie nur zu leicht Wirklichkeit werden."

Bazaine verbeugte sich kavaliershaft, als sei er beeindruckt von den seherischen Fähigkeiten der Kaiserin.

„Das ist nicht übertrieben, Majestät. Wie schnell kann sich alles ändern und wie unerwartet stellen sich neue Gegebenheiten ein", bestätigte der Marschall, „wie man munkelt, wollen Euer Majestät einen Iturbide-Sprößling in den Prinzenstand erheben." Vorsorglich hatte er den Kaiser angeblickt, weil er erwarten durfte, Charlotte damit brüskiert zu haben.

„Ganz richtig", bemerkte Maximilian, „ich will damit deutlich machen, daß das Kaiserreich sich auf eine Tradition berufen kann, die ich dabei bin fortzuführen."

Der Marschall nickte dazu verständnisvoll. Nur Charlotte, die sich mit der ihr eigenen Disziplin wieder unter Kontrolle gebracht hatte, merkte, daß Bazaine dachte: Du Narr von einem Kaiser.

„Wie Sie wissen, bekomme ich keine Kinder", sagte sie schnell, ohne dem Marschall verhehlen zu können, welche übermenschliche Überwindung es sie gekostet hatte, den Satz herauszubringen, „ein Iturbide-Prinz ist in einem Land, in dem Kinderlosigkeit ein Frevel ist, immer noch das kleinere Übel."

Bazaines Verständnisbereitschaft schien keine Grenzen zu kennen. Auch jetzt nickte er gewogen, aber Charlotte kam nicht umhin, in der Ausdruckslosigkeit seines Gesichts ein boshaftes Lächeln zu wittern.

„Sicher ein überzeugender Grund, Majestät", meinte er, „und sicher auch eine gute politische Entscheidung, die Anhänger des ehemaligen Kaisers fest an sich zu binden."

Er spürte, wie Charlottes ablehnende Kälte wuchs und ihn wie ein Eishauch anblies. Vor seine Augen legte sich ein Schleier, der ihm das Ausmaß deutlich machte, mit dem ihn Charlottes Ablehnung traf.

Als der Indianerbischof Ramirez an den Kaiser herantrat, offensichtlich in der Absicht, auf etwas Wichtiges hinzuweisen, ergriff er die Gelegenheit, sich und seine Frau zu entschuldigen.

„Aber natürlich, Marschall", entsprach Maximilian seinem Wunsch, um sich darauf dem Bischof zuzuwenden.

Eine Sekunde, nachdem sie wieder allein waren, vertraute Charlotte ihrem Mann an, daß sie ganz sicher sei, den Marschall zu hassen.

Maximilian schaute sie entsetzt an.

7. Kapitel

Das Gartenhaus der Ansellis lag unweit des Weges, den der Kaiser bei seinen Ausritten bevorzugte. Es war ein Haus, das nicht typischer die Architektur des Landes hätte widerspiegeln können. Nach vorne zu mit einer Veranda versehen, begrenzten Arkaden es zur Gartenseite hin. Das Flachdach war auch als Terrasse nutzbar. Von der Grundfläche her recht klein, bot es mit der gefliesten Sala und den Schlafräumen doch genügend Platz für drei Personen. Zum Weg führte ein Pfad durch die Schlingpflanzen des Gartens, ein Pfad, der sich fortsetzte auf der anderen Seite hin zum Chapultepec-See, dessen bewegungslose Oberfläche auf den ersten Blick anmutete wie eine Klärung in einem ansonsten undurchdringlichen Dschungel.

...Als wir dort Wohnung nahmen – beschreibt Viktor Anselli das Szenarium – gab uns jeder Zentimeter des Hauses zu verstehen, daß wir nicht willkommen waren. Es herrschte das vollendete Chaos. Der Zahn der Zeit hatte nicht nur an dem Gebäude genagt, sondern es fast schon abgetragen. Ähnlich mußte das Schloß ausgesehen haben, bevor Maximilian es restaurieren ließ. Die drei Wochen, die nötig waren, um unser Gartenhaus zu renovieren, verbrachten wir in einem Hotel in Mexiko-Stadt. Unser Einzug vollzog sich ohne Komplikationen. Wir hatten ja kaum etwas mitgebracht. Was zunächst Komplikationen bereitete, war die Gewöhnung an die neue Umwelt: Das urwaldähnliche Dasein unter himmelhohen Bäumen, deren schindeldachähnliches Blattwerk dafür sorgte, daß es nie hell wurde. Ein gräulicher Schimmer, wie zerlaufendes Silber manchmal, zog sich vom See her zu unserem Haus hin.

In der ersten Zeit schreckten wir zusammen, wenn nachts die Papageien schrien, es im Netzwerk der Lianen zu rascheln begann oder in den nahen Sümpfen die Frösche quakten.

Es gab halt so wenig, was uns an Wien erinnerte oder an Triest. Genau genommen, gab es gar nichts. Eine Welt tat sich uns auf, in der sich die Jahrtausende konserviert hatten, unbezwungen in ihren fratzenhaften Masken und pyramidalen Tempeln.

Wenn die Zypressen im Abendwind rauschten, schien die Vergangenheit zurückzukommen und mit ihr der Geist jener Zeit, der eingekerkert, aber niemals besiegt worden war.

Seitdem wir wußten, daß der legendäre Moctezuma die Zypressen hatte anpflanzen lassen, pflegten wir mit einem Gemisch aus Schauder und heimlicher Anbetung den Naturlauten zu folgen. Verenice schien in dieser Welt der bizarren Formen und ins Auge fallenden Gegensätze aufzublühen. Entgegen allen Ratschlägen, nur im Konvoi nach Mexiko-Stadt zu fahren, beharrte sie darauf, es zu tun, wann es ihr paßte. Mein Vater, der das Land mit seinen verworrenen Verhältnissen gern mit einer chemischen Reaktion verglich, die dabei war zu kristallisieren, kam mit seiner fürsorglichen Schwarzmalerei gegen ihren verbohrten Optimismus nicht an. Und in der Tat passierte ihr bei den Einkaufsfahrten nichts. Auch da nicht, als sie der Anproben wegen mehrere Male die Woche zur Schneiderin mußte, um für die Narretei, wie mein Vater ihre Berufung zur Hofdame nannte, gerüstet zu sein. Seinen heimlichen Stolz leugnete er dabei beharrlich, ließ ihn aber durchscheinen bei den häuslichen Gesprächen, wenn es wiederholt um die Frage ging, wem wir unser Schicksal letztendlich verdanken. Mein Vater, der die Ereignisse gerne in größere Zusammenhänge einordnete, plädierte für die Annahme, hinter allem stehe Gottes Wille.

Neben diesem Gespräch gab es über das Allernotwendigste hinaus keine Kontakte zwischen ihnen. Da wir inzwischen über eine Hauswirtschafterin verfügten und mein Vater sich mehr im Schloß aufhielt als bei uns, kam Verenice in den Genuß eines Freiraums, den sie mit dem Studium der spanischen Sprache ausfüllte...

8. Kapitel

Verenice, die hartnäckig darauf bestanden hatte, die risikoreiche Tour nach Mexiko-Stadt ohne Begleitschutz zu unternehmen, war gegen Mittag wohlbehalten wieder zurück. Die Kunst des Kutschierens hatte sie deshalb so schnell erlernt, weil ihr ein Pferd zur Verfügung stand, das selbst eine Klapperschlange nicht aus der Ruhe hätte bringen können.

Durch das untere Tor zwischen den Schilderhäuschen war sie in den Park gefahren. Sofort wurde die Luft feuchter, geladener. Der Tag, schmerzhaft hell, versank im immerwährenden Dämmer. Mal dem Pferd die Zügel schießen lassend, mal es zurücknehmend, bewegte Verenice ihren Einspänner über die zum Teil naturbelassenen Wege, die erst mit dem Einzug des Kaisers in Chapultepec wieder benutzbar gemacht worden waren. In der Nähe des Sees nahm die Schwüle der Luft zu. Der Boden begann zu schwitzen. Die Pflanzenwelt, in einer unauflöslichen Umarmung begriffen, zwang Verenice, das Pferd anzuhalten. Aus der Kuppel des geschlossenen Baumdachs waren zudem Äste abgestürzt und auf den Weg gefallen. Eine Umgehung der Barriere war nur über das Seeufer möglich. Mit der einen Hand den Rock raffend, mit der anderen nach dem Zaumzeug des Pferdes greifend, machte sie sich daran, zum Ufer vorzudringen. Den Weg des geringsten Widerstandes suchend, gelangte sie in die Nähe des Sees. Aber jäh wurde ihr Marsch gestoppt.

„Majestät...!" entfuhr es ihr.

Auf einem moosüberwucherten Erdbuckel, der sich wie ein Feldherrnhügel aus dem sonst flachen Ufer heraushob, kniete der Kaiser und verfolgte hingebungsvoll, wie Steine, in rascher Folge geworfen, über die Wasserfläche hüpften, um dann aus der Flugbahn ausscherend, kringelbildend zu versinken. Er hatte den leichten Aufschrei wohl vernommen, schenkte ihm aber nicht die geringste Aufmerksamkeit, bis er auch den letzten Stein aus seiner Hand auf die Reise geschickt hatte.

„Ich kann es immer noch", kommentierte er dann sein Tun. An der Lautstärke, mit der er gesprochen hatte, ließ sich ermessen, daß er Verenice erkannt hatte. Jetzt sah sie sein Pferd, mit dem er immer an ihrem Haus vorbeizureiten pflegte. Alles deutete darauf hin, daß er auf ähnliche Weise an das Ufer gelangt war wie sie.

„Wissen Sie, daß ich in dieser Disziplin einmal unschlagbar war?" setzte er seine Erklärung fort. Die beschmutzten Hände rieb er an den Hosenbeinen sauber. Den großen Sombrero, den er zu seiner grauen und silberbetreßten Charro-Tracht trug, nahm er vom Boden auf und drehte ihn etwas verlegen in den Händen.

„Selbst mein Bruder Franz Joseph konnte mir darin nichts vormachen und schon gar nicht meine anderen Brüder: Karl Ludwig und Ludwig Viktor."

An Verenices Blick war abzulesen, daß sie mit dem Vorfall wenig anzufangen wußte. Situation und Auftreten des Kaisers unterschieden sich so grundsätzlich von ihren vorausgegangenen Erfahrungen mit ihm, daß sie entweder zur hilflosen Schweigsamkeit verurteilt war oder auf einen Umgangston zurückgreifen mußte, der die gesellschaftliche Distanz zwischen ihnen völlig außer acht ließ.

Maximilian kam ihr entgegen.

„Wollen Sie es nicht auch mal probieren?"

Er veranlaßte sie zu einem etwas unschlüssigen Lächeln.

„Wie meinen Majestät...?"

„Hier", sagte Maximilian, griff zu Boden und fingerte einige Steine aus der feuchten Erde, „werfen Sie mal!"

Er vollführte die Gebärde des Steinschleuderns. Eine jungenhafte Freude daran war ihm nicht abzusprechen. Sie erlebte ihn in einer Entspanntheit, die er bisher nirgends zu zeigen gewagt hatte. Seine hellen Augen blitzten heiter und lösten ein Gefühl in Verenice aus, das sie erschreckt von sich wies.

Als er ihr einen Stein in die Hand legte, wußte sie, daß ihre Begegnung an Maßstäben zu messen war, die sie erst noch kennenlernen mußte.

Zu behaupten, daß ihr diese Art des Zeitvertreibs mißfiel, wäre eine Lüge gewesen. Den Stein zwischen die Finger zu klemmen, Schwung zu holen und den richtigen Winkel anzupeilen, damit das Geschoß mit der Plattseite über die Wasseroberfläche springen konnte, machte ihr zusehends mehr Spaß, zumal Maximilian sich als geduldiger Lehrmeister erwies. Beide katapultierten sie abwechselnd ihre Steine über den See, gaben sich gute Noten für gelungene und schlechte Noten für solche Würfe, die mit einem traurigen Plopp zu Ende gingen. Sie lachten sich an, ausgelassen und übermütig zuweilen, aber auch aus, wenn sich einer zu tollpatschig angestellt hatte.

Wollte es bei Verenice gar nicht gehen, dann stellte sich Maximilian neben sie, ergriff ihren Arm, führte ihn schwungvoll nach hinten und glich seine Bewegung der ihren an.

„So macht man's, Gnäd'ge Frau!"

„Richtig so?" fragte sie regelmäßig bei ihm an.

„Exzellent...", pflegte er selbst in solchen Fällen zu sagen, wo das Ergebnis eher passabel war. Er bemühte sich, nett zu sein. Bald bemerkte sie, daß sie ihren Antworten nicht einmal mehr das pflichtschuldige „Majestät" hinzugefügt hatte.

„Majestät...!"

Er hielt ihr den Mund zu. Seine Augen sprühten im stillen Vorwurf. Schwach, aber doch merklich, spürte sie, daß er zitterte. Stumm begann es aus ihm zu sprechen, noch bevor es der Mund tat.

„Ich wünschte, Sie wären meine Frau!"

Seine Hand hatte er ganz sacht von ihrem Mund weggezogen.

Sie starrte ihn an, überwältigt, die Farbe wechselnd, als sei sie einer Ohnmacht nahe.

„Ich wünsche es mir schon lange", beteuerte er, „schon, als ich Sie das erste Mal auf dem Fest in Miramare sah, und ich weiß es mit Sicherheit seit dem Zeitpunkt, als wir miteinander über ihren Bruder sprachen."

Das Unfaßbare des Geschehens lähmte sie. Ihr Blick, schreckstarr und bewegungslos, haftete immer noch an seinen Augen, aus denen der Vorwurf geschwunden war und einer sich verströmenden Melancholie Platz gemacht hatte. Er wollte wieder etwas sagen, aber ein Hindernis legte sich seinen Worten in den Weg. Statt dessen umfaßte er ihren Kopf und zog ihn zu sich heran. Und dann fühlte sie auf ihrem staunend geöffneten Mund seine bebenden Lippen.

9. Kapitel

Brief José Manuel Hidalgos
an José Maria Gutierrez in Rom, Palazzo Mariscotti.

Paris, im August 1865

Verehrter Freund!

Es gehört zu den Tugenden, in heiklen Situationen einen kühlen Kopf zu bewahren. Euer Brief hat mir zu Genüge bewiesen, daß Ihr dazu fähig seid. Ich stimme ganz mit Euch überein, daß schnelles Handeln nottut.
Ich muß Euch recht geben, daß in dem so scheinbar planlosen Vorgehen Ihrer Majestäten, in dem ich nur Dummheit und Unerfahrenheit zu sehen glaubte, nichtsdestoweniger eine Absicht steckt.
Maximilian und Charlotte wollen sich zweifellos aller Verpflichtungen entledigen und den gefährlich schmalen Pfad der Ungebundenheit beschreiten.
Ich bin weiterhin wie Ihr der Ansicht, keinesfalls zuerst im Kaiser den Drahtzieher zu vermuten, sondern in Charlotte, die bekanntlich so antiklerikal wie antifranzösisch ist und sich vor allem durch eins auszeichnet: Ehrgeiz.

Wie zutreffend, verehrter Freund, habt Ihr die Konsequenzen entwickelt, die sich aus einem solchen Alleingang ergeben könnten. Unausdenkbar, selbst wenn wir den äußersten Fall ausklammern, die Juaristas kämen solcherart schneller zu ihrem Sieg, wären auch die Folgen bei einer Regierungsübernahme durch diesen französischen Marschall Bazaine. Mit der französischen Auffassung über die Handhabung der religiösen Frage haben wir ja bereits traurige Erfahrungen gemacht. Und Bazaine dürfte dazu kaum anders eingestellt sein als Napoleon. Da kann ich Euch nur zustimmen, wenn Ihr mahnt, schnellstens das Heft in die Hand zu bekommen, den Kaiser in die Pflicht zu nehmen und ihm klarzumachen, daß nur die Kirche das Fundament sein kann, mit dem Herrschaft möglich ist. Appelle werden indes wenig nutzen, wie Ihr richtig bemerkt habt. Zupacken tut not, entschlossenes wie kluges Taktieren, um Maximilian dem Einfluß der Kaiserin zu entziehen.

In der Not kann man sich die Mittel nicht aussuchen. Darum auch kein Wort über diesen Pater Fischer, der, wie Ihr schreibt, in unauffälliger Manier dem Beraterstab des Kaisers einverleibt werden soll. Wenn eine Aufgabe wie die der vorliegenden Art einen Mann ohne Skrupel verlangt, so ist dieser Pater durch seine Lebensgeschichte hinreichend prädestiniert.

Ich vertraue ganz Eurer Erfahrung, wenn es darum geht, Leute zu finden, die Pater Fischer bei Hofe einführen. Wie Ihr angemerkt habt, kämen dafür wohl Freunde des Kaisers aus dem Kreis der Hazendados in Frage.

Alle Planung, so gut durchdacht sie ist, braucht auch Glück. Wünschen wir uns, daß es uns gelingt, in dieser Stunde höchster Not dem Übel zu wehren, das mit so ruchloser Hand nach unserem Vaterland greift.

Euer
José Manuel

Ihre Ausfahrten so unbeschwert wie bisher zu gestalten, wollte ihr nicht mehr gelingen. Seit dem Zusammentreffen mit dem Kaiser verfolgte Verenice die Vorstellung, Ähnliches könne sich wiederholen, wenn sie durch den Park fuhr. Zumal der Kaiser die Neigung hatte, zu unberechenbarer Zeit dort herumzureiten, wohl auch, um den beengenden Verhältnissen im Schloß auszuweichen. In erster Linie aber – und das hatte sich durch das Personal herumgesprochen – um Charlotte nicht ins Gesicht zu laufen, die wegen des Iturbide-Prinzen unter Depressionen litt.

Dem Kaiser aus dem Weg gehen zu wollen, wäre indes dem Versuch gleichgekommen, die Naturgesetze zu ändern. Darüber war sie sich völlig im klaren. Jetzt, nachdem er es sogar in seiner Hand hatte, sie als Hofdame ins Schloß zu zitieren.

Ihm zu entgehen, war schlechterdings unmöglich, wenn er es darauf anlegte. Und sie fürchtete, daß es so sein würde. Der Augenblick, als er sie geküßt hatte, war ihr noch gut in Erinnerung: Wie eine Warnung.

Wenn sie sich ehrlich gegenüber sein wollte, so hatte sie sogar Angst davor, dem Kaiser wiederzubegegnen. Eine Angst, über die sie mit niemandem sprechen konnte.

Natürlich hatte Maximilian ihr aufgelauert. Wahrscheinlich war er sogar darüber in Kenntnis gesetzt worden, daß sie aus der Stadt zurück sei. Verenice war eben in den Park eingefahren, der Schlagbaum senkte sich noch hinter ihr, als sie den Apfelschimmel des Kaisers ihrem Einspänner entgegentraben sah.

Schlagartig war es dämmerig geworden. Unter den ausgreifenden Kuppeln der Zypressen herrschte das Zwielicht des einfallenden Abends, wenngleich es erst Mittag war.

Verenice zügelte das Lamm von einem Pferd, das vor ihr in der Deichsel ging, weil der Kaiser ihren Wagen erreicht hatte und den Sombrero mit einer schwungvollen Bewegung vom Kopfe riß.

„Meine Bewunderung, Gnäd'ge Frau, angesichts von soviel Mut und Tatkraft", rief er.

Sie bedankte sich für seine Freundlichkeit, nicht ohne zu vermerken, daß er seit ihrer letzten Begegnung magerer geworden war.

„Wissen Sie überhaupt", versuchte er anzuknüpfen, „daß es Leute gibt, die es ein Wagnis nennen, in diesem Lande die eigenen vier Wände zu verlassen?"

Verenice, die ihr Pferd im Schritt hatte gehen lassen, lauschte dem Kaiser, der jetzt neben ihrem Einspänner herritt, als habe er denselben Weg hinter sich wie sie.

„Ich werde Sie diesen Leuten als Gegenbeweis präsentieren", führte er seinen Gedanken zu Ende, „wenn Sie erlauben."

Er konnte an ihrer Reaktion erkennen, daß er sie mit seinen Worten amüsiert und dazu herausgefordert hatte, mit gleicher Münze heimzuzahlen.

„Da wären Sie sicherlich schlecht beraten, Majestät", imitierte sie seinen Ton, „Sie wissen doch: Kinder, alten Leuten und bestimmt auch uns närrischen Frauen stehen die Schutzengel zur Seite, was so mancher gestandene Mann nicht von sich behaupten kann."

„Sie sagen es, Gnäd'ge Frau", bestätigte der Kaiser, „dafür gibt es leider nur viel zu viele Beweise."

Ihr kam der Gedanke, daß sie ihn wieder „Majestät" genannt hatte. Und was hatte er gesagt?

Sie und Gnäd'ge Frau.

Sie Szene am See tauchte vor ihrem inneren Auge auf. Etwas sagte ihr, daß die Warnung, die sie in sich verspürt hatte, zu recht bestand.

„Spaß beiseite", bemühte sie sich Konversation zu machen, „ich denke mir immer, ein Caballero wird sich nicht an einer schutzlosen Frau vergreifen."

Der Kaiser spielte den Erstaunten.

„Darauf verlassen Sie sich mal nicht", meinte er, „die Caballeros sind dabei, auszusterben."

„Was sicherlich ein nicht unwillkommener Anlaß ist,

nach einer neuen Orientierung Ausschau zu halten", konterte er mit einem Augenzwinkern, das sie mehr verunsicherte, als erheitern konnte.

Der naturbelassene Zustand des Parks mit seinen Verschattungen tat ein Übriges, um die Situation für sie mit bizarren Empfindungen aufzuladen.

„Das klingt immerhin so, Majestät", ergriff sie das Wort, um darüber hinwegzukommen, „als hielten sie sehr viel von uns Frauen."

Er duckte sich auf seinem Pferd, weil ein tiefhängender Zweig seinen Kopf zu streifen drohte.

„Es gibt für mich keinen Grund, das in Abrede zu stellen", erklärte er. An seinem Tonfall merkte sie, daß ihr Einwurf ihn nicht ganz unberührt gelassen hatte.

„Ich habe mich schon früh davon überzeugen lassen müssen, daß Tatkraft nicht nur Männern zu Gebote steht", fuhr er fort, „und mache noch heute meine Erfahrungen damit."

Die warnende Stimme in ihrem Inneren rührte sich wieder. Aber an ein Entweichen war nicht zu denken.

„Sehen Sie", bemerkte Maximilian, „es fängt schon an zu regnen."

Er hielt seine Hand ausgestreckt, den Handteller auswärts gekehrt. In dicken Tropfen schlug es durch das Blattwerk, aus dem es wie aus den Öffnungen in einem Sieb rieselte.

Der Park war dabei, sich in eine Traufe zu verwandeln.

„Hier können wir nicht bleiben", meinte Maximilian. Verenices Einverständnis voraussetzend, griff er ihrem Pferd an die Kopfzäumung und brachte es zum Stehen. Im Nu war er aus dem Sattel, bot Verenice die eine Hand, während er mit der anderen schützend den Sombrero über ihren Kopf hielt.

„Wir sind gut beraten, uns unterzustellen", kommentierte er überflüssigerweise sein Vorgehen, „in einer halben Stunde können wir dann weitersehen."

Verenice ließ sich aus dem Wagen helfen, ohne etwas zu

erwidern. In sich fühlte sie eine Schwäche, die es ihr unmöglich machte, nein zu sagen.

Seine Hand in ihrem Rücken spürend, ließ sie sich über Farne und Schlingpflanzen hinweg unter die lanzettenförmigen Blätter einer Palme führen, an denen das Wasser abfloß wie in einer Regenrinne.

Die kavalierhafte Geste, mit der er sie an sich heranzog, wirkte auf sie wie ein verunglückter Annäherungsversuch. Sie spürte seine knochigen Finger in ihrer Schulter, während er immer noch bemüht war, den Sombrero über sie zu halten, um das Spritzwasser abzuwehren.

„Ihre Majestät, die Kaiserin, würde ein falsches Bild von mir bekommen, wenn sie mich mit Euer Majestät hier sähe", überwandt Verenice ihre Sprachlosigkeit. Dadurch, daß er den Sombrero jetzt unruhig hin- und herbewegte, scheinbar, um den Regen besser abfangen zu können, verstärkte er nur den Verdacht, von der Bemerkung in Verlegenheit gebracht worden zu sein. Endlich raffte er sich auf zu sagen: „Es sollte Sie wenig kümmern, Gnäd'ge Frau. Ihre Majestät neigt ohnehin dazu, Eindrücke zu verzerren."

Statt einer Entgegnung röteten sich ihre Wangen. Sie merkte, wie sie sich verkrampfte, und ängstigte sich sogleich, er könne es wahrnehmen.

Um sie wirkungsvoller zu schützen, hatte Maximilian seinen Kopf näher an Verenice herangerückt. Sein Atem dampfte gegen den Rand des Sombreros an und streifte ihr Gesicht. Um sich nicht in ihren Gefühlen zu offenbaren, schloß sie die Augen.

„Eines habe ich nicht verstanden", hörte sie seine Stimme, gläsern und überlaut neben ihrem Ohr.

„Wie meinen... Majestät?"

„Daß Sie den Bibliothekar Anselli heiraten konnten, einen im Vergleich zu Ihnen doch alten Mann."

Das Unterlid ihres rechten Auges kam ins Vibrieren. Sie spürte den Schlag des Muskels überstark, war sich aber bewußt, daß er die Ursache nicht erkennen würde. Er würde das Wetter verantwortlich machen.

„Ich muß ihn geliebt haben, Majestät", erklärte sie mit betonter Sachlichkeit.

Seine Stimme bekam einen frohlockenden Klang, als er wiederholte: „Muß...?"

„Ich habe ihn sicherlich geliebt... damals", versuchte sie richtig zu stellen.

Ihre Aussage hatte ihn ermutigt. Das merkte sie an der Art, wie er sich gab.

„Herr Anselli – sie verbesserte sich – mein Mann, seine Lebensweise, sein Denken inmitten all der Schwierigkeiten, sein Mut, seine Unerschütterlichkeit: Das hat mich angezogen, hat ihn mir liebenswert gemacht ..."

Sein Gesicht, nur wenige Zentimeter von dem ihren entfernt, hellte sich zusehends auf, wurde zugänglicher.

„...es hätte für mich keinen anderen Mann geben können."

„...damals", hörte sie ihn ergänzen.

Eine Gefühlswoge hatte sie aufgenommen und trug sie hinweg.

„In Wien..."

„Ich kenne die Geschichte", sagte er verständnisvoll. Aus seinem Gesicht war die forsche Wachheit verschwunden. Ein Zug, der auf Nachdenklichkeit hindeutete, hatte sich eingenistet.

„...Wien ist ein Totenhaus", räsonierte er, „ein Pflaster für Bestattungsunternehmer."

Seine Worte setzten Gefühle der Abneigung in ihr frei.

„Dort hält man die Zuckungen erschlaffender Körper für Äußerungen höchster Lebendigkeit", fuhr er in seiner morbiden Metaphorik fort, „den erkalteten Torso für gestaltete Form, bösartige Nachstellung für Moral, Gleichgültigkeit für Toleranz und eigenbrödlerische Selbstbeschäftigung für eine Manifestation von Charakterstärke."

Das Vibrieren ihres Augenlids hatte auf die andere Seite übergegriffen. Sie fühlte das Erstaunen in sich wachsen. Ein Erstaunen über soviel Offenheit und Nähe. Für einen Augenblick verlor sie sich in einem grenzenlosen Raum.

„...ich verstehe nur zu gut", vernahm sie wieder seine Stimme. Er mußte weitergesprochen haben, ohne daß sie imstande gewesen war, es zu registrieren, „eine Frau wie Sie: Inmitten der Verschnürung, der Erdrosselung des Lebens... ein Affront, ein bedrückendes Angstbild für die Eingekerkerten."

Als sie ihn anblickte, zum ersten Mal, blinzelte er. Seine Hand, die ihre Schulter bisher umklammert hielt, hatte er zurückgezogen. Die Freigabe empfand sie als einen Beweis seiner Ehrlichkeit.

„Wie aufgebraucht alles ist", sagte er müde, „wie hilflos oder wie toll..."

Der Sombrero war Maximilian aus der Hand geglitten. Alles an ihm war Begehrlichkeit.

„Ich liebe Sie", sagte er so plötzlich, als zöge er damit zwingend das Fazit aus seinen Darlegungen.

Verenice betrachtete ihn ohne eine Regung. Daß sie ihn mit ihrer Kühle irritierte, ängstigte sie nicht im geringsten.

„Wir waren bisher so ehrlich miteinander, Majestät", meinte sie dann in einem Ton, der keinen Zweifel an ihrer Freundlichkeit zuließ, „wäre es nicht besser für uns beide, wenn wir damit fortfahren würden?"

In seine Haltung kam ein abwehrender Zug. Aber sofort erlegte er sich die Disziplin des Kavaliers auf.

„Verzeihen Sie, Gnäd'ge Frau", erwiderte er höflich, „sicherlich haben Sie recht."

Um seine Enttäuschung zu verbergen, bückte er sich, hob den Sombrero aus der Wasserlache und versuchte, ihn mit viel Umstand trocken zu reiben.

11. Kapitel

Brief des Jean Pierre Marat,
Sergeant im französischen Expeditionskorps,
an den Abgeordneten in der Deputiertenkammer,
Jules Favre, Paris.

Hermosillo, im Oktober 1865

Lieber Jules!

Wenn ich Dir mit meinen Klageliedern wieder in den Ohren liege – entschuldige. Inzwischen mußt Du meine Lamentos leid sein, kann ich mir denken. Ich habe ohnehin nicht mehr zu berichten, als Du schon weißt. Meine Depeschen, die einmal dazu gedacht waren, Dich auf dem laufenden zu halten, beschränken sich inzwischen auf die Darlegung persönlichster Nöte und skurriler Hypothesen. Trotzdem schreibe ich weiter. Wie Du richtig annimmst, geht es mir darum, die Verbindung zu euch nicht abreißen zu lassen. Damit meine ich all diejenigen, die sich ein Frankreich ohne Seine Majestät den Kaiser recht gut vorstellen können. Wäre ich nicht so unmittelbar einbezogen in die schrecklichen Ereignisse, könnte ich fast glücklich darüber sein, wie sich die Dinge hier entwickeln. Entwickeln ist dabei eine untertreibende Bezeichnung. Zuspitzen müßte es eher heißen.
Die Kombattanten in diesem Land sind nie zimperlich miteinander umgegangen. Du kennst das von Juárez erlassene Gesetz, wonach jeder mit der Todesstrafe rechnen muß, der Maximilian unterstützt. Weidlich ist davon Gebrauch gemacht worden. Auch von unserer Seite. Die Phantasie feiert Triumphe, wenn es darum geht, Verfahrensweisen zu ersinnen, Mitmenschen ins Jenseits zu befördern. Ich habe es nur zu oft erlebt und bin dessen bis zum Erbrechen überdrüssig.
Eine recht unsoldatische Haltung, nicht wahr?
Aber weiter!

Bisher sind solche Maßnahmen unter der Hand abgewikkelt worden. Um es deutlicher zu sagen: Was an standrechtlichen Aburteilungen vorgekommen ist, mußte von den Kommandeuren verantwortet werden und konnte unter Umständen für sie böse Konsequenzen haben. Denn ohne die Gegenzeichnung durch Maximilian war eine Exekution ein Akt von Insubordination und wurde militärstrafrechtlich geahndet.
Dies hat sich seit diesem Monat per Dekret geändert. Eine Verordnung, die sicherlich über das Militärische hinaus bedeutsam sein dürfte. Der Nutzen hingegen ist gering. Das Dekret bestätigt nur eine ohnehin existierende Praxis und kann sie allenfalls unkontrollierbar ausufern lassen. Unausdenkbar die Möglichkeiten des Mißbrauchs, nachdem jetzt jeder kleine und kleinste Kommandeur jeden nach Gutdünken beseitigen lassen kann.
Die Nachteile dieser Verordnung sind indes sofort offensichtlich. Wir wird die übrige Welt reagieren? Ich meine damit diejenigen, die sich etwas auf die Verwaltung der Menschlichkeit zugute halten. Müssen sie nicht ihre Abscheu spektakulär unter Beweis stellen?
Eine erste Auswirkung spüren wir darin, daß Truppenbewegungen in Richtung Grenze zur USA untersagt sind, um keinen Zwischenfall zu provozieren. Ich kann mir denken, wie heftig der Aufschrei der Entrüstung dort gewesen sein muß. Nicht anders kann ich mir die Reaktion in Paris vorstellen. Auch hier: Entsetzen, Ekel und Widerwillen, ein System zu unterstützen, das überwunden geglaubte Formen der Menschenverachtung per Dekret wiederbelebt.
Wenn Seine Majestät der französische Kaiser sich davon auch kaum berühren lassen dürfte, einschließlich Bourgeoisie, so wird er die Chance nicht vorübergehen lassen, unter dem Vorwand moralischer Motive Maximilian seine weitere Unterstützung zu versagen, um das in Aussicht stehende Desaster auf ihn abzuwälzen.
Hier zeigt sich für mich ein schmaler Streifen am Horizont,

vielleicht doch noch nach Hause zu kommen, in einem Zustand, meine ich, in dem ihr mich noch wiedererkennt.

Dein
Jean Pierre

12. Kapitel

„Ich werde der Sache nicht froh, Pater", seufzte Maximilian und sah, wie um Beistand bittend, zum Gemälde auf, das über seinem Schreibtisch hing. Es zeigte seine Mutter, die Erzherzogin Sophie, neben dem Herzog von Reichstadt. Das Bild, ein Abschiedsgeschenk, war ihm am Tage seiner Einschiffung nach Mexiko übergeben worden.

„Nun gut, Pater, Sie haben mich davon überzeugt, meine Unterschrift unter das Dekret zu setzen. Vieles spricht ja in der Tat dafür, dem Machtanspruch, den wir erheben, mit einer Anordnung sichtbarer noch als bisher Ausdruck zu verleihen. Damit machen wir der Welt klar, daß der Kampf der Juaristen gegen uns nichts anderes darstellt als ein Akt der Rebellion."

Pater Augustin Fischer, mit dem der Kaiser gesprochen hatte, nickte.

„Ganz recht, Majestät, und das auch juristisch unanfechtbar, nachdem dieser Juárez sich nicht einmal mehr auf mexikanischem Boden aufhält. Zudem muß er ja noch damit rechnen, um seine Wiederwahl zu kommen, wenn seine Amtszeit diesen November abläuft", bekräftigte er.

Maximilian konnte dagegen nichts einwenden. Es waren dieselben Argumente, mit denen der Pater ihn vor Wochen überredet hatte.

„Trotzdem", meinte er, immer noch mit einem Rest Unsicherheit ringend, „was ich da angeordnet habe, ist gegen mein Naturell. Mehr noch, gegen alle Absichten, die ich bekundet habe, bevor ich hierherkam."

Der Pater war mit einer Hand unruhig über seine Weste gefahren, als wolle er überprüfen, ob auch alle Knöpfe geschlossen seien. In seiner gewinnenden Art, die Maximilian zu schätzen wußte, kräuselte er betroffen die Stirn, fuhr mit einer Hand zum Kinn und sagte mit prophetischer Stimme: „Wie wird man Euer Majestät dereinst für die Größe, die in dieser Selbstüberwindung liegt, bewundern!"

Der Kaiser sah ihn streng an. Dann veränderte sich sein Ausdruck. Die Freundlichkeit, die er ausstrahlte, war unheimlich und schüchterte selbst einen Mann wie Pater Fischer ein, der sich etwas darauf zugute hielt, jeder Lage gewachsen zu sein. „Um große Worte sind Sie nicht verlegen, Pater", sagte er maßregelnd, „sicherlich ein Vorzug, den ich zu schätzen weiß. Aber Sie haben nicht die geringste Vorstellung davon, was für einen Kampf gegen die Kaiserin mich die von Ihnen beschworene Größe kosten wird. In Bezug auf die Notwendigkeit des Dekrets sind die Kaiserin und ich völlig entgegengesetzter Meinung."

„Ihrer Majestät Abneigung gegen meine Person ist mir nur zu bekannt", demütigte sich Pater Fischer vorsorglich, „darum ist es mir eine Herzensangelegenheit, meine Loyalität gegenüber dem Herrscherhaus möglichst bald unter Beweis zu stellen, über meine bisher schwachen Versuche hinaus."

Trotz seiner körperlichen Beeinträchtigung durch die nicht unter Kontrolle zu bringende Dysenterie sprühte Maximilian vor Lebendigkeit, als er auf den Pater zueilte und ihm tröstlich auf die Schulter klopfte.

„Gott im Himmel, so war das nicht gemeint", sagte er, „niemand will Sie anklagen. Im Gegenteil, ich brauche Sie. Und gewiß können wir die Kaiserin von der Richtigkeit unseres Vorgehens überzeugen, wenn Sie erst einmal in Rom sind und die Verhandlungen um das Konkordat neu beleben. Ich bin davon überzeugt, Sie werden erfolgreicher sein als Ihr Vorgänger und mit einem Vertragsabschluß all Ihren Feinden den Wind aus den Segeln nehmen."

Die Geräusche, die den Regierungspalast ständig umtosten, erhielten plötzlich dadurch eine neue Qualität, daß eine Reihe von Kommandos ertönte. Der Kaiser unterbrach sich und trat ans Fenster. Das geschäftige Bild des Waffenplatzes sprang ihm ins Auge: Die mit Blumen geschmückten Verkaufsstände, die Vielfarbigkeit der Kleidung von Kunden und Verkäufern. Über den Ständen quirlte der Rauch aus den Öfen, auf denen Tortillas und Tomales gebacken wurden.

„Wir bekommen hohen Besuch", sagte Maximilian nach einer Weile. Das Rasseln von Wagenrädern war jetzt so vernehmlich geworden, daß es die anderen Geräusche fast verdrängte. Das Schnarren der Kommandos war übergegangen in das Klopfen von Präsentiergriffen.

„Die Kaiserin macht uns ihre Aufwartung", vervollständigte Maximilian seiner Aussage.

In das Gesicht Pater Fischers gruben sich finstere Züge. „Dann ist es besser, wenn ich gehe, Majestät", kündigte er an, „für Ihre Majestät bin ich ein rotes Tuch, Sie sieht mich lieber von hinten als von vorne."

„Ja, ja", bestätigte Maximilian den Einwand. Die Teilnahmslosigkeit, die er dabei zum Ausdruck brachte, machte deutlich, daß seine Aufmerksamkeit für Sekunden ganz woanders gewesen war.

Mit kurzen Verbeugungen hatte sich der Pater auf die Tür zubewegt. Seine große, kräftige Gestalt, die im krassen Gegensatz zu der des Kaisers stand, schien der künstlich auferlegten Unterwerfungsgebärde Widerstand entgegenzusetzen. Ein Eindruck, dem sich auch José Luis Blasio, des Kaisers junger Sekretär, nicht entziehen konnte, der im selben Moment aus dem benachbarten Raum, der die kaiserliche Kanzlei beherbergte, in das Arbeitszimmer trat.

„Majestät...!"

Dann wartete er ab, bis der Kaiser den Pater verabschiedet hatte. Eine Zeremonie, die in ihrer Umständlichkeit die Abhängigkeit des Kaisers von diesem Mann nur zu unterstreichen geeignet war.

Blasius Ankündigung wußte er dann zuvorzukommen mit dem Hinweis, daß er bereits die Kaiserin erwarte. Der Sekretär vollzog die pflichtschuldige Verbeugung und ging zurück in die Kanzlei.

Eine Minute später stand Charlotte in Maximilians Arbeitszimmer, nachdem sie die begleitenden Damen angewiesen hatte, den Raum zu verlassen.

„Ich bin auf dem Gang diesem zwielichtigen Pater begegnet", begann sie, ohne ihre vorwurfsvolle Haltung auch nur im geringsten einzuschränken.

„Deine Vorurteile, Charlotte!"

„Mitnichten, Max", wandte sie ein, „wie würdest du einen Mann einstufen, dessen Vergangenheit nicht recherchierbar ist bis auf ein paar dubiose Daten."

„Er war Sekretär des Bischofs von Durango", nahm Maximilian die Verteidigung auf.

„Und Goldgräber in Kalifornien, nicht zu vergessen", fiel sie ihm ins Wort.

„Schließlich haben die Jesuiten ihn ausgebildet."

„Fürwahr, Max, was immer sie sich dabei gedacht haben", übernahm sie schnell wieder das Wort.

„Mach bitte deine Augen auf, Max, von diesem Mann kommt nichts Gutes. Aus welchen Beweggründen auch immer du ihn zu deinem Berater gemacht hast, du irrst dich, wenn du glaubst, er stehe auf unserer Seite. Die Leute, die uns zu ihrem Werkzeug machen wollen, haben ihn eingeschleust. Es sind dieselben, die gegen mich eine Verleumdungskampagne ins Leben gerufen haben und deine guten Absichten benutzen wollen."

Mit einer raschen Kehrtwendung wandte sich Maximilian von ihr ab und setzte sich mit dem Rücken zu ihr auf den Schreibtisch.

„Ich werde ihn nach Rom schicken", erklärte er apodiktisch, „weil ich felsenfest an einen Konkordatsabschluß nach unseren Konditionen glaube, wenn Pater Fischer die Sache in die Hand nimmt."

Ein flüchtiges Rascheln verriet ihm, daß Charlotte ihr perlenbesetztes Täschchen aufgerissen hatte, um nach einem Taschentuch zu suchen. Er hörte, wie sie sich schneuzte. Dann sagte sie mit etwas rauher Stimme: „Was er bisher erreicht hat, Max, läßt eher an ein anderes Ende denken. Dieses irrsinnige Dekret, das du dir hast aufschwatzen lassen, hat bereits den ersten politischen Eklat mit noch unabsehbaren Konsequenzen zustande gebracht."

Jetzt drehte er sich langsam herum, gerade soweit, daß er sie aus dem Profil heraus erkennen konnte. Ihre Stimme schraubte sich hoch in einen beherrschenden Diskant, als sie sagte: „Oberst Mendez hat auf der Rechtsgrundlage des Dekrets die republikanischen Generale Arteaga und Salazar erschießen lassen."

Sie merkte, daß er schneller atmete.

„Abgesehen davon, daß er uns damit vor der Welt zu Heuchlern stempelt, die im Zeichen der Gerechtigkeit aufgebrochen sind, um schließlich Gesetze für Mörder zu erlassen, wird uns die ohnehin nicht wohlgesonnene Weltpresse nun endgültig den Garaus machen. Wir werden alle Sympathien verlieren, Max, alle..." fügte sie unter besonderer Betonung hinzu.

„So war es nicht gedacht", rechtfertigte er sich mühsam, „das Dekret sollte formellen Charakter haben, um unsere Autorität vor dem Volk unter Beweis zu stellen."

In dem Blick, mit dem sie ihn bedachte, lag eine Mischung aus resignierter Enttäuschung und aufbegehrlichem Pflichtwillen.

„Oh, Max", entgegnete sie gouvernantenhaft, „natürlich... Aber was zählt, ist doch die Wirklichkeit. Wenn sich alle gegen uns stellen, werden wir denen in die Finger fallen, gezwungenermaßen, um überhaupt noch Freunde zu haben, denen wir von Anfang an ausweichen wollten: Den Konservativen und den Klerikalen. Mit den Konservativen hinter dir wirst du eine Politik betreiben müssen, die du als Gouverneur von Lombardo-Venetien an deinem Bruder gegeißelt hast. In einer Welt, die dabei ist, sich auf das Liberale einzuschwören, würden wir damit nur das repräsentieren, was historisch längst überlebt ist, Max."

Er hatte sich von der Schreibtischplatte gleiten lassen, hakte seine Daumen ins Revers und übte sich in einem martialischen Ausdruck.

„Sind wir das nicht ohnehin?" preßte er hervor, „ist es nicht eine lächerliche Phantasterei, sich vorstellen zu wollen, das Kaiserliche könne im Liberalen aufgehen. Daß wir uns trotzdem gerne der Illusion hingeben, ist in unserem Falle doch nur ein Akt der verständlichen Selbsttäuschung, liebe Charlotte."

Als hätten ihr die Worte einen körperlichen Schmerz zugefügt, strebte sie von ihm weg.

„Da ist sie wieder, deine Bösartigkeit, Max", rief sie mit nur mühsam unterdrückten Tränen aus, „du setzt mir zu, wo du kannst, und machst nicht einmal dort halt, wo du dir selber schadest."

Er hatte die Daumen aus dem Revers gezogen und begab sich in den von Charlotte abgekehrten Teil des Zimmers.

„Seit unserer Heirat hast du dich mir mehr und mehr entzogen", hörte er sie mit vibrierender Stimme weiterreden, „ich habe es hingenommen, weil ich dich liebte. Du hast mehr in deinen Idyllen geschwelgt als in den Gefühlen zu mir. Ich bin nie müde geworden, dich zu verstehen. Wann bist du je zu mir gekommen? Nie! Statt dessen hast du mich gedemütigt, wo du konntest, und hast anderen Anlaß gegeben, es zu tun. Die letzte und größte Demütigung war die, diesen Iturbide-Prinzen zu adoptieren, um mich damit bloßzustellen. Und glaube mir, Max, auch das Dekret ist einer dieser Demütigungsversuche, um der politischen Entwicklung, die ich für richtig halte, einen Stoß zu versetzen. Du tust es ungeachtet der Konsequenzen, die sich auch für dich daraus ergeben. Ich bitte dich, Max, wach auf!"

Sich von ihr abgekehrt zu haben, hielt er in der Situation

für einen glücklichen Zufall. Sein Gesicht preiszugeben, die verkniffenen Lippen, die flatternden Augenlider, wäre ihm alles andere als angenehm gewesen. Es kostete ihn unmenschliche Überwindung, als er hervorstieß: „Du weißt dich ja glücklicherweise zu trösten mit diesem, wie heißt er..."

„Oberstleutnant van der Smissen, ganz recht", half sie ihm auf, „wenn du es schon vorziehst, Jagd auf alle Röcke zu machen, deren du habhaft werden kannst."

„Van der Smissen ist doch ein Mann, dem das neue Dekret nur entgegenkommt", versuchte er ihr zuzusetzen, „kompromißlos, brutal, schreckerregend, ein Mann, der dir das bieten kann, was du vielleicht immer vergeblich bei mir gesucht hast."

Sie mußte mit dem Absatz ihres Stiefelschuhs aufgestoßen haben. Eine andere Erklärung schien kaum denkbar für das Geräusch, das ihrer Replik voraufging.

„Du bist unversöhnlich in deinem Haß, Max, nicht wahr? Du hast es nie verwunden, deinen Bruder als Kaiser zu sehen. Auch jetzt nicht, wo du selber einer bist. Du läßt mich entgelten, was du der zugedacht hast, die dich so enttäuschte: Deine Mutter."

Wie für ihn in solchen Situationen typisch, hob er die Schultern. Kühle und Zurückweisung ausstrahlend, war es nicht ratsam, sich ihm in dieser Lage zu nähern.

„Bitte, Max", versuchte Charlotte es nach einer Weile, „laß uns die Angelegenheit doch nüchtern betrachten."

An seiner Haltung sah sie, daß er Boden preisgab. Mit schnellen Schritten strebte er auf seinen Schreibtisch zu, blieb dort stehen und stützte sich mit den Fingerspitzen auf der Platte ab.

„Wenn wir das Regieren nicht unseren Feinden überlassen wollen", erklärte sie, „müssen wir uns auf andere Kreise stützen: Die Indios und den niederen Klerus. Nur hier können wir sicher sein, Untertanen vorzufinden. Alle anderen spannen uns nur vor ihren Karren."

Die Sätze waren aus ihr herausgesprudelt, mit beklemmender Eindringlichkeit. Die Luft im Raum schien sich aufzuheizen. Maximilian stemmte sich jetzt mit beiden Handflächen vom Schreibtisch ab.

„Dieses Gesetz zur Indianerbefreiung wird den Anfang machen, glaub mir", berauschte sich Charlotte an ihrer Idee, „mit dem einfachen Volk im Rücken können wir unsere Konkurrenten an die Wand spielen. Dann brauchen wir nicht mehr vorsichtig zu taktieren, demütigende Kompromisse einzugehen und unser Gewissen zu korrumpieren. Dann sind wir das, was wir von unserem Anspruch her sein sollten: Souverän."

Der Aufruhr, den sie in ihm verursacht hatte, trieb ihn vom Schreibtisch in den entlegenen Teil des Raums zurück.

„Und wie stellst du dir die weiteren Schritte vor?" hielt er ihr erregt entgegen.

Sie sprach jetzt ruhig und besonnen, eine Tonlage wählend, die nur bewies, daß sie klare Vorstellungen von dem hatte, was sie sagen wollte.

„Trenne dich von diesem Pater Fischer, Max", begann sie, „wenn es ihm gelingen sollte, dieses Konkordat zustande zu bringen, um so besser. Aber dann laß ihn fallen. Überdenke, ob du die Ministerien mit Konservativen Leuten besetzt, jetzt nach dem Dekret, das dich die liberalen Minister gekostet hat. Sieh dich nach anderen Leuten um."

„Nach Indios womöglich", brummte er. In seinem Trotz wirkte er hilflos.

Das Gouvernantenhafte gewann bei Charlotte wieder die Oberhand.

„Sei nicht so kindisch, Max", wies sie ihn ab, „du weißt selber, daß das nicht durchführbar wäre. Aber der niedere Klerus würde zur Verfügung stehen."

An seiner Erregtheit ließ sich ablesen, daß er sich in die Enge getrieben fühlte und eine Verteidigungsstrategie betrieb, die nicht mehr sachlich begründet war. Den Fehler zu korrigieren, den sie begangen hatte, war es zu spät. So verlegte sie sich aufs Bitten.

„Komm zu dir, Max!" sagte sie mit beschwörender Stimme, „hör auf damit, dich ins eigene Fleisch zu schneiden. Es gibt einen besseren Weg."

Anstatt darauf einzugehen, betätigte er den Klingelzug und rief den Sekretär ins Zimmer.

„Lassen Sie die Abfahrt Ihrer Majestät vorbereiten, Blasio", verfügte er. Die Verärgerung war seiner Stimme zu entnehmen. Charlotte verschanzte sich hinter einer Maske unerschütterlicher Gleichgültigkeit.

Kurze Zeit später konnte Maximilian vom Fenster aus beobachten, wie der Wagenkonvoi der Kaiserin an der Kathedrale vorbei den Waffenplatz verließ.

13. Kapitel

(Aus: Viktor Ansellis Memoiren,
II. Teil: Mexikanische Impressionen. Das Gartenhaus)

...Ich nehme es meinem Vater ab, daß er an die Möglichkeit geglaubt hatte, das Habsburger Kaisertum könne sich in Mexiko erneuern. Ganz sicher war das zum Zeitpunkt unserer Abreise aus Triest der Fall und mit großer Wahrscheinlichkeit auch bis weit in das Jahr 1865 hinein. Wahrscheinlich hing es damit zusammen, daß wir in Chapultepec vom Krieg nichts weiter mitbekamen, als an offiziellen Nachrichten kursierte. Und das war widersprüchlich genug. Gemessen an den letzten Monaten in Triest, hatte sich unsere Situation so verbessert, daß eine Fehleinschätzung der politischen und militärischen Umstände fast zwangsläufig war. Die Bedrohungen kamen für uns über das Stadium verbaler Beschwörungen nicht hinaus. Und wenn mein Vater sie zuweilen anläßlich von Verenices tollkühnen Alleingängen besorgt an die Wand malte, so folgte er darin sicher eher einem Nachahmungstrieb als seiner ehrlichen Überzeugung. Das änderte sich mit dem Oktober-Dekret. Mein Vater, dem in Chapultepec mehr freie Zeit zur Verfügung stand als je zuvor in seinem Leben, verfiel in den Tagen nach Bekanntwerden des Dekrets in eine trübsinnige Stimmung. Es muß für ihn unbegreiflich gewesen sein, daß ein Mann wie Maximilian, den er nicht nur gut kannte, sondern an dessen Verwurzelung in Grundsätzen er auch glaubte, ein solches Gesetz erlassen konnte. Zweifellos spielte dabei auch die eigene Erfahrung mit der Rechtsauffassung von Standgerichten eine Rolle. Schließlich hatte er selber während der Aufstände im Wiener Revolutionsjahr 48 vor einem solchen Gericht gestanden und war nur durch Zufall dem Tode entgangen.

Im Leben meines Vaters bildete sich verschärft ein Zug heraus, der angelegt war, jetzt aber zu einem dominierenden Wesensmerkmal wurde.

Im Waldgelände hinter unserem Gartenhaus war von meinem Vater der Bau eines Holzverschlages begonnen worden. Zu unserem großen Erstaunen hatte er sich Planken und Vierkanthölzer besorgt und sich in wenigen Tagen eine Hütte gezimmert. Als er dann noch eine Esse heranschleppte, war die Zeit reif für eine Erklärung.

„Ich hab mir ein Laboratorium gebaut", stand er uns Rede und Antwort.

„Ein Laboratorium...?" brachte Verenice nur heraus.

„Du weißt doch, daß Reisingers alchemistische Experimente mich immer fasziniert haben", machte er uns klar, „ich setze sie fort, jetzt in eigener Regie."

Die Erklärung hätte ausreichen sollen, um uns mit Betroffenheit reagieren zu lassen, immerhin waren die alchemistischen Experimente des Apothekers Reisinger die zwingende Konsequenz seiner pessimistischen Weltanschauung gewesen.

„Wie kommst du nur dazu, an diesen Humbug zu glauben", versuchte Verenice meinen Vater wieder zur Vernunft zu bringen. Meinem Vater aber war die Sache viel zu ernst, um sich auf diesen Ton einzulassen. So schwieg er.

Daß etwas unwiderruflich zerbrochen war, ahnte ich in dem Augenblick noch nicht. In den nächsten Tagen fuhr ich mit meinem Vater in die Stadt. Überwältigt durfte ich miterleben, wie er sich mit Schwefel und Quecksilber versorgte, Destillierkolben kaufte und einen Geologenhammer. Ich hatte ein so auf Bücher und Bibliotheken festgelegtes Bild von meinem Vater, daß ich nur mit einem Fremdheitsgefühl antworten konnte. Vor der Überfahrt hatte er sich vorsorglich mit Büchern ausgestattet, die es ihm jetzt erlaubten, Reisingers alchemistische Experimente selbständig weiterzuführen. Wenn aus dem Bretterverschlag hinter unserem Gartenhaus der Rauch kringelte und ein Geruch wie nach faulen Eiern uns zwang, Türen und Fenster zu schließen, war er dabei, seinen Rettungsanker auszuwerfen. Dafür belächelt zu werden, schien ihn nicht zu stören. Wenn man ihn darauf ansprach, ob er Gold machen wolle, meinte er nur abschätzig: „Diese Narren." Mein Vater war viel zu spirituell verwurzelt, um Gold auch nur in Erwägung zu ziehen.

Gut im Gedächtnis geblieben ist mir ein Ausflug. Nur mich nahm er dazu mit.

Wir waren mit Verenices Wagen vor die Stadt gefahren. Die Regenzeit war vorüber. Umsäumt vom Zackenkranz der Berge, ertrank das Tal von Mexiko in der schäumenden Sonnenflut. Wir fuhren im Gelände herum, hielten an Gesteinsbuckeln, die wie Schildkrötenpanzer aus der Erde wuchsen, und lösten mit Hilfe des Geologenhammers Steinbrocken, wenn sie sich als erzhaltig erwiesen hatten.

„Das ist für deine Experimente, nicht wahr, Papa?" fragte ich, um mir Klarheit zu verschaffen.

„So ist es, Vik", erhielt ich zur Antwort, mußte mir dann aber einen langen Vortrag darüber anhören, daß dieses Sammeln ja nur die eine Seite des Experiments sei, die andere, viel wichtigere, bestehe in der rechten Einstellung dazu. Und um die herzustellen, taugten solche Ausflüge eben auch.

„Und dann kann man Gold machen?" wollte ich wissen.

„Ja, Vik, dann kann man, wenn du willst, Gold machen", sagte mein Vater.

Die wenig zeitaufwendige Arbeit in der kleinen Schloßbibliothek fiel gegenüber der Beschäftigung im Laboratorium zusehends weniger ins Gewicht. Mein Vater machte sich mehr Kopfzerbrechen über neue chemische Substanzen als über die Anlage eines zweckmäßigen Registers. Die Exkursionen begannen die Arbeit am Schreibtisch mehr und mehr zu verdrängen. Wenn ich Verenices Unstetigkeit miteinbeziehe, ist es keine Übertreibung zu behaupten, daß die Zerfahrenheit der großen Ereignisse sich in uns ein getreues Abbild geschaffen hatte. Denn auch mein Tagesablauf war neuerdings dadurch in Bewegung geraten, daß wir, Kinder der Ausländer-Kolonie, nun angehalten wurden, eine Schule zu besuchen. Morgens, von einer Kutsche in die Stadt gebracht, wurden wir von ihr am frühen Nachmittag wieder abgeholt. Aber alle Abstrusitäten unserer Lebensgestaltung waren nichts im Vergleich zu der sich nun einstellenden Überraschung, daß Verenices Einsatz als Hofdame bevorstand. Mein Vater, der ihre Nominierung einmal eine Narretei genannt hatte, sah sie, nachdem er von ihr darüber unterrichtet worden war, prüfend an.

„Du machst einen Scherz?" versuchte er sie auf die Wahrheit hin zu verpflichten.

„Nein", bestand Verenice auf ihrer Aussage, „es ist der ausdrückliche Wunsch der Kaiserin, daß ich auf der nächsten Soirée erscheine."

14. Kapitel

Die Zofe Mathilde Döblinger hatte gerade mit ein paar geübten Handgriffen den Saum von Charlottes Krinoline gerichtet, als Maximilian ins Boudoir trat.

„Mathilde, Sie können gehen", sagte die Kaiserin.

Die Zofe, die sich in einem hingehuschten Knicks erging, schwebte unbemerkt aus dem Raum.

„Für mein Gefühl versprichst du dir zuviel von dem Abend", eröffnete Maximilian das Gespräch, nachdem die Tür des Boudoirs ins Schloß gefallen war, „es ist schlimm genug, daß wir bereits damit anfangen müssen, auch unsere Freunde zu beschwichtigen."

Die durch das Fenster des Pavillons flach einfallende Sonne hatte die grazile Gestalt der Kaiserin zum Leuchten gebracht. Dabei, sich im Spiegel zu betrachten, um ihre Kleidung ein letztes Mal zu überprüfen, wies sie seine Bedenken energisch zurück.

„Immerhin mußt du zugeben, daß unser Verfahren bei diesem Bazaine Früchte getragen hat. Bisher hat er sich loyal verhalten, vor allem, wenn man bedenkt, was er uns hätte antun können."

Für einen Atemzug lang fühlte Maximilian sich abgelenkt von einem Begehren, daß er Charlotte gegenüber nicht mehr glaubte aufbringen zu können.

„Jetzt nach den neuen Indianergesetzen ist es nötig", fuhr sie unbekümmert fort, „den verständlichen Ärger der Hazendados solange zu besänftigen, bis sich unsere Position konsolidiert hat."

Während sie sprach, legte sie letzte Hand an ihre Frisur. „Danach können wir den Hazendados gegenüber getrost eine andere Strategie anwenden. Die Losung für den Augenblick, Max, aber muß heißen: Beschwichtigen!"

Solchen Belehrungen, zumal mit soviel Überzeugtheit vorgetragen, wußte er nichts entgegenzusetzen. Auch fürchtete er ihre Geradlinigkeit im Denken. Sie widersprach seinem Wesen so grundsätzlich, daß er nur mit Verdrießlichkeit reagieren konnte. Seine immer wieder aufflammenden Anfälle von Dysenterie legten seinem Widerstandsgeist zudem Fesseln an. Ohne eine Entgegnung glitt er an Charlotte vorbei ans Fenster. „Ich habe in der Einladung einen neuen Namen gelesen", wechselte er das Thema, „Stephen Gray, ein Amerikaner."

Mit einem letzten Blick sich begutachtend, meinte sie beiläufig: „Ein bedeutender Mann unter den Hazendados, wie mir gesagt wurde. Außerdem dürfte er als Amerikaner für Befreiungsfragen natürlicherweise Verständnis aufbringen."

Wie er es in Miramare oft getan hatte, von seinem Arbeitszimmer aus, schaute er zum Fenster hinaus. Er erkannte den See von Tezcoco, schwarz wie ein Muttermal in der Ebene. Daneben die Türme und Dächer von Mexiko-Stadt, rauh und ungefüge, als gehörten sie schon zu dem Gebirgskranz, der das Tal einschloß.

Das Gefühl, ausbrechen zu wollen, flog ihn an. So erschreckend lebendig, daß er für Charlottes Bemerkung dankbar war, die ihn darüber belehrte, daß er mit noch einer weiteren Überraschung zu rechnen habe, eine, die sich nicht aus der Einladungsliste entnehmen lasse.

„Und welche, bitte?" fragte er mit niedergehaltener Gereiztheit.

„Ich habe Señora Verenice Anselli für den heutigen Abend zur Hofdame bestellt, Max", bediente sie ihn augenblicklich, „es müßte dich doch eigentlich freuen."

Vom Pavillon, der dem Kaiserpaar in Chapultepec für die private Nutzung zur Verfügung stand, zum Empfangszimmer war es nur ein Sprung. Der Weg führte über die Blumenterrasse, einen in exotischer Pracht blühenden Garten, der mit seinen Duftnuancen in der abkühlenden Abendluft eine atemverschlagende Mischung freisetzte.

„Wer wird als zweite Hofdame attachieren?" hüstelte Maximilian, weil sich die Reizstoffe auf seine Stimmbänder gelegt hatten. Arm in Arm war er mit Charlotte aus dem Pavillon getreten.

„Frau Kuhacsevich", antwortete die Kaiserin etwas ungehalten, weil sie der Hofdamen im selben Augenblick ansichtig wurden. Sie hatten sich aus dem Hofknicks erhoben und warteten die Annäherung des Kaiserpaars ab.

Der Unterschied zwischen Verenice und Frau Kuhacsevich hätte nicht größer sein können. Daran änderte auch die Hofetikette nichts, deren Kleidervorschrift beide in ein dezentes Schwarz verbannt hatte. Frau Kuhacsevich, die in ihrer überspielten Eckigkeit schon die Verknöcherungen eines langen Lebens am Hofe zeigte, erschien auf den ersten Blick als natürlicher Widerpart zur Lebendigkeit ihrer Begleiterin. Daß zwischen beiden kaum Sympathie vorherrschte, war als sicher anzunehmen und ließ im Kaiser böse Ahnungen aufsteigen. Zumal Charlotte die Nominierung mit einer bestimmten Absicht veranlaßt haben durfte.

„Wenn es nicht die persönliche Freundschaft wäre, ich hätte in der Tat Grund gehabt, dem Abend fernzubleiben", verteidigte sich Señor Barron gegen Vorwürfe, die Señor Bestigui erhoben hatte.

Die Sitzgruppen, im Laufe des Abends entweder angereichert durch die Anwesenheit des Kaisers oder der Kaiserin, hatten sich aufgelöst und zu ungezwungenen Gesprächsrunden formiert. Eine Gelegenheit für die meisten, ihren Ärger gegenüber denen Luft zu machen, die ihr Vertrauen besaßen.

„Mein lieber Barron", hielt Señor Bestigui seinem Gesprächspartner mit kaum beherrschter Erregung vor, „solche Freundschaftsgefühle können uns auf Dauer teuer zu stehen kommen. Die Politik des Kaisers wird zusehends unverständlicher. Davon abgesehen, richtet sich dieses Indianergesetz auch noch gegen unsere wirtschaftlichen Fundamente."

Mit einem Schritt hatte der Hazendado Barron die Distanz zwischen sich und seinem Gegenüber verkürzt, um leiser sprechen zu können.

„Übersehen Sie nicht die Vorteile, die uns ein monarchistisches Mexiko bietet, guter Freund", begann er dann zornig auf Señor Bestigui einzudringen, „was heißt es da schon, daß wir unseren Tagelöhnern ein ausreichendes Gehalt zahlen sollen, Züchtigungen von nun an verpönt sind und dem Kreditieren Grenzen gesetzt werden, um, wie es heißt, jeglicher Form von Sklaverei den Boden zu entziehen. Es gibt doch unverfängliche Wege, um den Konsequenzen, die in der Tat unangenehm für uns wären, auszuweichen."

Die angriffslustige Haltung, die den Hazendado Bestigui bisher ausgezeichnet hatte, löste sich auf. Seine Stimme klang versöhnungsbereit, als er fragte: „Und wie, bitte sehr?"

„Indem wir unsere Tagelöhner herausschmeißen", entgegnete Señor Barron prompt, „ohne eigenes Land werden sie reuemütig zu uns zurückkehren und zu jeder Konzession bereit sein. Wer wird uns danach noch einen Vorwurf machen können?" Im Gesicht Señor Bestiguis erschien ein schnüffelnder Ausdruck.

„Keiner", führte er den Gedanken weiter, „im Gegenteil, ich kann mir vorstellen, daß die Vorwürfe dann in eine ganz andere Richtung laufen werden."

Das Vergnügen an der sich anbietenden Logik stand ihm im Gesicht geschrieben. Señor Barron nahm ihm das Wort aus dem Munde.

„Die Indios werden gegen Seine Majestät den Kaiser Sturm laufen, nicht wahr?" bemerkte er erheitert, „und sich recht unangenehm dafür bedanken, daß er sie mit seinem Gesetz in diese Lage gebracht hat."

„Was nichts anderes heißt..."

„Ja", ergänzte Señor Barron die Folgerung, „daß die Politik des Kaisers, sich von nun an verstärkt auf das Volk zu stützen, gescheitert wäre."

Für das Aussprechen wechselseitiger Komplimente blieb ihnen keine Zeit mehr. Die Señoras Barron und Bestigui waren zu ihren Männern zurückgekehrt und erzwangen eine andere Art von Konversation.

Sich um Mr. Gray zu kümmern, gehörte nicht nur zu ihren Pflichten als Gastgeberin, sondern war auch ein Gebot der politischen Klugheit.

„Damit haben wir der USA ein für allemal bewiesen, daß

das Kaiserreich Mexiko keine anachronistische Konstruktion ist, Mr. Gray", beendete Charlotte ihren Vortrag über die Zeitgemäßheit des Indianerdekrets, „wer als Sie könnte das besser verstehen?"

Absichtlich hatte sie mit einem verbindlichen Lächeln die Zurückhaltung aufgegeben, die die Etikette erforderte.

„Ich bewundere Euer Majestät für den Mut, den ein solcher Schritt in diesem Land verlangt", gab Mr. Gray die erwiesene Freundlichkeit zurück, während er dabei Verenice ansah, die einen halben Schritt hinter der Kaiserin stand. Charlotte quittierte die Ungehörigkeit mit einer leichten Verärgerung. „Es ist nichts im Vergleich zum Mut", sagte sie, „den derjenige aufbringen muß, der eine Grenze mit den Vereinigten Staaten teilt. Ich bin davon überzeugt, daß die Hetze in der Presse der USA gegen uns angesichts der neuen Gesetze aufhören wird. Sie dienen so letztendlich nur der Sicherheit des Reiches und seiner Bewohner."

An Stephen Grays Augenbewegung konnte sie jetzt ablesen, daß er sich immer noch intensiv mit Verenice beschäftigte. Und es kostete sie Mühe, sich nicht wieder hinter einer unmajestätischen Reserviertheit zu verschanzen. Rechtzeitig noch merkte er, daß sie von ihm eine Erwiderung erwartete. „Eine solche Entwicklung halte ich durchaus für möglich", sagte er, um nicht zum Ausdruck zu bringen, daß er von den Indianergesetzen nichts hielt, weil sie, wie er mutmaßte, nicht auf eine Verbesserung der indianischen Lebensbedingungen abzielten, sondern rein politische Machenschaften darstellten. Aber er ließ sich dazu nichts anmerken.

Charlotte bedankte sich dafür mit einem weisen Lächeln.

Im Kreis der Anwesenden fiel General Graf Thun nicht zuerst deshalb auf, weil er Uniform trug, eher schon wegen seiner drahtigen Figur. Sie ließ unschwer darauf schließen, daß der General sich nicht schonte, die Einsätze des ihm anvertrauten österreichischen Freikorps persönlich zu leiten. In seiner auf Taille gearbeiteten Attila gab er das Idealbild eines schneidigen Kavallerieoffiziers ab.

Maximilian hatte sich sogleich auf ihn gestürzt und in ein Gespräch verwickelt. General Thun, dessen Bruder österreichischer Botschafter bei Hofe war, stand mit zusammengeklappten Hacken Rede und Antwort.

„Nun, Graf", versuchte der Kaiser ihrem Gespräch die Schärfe zu nehmen, „schön und gut, was Sie mir über die Schwierigkeiten gesagt haben, mit der sie bei der Aufstellung einer mexikanischen Nationalarmee zu kämpfen haben. Eines können Sie nicht behaupten: Es sei für die Ausrüstung der Truppe nicht gesorgt worden. Oberstleutnant Neubauer, übrigens der Bruder von Frau Anselli" – die eintretende Pause überbrückte er, indem er in den Teil des Saales wies, in dem die Kaiserin sich gerade mit ihren Hofdamen aufhielt – „Oberstleutnant Neubauer koordiniert doch recht gut den nicht gerade risikolosen Waffenankauf mit den Ansprüchen der von Ihnen aufzubauenden Nationalarmee. Hieran kann es also nicht gelegen haben."

Der General schluckte, weil er sich ungerecht behandelt fühlte.

„Ganz recht, Majestät", setzte er zu seiner Verteidigung an, „es liegt nicht an fehlenden Waffen, es liegt an der Mentalität der zur Verfügung stehenden Leute. Sie besitzen nicht ein Quentchen Loyalität. Was sie bei der Stange halten kann, ist allein Geld."

Der nachdenkliche Zug, der Maximilians Gesicht überschattet hatte, wich einer werbenden Leutseligkeit, die ihn den General beim Arm fassen ließ.

„Ja, ja, Graf", stöhnte er, „Geld eben haben wir nicht gerade in Hülle und Fülle. Sie wissen: Altschulden, Zinsen der neuen Anleihen, verpfändete Zölle, verloren gegangene Häfen und kaum Steuereinnahmen. Dazu gehen uns noch die Hoheitsrechte an den Bergwerken verlustig, weil wir zu sündhaften Preisen auf dem Schwarzmarkt Waffen einkaufen müssen."

Im Schlenderschritt bewegten sie sich zwischen den Gesprächsgruppen hindurch, geradewegs auf den schwarzen Flügel zu, der mit aufgeklappter Abdeckung auf seine Benutzung wartete. General Thun, der seine Steifheit längst überwunden hatte, war bemüht, den gebührenden Respekt nicht in der zwischen ihnen herrschenden Jovialität untergehen zu lassen.

„Darf ich dazu an den widersinnigen Egoismus der einzelnen Truppenführer erinnern", zwang sich der General in eine dienstbeflissene Haltung hinein, „er macht konzertierte Aktionen der Armee fast unmöglich."

„Es ist ein verrücktes Land, Graf, ich weiß", seufzte der Kaiser, „und es war sicher eine verrückte Idee, die Kaiserkrone anzunehmen. Aber nun ist es mal geschehen, und wir müssen sehen, wir wir zurechtkommen."

Der Blick des Generals flackerte einmal unsicher, als er bestätigte: „Jawohl, Euer Majestät, zurechtkommen..."

Ihre Unterhaltung wurde jäh dadurch unterbrochen, daß die anwesenden Damen entzückt aufschrien. Nur die Kaiserin hatte sich enthalten. Alles Freundliche war aus ihrem Gesicht geschwunden. Ein still anklagender Zug hatte ihre Augen in matte Glaskugeln verwandelt. Unbewegt sah sie zu, wie ein etwa dreijähriges Kind mit schwarzem Pagenkopf und braunem Teint in den Saal hineinlief, um dann etwas irritiert auf die stoffreich drapierten Krinolinen und feierlich schwarzen Anzüge zu starren.

„Der Prinz...", ging es raunend umher.

Augenblicklich tauchte eine energisch wirkende Dame fortgeschrittenen Alters hinter dem Iturbide-Prinzen auf, die, ohne von den Anwesenden Notiz zu nehmen, den Jungen unter geflüsterten Ermahnungen aus dem Saal führte.

Über dem Grundton des Raunens erhob sich, eben daß die beiden verschwunden waren, das schamlose Geplapper aufgerührter Lüsternheit.

„Doña Josefa... die Tante!"

„Wirklich!"

Charlotte ertrug es mit Verbissenheit. Das Unangenehme ihrer Lage wußte sie gekonnt dadurch unter Kontrolle zu bringen, daß sie Frau Kuhacsevich anwies, Vorbereitung für den Darbietungsteil des Abends zu treffen. Während der Reigen der Geladenen sich weiterdrehte und neue Gesprächsrunden zusammenkamen, wurde der Konzertflügel in die Mitte des Saals geschoben, von livrierten Lakaien Stühle in Reihen hintereinander angeordnet und zusätzlich Kandelaber herangeschleppt, die rechts und links neben der Tastatur auf Sockeln plaziert wurden.

Zusammen mit Frau Kuhacsevich und Verenice war Charlotte zum Instrument gegangen und hatte auf der Klavierbank Platz genommen, während die Gäste zwischen die Stuhlreihen sickerten, um sich dort zu verteilen.

Ein Lakai hatte die Notenblätter in den Halter geschoben, von einem anderen waren für die Hofdamen Stühle herangetragen worden.

Charlotte, konzentriert bis zur Erregtheit, machte mit ihren Fingern Dehnübungen. Dann, als hätten die Anwesenden die Entschlossenheit der Kaiserin erspürt, verebbte ihr Murmeln, die Geräusche der Nacht drängten herein, leise sirrend aus dem Vorhang des Regens.

Charlotte hatte Beethovens Pathétique ausgewählt, eine Sonate, die zu ihren Lieblingsstücken gehörte. Mit einem kaum merklichen Seitenblick hatte sie sich abgestimmt mit Frau Kuhacsevich, die die Notenseiten umlegen sollte, damit Charlotte ungehindert weiterspielen konnte. Frau Kuhacsevich signalisierte ihre Bereitschaft. Charlottes Hände glitten auf die Tasten. Die ersten Akkorde lösten sich von den Saiten.

Stephen Gray, der in der ersten Reihe der Zuhörerschaft saß, spürte, wie schwer es ihm fiel, den Anschein eines Interesses aufrechtzuerhalten. Im verwaschenen Licht der schmelzenden Kandelaberkerzen war es indes leicht, den Eindruck zu hinterlassen. Während die Töne, mal polyphon aufgelöst, mal in gehämmerten Akkorden aus dem Instrument sprangen und Frau Kuhacsevich mit aufgerissenen Augen über das Notenblatt hetzte, um es rechtzeitig umblättern zu können, bewunderte Stephen Gray den Mut der Kaiserin, sich mit einer Hofdame zu schmücken, von deren weiblichen Reizen sie in den Schatten gestellt wurde. Er schätzte, daß sie im Alter von Charlotte war, und merkte, wie er ihren Körper mit seinen Blicken abzutasten begann. Eine Unverfrorenheit in diesem Kreise. Aber der Gefühlsblitz, den er empfunden hatte, als er vorhin in ihre Augen eingetaucht war, ließ ihn darüber hinwegsehen. Sein Blut begann schneller zu kreisen. Es schien von ihr bemerkt worden zu sein. Denn sie bewegte leicht den Kopf. In Wellen lief das weiche Licht der Kerzen über ihr Gesicht und machte es noch weicher. Stephen Gray schluckte. Etwas irritiert nahm er zur Kenntnis, daß die Kaiserin aufgehört hatte zu spielen. Der erste Satz der Sonate war beendet. Verhaltenes Räuspern aus den Stuhlreihen half, die entstandene Pause zu überbrücken.

Zwischen Charlotte und ihren Hofdamen war ein Gespräch in Gang gekommen. Irgendetwas wurde abgestimmt, als die Kaiserin ihr Spiel wieder aufnahm, war Verenice rot angelaufen. Sie saß dort in der ihr aufgezwungenen Würde und schien einem Ereignis entgegenzuharren, dessen Unausweichlichkeit sie akzeptiert hatte.

Der Einfall, daß es etwas zu tun haben könnte mit der Aufgabe, die eben noch von der anderen Hofdame versehen worden war, kam Stephen Gray erst im letzten Augenblick.

Charlottes Spiel näherte sich den letzten Takten der Seite. Ihr Anschlag wurde hart und uneinfühlsam. Der Ausdruck verlor sich. Schon griff die Ratlosigkeit nach der Zuhörerschaft, als der plötzliche Wegfall der kontrapunktierenden linken Hand offenbarte, was der Verhalten der Kaiserin so eigentümlich verändert hatte.

Mit einer wütenden Bewegung hatte sie das Notenblatt umgelegt, ihre Erbostheit mit einem Blick unterstreichend, der so verachtend wie triumphierend war.

Verenice zeigte sich unberührt davon, scheinbar. Nur bei näherem Hinsehen ließ sich ein leichtes Zucken um den Mund herum erkennen.

Die Kaiserin spielte die Sonate zu Ende und wiederholte dabei noch mehrere Male die entwürdigende Prozedur.

Woher Verenice die Kraft nahm, sich am Ende zu erheben, um der Kaiserin in den Saal hinein zu folgen, blieb ein Rätsel. Nicht nur Stephen Gray hatte damit gerechnet, daß sie unter der erlittenen Demütigung zusammenbrechen würde.

Als sie im gemessenen Schritt, den Abstand zur Kaiserin respektierend, etwas bläßlich, aber nicht niedergeschlagen die Reihe der Gäste abging, flog ihr Bewunderung in dem Maße zu, wie die Kaiserin sie der Verachtung hatte preisgeben wollen.

„Großartig, Majestät", begeisterte sich General Thun, als sich Charlotte ihm zuwandte.

Hinter den Stuhlreihen hatten die Gäste einen großen Kreis gebildet, dessen natürlicher Mittelpunkt die Kaiserin war.

„Zuviel der Ehre, General", gab sie das Kompliment artig zurück, „in der Kunst bin ich nur ein kleines Licht."

Das unterschwellige Kokettieren mit der Eitelkeit war nur ihr nicht unangenehm aufgefallen.

Daß sich die Aufmerksamkeit auf die Kaiserin konzentriert hatte, konnte Verenice nur gelegen kommen. Denn sie war sich nicht mehr sicher, ob es ihr gelingen würde, das Ende des Abends zu überstehen. Zuweilen tauchten Ringe und Punkte vor ihren Augen auf. Das Mieder schnürte sie ein. Die Füße schienen den Boden nicht mehr zu berühren. Ihre Hände begannen zu schwitzen. Nicht mehr lange, und sie würde hinstürzen. Dann spürte sie plötzlich, daß alles gut werden würde.

„Bleiben Sie ganz ruhig und lassen Sie sich nur festhalten", sagte eine Stimme, leise und freundlich, „keiner wird etwas merken."

Sie lehnte sich willig gegen die angebotene Männerschulter, die sich vorsichtig herangeschoben hatte.

Es war die Schulter von Stephen Gray.

15. Kapitel

Brief José Manuel Hidalgos
an José Maria Gutierrez in Rom, Palazzo Mariscotti.

Paris, im November 1865

Lieber Freund!

Die Dinge in unserem Vaterland laufen in eine gefährliche Richtung. Charlotte hat es fertig gebracht, mit ihrem Indianerdekret die Kirchengesetze an Beispiellosigkeit zu übertreffen. Damit beweist sie nur, daß die Einschätzung ihrer Person richtig war.
Die Kaiserin setzt auf die Gunst des gemeinen Volkes. Sie glaubt, ohne die Kirche und die Unterstützung der alten Familien des Landes auskommen zu können. Angesichts der sich sammelnden Feindesmeute konnte sie keine schlechtere Wahl treffen. Wenn die Franzosen das Land verlassen – und wie es aussieht, wird das in Kürze der Fall sein – Österreich seine Rekrutierungen für Mexiko einstellt, weil es seine Soldaten für die unumgängliche Auseinandersetzung mit Preußen braucht, und die Auslandskredite ausbleiben, wird das Kaiserreich zusammenbrechen. Sein Ende aber wird auch unser Ende sein. Darum müssen wir auf die Liste unserer Todfeinde nach Lage der Dinge nun auch die Kaiserin setzen. Wenn wir den Dammbruch vereiteln wollen, dann müssen wir die uns gegenüber aufgeschlossene Haltung des Kaisers vor der Beeinflußung durch Charlotte schützen.
Außergewöhnliche Situationen erfordern außergewöhnliche Mittel. Ich gebe all denen recht, die zu der Einsicht gekommen sind, man solle aufs Ganze gehen und alle Skrupel fahren lassen. Vor allem jetzt nach der erneuten Verweigerung des Konkordats, die Pater Fischer wohl jeglichen Einfluß gekostet haben dürfte. Bekanntlich befindet sich die Kaiserin zur Zeit auf einer Reise durch Yucatan,

den Bundesstaat, den man die Hochburg der Kaisertreuen nennt. Zwar behauptet man, sie sei nur vor dem Ärger davongelaufen, den ihr die Anwesenheit des Iturbide-Prinzen bereite. Ich sehe aber, genau wie Ihr, nur darin die konsequente Handhabung ihrer Absicht, die indianische Bevölkerung für sich einzunehmen. Charlotte ist dabei, uns vor die Tür zu setzen. Machen wir uns nichts vor: Wir müssen handeln.
Für alle folgenden Briefe möchte ich Euch deshalb bitten, das zu bedenken und es bei Andeutungen zu belassen.
Teyhuinti – habt Ihr geschrieben – ein giftiger Pilz mit tonisierenden Eigenschaften.
Hoffen wir, daß er auch in unserem Falle so sanft seine Wirkung tut, wie Ihr es dargestellt habt. Wir sind nicht die Leute, die sich kalten Bluts an gesalbten Häuptern vergehen können.

Euer
José Manuel

P.S.: Ihr habt leider meine Zweifel bezüglich der exakten Dosierung des Tonikums nicht ausräumen können. Für genauere Hinweise wäre ich Euch im nächsten Brief dankbar.

16. Kapitel

(aus: Viktor Ansellis Memoiren.
II. Teil: Mexikanische Impressionen. Das Gartenhaus)

...In einem Lande, in dem der gewaltsame Tod zum Alltag gehörte, mutet es seltsam an, wenn schwarze Trauerfahnen aufgezogen werden. Doch Anfang Dezember stellte sich die für uns merkwürdige Situation ein.

Leopold I. von Belgien, der Vater der Kaiserin, war verstorben. Sie selbst hatte gerade ihre Yucatan-Reise beendet und befand sich auf dem Rückweg, als ihr der Kaiser nach Puebla entgegenfuhr, um ihr die Nachricht zu überbringen.

Für die Kaiserin, die an ihrem Vater nicht nur hing, sondern der darüber hinaus auch ihr Vorbild war, muß das Ereignis ein Schock gewesen sein.

Die Kaisertreuen des Landes bekundeten ihre Anteilnahme dadurch, daß sie ihre Häuser schwarz beflaggten. Drei Tage lang beherrschte der Trauerflor ein Land, das es fürwahr nötig gehabt hätte, ihn täglich aufzustecken.

Natürlich wurde auch in Chapultepec geflaggt. Selbst unser Gartenhaus bekam eine schwarze Fahne ab, die wir allerdings kürzen mußten, um sie über dem Eingang aufhängen zu können. Kutscher, Lakaien, Gardisten: Alle trugen sie jenes Fetzchen schwarzen Stoffs am Ärmel, am Revers oder am Hut, wie ein Menetekel künftiger Ereignisse.

In jenem Dezember 1865 war mein Vater in einer Hochstimmung, die sich auf uns alle wohltuend auswirkte. Es lag wohl daran, daß er immer noch hoffte, mit seinen Experimenten zum Ziele zu kommen.

Auch Verenice konnte nicht klagen. Sie wurde durch Blumenbouquets verwöhnt, riesige Anhäufungen wildester Farbzusammenstellungen, die seit kurzem ins Haus schneiten. Verenice, die zu wissen schien, wem sie die Bouquets zu verdanken hatte, gewann darüber eine Heiterkeit, die einem kritischen Beobachter, wäre er vorhanden gewesen, einige Skepsis abgenötigt hätte.

Nur einmal strafte sie den Eindruck Lügen. Unmittelbar nach der Soirée hatte ein Bediensteter des Schlosses ein Blumengebinde abgegeben, worauf Verenice mißmutig aus dem Zimmer rannte, um den Blumenstrauß aus dem Fenster zu schleudern. Wie ich später erfuhr, waren die Blumen eine Aufmerksamkeit des Kaisers gewesen. Der Versuch einer Abbitte für das Versagen in einem Augenblick, wo Verenice hätte Hilfe von ihm erwarten dürfen...

17. Kapitel

Im Schloß von Chapultepec herrschte im Dezember 1865 gedrückte Stimmung. Die Depression der Kaiserin, die seit der Adoption Augustin Iturbides nie ganz verschwinden wollte, hatte sich seit dem Tode ihres Vaters verschlimmert. Die Zustände begannen ihren Körper zu zerrütten. Der kaiserliche Leibarzt, Dr. Basch, mußte sich um die Kaiserin kümmern und ordnete strengste Bettruhe an.

„Majestät, ich bitte Sie, versuchen Sie an nichts zu denken!" Der Arzt hatte sich noch einmal in der Tür des kleinen Raums, in dem Charlotte für gewöhnlich alleine schlief, verbeugt, nicht ohne wiederholt zu betonen, daß er sowohl Frau Döblinger, die Zofe, als auch Señora del Barrio, eine der Hofdamen, in die nötigen Maßnahmen zur Behandlung eingewiesen habe.

Charlotte klopfte mit der Hand auf die Bettdecke zum Zeichen ihres Einverständnisses.

„Schon gut, Doktor", sagte sie erschöpft, „ich werde alles befolgen. Nur mit dem: Nicht daran denken – wird es wohl Schwierigkeiten geben."

Der Arzt verbeugte sich ein weiteres Mal, um sein Mitgefühl zum Ausdruck zu bringen. Er wußte um die Probleme, die mit dem Tode Leopold I. und der Thronbesteigung des Sohns, Leopold II., auf die mexikanische Politik zukamen. Charlottes Bruder, mit dem sie sich nicht verstand, teilte nicht das Interesse seines Vaters an der Kaiserinnenrolle seiner Schwester. Damit stand zu befürchten, daß das Kaiserreich einen weiteren Verbündeten verlieren würde.

„Ich danke Ihnen, Doktor!"

Der Arzt, der geräuschlos verschwunden war, schloß sacht die Tür von außen.

Tränen der Abgespanntheit rannen Charlotte augenblicklich über die Wangen. Um nicht aufschreien zu müssen, hatte sie den Zipfel ihres Taschentuchs, das sie unruhig in ihren Händen gewälzt hatte, zwischen die Zähne geschoben, um daran zu nagen. Eine Eigenart, die in letzter Zeit auch anderen aufgefallen war.

Sonst half nur das Beten. Tage hatte sie vor dem Kreuz in der Schloßkapelle verbracht, war in sich gegangen, hatte sich gemartert mit Selbstvorwürfen.

Ihr Vater, war er nicht an dem Kummer gestorben, den ihr Versagen ihm bereitet hatte?

Charlotte würgte ein Schluchzer in der Kehle.

Ihr Vater hatte sie mehr als ihre beiden Brüder geliebt, fürwahr. Eine Vatertochter war sie gewesen, und das hatte sie widerstandsfähig gemacht. Vielleicht der einzige Grund, warum Maximilian sie geheiratet hatte.

Die Einsicht brachte für einen Moment Ruhe in ihre Gefühlsaufwallungen. Aber gleichzeitig wurde sie daran erinnert, daß alle Verantwortung allein auf ihren Schultern lag. Eine Verantwortung, die ihr nach den böswilligen Schmähungen und den Verlusten geliebter Menschen kaum noch zugemutet werden konnte. Und jetzt nach dem Tode des Vaters ganz aussichtslos erschien, eine Fortsetzung zu erfahren.

Eine tiefe Mattigkeit flog sie an und ließ sie in die Kissen sinken. Das Gefühl der Verlassenheit, schaurig aus dem Abgrund ihrer verletzten Seele aufsteigend, brachte sie um die Gnade des Erschöpfungsschlafs. Vielmehr nötigte es ihr jene schmerzhafte Wachheit auf, in der sich die Wirklichkeit wie ein Hohnbild vor die Seele stellt.

Irgendwann mußte sie dabei aufgeschrien haben, laut genug, um eine im Nachbarzimmer wachende Zofe herbeizurufen.

„Kann ich Euer Majestät einen Wunsch erfüllen?"

Die großen braunen Augen des mexikanischen Mädchens, das sich über sie beugte, flößten Vertrauen ein. Sie erinnerten an die Augen der Tiere in den Stallungen des väterlichen Schlosses in Belgien.

„Bring mir etwas zu trinken, bitte", flüsterte Charlotte und ließ sich zurückgleiten. Ihr Körper entspannte sich, ganz langsam, aber merklich wohltuend.

„Sofort, Majestät", hatte das Mädchen geantwortet und war aus dem Zimmer getrippelt.

Keine Minute später saß Charlotte aufrecht im Bett, fürsorglich abgestützt durch Kissen, die ihr die Zofe ins Kreuz geschoben hatte.

„Was hast du mir gebracht?" fragte sie, in kurzen Schlukken aus dem Glas trinkend, das ihr die Zofe dargeboten hatte.

„Ein Tonikum, Majestät, ein wunderbares Mittel", erklärte die Zofe, bemüht, die Wißbegierde der Kaiserin zufriedenzustellen, „Euer Majestät werden sich danach großartig fühlen."

Anstandslos trank Charlotte das Glas leer, wartete, bis die Zofe das Bett wieder gerichtet hatte, und legte sich zurück. Nicht lange, nachdem sie wieder allein war, zog ein tiefer Friede in sie ein, weit und umspannend, und nicht unähnlich dem trügerischen Frieden, der sich vor dem Schloßberg über das Tal breitete.

Das Requiem war für den letzten Sonntag vor Weihnachten anberaumt worden. Sobald es Charlotte etwas besser gegangen war, hatte sie darauf gedrungen. Auf ihren ausdrücklichen Wunsch hin sollte der Indianerbischof Ramirez die Messe für ihren toten Vater lesen. Ihn auf diese Weise ehren zu können, hatte eine tiefe Befriedigung in ihr hinterlassen.

Gerne hätte sie daran glauben mögen, daß die rapide Verbesserung ihres Gesundheitszustandes hiermit zusammenhing. Aber sie ahnte zu recht, daß sie die neue Spannkraft eher dem Tonikum verdankte, von dem sie in regelmäßigen Abständen eine Dosis applizierte. Die Depression war überwunden. An die Stelle der ehemals durch nichts zu besiegenden Mattigkeit war ein Schaffensdrang getreten, der alle vergleichbaren Ausbrüche in den Schatten stellte. Von einer fast unheimlich anmutenden Couragiertheit beseelt, sah sie hoffnungsfroh in die Zukunft, wenngleich sie jetzt in auffallender Weise Neigung zeigte, den Menschen ihrer Umgebung böse Absichten zu unterschieben.

Die mit dem Kaiserwappen geschmückte Equipage rollte an jenem Sonntag kurz vor Weihnachten im Eiltempo auf Mexiko-Stadt zu. Seit dem Überfall auf dieser Strecke, Anfang des Jahres, drängte Oberst Lopez, der Kommandant der Gardekavallerie darauf, die Überlandfahrt möglichst schnell hinter sich zu bringen.

Charlotte und Maximilian, beide ganz in Schwarz gekleidet, waren nicht müde geworden, sich während der Reise zu streiten.

„Ich danke dir, daß du wenigstens in dieser Sache noch Pietät bewahrt hast", führte Charlotte ihre Angriffe mit unverminderter Heftigkeit fort. Sie hatte sich in eine Ecke der Kutsche verkrochen, um von der Schlingerbewegung der Kabine nicht hin- und hergeworfen zu werden.

„Daß du sogar auf deinen Ausritt verzichtet hast, muß ich dir wohl besonders hoch anrechnen."

Seine Bekanntschaft mit dieser Art Provokation ließ ihn mit Gleichmut reagieren. Fest die Füße gegen den Boden stemmend, um sich auf dem Polster halten zu können, harrte er geduldig des nächsten Hiebs. Er ließ nicht lange auf sich warten.

„Wenn ich vernünftig wäre, würde ich nach Belgien zurückgehen", hörte er sie mit anklägerischer Stimme sagen, „du bürdest mir alles auf und läufst deinem Vergnügen hinterher, wenn du dich nicht gar von irgendeinem politischen Hasardeur überreden läßt."

Er zuckte ungerührt mit den Mundwinkeln, um ihr zu verstehen zu geben, daß er sie durchschaut hatte. Sie würde nicht gehen. Dafür war sie viel zu stolz – stolzer noch als er. Und das wollte etwas heißen.

„Machst du dir eigentlich klar, in was für einer vertrackten Lage wir uns befinden", bearbeitete sie ihn weiter, den Ton ihrer Stimme bedrohlich anhebend, „die USA werden immer feindseliger, Juárez bleibt über seine Amtszeit hinaus Präsident, wir haben vergangenen Monat Chihuahua und Monterey verloren und das Allerschlimmste: Das Indianerdekret hat uns nun auch noch die Indios zu Feinden gemacht, weil die Hazendados sie jetzt einfach vor die Tür setzen. Wir haben, recht besehen, kaum jemanden mehr, der loyal zu uns steht."

Die Erregtheit, in die sie sich hineingeredet hatte, ließ vergessen, daß sie vor kurzem noch unter Depressionen litt. „Wenn wir nicht ganz unter der Lawine begraben werden wollen", stieß sie, eben noch Herr ihrer selbst, hervor, „müssen wir uns wenigstens der Loyalität der Staatsorgane sicher sein dürfen."

Jetzt kam er aus seiner Reserve heraus.

„Du weißt so gut wie ich, daß sie alle korrupt sind: Die Gouverneure, die Präfekten, bis hin zum letzten Sekretär", bremste er ihren Redefluß, „wie willst du da Loyalität erwarten?"

Sein Gesichtsausdruck war nicht weit davon entfernt, verächtlich zu wirken.

„Wir werden ihnen von nun an auf die Finger sehen", fuhr sie ihn an, „sie unter Druck setzen und ihnen den Größenwahn austreiben."

Sein Unterkiefer klappte leicht herunter und verlängerte sein ohnehin längliches Gesicht.

„Und wie stellst du dir das konkret vor?" fragte er erstaunt.

„Wir werden Inspektoren einsetzen", legte sie ihm dar, „Leute, denen wir voll vertrauen können: Europäer, Menschen, die mit uns in dieses vermaledeite Land gekommen sind. Sie bilden eine Behörde über den Behörden, ein Aufsichtsamt."

Die Bestimmtheit, mit der sie es vorgebracht hatte, ließ ihm keinen Raum für Einwände. Dabei hätte er ihr vorhalten können, daß er ihren Plan für wirklichkeitsfremd hielt. Wie um alles in der Welt sollten diese Inspektoren sich denn durch das Land bewegen, wenn schon eine Fahrt von Chapultepec zur Kathedrale von Mexiko-Stadt lebensgefährlich war. Aber er ließ es hingehen. Für eine ausführliche Entgegnung wäre es auch zu spät gewesen. Die Bremsbacken der Equipage hatten sich knirschend auf die

Räder gelegt. Das bisher rhythmische Wogen der klappernden Pferdehufe verkam augenblicklich in einem rasselnden Durcheinander, in dem die Hoh-Hoh-Rufe der Kutscher kaum noch auszumachen waren. Langsam rückten die Lanzenreiter auf, bis sie ein geschlossenes Band rechts und links neben der Equipage bildeten. Der Konvoi hatte den äußeren Schlagbaum vor Mexiko-Stadt erreicht.

Charlotte mochte den Waffenplatz nicht. Sie hatte den Regierungspalast nicht gemocht und deshalb auf den Ausbau von Chapultepec gedrungen, und sie mochte das Treiben der Boutiqueros nicht, die mit ihrem Lärm und Feilschen im Angesicht der Kathedrale den Frieden Gottes störten.

Jetzt, während sie mit Maximilian auf das Portal des festungsartigen Gotteshauses zuschritt, empfand sie das Gefühl stärker als je zuvor. In ihr drängte eine Gereiztheit hervor, die es ihr schwer machte, den gemessenen Schritt aufrecht zu erhalten, den ihnen das Protokoll auferlegte.

Der Weg zum Portal der Kathedrale führte durch einen Park mit Wandelgängen, Rosenlauben und Springbrunnen. Sonntags spielten hier Militärkapellen, um das promenierende Publikum zu unterhalten.

Der Sicherheit wegen war der Park geräumt worden. Außer dem Gefolge des Kaiserpaars und einer Kompanie der Palastwache hielt sich hier niemand mehr auf. Ein dichtes Spalier rot-weiß-uniformierter Soldaten hatte das Kaiserpaar von dem Augenblick an begleitet, als es aus der Equipage gestiegen war. Vielleicht war das der Grund, warum sie so gereizt war, dachte Charlotte. Außer den Soldaten hatte kaum jemand es für nötig befunden, das Kaiserpaar mit seiner Anwesenheit zu beehren. Wie anders war es gewesen, als sie mexikanischen Boden betreten hatten: Blumengirlanden, Blütenteppiche... ach Gott, wie lange war das schon her!

Die Abneigung gegen die Menschen, denen zu helfen sie doch hierher gekommen waren, erhielt neue Nahrung. Das Mißtrauen, Stück für Stück gewachsen im letzten Jahr, wucherte mit frischen Trieben. Etwas wollte berstend aus ihr heraus.

Sie senkte den Blick, um nicht auf das Portal sehen zu müssen, wo Bischof Ramirez, umgeben von einem Cordon Ministranten, auf das Kaiserpaar wartete. Aus dem geschwollenen Leib der Kathedrale grollten die Bässe der Orgel.

Wenn sie ihre Augen an etwas heften wollte, fuhr es wie ein Blitz durch sie: Überall Fratzen, Verzerrungen, unförmige Gestalten, die sie angrinsten, auslachten...

Sie wollte weglaufen, alle beiseite drängen, weg... weg... heim nach Belgien. Aber sie spürte Maximilians Arm an sich wie eine Klammer und den Boden unter sich wie ein Bleigewicht. Unmittelbar vor dem Portal verharrten sie, wie es das Protokoll verlangte. Während der Bischof sich anschickte, das Begrüßungsritual zu zelebrieren, hatte Charlotte Mühe, die Fassung nicht zu verlieren. In den wenigen Augenblicken, in denen sie fähig war, sich zu beherrschen, kam ihr der Gedanke, daß sie sich doch noch hätte schonen müssen, daß ihr Wohlbefinden nur ein Trick der Natur war, sie über den Ernst ihrer Erkrankung hinwegzutäuschen.

Um die Zeremonie nicht zu stören, hatte die Orgel aufgehört zu spielen. Der Raum schien sich zu dehnen. Verloren wisperte darin die Stimme des Bischofs, dünn und voller ziselierter Demut. Vom Sockel, einem bastionsartigen Aufbau über dem Portal, kam das Knattern der mexikanischen Staatsfahne, die hier aufgeregt um den Flaggenmast tänzelte. Und dann löste sich der Raum auf: Zerspellte in einem einzigen kleinen Aufschrei, der die starren Formationen aufhob und alles in Bewegung versetzte.

Uniformierte strömten herbei. Befehle wurden gebrüllt.

Jemand rief: „Doktor Basch, wo ist Doktor Basch?"

Staffettenartig wurde der Ruf weitergegeben. Inzwischen hatten Beherzte aus dem kaiserlichen Gefolge damit begonnen, sich um Frau Kuhacsevich zu bemühen, die, einer Ohnmacht nahe, auf ihre Verletzung starrte.

„Nichts Schlimmes, nur ein Kratzer!" tröstete jemand.

Der letzte Blutstropfen war aus Charlottes Gesicht gewichen. Sie hatte sich umgewandt. Unfähig, etwas anderes zu tun, als gelähmt dem Geschehen zu folgen, klammerte sie sich an Maximilians Arm, der die erregt vorgebrachte Meldung eines Offiziers der Palastwache entgegennahm.

„Ein Stein aus dem Gesimse, Euer Majestät, ein bedauerlicher Vorfall, für den ich untertänigst um Vergebung bitte."

„Schon gut", meinte Maximilian mit abgerungener Ruhe, dem Soldaten mit einer Handbewegung signalisierend, daß die Angelegenheit für ihn abgeschlossen sei, „sorgen Sie dafür, daß Frau Kuhacsevich sicher zum Schloß zurückkommt."

Charlottes Kraft reichte eben noch, um abwarten zu können, bis der Offizier sich entfernt hatte. Dann brach es so ungehemmt wie von panischer Angst getrieben aus ihr hervor.

„Max, laß uns fliehen... bitte!"

Er starrte sie nur fassungslos an, als sie ihm mit konspirativer Vertraulichkeit ins Ohr flüsterte: „Merkst du denn nicht, daß sie uns umbringen wollten?"

18. Kapitel

(aus: Viktor Ansellis Memoiren.
II. Teil: Mexikanische Impressionen. Die Odyssee)

Erec Anselli – oder wie er sich seit zwei Jahren nannte: Erec Vinzenti – besaß eine gute Nase für unangenehme Entwicklungen. Schließlich war es ihm nicht nur in Triest zur rechten Zeit gelungen, rachsüchtigen Mitverschwörern zu entkommen, auch hier in Mexiko hatte er es zuwege gebracht, anfängliche Niederlagen in Siege zu verwandeln.

Die gute Nase des alten Spürhundes, wie er sich zuweilen vor Jorge, seinem Gehilfen, zu bezeichnen pflegte, hatte wieder Witterung aufgenommen. Und die sagte ihm, daß es angezeigt war, nach Tulancingo zu reiten, Geschäft, Geschäft sein zu lassen und Verhandlung Verhandlung.

In Tulancingo lagen seine Pesos, Reales, Centavos, kurz das, was ihm seine Waffengeschäfte eingebracht hatten.

Was Erec in diesen letzten Tagen des Januars 1866 über das übliche Maß hinaus hatte unruhig werden lassen, war die Folge einer an sich banalen Feststellung gewesen: Militärkonvois, marschierende Soldaten, Transportkolonnen, die sich auf Veracruz zubewegten, ein Bild, wie es der Alltag in diesem Lande überall zeigte. Nur hätte es sich dabei nicht um Franzosen handeln dürfen. Wenn alles in Ordnung war, dann durfte man sie in Sonora, Chihuahua oder Nuevo Leon vermuten, aber nicht hier. Eine gewaltige Niederlage im Norden mußte sie herbeigetrieben haben. Das war der einzig denkbare Schluß. Dem bewährten Grundsatz folgend, zu handeln, bevor andere es tun, war er nach Tulancingo aufgebrochen, zu einem Ritt, der nur dem keine besondere Anstrengung abverlangt, der gewohnt ist, den Tag im Sattel zu verbringen.

...Daß unser weiteres Leben nun darin bestehen sollte, das Innere von Hotels und Poststationen kennenzulernen, um sie gleich nach der ersten Bekanntschaft wieder zu verlassen, setzte ein Umdenken voraus, dem wir nicht gewachsen waren. Zunächst jedenfalls nicht.

Besonders mein Vater, der sich nun offiziell Kaiserlicher Inspekteur nannte, wollte sich mit seiner neuen Rolle nicht abfinden, da er sie als aufgezwungen empfand.

Recht besehen, war sie es auch.

Nach der neuen Verordnung, die mit Beginn des Jahres in Kraft trat, mußten sich alle Amtsträger des Landes eine regelmäßige Überprüfung durch reisende Inspekteure gefallen lassen. Die Überstürztheit der Maßnahme hatte dazu geführt, daß man mehr oder weniger taugliche Leute hierfür abgestellt hatte. Fast alle waren europäischer Herkunft.

Die Männer kamen aus den verschiedensten Berufen und besaßen die verschiedensten Eignungen. Die meisten hatten Probleme mit der spanischen Sprache. Einige konnten kaum ihren Namen schreiben.

Um den reisenden Inspekteuren den Dienst zu erleichtern, sollten sie ihre Familien mitnehmen. Eine Empfehlung, die Verenice als gegen sich persönlich gerichtet empfand. Sie traute es der Kaiserin zu, diese Anordnung eigens dafür in die Welt gesetzt zu haben, um sie endgültig vom Hofe zu verbannen. Dennoch geriet sie darüber weder in Zorn noch in Verzweiflung. Die Unstetigkeit, die uns der jetzige Beruf meines Vaters aufnötigte, schien ihr alles andere als unangenehm zu sein, ja, ihr eigentlich nur das in einer intensiveren Weise zu ermöglichen, was sie von unserem Gartenhaus aus täglich verwirklicht hatte.

Jetzt war der zur Verfügung stehende Raum immens angewachsen. Mein Vater, verantwortlich für diejenigen Departements, die sich um Mexiko-Stadt gruppierten, kreiselte konzentrisch um unser Gartenhaus, wie er es einmal auszudrücken pflegte. Und bei aller Abneigung gegen seine Aufgabe glaubte er darin ein Privileg wahrzunehmen, das er seiner persönlichen Beziehung zum Kaiser verdankte.

Unser Beförderungsmittel war die Diligeance. Unser Zuhause die Poststation. Als ungebetene Besucher, die wir natürlich sein würden, sollten wir möglichst unabhängig bleiben von der Versorgung durch unsere jeweiligen Gastgeber. Die gespannte Beziehung zu ihnen, auf die die Aufgabe meinen Vater festlegte, schien ihm indes außerordentlich zuzusetzen. Mein Vater hatte nichts von einem Aufseher. Dafür war er viel zu selbstbezogen. Die Präfekten profitierten nur davon. Unter den in Selbstgefälligkeit schwelgenden Amtsträgern mußte mein Vater aufgetreten sein wie eine Krähe, die dem Löwen den Happen streitig machen will.

Mit einer gewissen Zerknirschtheit nahm er seine Unfähigkeit nicht nur zur Kenntnis, sondern sah darin auch ein Zeichen, daß es dem Kaiserreich wohl zunehmend an der Fähigkeit ermangele, die richtigen Entscheidungen zu treffen.

Die gedrückte Stimmung meines Vaters hatte aber noch einen anderen Grund. Als Kaiserlicher Inspekteur hatte er sich von seinen alchemistischen Experimenten trennen müssen. Das war ihm um so schwerer gefallen, als er bisher nicht mehr vorzuweisen hatte als: „Dreck...", wie er es formulierte: „Nur Dreck." Als wir mit der Diligeance, eingepfercht zwischen halb ohnmächtig geschaukelten Reisenden, an einem Nachmittag in Tulancingo einrollten, machten wir zum ersten Mal Bekanntschaft mit dem Krieg. Er trat uns entgegen in Gestalt von Armeezelten und Gewehrpyramiden, die die Einfallstraße säumten. „Das hat uns noch gefehlt", stöhnte mein Vater, der wie wir, am Rande einer Erschöpfung, nur davon träumte, endlich zu einer Mahlzeit und einem Bett zu kommen.

Er ahnte nicht, wie richtig seine Einschätzung war...

19. Kapitel

Die Abwicklungen in der Bank hatten Erec länger festgehalten, als ihm angenehm war. Aufgrund der außergewöhnlichen Situation in der Stadt war eine Sondergenehmigung nötig gewesen. Und die hatte ihn gezwungen, zunächst den Umweg über das Stadthaus zu nehmen. Eine einigermaßen unkomplizierte Angelegenheit für einen Mann, der sich nach allen Seiten abgesichert hatte.

Jetzt, nach Vorlage der Genehmigung, fand sich die Bank bereit, Erec das Geld auszuzahlen, das sich auf seinem Konto angesammelt hatte.

„Aber erst in drei bis vier Tagen, Señor Vinzenti", hatte der Bankdirektor sich gestenreich entschuldigt, „Sie verstehen, bei der hohen Summe. Wollen Sie nicht...?"

„Ich bleibe bei meinem Entschluß", war ihm Erec ins Wort gefallen, „allen Ratschlägen zum Trotz werde ich das Geld an mich nehmen."

„Si, Señor", hatte der Direktor anstandslos eingewilligt, „ich werde Sie sofort verständigen lassen, wenn das Geld da ist."

Froh darüber, wenigstens diesen Teil der Angelegenheit hinter sich gebracht zu haben, trat er unter die Arkaden. Tulancingo hatte sich nicht verändert, obwohl es jetzt ein Heerlager war. Auf der Plaza boten wie eh und je die Bauern Tiere und Früchte an, aus den Cantinas roch es nach Pulque, und auch die Abstände schienen dieselben zu sein, in denen Sturzbetrunkene durch die Schwingtüren flogen, um verrenkt in ihrem Erbrochenen den Rausch auszuschlafen.

Der Tag hatte seine fest gefügte Ordnung in diesem Land. Und daran konnte weder der Krieg etwas ändern noch die Soldaten. Nicht weit von der Bank entfernt lag Erecs Hotel, direkt an der Hauptstraße, die über die Plaza führte. Immer noch war er sich nicht schlüssig darüber, ob er unter obwaltenden Umständen sein Geld nach Queretaro, wo er sich ein sehenswertes Palais gekauft hatte, oder Mexiko-Stadt bringen sollte. Die Gedankenverlorenheit hielt ihn davon ab, sich über die Unverfrorenheit ärgern zu müssen, mit der man ihn anrempelte und fast umstieß.

In der aufheizenden Nachmittagssonne hatte sich die Stadt verkrochen, unter die Arkaden oder die Sonnensegel, mit denen die Plaza übersät war. Nur deshalb hatte die einrollende Diligeance eine Aufmerksamkeit für sich beanspruchen können, die ihr gewöhnlich nicht zukam.

„Daß die Viecher nicht schon tot sind", entdeckte jemand sein Mitleid mit den nur noch schwer im Geschirr gehenden Mulis. Und ein anderer äußerte sein Erstaunen darüber, daß Diligeancen in der jetzigen Lage überhaupt noch verkehrten. „Die Heilige Mutter Gottes macht vieles möglich", löste ein Dritter das Rätsel, „schließlich bin ich ja auch noch da, nach allem."

Das fand den Beifall der Umstehenden, die zusahen, wie

die Diligeance vor der Poststation anhielt. In ihr wohnte auch Erec.

Inzwischen hatte er sich soweit durchgekämpft, daß er, auf der anderen Straßenseite stehend, mitansehen konnte, wie die Passagiere entstiegen. Da er der Szene nicht den geringsten Reiz abgewinnen konnte und sich unter den stinkenden Indios ohnehin unwohl fühlte, drängte er aus dem Pulk der glotzenden Unbekümmertheit auf die Straße. Er hatte eben einige Schritte gemacht, als sein Herz auszusetzen schien. Noch glaubte er an eine Sonnenspiegelung, die für die Täuschung verantwortlich gewesen sein könnte. Aber dann riß er die Augen auf, bis sie herausquollen. Er war sich ganz sicher: Die drei dort am Ende der müde trabenden Gruppe von Passagieren waren sein Vater, Verenice und sein Bruder Viktor.

20. Kapitel

(aus: Viktor Ansellis Memoiren.
II. Teil: Mexikanische Impressionen. Die Odysee)

...Mein Vater war kein Mann von schnellen Entschlüssen. Aber Aufgaben, die ihm unangenehm erschienen, pflegte er schnell zu erledigen. Keine Vorschrift zwang ihn dazu, seine Revision am Tag des Eintreffens vorzunehmen. Indes mein Vater hielt darauf, die für ihn peinliche Angelegenheit sofort in Angriff zu nehmen. Zwei, drei Stunden Schlaf reichten ihm, um sich soweit bei Kräften zu fühlen, den Gang zum Präfekten anzutreten. Nachdem er sich umgezogen hatte, klemmte er sich eine Tasche unter den Arm, in der sich seine Legitimation und Aufzeichnungsbögen befanden, und marschierte zum Stadthaus, nicht anders, als er in Triest zum Hafen gegangen war. Heute denke ich mir, daß es für die Präfekten eine eigentümliche Erfahrung gewesen sein muß, einen Inspekteur des Kaisers solcherart aufkreuzen zu sehen.

In der Regel war er gegen Abend zurück, oft mit einer Einladung in der Tasche, die der Präfekt für den nächsten Tag ausgesprochen hatte.

So war unser Leben voller Abwechslung und Überraschung, die Verenice noch dadurch anzureichern wußte, daß sie mit mir während Vaters Abwesenheit durch die Orte spazierte, die Märkte besuchte und Seufzer ausstieß, als sei sie immer noch dabei, sich von etwas befreien zu müssen.

Mitunter fielen wir als Europäer unangenehm auf, vor allem Verenice mit ihrem lilafarbenen Sonnenschirm und riesigen Gärtnerhut. Natürlich waren wir gewarnt worden, alleine durch die Städte zu marschieren. Die Ausländerfeindlichkeit der Mexikaner hatte zugenommen, seitdem Maximilian das Kriegsglück verließ.

Aber hier in Tulancingo fühlten wir uns sicher. Schließlich befanden sich Soldaten in der Stadt, die im Notfall Hilfe leisten konnten. Wir gingen der Einfachheit halber davon aus, daß es Truppen der kaiserlichen Armee waren, die in Tulancingo biwakierten. Bei der Vielfalt der Uniformen, die vom geschniegelten Rock der Garden bis zum Räuberzivil der Guerillaeinheiten reichten, war es für Uneingeweihte ohnehin unmöglich, die Parteien zu unterscheiden.

So erfreuten wir uns unbekümmert an den Angeboten des Marktes, der Buntheit des Bildes und der Ungezwungenheit unserer neuen Lebensweise, die so mühselig wie bereichernd war.

Als der hereinbrechende Abend damit begann, das Schiefergrau der Sierra Madre mit seinen Farben anzumalen, wurde die Plaza durch Soldaten geräumt. Daran gewöhnt, von außergewöhnlichen Ereignissen überrascht zu werden, bauten die Händler ihre Buden ab, und die ohnehin schon im Aufbruch begriffenen Bauern kramten ihre Auslagen zusammen, nur etwas eiliger als sonst.

Die Überstürztheit, mit der der Markt sich auflöste, kündigte eine Entwicklung an, die nichts Gutes bedeuten konnte. Das spürten wohl alle. Selbst ich mit meinen nunmehr fast elf Jahren, der ich mit Verenice zusammen von unserem Hotel aus beobachten konnte, wie die Soldaten die Leute verscheuchten. Sie machten einem Fuhrwerk Platz, das Holz herankarrte. Von der Aktion ging etwas Beunruhigendes aus. Es war noch nicht so spät, daß wir uns hätten Sorgen machen müssen. Aber die Veränderung, die sich unter unseren Augen vollzog, das Hantieren auf der Plaza, die scheu abwandernden Händler, die verschreckten Bauern, ließen die ersten dunklen Gedanken aufkommen. Verenice erinnerte sich plötzlich, auf dem Stadthaus keine Fahne gesehen zu haben. Ganz sicher allerdings war sie sich nicht. Hingegen wäre es bedeutsam gewesen, es zu wissen. Denn in jedem Ort, in dem des Kaisers Wort galt, wehte auf dem Stadthaus die Fahne der Monarchie.

Die Vermutung, Tulancingo könne von Republikanern besetzt sein, war zu angsteinflößend, um von uns akzeptiert werden zu können. Hätte es doch bedeutet, daß mein Vater sich in der Gewalt der Juaristen befand, es längst keinen Präfekten mehr gab, den zu revisionieren nötig gewesen wäre, und das Stadthaus Gefängnis und Gericht zugleich war, wenn nicht gar Schlimmeres.

Leider ließ sich von unserem Hotelfenster aus nur ein Teil der Plaza einsehen. Das Stadthaus gehörte nicht dazu. Verenice, ansonsten couragiert, wagte es in dieser Stunde der Ungewißheit nicht, auf die menschenleere Straße zu gehen. Mit jeder Minute aber, die wir vergebens warteten, erhärtete sich der Verdacht, daß die Vermutung richtig gewesen sein könnte und das Unausdenkbare dabei war, Wirklichkeit zu werden: Mein Vater war den geschworenen Todfeinden des kaiserlichen Mexikos in die Falle gegangen. Und das nicht als Ferrante Anselli aus Wien, sondern als bestallter Inspekteur Seiner Majestät des Kaisers von Mexiko. Grausamer hätte das Schicksal nicht mit ihm umgehen können.

Die Nacht brach herein. Wir schlossen das Fenster unseres kleinen Zimmers, weil der aufkommende Wind den Staub hineinblies. Auf der Plaza wurden Fackeln entzündet, damit die Handwerker fortfahren konnten, das angekarrte Holz zu bearbeiten. Es gab jetzt keinen Zweifel mehr an der Absicht ihres Tuns. Sie waren dabei, einen Galgen zu errichten.

Der schon an sich widerwärtige Vorgang bekam dadurch besonders unmenschliche Züge, daß man mit geradezu pedantischer Sorgfalt zu Werke ging und fast die ganze Nacht brauchte.

Wir hatten das Abendessen nicht mehr einnehmen können. Der Magen schien mit Steinen angefüllt zu sein. Wir hockten auf dem Rand des Bettes und lauschten dem begehrlichen Klopfen der Hämmer, jenem sich verjüngenden Ton, wenn der Nagel ins Holz getrieben wird. Dieses Popp... Popp... Poppoppopp ließ Verenice die Hände zu Eis gefrieren. Sie schwieg die Zeit über, ganz hingegeben jenen schrecklichen Geräuschen, bis sie plötzlich meine Hände in die ihren nahm und ich die Kälte spürte, als sei sie dabei, den Tod vorwegzunehmen, der für andere draußen vorbereitet wurde.

„Mein Gott, Vik, was sollen wir nur machen?" stammelte sie in einer mich befremdenden Hilflosigkeit, weil sie so wenig zu Verenice paßte. Ich wandte mich beschämt zur Seite und sagte nichts. Wie hätte ich ihr auch helfen können...

21. Kapitel

Der Morgen hatte sich im Marschtritt genähert. In kleinen Trupps waren die Soldaten durch die Straßen gepoltert, hatten gegen die Türen gepocht und die Menschen aufgefordert, sich zur Plaza zu begeben. Vor den Bergen der Sierra Madre bauschte sich noch schwarz die Nacht. Auch wenn der Tag schon als glutener Saum über den Zackenkämmen waberte. Die Luft, noch so kalt, daß der Atem als qualmige Wolke über den Köpfen der Menschen hing, ließ den Schrecken zu einer Gebärde stiller Ergebenheit gefrieren. Mit verstummten Mündern starrten die Menschen auf das langgezogene Podest, über das sich auf zwei Pfosten ein Balken spannte, an dem vier Schlingen baumelten.

Erec hatte seine ganze Geschicklichkeit aufbieten müssen, um bei der Räumung des Hotels Verenice und Viktor nicht in die Arme zu laufen. Auf der Plaza war er so weit, wie es ging, von den beiden abgerückt. Zusammen mit seinem Gehilfen, dem stummen Indianderjungen Jorge, stand er eingekeilt zwischen den dicht gedrängten Menschen, die im Abstand das Gerüst einschlossen. Wegen der Kälte klapperten Jorge die Zähne. Erec hingegen hielt die Spannung warm, die ihn seit der Begegnung gestern nicht verlassen wollte. Eine Spannung, die nichts zu tun hatte mit der Aufregung, von der sein sonstiges Leben beherrscht wurde. Um sein Erkanntwerden zu verhindern, hielt er einen großen Hut gegen sein Gesicht gedrückt. Entschlossen, auch diese Situation zu meistern, harrte er der Dinge, die sich vor dem Stadthaus in Gang brachten.

Angeführt von einer Gruppe Soldaten näherten sich die Delinquenten, vier Männer, trotz der kühlen Witterung nur mit Hemd und Hose bekleidet, im langsamen Schritt. Ein Tambour, der vorausging, untermalte das Geschehen mit Klöppelschlägen, die wie Gewehrschüsse durch die Schweigsamkeit des Morgens hallten. Leicht hoben die Menschen ihre Köpfe, als schämten sie sich ihrer Feigheit, alles nur hinzunehmen.

Während die Delinquenten auf das Gerüst zuschritten, hatte ein goldbetreßter Offizier das Podest erstiegen, eine Papierrolle in der Hand. Vor dem Gerüst hatten die Delinquenten inzwischen Aufstellung genommen, nebeneinander in einer Reihe, mit dem Gesicht zu jenem Offizier, der die Rolle jetzt auseinanderzog und anfing, mit larmoyanter Stimme den Inhalt zu verlesen. Wie aus dem

Kamin einer Lokomotive entquoll der heiße Atem seinem schnappenden Mund.

„...werden wegen Kollaboration mit dem Feinde zum Tode verurteilt: Ramoz Ormacheo, Präfekt von Tulancingo, Carlos Navarro und Vincente Martinez, Sekretäre der Präfektur von Tulancingo, sowie Ferrante Anselli, Kaiserlicher Inspekteur." Die rauhe, mitleidslose Stimme war eben verhallt, als der Tambour auf der Trommel zu rühren anfing. Während der scheppernde Ton überleitete zur nächsten Phase des Geschehens, wurden dem Präfekten die Hände gebunden; er wurde zur Treppe geführt und hinaufgestoßen. Oben ruckte jemand einen Schemel unter das für den Präfekten bestimmte Seil.

Ganz in Erecs Nähe hatten Leute angefangen zu beten. Das gedämpfte Murmeln verschlimmerte nur den Zustand, der Erec überfallen hatte, als der Name seines Vaters genannt worden war. Er hatte einen stechenden Schmerz in sich gespürt und ein Gefühl tiefster Verworfenheit. Aber wie damals in der Kathedrale San Giusto in Triest, als ihm Franz Oxner den Revolver ausgehändigt hatte, mit dem er Kaiser Franz Joseph erschießen sollte, schlug er nur die Augen nieder und versteckte die eine Hälfte in sich vor der anderen.

Der Name Ferrante Anselli, soeben aufgerufen, hatte zu einem Tumult geführt. Zuerst schien es, jemand sei ohnmächtig geworden und habe andere dazu veranlaßt, sich um ihn zu kümmern. Dann aber ließ sich erkennen, daß eine Frau dabei war, durch die Reihen zu drängen, von einer Zielstrebigkeit beseelt, die auf nichts und niemanden Rücksicht zu nehmen gedachte. Als er der roten Haarpracht ansichtig wurde, die sich wie eine Feuerkugel über die Plaza bewegte, zog Erec unwillkürlich den Hut weiter vor sein Gesicht. Der zur Eisesstarre gefrorene Zuschauerblock brach in einen Schreckensruf aus. Er stiftete unter den Soldaten soviel Verwirrung, daß niemand eingriff, als Verenice und in einem Abstand von wenigen Metern Viktor auf das Gerüst zueilten, entschlossen, dem Treiben dort ein Ende zu bereiten. Die Absperrung der Wachmannschaft überwindend, raste Verenice die Treppen zum Podest hinauf, stürzte an den schaukelnden Beinen des exekutierten Präfekten vorbei auf den Offizier zu, der die Urteile verlesen hatte, und begann, erregt auf ihn einzureden.

Mit dem an brisanten Entwicklungen geschulten Blick erkannte Erec sofort, daß Verenice den kommandierenden Offizier in eine heikle Lage gebracht hatte. Er konnte den Autoritätsverlust unmöglich hinnehmen. Vielleicht ließ der Kommandant in die Menge schießen. Erec sann über einen Fluchtweg nach. Aber zunächst geschah gar nichts. Hinter steifer Zurückhaltung sich verschanzend, ließ der Offizier Verenices anklägerische Rede über sich ergehen, während seine Tenientes und Corporales erwartungsvoll an seinen Lippen hingen. Aber der erlösende Befehl kam nicht. Niemand bremste Verenice. Und doch war nichts sicherer, als daß es die Zeit selber tun würde. Der Überrumpelungseffekt würde nicht ewig andauern. Und was dann...?

Das Unglaubliche, das sich nun einstellte, sorgte dafür, daß Erec die Kraft fehlte, den Hut weiter vor seinem Gesicht zu halten.

Eine Gestalt war aus der Reihe der Delinquenten ausgeschert, schritt langsam und würdevoll an der Postenkette vorbei, als wolle sie eine Parade abnehmen. Ebenso unbehelligt wie vorhin Verenice, überquerte sie die Plaza, angestaunt und reglos begafft von der Menge, die das Geschehen sowenig verstand wie die Soldaten – und sowenig wie Erec, der in der Gestalt seinen Vater erkannt hatte.

Der Morgen war voll in sein Recht eingetreten. Mit fester Hand regierte er den Platz, über den sich ein Wärmeschauer ergoß, als sei die Kühle der vergangenen Minuten nur ein Trug gewesen. Der Boden, schimmernd, wie mit Blattgold ausgelegt, verwandelte die Plaza in einen Ort blendender Helligkeit. Ferrante Anselli hatte die innere Begrenzung des Zuschauerrings erreicht. Ungebremst setzt er seinen Marsch fort, als gebe es weder die Soldaten noch die Leiber der Menschen vor ihm, die jetzt langsam zurückwichen, ihm eine Gasse bahnend, als habe keiner mehr ein Anrecht darauf, hindurchzuschreiten, als er.

Das Letzte, was Erec von seinem Vater sah, war der Kranz seines etwas lichter gewordenen schwarzen Kraushaares, das sich als kleiner werdender Punkt durch die Menge pflügte, die sich öffnete und schloß wie Wasser vor dem Rumpf eines Schiffes.

Tränen stiegen Erec in die Augen. Mit der einen Hand faßte er nach der Schulter von Jorge, um sich dort abzustützen.

Alle Verdächtigungen und Vorwürfe taten ihm leid, die er jemals gegen seinen Vater vorgebracht hatte. Wenn es einen Menschen gab, dem man Feigheit gewiß nicht vorhalten durfte, so ihm.

Um nicht schluchzen zu müssen, biß er sich auf die Lippen. Er schämte sich seiner rachsüchtigen Borniertheit, die ihn seinen Vater so falsch hatte einschätzen und jetzt am Ende noch hatte verleugnen lassen. Für eine Wiedergutmachung war es zu spät.

Als seine Lippen zu zittern begannen, grub er die Zähne tiefer ins Fleisch, bis es blutete.

Vom Gerüst her hörte er den Offizier im Kasernenhofton Befehle brüllen. Als seien die Soldaten aus einer Trance erwacht, brauchten sie Sekunden, um zu begreifen. Dann sauste eine Gruppe in die Richtung davon, in der Ferrante Anselli verschwunden war.

Zwei Wachsoldaten packten Verenice und Viktor, zerrten sie vom Podest herunter, um sie augenblicklich von einem Trupp abführen zu lassen. Und während die Postenkette um den Platz herum mit angelegtem Gewehr die Menge in Schach hielt, teilten die Sekretäre das Schicksal ihres Präfekten.

22. Kapitel

Brief José Manuel Hidalgos
an José Maria Gutierrez in Rom, Palazzo Mariscotti.

Paris, im April 1866

Lieber Freund!

So Gott will, haltet Ihr diese Zeilen in Händen, wenn ich mich längst schon dem nassen Element anvertraut habe. In den sechs Wochen, die mich der Atlantik festhält, werde ich Zeit haben, über den Undank der Welt im allgemeinen und im besonderen Seiner Majestät des Kaisers von Mexiko nachzudenken.
Meine Abrufung als Botschafter empfinde ich als eine bodenlose Ungerechtigkeit, wenn ich mich des rastlosen Eifers entsinne, mit dem ich mich für ein kaiserliches Mexiko verbraucht habe.
War Napoleons Interesse an Mexiko nicht letztendlich mein Werk?
Wenn Maximilian nun Almonte nach Paris entsendet, um mich abzulösen, so läßt er mich gewiß dafür büßen. Der Rückzugsbefehl Seiner Majestät des französischen Kaisers muß ihm alles Französische hassenswert gemacht haben und sicherlich auch alles, was damit in Verbindung zu bringen ist.

So sehe ich mich als Opfer einer Gemütslage, die blindwütig nach Sündenböcken Ausschau hält.
Und doch hat die Situation bei aller Härte auch ihr Gutes für mich. Endlich komme ich dazu, Maximilian meine Rechnung zu präsentieren. Es geht um längst fällige Entschädigungen. Schließlich hat auch meine Familie unter dem Krieg gelitten. Ich weiß, lieber Freund, daß auch Eure Korrespondenz mit dem Kaiser an diesem Thema nicht vorbeigekommen ist.

Wir wollen uns nicht auf eine Stufe stellen mit Leuten wie diesen Monsieur Jecker und auch nicht mit diesem Herzog von Morny, deren abscheuliche Machenschaft der Öffentlichkeit inzwischen hinlänglich bekannt ist. Sicher nicht. Aber haben wir weniger Recht darauf als sie, zurückzuverlangen, was unser ist?
Wir haben Geduld gezeigt, über die Maßen. Haben anderen den Vortritt gelassen. Aber jetzt ist die Reihe an uns. Über das moralische Anrecht hinaus gebietet es der politische Instinkt, endlich zu verlangen, was uns zusteht.

Machen wir uns nichts vor, lieber Freund. Die Würfel sind gefallen. Wenn Frankreich mexikanischen Boden verlassen hat, gibt es niemanden mehr, der Maximilian Schutz gewähren könnte. Selbst Belgien hat beschlossen, keine Freiwilligen mehr zu entsenden. Der bunte Flickenteppich aus französischer Fremdenlegion, mexikanischen, österreichischen und belgischen Verbänden wird Maximilian den Staub nicht von den Füßen fernhalten können. Das Kaiserreich, so schmerzlich es für uns sein muß, tritt in das Stadium der Agonie. Wir wissen nicht, wie lange diese dauern wird. Aber die heilige Verpflichtung gegenüber unserer Mutter Kirche in Mexiko hält uns dazu an, an Wunder zu glauben. Daran zu glauben, daß ein Hinauszögern des Endes eine Wende herbeiführen könnte, die es dem Lande erspart, dem Antichristen in die Hände zu fallen. Dafür wollen wir alles tun. Selbst Ungemach in Kauf nehmen und Ungerechtigkeit. Vielleicht gelingt es Almonte, Napoleon umzustimmen und den Truppenrückzug zu stoppen. Angesichts der politischen Lage in Europa, die einen Krieg zwischen Preußen und Österreich unvermeidlich macht, würde eine Wende in der Tat einem Wunder gleichen.
Lieber Freund, welche Prüfungen uns noch auferlegt sind, wissen wir nicht. Aber eines können wir gewiß sein: Wir haben unser Bestes getan und wir werden es weiter tun. Sich selber auf die Schulter zu klopfen, ist schlechter

Brauch. Wenn ich es trotzdem in unserem Fall tue, dann in der Überzeugung, daß wir einen guten Kampf gekämpft haben.

Euer
José Manuel

P.S.: Zu den von mir erbetenen Details über die Wirkung des Tonikums: Zu wissen, daß es langfristig nur zu einer alle Spannungen und Seelenqualen lösenden Absence führt, hat mich mit meinem Gewissen ausgesöhnt. Danke für die diesbezügliche Aufklärung!

23. Kapitel

In Mexiko-Stadt sei Maximilian Regent, in Chapultepec Repräsentant und auf seiner Quinta in der Nähe der Stadt Cuernavaca Landedelmann gewesen, behauptete man. Sicher indes ist, daß es ihn mit Beginn des Jahres 1866 verstärkt dorthin gezogen hat. Auf einem seiner Ausritte, die einigen verantwortungslos leichtsinnig erschienen waren, hatte er das Landhaus La Borda entdeckt, war sofort von seiner idyllischen Lage fasziniert gewesen und hatte es auf der Stelle gekauft. An die sechzig Kilometer von Chapultepec entfernt, war es, gemessen an den Verkehrsbedingungen des Landes, leicht zu erreichen. Allerdings erforderte die Reise nach La Borda einen nicht unerheblichen körperlichen Einsatz, wenn es galt, die Paßhöhe La Cima zu überwinden, hinter der sich das Tal von Cuernavaca auftat, überragt von den drei Bergspitzen Tres Marias und durchzogen von Wiesen und Obstgärten.

Die von Cuernavaca ausgehende Hauptstraße führte in einer scharfen Kehre direkt zum Tor der Quinta, einem Komplex aus Pavillons, die durch Säulengänge und Patios miteinander verbunden waren. Wasserleitungen, die wie ein Aderwerk die Gärten versorgten, hielten die Luft angenehm frisch. Ein Umstand, der besonders geschätzt wurde.

Weiher auf verschiedenen Niveaus, perlmuttschimmernde Flamingos und radschlagende Pfauen ließen zu der Farbenpracht der Blumen ein Bild entstehen, wie man es sonst nur in dieser Üppigkeit an orientalischen Höfen anzutreffen pflegt.

Der Tod ihrer Großmutter, der Königin Marie Amelie, im März, hatte Charlotte nach La Borda verschlagen, obwohl sie den Ort mied, wenn sie eben konnte. Mit einem hinreichenden Gespür für unterschwellige Motive ausgestattet, hatte sie erkannt, daß sie in dem Refugium, das sich Maximilian geschaffen hatte, nicht gerne gesehen wurde. Zudem hielt sie das Gerücht fern, der Kaiser pflege mit der Frau seines Gärtners in La Borda ein intensives Verhältnis.

Der Rückfall nach dem Zusammenbruch im Dezember zwang sie jedoch auf Anraten des Leibarztes, Dr. Basch, mit dem Grundsatz zu brechen und in der Idylle von La Borda Erholung zu suchen. Maximilian, nach der Rückzugsdrohung Kaiser Napoleons im Januar fieberhaft damit beschäftigt, die neue mexikanische Armee zu organisieren, war in Chapultepec zurückgeblieben. Nur gelegentlich kam er zu kurzen Besuchen nach La Borda und fand Charlotte blaß und kränkelnd vor. Eine Feststellung, die ihn um so mehr beunruhigte, als sich bei ihm zu seiner Dysenterie noch ein Leberleiden eingestellt hatte. Nicht weniger erschöpft als Charlotte, erkundigte er sich bei seinen Besuchen nach der Behandlung, die man ihr angedeihen ließ, und war fast neidisch, als er erfuhr, daß sie sich bei ihr auf die gelegentliche Gabe eines Tonikums beschränkte, während man ihn mit dem Doverschen Pulver vollstopfte und mit Kupfervitrioleinläufen quälte.

Im Juni war er mit seinen Kräften am Ende. Die Vorstellung einer mexikanischen Armee, die sowohl österreichische, französische, belgische und landeseigene Verbände umfassen sollte, drohte an der Weigerung des österreichischen Befehlshabers General Thun zu scheitern. Außerdem war aus Paris eine Depesche eingelaufen, die an Unverschämtheit alles bisher Dagewesene in den Schatten stellte. Mit ansehnlichem Gefolge war Maximilian nach La Borda aufgebrochen. Als er gegen Abend eintraf, sah er so angegriffen aus, daß Dr. Basch ihm riet, sich sofort ins Bett zu legen. Aber schon der nächste Morgen bewies ihm, daß er mit La Borda einen guten Griff getan hatte.

Wie immer, wenn er aus seinem Schlafgemach trat, galt sein erster Blick den blauen Bergketten im Norden, die sich wie unüberwindbare Barrieren zwischen Mexiko-Stadt und La Borda legten. Jenseits von ihnen waren seine Probleme zurückgeblieben und ihren Versuchen, ihm zu folgen, schienen die Berge ein ewiges Nein entgegenzusetzen.

Das Glucksen des Wassers in den Kanälen verbreitete zudem einen Frieden, wie er Maximilian in den letzten Wochen fremd geworden war. Jemand hatte im Patio eine Hängematte anbringen lassen und die Wiener Korbmöbel herausgestellt. Auf dem Tisch warteten schon die Karaffen, aber Maximilian drängte es danach, in die Morgenkühle der Laubengänge zu tauchen, um die Insekten zwischen den Blättern rascheln zu hören und das beruhigende Licht zu genießen, das hier eine flaschengrüne Färbung annahm. Zuweilen hingen in den Sprossenwänden Käfige, aus denen es übermütig trällerte. Papageien, an Querhölzern angekettet, krächzten ihm dreist entgegen. Aber nichts konnte ihm so sehr das Gefühl vermitteln, den verhaßten Pflichten entronnen zu sein, wie der betörende Duft des Flieders, der die Angst in ihm betäubte und ihn glauben ließ, allen Aufgaben gewachsen zu sein. Darum konnte er mit einem lange nicht mehr erlebten Wohlgefallen Charlotte betrachten, die im Weiher badete. Langsam um die Seerosen herumschwimmend, bemerkte sie nicht, wie ihre Zofe Mathilde vor dem herangetretenen Kaiser knickste und auffordernd zu ihr herüberblickte.

„Es freut mich zu sehen, daß es dir wieder gut geht", rief

Maximilian auf den Weiher hinaus, wo Charlotte in ruhigen Schwimmstößen das Wasser teilte.

„Es wäre schön, wenn wir zusammen frühstücken könnten."

Dann wartete er die Wirkung seiner Worte ab.

Charlotte hatte eine Kehrtwendung vollzogen und schwamm auf das Ufer zu, eilig und entschlossen zuerst, bis ihre Bewegungen zögernder wurden, sie auf der Stelle zu paddeln begann und dabei so laut sie sie konnte zurückrief: „Max, gehe bitte, ich möchte das Wasser verlassen!"

Zunächst suchte er, irritiert, wie er war, um Hilfe nach, bei Mathilde, der Zofe, die aber ausweichend die Augen niederschlug. Dann zurrte er die Kordel seines Morgenmantels fester, unübersehbar beleidigt, und verschwand mit energischen Schritten in einem der Laubengänge.

Der Frühstückstisch war liebevoll arrangiert worden. Viele Hände hatten dafür gesorgt, daß zum Meißener Porzellan auch Charlottes Lieblingsblumen auf dem Tisch ihren Platz fanden. Im Schatten einer eigens ausgefahrenen Markise hätte das Kaiserpaar die erste Mahlzeit des Tages unter den denkbar angenehmsten Bedingungen zu sich nehmen können, wenn nicht Maximilians und Charlottes Krankheiten zu Abstrichen gezwungen hätten. Statt des Kaffees mußten sie mit einem milden Tee vorlieb nehmen, und anstelle geschmackvoller Früchte und deftiger Brotseiten gab es eine schleimige Suppe. Nichtsdestoweniger bewahrten beide Haltung, Charlotte in einer weißen Krinoline, an der sie auch jetzt den schwarzen Trauerflor trug, und Maximilian in einem leichten Leinenanzug, gutbürgerlich im Schnitt, wie man ihn sonntags auf den Promenaden zu sehen pflegte.

Sein Zorn über Charlottes Reaktion war einer verunsichernden Besorgtheit gewichen, die er immer dann in sich spürte, wenn er Gründe sah, an der Couragiertheit seiner Frau zu zweifeln. Er mochte an eine Täuschung glauben. Aber hatte Charlottes Hand nicht gezittert, als sie die

Tasse zum Mund führte? Und wenn sie ihn ansah, besaß ihr Blick nicht etwas beängstigend Starres?

Die Art, wie sie ihn ansprach, strafte solche Verdächtigungen indes Lügen.

„Ich bleibe dabei zu behaupten", meinte sie mit fester Stimme, „daß dieses freche Ultimatum, gegen die Übergabe unserer Zollrechte die französische Armee im Lande zu belassen, nur beweist, wie interessiert Napoleon im Grunde an Mexiko ist." Ihr starrer Blick traf ihn und blokkierte sein Denken. Stumm tauchte er seinen Löffel in die Suppe.

„Du siehst hoffentlich ein, daß deine erste Reaktion, einfach aufzugeben, lächerlich war", fuhr sie mit derselben Bestimmtheit wie eben fort, „diese Rückzugsdrohung vom Januar und die Truppenbewegungen Richtung Veracruz stellen doch nur ein abgekartetes Spiel dar, das Napoleon für Bazaine in Szene gesetzt hat, damit wir kapitulieren und für ihn der Weg frei ist."

„Nein, Max", stieß sie aufgebracht hervor, „das ist alles zu durchsichtig, um nicht sofort in seiner Absicht erkannt zu werden. Im übrigen waren es ja diese beiden französischen Hauptleute Detroyat und Pierron aus deinem Sekretariat, die dir dazu geraten haben, nicht wahr?"

Sie riß ihre Augen triumphierend auf. Nichts Kränkliches war mehr an ihr. Sie erinnerte an die Zeit vor der Depression. Maximilian spürte jene heimliche Verehrung wieder in sich wachsen, die ihn zwanghaft darauf festlegte, Charlotte auf Distanz zu halten.

„Jetzt wird deutlich, wie richtig es seinerzeit war, auf Napoleons unverschämte Kündigung des Beistandpaktes mit einer ebenso unverschämten Aufforderung, das Land zu verlassen, zu antworten", hörte er sie in ihren Gouvernantenton verfallen, der ihn regelmäßig zu einer Trotzreaktion herausforderte. Aber ihr Redestrom war nicht zu bremsen. In stiller Verbissenheit mußte er zur Kenntnis nehmen, daß ihr Vorschlag, Almonte nach Paris zu schikken, schließlich für klare Verhältnisse gesorgt habe. „Ohne dieses Memorandum, Max", unterrichtete sie ihn in einer beinahe demütigenden Weise, „mit dem wir Napoleon die Pistole auf die Brust gesetzt haben, hätte es dieses erhellende Ultimatum niemals gegeben."

Seine Möglichkeiten waren damit erschöpft. Geräuschvoll ließ er den Löffel neben den Teller fallen und machte seine Absicht deutlich, nicht länger zuhören zu wollen.

„Trotzdem ist es dabei geblieben, daß dieses Ultimatum uns das Genick bricht", entfuhr es ihm unbezweifelbar wütend, „so oder so: Gehen wir darauf ein, wird uns kein Centavo mehr zur Verfügung stehen, tun wir es nicht, können wir uns nicht mehr verteidigen."

Sofort versuchte Charlotte, das Heft wieder in die Hand zu bekommen.

„Das steht noch aus, ob Napoleon ernst macht", unterbrach sie ihn erregt.

An seinem boshaft milden Lächeln konnte sie erkennen, daß sie ihn nicht überzeugt hatte.

„Aber völlig sicher scheinst du dir nicht zu sein, liebe Charlotte", meinte er selbstzufrieden, weil es ihm gelungen war, ihrer Überheblichkeit einen Schlag zu versetzen.

Ruckartig wandte sie ihr Gesicht von ihm ab. Nicht schnell genug, um den Anflug von Tränen verbergen zu können.

Scheinbar interessiert beobachtete sie den Zierteich neben ihrem Tisch, aus dem Goldfische an die Wasseroberfläche tauchten, mit runden schnappenden Mäulern.

Als ein Mädchen erschien, um zu fragen, ob etwas gewünscht werde, schickte sie es mit brüskierenden Worten fort. Ungeachtet dessen löffelte Maximilian seinen Teller leer. Nur an der Hektik seiner Bewegung ließ sich ablesen, wie sich die Spannung auf ihn übertragen hatte.

„Seitdem du säufst, wirst du zunehmend bösartiger", preßte Charlotte zwischen den Zähnen hervor. Sie hatte sich gemäßigt und so leise wie möglich gesprochen. Aber sie war puterrot darüber geworden und schien vor einem Tobsuchtsanfall zu stehen.

„Das und deine Weibergeschichten haben dich um den Verstand gebracht. Nur so erkläre ich mir übrigens das Hirngespinst, einfach abzudanken", fauchte sie verhalten, „in was für einer Welt lebst du, Max? Glaubst du, wir können so mir nichts, dir nichts nach Österreich zurück und ein beschauliches Leben führen, als Witzfiguren für die europäischen Höfe? Ich glaube, dich gut genug zu kennen, um zu wissen, daß auch du das nicht ertragen würdest. So stellt dein Liebäugeln mit dem Aufgeben hier entweder eine kindische Gedankenlosigkeit dar oder es ist nichts weiter als eine neue Variante deiner Angriffe auf meine Person."

Ihre Augenbrauen hatten sich leicht angehoben und verbannten aus ihrem Blick die eisige Kälte. Vielleicht war es das, was Maximilian den Mut zu einer Antwort finden ließ.

„Du bist verärgert darüber, daß deine Pläne ins Wasser gefallen sind", entgegnete er ihr, wenngleich mit etwas zittriger Stimme, „unsere Träume von der Unabhängigkeit haben sich als Luftschlösser erwiesen. Mehr denn je hängen wir an der Kette der Klerikalen und Franzosen. Und wie sich die Dinge entwickelt haben, bestimmt heute Napoleon sogar ganz allein über unser Schicksal."

Etwas Ausweichendes machte sich in ihrem Blick bemerkbar. Als seien die Augäpfel aus ihren Verankerungen gelöst, rollten sie hin und her. Ohne auf Charlottes Zustand Rücksicht zu nehmen, setzte Maximilian seinen Angriff fort.

„Und sieh dir an, was aus uns geworden ist!"

Charlotte hatte nach einer Serviette gegriffen und sie vor ihren Mund gedrückt.

„Der Kaiser von Mexiko: Ein Wrack, das sich in einem Sanatorium heimischer fühlen würde als auf dem Thron. Und du, liebe Charlotte, bemühst dich immer noch eifrig, der Wahrheit auszuweichen, auch wenn sie an deinem Körper ihre Spuren hinterläßt." Mit einem Schlag hatte sie die Serviette auf den Tisch zurückbefördert. Die leere Teetasse war vom Unterteller gesprungen und zersplittert auf dem Boden gelandet. Ihre Lippen hatten angefangen zu zittern. Für Momente war sie unfähig, ein Wort herauszubringen.

Entsetzt nahm er das Bild in sich auf.

„Welch abgrundtiefer Überdruß muß in dir stecken", kam es dann stammelnd aus ihr, „welche Lust, das Morbide hervorzuzerren, um dich an ihm gütlich zu tun. Welcher Wahrheit weichst denn du aus, Max?"

Die Frage unterminierte die letzte Bastion, die in ihm noch Widerstand leistete. Er fühlte seinen Kopf nach vorne fallen, schwer, wie ein richtungslos abgefeuertes Geschoß. Dann drangen klirrende Geräusche an sein Ohr. Auf den Lippen schmeckte er das Salz seiner Tränen und spürte das Schütteln seines Körpers unter den Schluchzern, die aus ihm drangen.

„Max... Max...", vernahm er wie aus weiter Ferne Charlottes Stimme. Dann glitt ihre Hand in sein trotz seines jugendlichen Alters schütter werdendes Haar, sanft und vergebend, und erinnerte ihn schmerzlich daran, wie lange sie ihn nicht berührt hatte.

Charlotte mußte aufgestanden und auf seine Tischseite getreten sein, denn plötzlich fühlte er seinen Kopf an ihrem Schoß. „Was tun wir uns nur an, Max", sagte sie in einem Ton, so werbend und weich, als seien sie sich noch einmal in Laeken begegnet, im Schloß ihres Vaters, und er sei nichts anderes als ein Habsburger Erzherzog, in den sich eine belgische Prinzessin verliebt hatte.

„Was hat das Schicksal sich gedacht, als es uns zusammenführte", hörte er sie sinnierend weiterreden.

Ihre Zuwendung tat ihm gut. Seinem erschöpften Körper gelang es wieder, sich zu erholen. Sie half ihm beim Aufstehen. Etwas unsicher noch hielt er sich auf den Beinen. Aber mit jeder Sekunde gewann er an Festigkeit. Die Überlegenheit, die von Charlotte ausging, hatte ihm Kraft gegeben. Seine Geistesgegenwart kehrte zurück.

„Entschuldige", sagte er und klopfte den Staub von seinen Knien.

„Für ehrliche Gefühle entschuldigen, nein, Max", entgegnete sie tapfer, „wir haben nur erlebt, wie es mit uns steht. Aber selbst, wenn sich alles gegen uns verschworen hat, wir nicht ausgenommen, so ist trotzdem noch nichts verloren."

Sein Gesicht hellte sich auf. In seinen Augen glühte eine solche Bewunderung, die sie fast schon als abstoßend empfand.

„Ich werde nach Paris reisen, Max", begann sie, nicht zuletzt auch, um den Eindruck loszuwerden, „mit Napoleon reden, mit Eugenie. Ich werde sie umstimmen, ganz sicher. Ich werde die ganze Welt rebellisch machen, wenn es sein muß. Max, ich verspreche dir, du wirst Kaiser bleiben."

Die Worte waren an sein Ohr geprasselt, nichts anderes in ihm hinterlassend, als überwältigtes Staunen. Die Vision einer Wende hatte sein knochig gewordenes Gesicht belebt, für Momente, um es dann düster zu umwölken.

„Wir haben nicht einmal mehr Geld, um die Reise finanzieren zu können", meinte er resigniert.

„Und wenn wir die letzten Centavos zusammenkratzen, Max", ermutigte ihn Charlotte, „ich fahre."

Ihr Optimismus war so durchschlagend, daß Maximilian, immer noch im Bann der Ankündigung, folgsam nickte.

„Wann...?"

„Nächsten Monat", erklärte Charlotte.

Dann, als vollzöge sich in ihr eine Wandlung, trat ein mattes Glänzen in ihre Augen. Unruhig blickte sie hin und her, bevor sie, sich vorbeugend, raunte: „Aber bitte Vorsicht. Nicht einmal eine Andeutung darüber, Max."

Und über die Schulter die Arkaden in Augenschein nehmend: „Wir dürfen niemandem trauen... niemandem."

24. Kapitel

(aus: Viktor Ansellis Memoiren.
II. Teil: Mexikanische Impressionen. Intermezzo in Arista)

...Zwischen dem Schreckensbild der Plaza von Tulancingo und den Mulikarawanen, die sich durch die speerspitzenartigen Spaliere der Agavenfelder schlängelten, schien eine Ewigkeit zu liegen. Und doch waren es nur wenige Wochen. In diesen wenigen Wochen waren alle Maßstäbe umgeworfen worden, an denen wir uns auszurichten gewohnt waren. Alles bisher Dagewesene reichte nicht heran an das, was uns die Tage nach Tulancingo gebracht hatten. Und nichts, was darauf folgte, hat diese Dimension und Abgründigkeit je wieder erreicht.

Die Veränderung in Verenices Wesen brachte in der ersten Zeit danach zum Ausdruck, mehr als es Worte vermocht hätten, welche Strapazen, Seelenqualen und Bedrohungen uns zugesetzt hatten. Und wenn ich selber auch noch zu jung war, um die ganze Schwere ermessen zu können, mit der uns das Schicksal heimgesucht hatte, so ließ sich doch leicht am Zustand meines Körpers erkennen, welchen Belastungen wir ausgeliefert waren. Weder vorher noch später wies ich je eine solche mitleiderregende Magerkeit auf. An die vier Wochen waren wir von der Soldateska, die Tulancingo eingenommen hatte, über die Hochebenen und Geröllfelder der Sierra Madre geschleppt worden. In der Hast eines überstürzten Rückzugs waren wir weder hinreichend mit Lebensmitteln versorgt worden noch hatten wir und unsere Leidensgenossen, durchweg Europäer, genügend Zudeck besessen, um die kalten Nächte durchzustehen. Zudem mußten wir fürchten, im Falle einer Berührung mit kaiserlichen Truppen von unseren Bewachern erschossen zu werden. Das Bedrückenste aber war, daß keiner wußte, warum man sich soviel Umstand mit uns machte, warum man uns nicht einfach umgebracht hatte wie die anderen.

Das betraf vor allen Dingen Verenice und mich. Nach dem vergeblichen Versuch auf der Plaza, den Offizier umzustimmen, waren wir beiden abgeführt und ins Stadthaus gesperrt worden. Nichts schien sicherer, als daß man unser dreistes Vorgehen ahnden würde. Verenice, die davon überzeugt war, hatte mich zu trösten versucht und mir Mut zugesprochen. Ich müßte sehr tapfer sein, hatte sie gemeint, wie ein Soldat des Kaisers. Sie hatte sich gedrängt gefühlt, etwas zu sagen und hatte das Richtige getroffen, wenn sie mich an die Spiele in Triest erinnerte, in denen ich dutzende Male den Tod für den Kaiser gestorben war. Sie selber war dabei so weiß gewesen wie die Mauern eines mexikanischen Hauses. Die fließenden Formen ihres Gesichts hatten Ecken bekommen. Ganz eingestimmt auf das Allerschlimmste, verschonte es uns dann unerwartet.

Als wir der Gruppe von Gefangenen zugesellt wurden, die am nächsten Morgen für den überstürzten Abmarsch bereitstanden, klärte uns der Offizier über unser Glück, wie er es nannte, auf. Ein Glück, das sich nie näher bezeichnen ließ, auch wenn ich heute vermute, wohl wissend, daß glückliche Umstände in der Regel eine handfeste Ursache haben, es könnte sich ein Fürsprecher gefunden haben, dem unser Leben, aus welchen Gründen auch immer, am Herzen lag. Wenn es ihn gab: Das Folgende konnte er uns nicht ersparen. Das Hin- und Hergeschleiftwerden durch ein Land, das sich uns erst jetzt in seiner rücksichtslosen Schönheit offenbarte. Bis zu dem Tag, als wir unverblümt vor Augen geführt bekamen, was man sich von unserer Gefangennahme versprach.

Wir wurden in eine geplünderte Kirche geführt und dort in einer Reihe aufgestellt, während zwischen unseren Bewachern und einer Gruppe uns unbekannter Leute etwas in Gang kam, was nach einem Geschäft aussah. Es nannte sich Freikauf. Jedenfalls bezeichnete es der Mann so, in dessen Hände wir übergingen. Als er uns zu seiner Kutsche führte, die von einem starken Kontingent bewaffneter Reiter begleitet wurde, spürte ich sofort, daß es etwas Besonderes mit unserem Aufkäufer auf sich hatte. Daß er aber ausgerechnet der Mann war, der für die farbenfrohen Blumenbouquets in unserem Gartenhaus gesorgt hatte, konnte ich am allerwenigsten ahnen.

Mr. Grays oder wie ihn seine Tlachiqueros riefen: Don Grays Hazienda lag bei Arista, einem Städtchen nördlich von San Luis Potosí.

Nach Westen auf die Gebirgszüge der Sierra Madre zu war das Land flach und übersichtlich. Zigtausende von riesenhaften Maguey-Agaven spreizten ihre fleischigen Rosetten gen Himmel und legten einen schier unüberwindlich erscheinenden Gürtel aus hornigen Spitzen um das Herrenhaus und den mauerumkleideten Patio.

Im Osten unterbrach eine Erdwelle die smaragdgrünen Agavenspaliere, die sich den Hang hinauf- und heruntergezogen, als seien sie auf eine Brandungswelle aufgesprungen.

Den ganzen Tag über bewegten sich Arbeitskolonnen durch die Felder, um die Agaven auf Würmer hin abzusuchen. Eine mühselige und gleichzeitig lukrative Arbeit, wie ich später erfuhr, weil die Würmer den Speisezettel der Arbeiter bereichern halfen. Aber bis ich zu der Kenntnis gelangte, dauerte es seine Zeit. Bevor ich mit den Tlachiqueros herausfahren konnte, mußte ich jene entsetzlichen Tage durchstehen, die mir bewußt machten, daß mein Vater niemals mehr bei uns sein würde.

Die Aufregungen während des Marsches durch die Sierra hatten dem Gedanken an ihn keinen Raum gelassen, jetzt brach er um so ungestümer in mein Bewußtsein ein.

Ich begann, Verenice mit Fragen zuzusetzen. Sie verteidigte sich mit ausweichenden Antworten. Gewahr wurde ich nichts. Ob Verenice mich hätte aufklären können, ich weiß es nicht. Sie schwieg beharrlich, bis zu ihrem Lebensende.

Für mich blieb Vater so der Mann, der einem entehrenden Ende, das ihn unverdient ereilt hätte, durch eine außergewöhnlich mutige Tat zu entgehen wußte. Die Vorstellung, mein Vater habe sich retten können und lebe jetzt irgendwo versteckt in einem Winkel dieses Landes, tröstete mich so nachhaltig, daß meine Trauer bald verflog und durch eine Neugier ersetzt wurde, die trotz der ganz neuartigen Umwelt hier kaum jemals in Gefahr geriet, im Überdruß zu erstarren.

Inzwischen waren meine Spanischkenntnisse durch den Schulbesuch so weit gediehen, daß ich mich besser noch als Verenice mit den Leuten unterhalten konnte. Nicht im mindesten das Groteske der Situation überdenkend, in der Verenice und ich steckten, brachte ich meine Tage damit zu, daß ich bald mit den Tlachiqueros auf die Felder ging, um Agaven zu schneiden, oder beim Verladen der Fässer auf die Mulis half, die den ausgegorenen Agavensaft als Pulque nach San Luis Potosí transportierten.

Immer wieder mußten wir unter die Arkaden flüchten, denn es war August und Regenzeit. Don Gray, der lebhaften Anteil an meiner Neugier nahm, zeigte mir auch jene nur für besondere Leute zugänglichen Räume, in denen der Agavensaft mit Hilfe von Gärungspilzen in Pulque verwandelt wird. Ich konnte mich schon damals des Gefühls nicht erwehren, daß Don Gray sich meiner deshalb so besorgt annahm, weil er entweder hoffte, damit auf Verenice Eindruck zu machen, oder mich als Fürsprecher bei ihr in Anspruch nehmen wollte.

„Siehst du die Kuhhäute dort, Vik?"

Er hatte mir sein Taschentuch in die Hand gedrückt, weil es in dem niedrigen Raum unerträglich stank, und ging mit mir durch eine Reihe von Pfosten, an denen gigantisch aufgetriebene Kuhhäute hingen.

„Da hinein wird der Agavensaft geschüttet, mit Semillas versetzt und zu Pulque vergoren. Immer wenn aus dem Saft Pulque wird, reden die Leute von einem Wunder. So ist es seit altersher", erzählte mir Don Gray.

Ich erinnere mich, daß er mir dabei freundschaftlich eine Hand auf die Schulter legte und mich aufforderte, das

Taschentuch nur fest vor die Nase zu drücken. Seine Besorgtheit tat mir deshalb besonders gut, weil sie mich in der Illusion wiegte, wieder einen Beschützer zu besitzen. So blieb es nicht aus, daß mir der schlanke, dunkelhaarige Mann, dessen Lächeln immer ein Schuß Selbstironie beigegeben zu sein schien, von Tag zu Tag sympathischer wurde.

Dasselbe für die Beziehung zwischen Verenice und ihm zu behaupten, hieße die damalige Wirklichkeit auf den Kopf zu stellen.

Verenice verschanzte sich im Gegensatz zu mir in den uns zugewiesenen Räumen und gefiel sich gegenüber Don Gray in einer Reserviertheit, die er sicher nicht verdient hatte...

25. Kapitel

„Es muß für Sie ein großartiges Gefühl sein..."

Als habe Stephen Gray nichts anderes als das erwartet, setzte er sein überlegenes Lächeln auf.

„Wenn Sie darauf anspielen wollen, daß Sie mir jetzt gleich zweimal verpflichtet sind", sagte er, „dann sind von Ihnen, Señora Anselli, die Probleme nicht gesehen worden, die mir sowohl die erste als auch zweite Rettungsaktion eingebracht haben."

Verenices Augen blitzten überrascht auf.

„Ich kann mir vorstellen", fuhr Stephen Gray, ungeachtet der Gespanntheit zwischen ihnen, fort, „daß es für mich dieses Mal nicht nur darauf beschränkt bleibt, ihnen Blumen schicken zu müssen. Es wird wohl darauf hinauslaufen, mich vor Ihnen zu rechtfertigen, warum ein Hazendado, der an einer kaiserlichen Soirée teilnimmt, unbestraft Geschäfte mit Republikaner machen darf."

Ehe er sich's versah, war ihm Verenice ins Wort gefallen.

„Sie haben in der Tat den Nagel auf den Kopf getroffen", hatte sie ausgerufen und ihn für eine Sekunde irritiert, ohne ihn allerdings aus dem Konzept zu bringen. Völlig in Übereinstimmung mit sich sprach er weiter.

„Ich hoffe nur, daß Sie mir bei aller Aufgebrachtheit Gelegenheit geben werden, mein Handeln zu erklären", meinte er und erkannte sogleich, daß Verenice sich zu einer Richtigstellung gedrängt fühlte. Er schwieg.

„Es ist mir nicht danach, Señor Gray, Ihnen eine moralische Standpauke zu halten", versuchte sie, sich verständlich zu machen, „aber schließlich ist mir und meiner Familie durch Republikaner Leid zugefügt worden. Ich habe Sie als einen Mann kennengelernt, den der Kaiser für wert befand einzuladen. Ein Doppelspiel vor diesem Hintergrund fordert mehr heraus als eine moralische Verstimmung, müssen Sie zugeben."

Das Gespräch, in das er von Verenice verwickelt worden war, hatte ihn ganz vergessen lassen, weswegen er zu ihr gegangen war. Die ganze Zeit über hatten die Kleider, so wie sie ihm von dem Mädchen auf seine Bitte hin übergeben worden waren, an seinem Arm gehangen. Er hatte sie bei einer Schneiderin in Auftrag gegeben, nachdem ihm der Verdacht gekommen war, daß die Zurückhaltung von Señora Anselli zu tun haben könnte mit einer besonders ausgeprägten weiblichen Eitelkeit, die es ihr nicht erlaubte, heruntergekommen, wie sie nun einmal war, unter die Leute zu gehen. Die Aufgabe des Zustellers hatte er nicht zuletzt deshalb übernommen, um endlich mit ihr eine Unterhaltung führen zu können.

„Es wäre mir viel lieber gewesen, ich hätte Sie unter anderen Umständen wiedergetroffen", hörte er Verenice weiterreden, „für Ihr taktvolles Verhalten an jenem Abend im Schloß Chapultepec habe ich mich nie richtig bedanken können. Jetzt machen Sie es mir so unendlich schwer, es nachzuholen."

Einer Verlegenheit wich er aus, indem er die Kleider über eine Stuhllehne warf, und darauf meinte: „Ich bemühe mich zu verstehen, warum Sie böse sind. In Ihren Augen muß selbst meine Hilfsbereitschaft von damals wie kalte Berechnung ausschauen. Eine Berechnung, die schließlich nicht aufging. Und womöglich glauben Sie noch, daß ich mir nun durch den Freikauf gewisse Rechte anmaße."

Ihr fragender Blick sagte ihm, daß sie genau das angenommen hatte. Derart mißverstanden worden zu sein, ließ ihn beleidigt reagieren.

„Ich sehe, daß Sie zutiefst getroffen sind", rief er erregt aus, „trotzdem würde ich Sie herzlich bitten, mich nicht weiter dem Verdacht auszusetzen, das könnten meine alleinigen Beweggründe gewesen sein."

Ihre Kompromißbereitschaft war gewachsen. Das sah er sofort an der Art, wie sich ihr Blick veränderte.

„Machen Sie mir die Freude, Señora, das Anprobieren der Kleider mit einer Besichtigungsfahrt zu verbinden", meinte er in einem Ton, der seine Brüskiertheit verbarg, „gleich morgen. Es wäre sicherlich für Sie auch eine schöne Abwechslung, jetzt in der Regenzeit."

Er legte eine Pause ein, als sei ihm etwas Wichtiges eingefallen. Dann fügte er an: „Es sei denn, Sie bestehen darauf, meine Hazienda sofort zu verlassen. Ich werde alles in die Wege leiten, Sie an einen von Ihnen gewünschten Ort bringen zu lassen.

Während er geredet hatte, waren die Kleider von ihr zum ersten Mal in Augenschein genommen worden, beiläufig gestreift von einem Seitenblick. Aber Stephen Gray sah darin einen Hinweis, daß sein Geschenk Gefallen gefunden hatte.

Er war einen Schritt zurückgegangen, auf die Tür zu, und verbeugte sich leicht.

„Hasta mañana, Señora?" fragte er, sich versichernd.

Verenice überhörte es. Aber er kam um den Verdacht nicht herum, daß sie bestätigend gezwinkert hatte.

Draußen war gerade ein heftiger Regenguß zu Ende gegangen.

Für die Ausfahrt hatte Stephen Gray alle nur denkbaren Vorbereitungen getroffen. Vom hochklappbaren Verdeck bis zum Regenplaid war vorhanden, was in einer wetterwendischen Zeit, wie im August, Dienste leisten konnte. Außerdem hatte er es sich nicht nehmen lassen, den zweirädrigen Wagen mit dem araberblütigen Pferd davor allein zu kutschieren. Die Sonne gleißte, als er mit Verenice an seiner Seite zum Haupttor hinausschoß und das impulsive Pferd in der Deichsel zügelte, weil die Unebenheit der Feldwege begann.

„Niemand wird zählen können, wieviel verdammte Mulibeine diese Erde aufgewühlt haben", rechtfertigte Stephen sein Manöver, „als meine Familie sich hier niederließ, war die Hazienda schon über hundert Jahre alt. Meine Familie kam zu Kaiser Iturbides Zeiten."

Als er sah, daß Verenice aufmerkte, fühlte er sich genötigt zu erklären: „Ja, ja, Sie haben recht gehört. Meine Familie hat ihre Erfahrungen mit den Kaisern. Da sind sie mir als Österreicherin um nichts voraus."

Sein Auflachen war voller Heiterkeit. Verenice, die sich einen Schal um die Schultern gelegt hatte, zog ihn fester an sich. „Das ist der Kaiser, der erschossen worden ist, nicht wahr?" „Sagen wir: Es war der Mann, der etwas Wichtiges nicht verstanden hatte", sagte Stephen, heiteren Tons wie eben. Er freute sich darüber, daß sie so schnell zu einem Thema gekommen waren. Der Wagen war wieder voll in Fahrt. Stephen hatte die Zügel durchhängen lassen. Verenice mutmaßte, daß ihr Ausflug sie wohl weiterführen würde, als sie zunächst angenommen hatte.

„Und was hat dieser Kaiser nicht verstanden?" fragte sie nach einer Weile, in der sie damit beschäftigt gewesen war, ihr Gleichgewicht zu halten.

„Daß ein Kaiser nicht gemacht werden kann", kam die Antwort. Sie sah ihn an, mit gekräuselter Stirn.

„Das klingt nach Prophezeiung, Señor Gray", meinte sie mit spöttischem Unterton, „inwieweit von Ihnen beabsichtigt, weiß ich natürlich nicht."

„Eine Prophezeiung mit einem erschreckend realistischen Hintergrund", ging er sofort darauf ein.

„Sie meinen den Iturbide-Prinzen", versicherte sich Verenice. Als er nickte, war nicht ausgemacht, ob die Geste auch den Landarbeitern gegolten hatte, die von den Feldern her den Wagen grüßten.

„Ich denke, daß der Hintergrund viel weiter gespannt ist", knüpfte Stephen an seinen letzten Gedanken an, „im Norden ist die gesamte Front zusammengebrochen, seit die Franzosen ihre Truppen herausziehen. Es wird nicht ausbleiben, daß Escobedo mit seinen republikanischen Truppen in Kürze bei uns auftaucht." Um nicht unhöflich zu wirken, hatte er sie zwischenzeitlich angesehen und dabei die Erfahrung machen müssen, daß er sie mit seinen Worten beunruhigt hatte.

„Bezeichnend ist", fuhr er dessen ungeachtet fort, „daß Maximilian seine nach Europa geschickten Generäle Marquez und Miramon zurückgerufen hat. Das sicherlich nicht deshalb, weil sich jetzt nach der Niederlage der Österreicher bei Königgrätz ein Krieg zwischen Frankreich und Preußen abzuzeichnen beginnt. In erster Linie doch wohl, weil er nun ganz allein auf seine Nationalarmee angewiesen ist. Übrigens zeigen sich die Auflösungserscheinungen auch schon in der nächsten Umgebung des Kaisers", setzte Stephen nach.

Damit schien er bei Verenice einen empfindlichen Nerv getroffen zu haben.

Wielange sie schon durch die Agavenfelder fuhren, hatte sich ihrem Bewußtsein entzogen. Entlang an meterhohen Lanzetten, dolchartig zugespitzt, raste der Wagen auf eine schwarze Wolke zu, um die herum die Sonne aurahaft spielte. Immer wieder waren Gruppen von Tlachiqueros aufgetaucht, grüßend, mit tiefen, abgerungenen Verbeugungen.

Stephen hielt den Wagen an, um das Verdeck hochzuziehen.

„Vielleicht legen Sie schon vorsorglich das Regenplaid

an, Señora", meinte er, während er am Verdeck zurrte, „wir wollen ja nicht gleich umkehren müssen."

Minuten später setzte sich der Wagen wieder in Bewegung. Die ersten Tropfen prasselten schon auf die Lederhaut des Verdecks. „Wissen Sie überhaupt, daß Sie mir für die Besichtigungsfahrt etwas in Aussicht gestellt haben?" brachte Verenice ihr Gespräch wieder in Gang.

Seine Mundwinkel hoben sich leicht und vermittelten den Eindruck eines verschmitzten Lächelns, als er antwortete: „Ich hab's nicht vergessen. Ich bin Ihnen eine Erklärung schuldig. Zu meiner Rechtfertigung darf ich einwenden, daß ich die ganze Zeit dabei war, sie vorzubereiten."

„Dann kommen Sie jetzt bitte zur Sache", fiel ihm Verenice ins Wort.

Er hatte sich also in ihr getäuscht. Sie war ihm noch keinen Schritt entgegengekommen.

Nach einigen Metern riß er das Pferd mit einem derben Zug zurück. Fast augenblicklich stoppte der Wagen, quer in der Spur stehend. Der Schauer, der sich aus der Regenwolke gelöst hatte, hing als grauer Schleier über den Feldern, auf denen die Tlachiqueros immer noch arbeiteten.

„Sehen Sie dort hinüber", sagte Stephen, laut genug, um sich trotz des Regens verständlich machen zu können, „soweit das Auge reicht: Rosetten aus kräftigen wehrhaften Blättern. Man könnte meinen, sie trotzen jedem Feind."

Er zeigte sich aufgeregt. Aber je mehr er sprach, um so stärker flachte seine Erregung ab, die für Verenice nichts anderes war als die nach außen gekehrte Seite seines unterdrückten Zorns. „Trotzdem, die Messer meiner Tlachiqueros machen den Agaven den Garaus. Wenn aus ihnen Pulque geworden ist, liefern sie den Rausch für Millionen. Bezeichnenderweise ist die Agave die Nationalpflanze Mexikos. Vielleicht hat dieses Land deshalb so viele Regierungen gehabt, seitdem die Spanier verschwunden sind. Die Regierungen kommen einfach und gehen, sie vervielfältigen sich und stürzen hintereinander, manchmal gleichzeitig. Die Pronunciamientos jagen sich, schneller noch, als die Menschen begreifen können, was sie aussagen wollen. Um den Racheaktionen derer zu entgehen, die gerade das Sagen haben, jubeln sie jedem zu, der die Macht für sich beansprucht, um sich schon dem auf die Seite zu schlagen, der sie übernehmen wird. In diesem Land gibt es soviele Anwärter auf die Macht, wie es Menschen gibt. Die Macht ist immer dabei, verteilt zu werden. Und wer hier leben will, tut gut daran, das nicht zu vergessen, Señora Anselli."

Er hatte es kaum ausgesprochen, als Verenice spitz meinte: „Woran Sie sich buchstäblich halten, nicht wahr?"

„Jawohl, Señora", setzte Stephen zur Verteidigung an, „es bleibt mir nichts anderes übrig, als den Kaiser und Juárez gleichzeitig zu respektieren. Denn ich habe vor, weiter in diesem Lande zu leben ..."

Mit einem leichten Schlag des Zügels hatte er das Pferd in Bewegung gesetzt. Der Boden war quaddelig geworden. Zuweilen spritzte es hoch auf. Lehmige Flecken erschienen auf Verenices Regenkleid.

Seine Ehrlichkeit hatte sie beeindruckt, ohne Zweifel. Vor allem, weil es ein Standpunkt war, den sie immer abgelehnt hatte. „Trotzdem halte ich es menschlich und moralisch für verwerflich", beharrte sie auf ihrer Meinung, den Kopf zurückwerfend, als wolle sie jegliches Verständnis für ihn, das sich dort eingenistet haben könnte, wie Flausen herausschütteln.

26. Kapitel

(aus: Viktor Ansellis Memoiren.
II. Teil: Mexikanische Impressionen. Intermezzo in Arista)

...In den Wochen, die wir auf der Hazienda verbrachten, lernte ich von den Tlachiqueros, was es über die Behandlung von Agaven zu wissen gab. Als der September anbrach, kam eine weitere Lektion dazu: Ich lernte den Krieg kennen.

Er näherte sich in Gestalt einer Doppellinie, die in der Ferne von Süden heraufkroch. Ich war mit den Tlachiqueros auf den Feldern, emsig bemüht, den mir zugewiesenen Arbeitsauftrag zu erfüllen, als jemand schrie: „Soldados...!"

Alle stellten sofort ihre Tätigkeit ein und gaben sich dem seltenen Schauspiel hin, das vor uns abzurollen begann. Fußsoldaten, Reiter und Geschütze bewegten sich nach Norden zu, kaum auszumachen vor dem Hintergrund der welligen Gebirgsmassive.

Wir standen dort, einige von uns auf die Haumesser gestützt, andere die Hüte in den Nacken geschoben, und begafften den Heereszug, als sei er eine Ansammlung von Zinnsoldaten.

Als abermals der Ruf: „Soldados...!" erscholl und eine zweite Dopellinie, die sich von Norden her näherte, sichtbar wurde, schwante uns, daß wir Zeugen einer kriegerischen Auseinandersetzung werden würden.

Selbst unsere Aufseher, immer schnell mit einer Ermahnung oder Strafandrohung bei der Hand, ließen sich von dem Vorgang soweit fesseln, daß sie darauf verzichteten, uns wieder zur Arbeit anzutreiben. So verfolgten wir gebannt, wie die feindlichen Armeen Front machten, die Geschütze das Feuer eröffneten und das Schlachtfeld mit weißen Wölkchen einrahmten.

Was ich mir in meiner kindlichen Phantasie bei unseren Kriegsspielen in Triest ausgemalt hatte, wurde Wirklichkeit: Weiträumig vorgetragene Kavallerieattacken ungeachtet des Abwehrfeuers der Kanonen, in Linie vormarschierende Infanterie, das Knattern der Musketen, als würden Feuerwerkskörper abgebrannt, wenn die Soldaten im Reihenfeuer aufeinander schossen. Ein schaurig schönes Bild entfesselter Leidenschaften stand vor uns auf und ließ uns nicht mehr los.

Wieviele Stunden wir so verbracht haben, entzieht sich meiner Kenntnis. Einige mögen es gewesen sein.

Es begann zu dunkeln, als wir uns auf den Heimweg machten, ohne das Tagespensum erfüllt zu haben, bedrückt und berauscht vom Erlebten.

In der Ferne, wo die Schlacht getobt hatte, irrlichterten feurige Kugeln und Lichtspritzer durch den Dämmer. Ab und zu wurde noch eine Muskete abgebrannt, ein Geschütz abgefeuert. Daneben aber herrschte Stille, eine von seltsamen Lauten untermalte Stille, als riebe der Wind sich an den Graten der Bergkuppen.

Die Schlacht beherrschte als einziges Thema die abendlichen Gespräche auf der Hazienda. Auch als nichts mehr zu erkennen war, blieben wir draußen. Spekulationen wurden angestellt, angenommen und verworfen. Schließlich auch auf Gefahren aufmerksam gemacht, die uns durch die Nähe immer als unberechenbar einzustufender Soldaten erwüchsen.

Das sorgte dafür, daß in dieser Nacht die Türen fester verriegelt wurden und der Schlaf leichter war als sonst.

Erst später erfuhr ich, daß die kaiserliche Armee unter dem Oberstleutnant van der Smissen zu einem Angriff gegen den von Norden andrängenden republikanischen General Escobedo angetreten war und die Schlacht verloren hatte. Es sollte der letzte Großangriff der kaiserlichen Armee gewesen sein. Vergeblich hatte Maximilian seine ganze Hoffnung in ihn gesetzt.

Irgendwann in der Nacht wurde ich von Verenice geweckt. Mir war ein kleiner Raum im Herrenhaus zugewiesen worden, weil ich zu alt erschien, um noch mit Verenice das Zimmer zu teilen. Sie war unbemerkt eingetreten und hatte mich, der ich noch fest wie ein Kind schlief, mit kräftigen Puffern wachgerüttelt.

„Vik, komm schon", drang es undeutlich an mein Ohr, „steht auf. Da ist etwas!"

Mit dem einen geöffneten Auge sah ich sie zum Fenster laufen, die übergeworfene Pelerine im Luftzug aufgebläht, und vorsichtig hinausblicken.

Ich war ganz wach geworden und hatte mich halb im Bett aufgerichtet. Im Patio bewegten sich zweifelsohne Räder über das Pflaster. Hufe klapperten. Das üblicherweise vor dem Fenster hängende Flackerlicht der Fackeln, die des Nachts im Hof brannten, fehlte. Sie mußten gelöscht worden sein.

Ich kletterte aus dem Bett und schlich zu Verenice.

„Siehst du was?" fragte sie, die Nase gegen die Scheibe gedrückt.

„Nein", sagte ich tonlos.

Noch mit sich ringend, meinte sie plötzlich: „Komm", und machte mir augenblicklich klar, daß sie vorhatte, der Sache auf den Grund zu gehen.

Über den Gang huschten wir zum Portal, das wir schnell erreicht hatten. Das alles gelang deshalb so komplikationslos, weil auch hier die Talglichter in den Körben gelöscht worden waren. Unter den Arkaden versteckten wir uns hinter einer Säule. Aus der sicheren Deckung eines üppigen Rosenstocks, der hier emporwuchs, konnten wir drei mulibespannte Karren beobachten, die vor dem Gebäudetrakt hielten, in dem der Pulque vergoren wurde. Verenice schlang einen Arm um meine Schultern, als wolle sie sich versichern, nicht allein zu sein. Mehrere Männer liefen um die Karren herum, offensichtlich in der Absicht, mit dem Entladen zu beginnen. Als ich Verenice etwas fragen wollte, hielt sie mir erschreckt den Mund zu und wies nach vorne.

Je zwei Mann schleppten einen länglichen, gleichzeitig biegsamen Gegenstand aus den Karren in das Gebäude, wieder und wieder, mit derselben uns gleichzeitig faszinierenden wie verwirrenden Sorgfalt.

Trotz aller Anstrengungen, den Vorgang für uns verständlich zu machen, mußten wir kapitulieren. Es blieb bei den Karren, den Männern und jenen uneinschätzbaren Gegenständen.

Schon im Begriff, uns wieder ins Haus zurückzuziehen, mit dem drückenden Gefühl im Magen, das eine undurchschaubare Situation erzeugt, lieferte uns der nächste Augenblick einem weit schlimmeren Gefühl aus.

Zunächst war es nur ein Umriß, dann eine Stimme, bekannt und unbekannt zugleich. Sie hatte sich unangenehm angehoben und konnte im ersten Moment erschrecken.

„Ich möchte Sie nicht vertreiben, Señora Anselli!"

„Sie, Señor Gray?" entfuhr es Verenice, als könne man hier jeden erwarten, nur nicht ihn.

„Ja, ich!"

Das Letzte hatte er in einem Ton gesagt, der uns geläufig war. „Ich will Ihnen nicht vorenthalten, was hier geschieht, Señora", meinte er dann, während er auf uns zutrat und das Erschrecken zum Verschwinden brachte.

„Wenn Sie es möchten, darf ich Sie dort hinführen, wo meine Leute retten, was noch zu retten ist", fuhr er fort, schon auf der Treppe, um den Patio zu betreten. Wegen der Dunkelheit war er auf der untersten Stufe stehen geblieben, um Verenice die Hand zu reichen, wohl in der Annahme, daß Sie sein Angebot nicht ausschlagen würde. Zuerst zögernd, dann entschlossen, folgten wir Don Gray über den Hof, die Schatten der Karren vor uns, die immer deutlicher wurden in ihren Abmessungen, je näher wir kamen. bis wir nahe genug waren, um erkennen zu können, was ausgeladen wurde: Menschen! Menschen in Uniformröken, mit hängenden, schaukelnden Köpfen. Wir hörten es röcheln. Meistens aber war es still.

„Oh, Gott", stammelte Verenice und versuchte, mir die Augen zuzuhalten. Ich aber schob ihre Hände zurück und versenkte mich, auf unerklärliche Weise angerührt, in dieses Bild des Grauens.

„Zurückgelassene", erklärte Don Gray, „die Kombattanten beider Parteien haben die Angewohnheit, ihre Schwerstverwundeten zurückzulassen. Wenn nicht zufällig jemand da ist, der ein Interesse am Leben eines Verwundeten hat, wird er zum Futter für die Geier."

Da Verenice unmittelbar neben mir stand, spürte ich, daß sie zitterte.

„Sind sie nun zufrieden, jetzt, da Sie es gesehen haben?" meldete sich Don Gray wieder, uns zur Seite nehmend, um weitere Schreckensbilder von uns fern zu halten.

„Und Sie haben Interesse an diesen Menschen gehabt?" wandte Verenice ein, als bezweifle sie die lauteren Absichten dieses Mannes.

Obwohl die Art der Entgegnung einen ausreichenden Grund für eine Verstimmung hätte liefern können, ließ sich Don Gray nicht dazu hinreißen.

„Vielleicht haben Sie festgestellt, Señora, daß es Kombattanten beider Parteien sind, die ich in mein Interesse einbezogen habe", bemerkte er ziemlich anzüglich.

Ich begriff indes nichts, spürte aber, daß Verenice von der Erklärung beeindruckt war. Sie schaute Don Gray einmal kurz an, mit einem Augenaufschlag, als sei sie dabei, etwas in sich richtig zu stellen.

„Ich verstehe", sagte sie dann eigentümlich sanft, „bitte bringen Sie uns wieder zurück ins Haus."

27. Kapitel

Nach Charlottes Abreise im Juli hatte Maximilian verstärkt das Bedürfnis verspürt, den Räumlichkeiten in Chapultepec zu entfliehen, um sich in La Borda Abwechslung zu verschaffen, das jetzt nach Beendigung der Regenzeit alle Voraussetzungen dafür besaß. Der schmerzliche Abschied von Charlotte, der Maximilian um so heftiger zugesetzt hatte, als sein Verhältnis zu ihr besser geworden war, hatte seiner angeschlagenen Gesundheit nicht gut getan.

Die Wandelgänge, Teiche und Lauben von La Borda sollten mit ihrer erprobten Heilwirkung die schwindenden Kräfte wieder herstellen. Kräfte, die Maximilian jetzt mehr denn je brauchte. Sein Reich schrumpfte zusammen. Inzwischen umfaßte es nicht mehr als die Städte San Luis Potosí,

Queretaro, Mexiko-Stadt, Puebla und Veracruz an Raum abdeckten.

Charlotte, die in Rom beim Papst weilte und von ihrer Reise in Abständen per Brief berichtete, war bisher erfolglos geblieben.

Ein Trost, daß Stefan Herzfeld, ehemals Maximilians Marineadjutant in Triest, seinen Posten als Gesandter in Wien aufgegeben hatte, um nach Mexiko zu reisen. In La Borda gehörte er nun zu denen, die Maximilian ihre Hilfe anboten. Zu diesen Leuten zählten vor allem die Obristen Lopez, Kommandeur der Gardekavallerie, und Lamadrid, Kommandeur der Cazadores, des neu aufgestellten übernationalen Jägerkorps, das Zulauf auch von französischen Deserteuren zu verzeichnen hatte. Des öfteren erschien jetzt Oberstleutnant Neubauer in La Borda, nachdem Zwangsaushebungen unter der Bevölkerung dafür gesorgt hatten, daß die Arbeit seines Planungsstabs Früchte zu tragen begann. Insgesamt ein Konsortium von Gästen, wie sie La Borda bisher nicht vorzuweisen hatte.

Überdies hatte Maximilian eine mexikanische Kapelle einweisen lassen in die Kunst des Schrammelns. Wenn er in der Hängematte schaukelte und die vertrauten Klänge aus der Wiener Zeit sein Ohr trafen, dann schwand das Gefühl der Einsamkeit aus ihm, und Dr. Basch, der immer mit einer Eisen- oder Chinin-Applikation bei der Hand war, durfte sich für einen Tag, aber selten länger in der Hoffnung wiegen, die Gesundung des Kaisers mache Fortschritte.

Napoleons Depesche vom 1. Oktober 1866, die in Aussicht stellte, daß mit Januar 1867 das französische Expeditionskorps Mexiko endgültig verlassen werde, gleichzeitig aber dabei den Rat aussprach, Maximilian möge im eigenen Interesse abdanken, setzte der gekünstelten Idylle von La Borda ein abruptes Ende.

„Es ist das Beste, Max, wirklich", beschwor Stefan Herzfeld den unsicher gewordenen Kaiser, der ihm die Nachricht zunächst als einzigem anvertraut hatte.

Maximilian, der in dicken Filzpantoffeln seine sehnig gewordenen Füße versteckte, errötete im Zorn.

„Das sagst du, nachdem du mir in Triest mit der Thronannahme in den Ohren gelegen hast."

Herzfeld, dem die mexikanische Sonne so arg mitgespielt hatte, daß er Dr. Basch deswegen konsultieren mußte, rückte näher an den Kaiser heran, eine Vertraulichkeit, die sich nur wenige erlauben durften.

„Greif den Vorschlag dieses Verräters von einem Franzosenkaiser auf, Max", meinte er im beschwerten Ton eines väterlichen Beraters, „berufe einen Nationalkongreß ein und laß ihn eine Interimsregierung wählen, die die Geschäfte führt, bis du das Land verlassen hast. Keiner kann dir so den Vorwurf der Verantwortungslosigkeit machen. In Veracruz liegt die österreichische Korvette Dandolo. Technisch gesehen, steht deiner Abreise nichts im Wege."

„Ich käme mir vor wie ein...", der Kaiser rang um das richtige Wort, „Lump", preßte er dann hervor, „Charlotte ist dabei, dem Papst ein Konkordat abzutrotzen. Und ich ergreife das Hasenpanier. Was stellst du dir vor, Steffel? Soll ich Charlotte telegraphieren: Ich habe mir überlegt, es ist besser aufzugeben. Vielen Dank für deine Bemühungen. Freue mich, dich in Miramare wiederzusehen. Sorge bitte dafür, daß ich herzlich empfangen werde. Nein, Steffel. Dazu bekommst du mich nicht."

Er hatte so hastig gesprochen, daß er husten mußte. Als trotz aller Versuche, es abzustellen, keine Beruhigung eintreten wollte, kam Dr. Basch hinzugelaufen.

„Majestät, Sie müssen alles vermeiden, was den Körper zusätzlich belastet", redete er auf Maximilian ein, „auch diesen Schüttelhusten."

Aber der winkte nur ab. Als der Arzt verschwunden war, meinte er augenzwinkernd: „Ich bin nur umgeben von besorgten Seelen. Leider fehlt es aber an tüchtigen Geistern. Mit Ausnahme dieses Paters Fischer, in dem Charlottes sonst so kritischer Verstand sich geirrt hat und der mir jetzt in ihrer Abwesenheit eine hilfreiche Stütze ist."

Er hatte einen Domestiken zu sich bestellt und ihn beauftragt, eine Flasche Sherry zu servieren.

„Nichts zum Doktor, Steffel, gell!" meinte er, den Jugendfreund zur Verschwiegenheit auffordernd. „es ist halt das einzige, was wirklich hilft."

Das erste Glas schon ließ vergessen, daß dort an dem Tischchen, an dem er mit Charlotte gefrühstückt hatte, ein zu Tode erschöpfter Mann saß.

Herzfeld hatte gerade zur Erklärung angesetzt, daß diesem Pater Fischer nicht zu trauen sei, weil er es doch offensichtlich darauf anlege, Maximilian um jeden Preis im Lande zu behalten. „Du bist das Wohl und Wehe der Klerikalen, Max", rundete Herzfeld seinen Gedanken ab, als der Kaiser, gestärkt durch den Sherry, ihm energisch entgegentrat.

„Aber auch ihr Kaiser, mein guter Steffel", donnerte er, „immerhin etwas, was du mir mit deinem Vorschlag wegnehmen willst." Herzfeld, der die Argumentationsstrategie des Kaisers zu kennen glaubte, nicht umsonst war es ihm in der Vergangenheit gelungen, ihn zu Entscheidungen zu bewegen, gegen die Maximilian sich zunächst gesträubt hatte, war weit davon entfernt, aufzugeben. Mit dem Kaiser gleichziehend, trank er sein Sherryglas leer und meinte, aufgemuntert durch die Wirkung des Alkohols: „Die Verhältnisse sind so, Max, daß es jetzt heißt, an dein Leben und das von Charlotte zu denken. Ihr müßt hier heraus aus diesem Hexenkessel. Selbst ein Hidalgo hat die richtige Konsequenz gezogen und ist bei Nacht und Nebel wieder zurück nach Frankreich gegangen. Ein Mann schließlich, der für ein monarchistisches Mexiko einmal alle Hebel in Bewegung gesetzt hat."

Maximilian zog verächtlich die Mundwinkel nach unten: „Ein Kretin ist er, der sich würdig in die Reihe des beamteten Klüngels hier stellen kann, der mich durch Unfähigkeit verraten hat", knurrte er, „nein, nein, Steffel. Solange Charlotte in Europa weilt und neue Bündnispartner sucht, ist noch nichts verloren, auch wenn ihr in Paris kein Erfolg beschieden war. Bei aller Freundschaft, dein Vorschlag kommt zu voreilig. So schlimm es im Moment aussieht, ich habe wieder vollstes Vertrauen in Charlottes Fähigkeiten."

Tage später – es war der 18. Oktober – machte die Nachricht, der Kaiserin gehe es sehr schlecht, sie habe überraschend einen Rückfall erlitten, diesen Hoffnungen ein Ende.

28. Kapitel

Brief José Manuel Hidalgos
an José Maria Gutierrez in Rom, Palazzo Mariscotti.

Bei Paris, im Oktober 1866

Guter, treuer Freund!

Weit davon entfernt, mich beklagen zu wollen, kann ich mich doch nicht frei davon sprechen. Zuviel Bedrückendes liegt auf mir: Ungerechtigkeiten, Bedrohungen von Leib und Leben. Nicht zuletzt brüskierende Zurückweisung von Menschen, die mir über Jahre herzlich verbunden waren. Den Gefahren meines mexikanischen Abenteuers knapp entronnen, zeigte mir Paris die kalte Schulter. Die Gesellschaft grenzte mich aus. Der Zutritt zu den Tuilerien wurde mir verwehrt. Mir blieb nur die Flucht. Indes, teurer Freund, ich trage es mit Fassung. Ja, mit Stolz. Habe ich doch mit meiner Abkehr von Paris auch dem Hort menschlicher Bosheit, selbstsüchtiger Gier und teuflischer Hinterlist den Rücken kehren dürfen und jener Ausgeburt an Gemeinheit und Niedertracht, die wie zum Hohn sich mit dem Namen Napoleons des Großen schmückt. Ich hungere dem Tag entgegen, wo auch dem Letzten bewußt wird, mit welcher bourgeoisen Mittelmäßigkeit Europa seine

Majestäten auszustatten pflegt. Ich will seinen Namen nicht mehr aussprechen. Er verschwinde von der Bildfläche wie die Namen so vieler: Dieses flanierenden Boulevardiers von einem Herzog, der sich Morny nannte und dem ich wünsche, daß er nicht einmal am Jüngsten Tage aus seiner Gruft auferstehe. Dieses Geldbeutelschneiders Jecker, dessen Impertinenz nicht einmal eingeholt werden kann von der Dummheit dieses österreichischen Erzherzogs, dem wir törichterweise unsere Sache anvertrauten.
Ihr und ich, guter Freund, sind Hintergangene, Betrogene, schamlos Ausgenützte und feig im Stich Gelassene. Von selbstsüchtigen Menschen, aber auch von einem sterbensmüden Europa, das vor dem Imponiergehabe der Neuen Welt kuscht.
Wenn es den Märtyrertod des Fleisches gibt, so dürfen wir den Märtyrertod der edlen Gesinnung für uns in Anspruch nehmen. Wir sind Gemeuchelte am Erhabensten in uns.
Meine Resignation ist vollkommen, teurer Freund, seit ich von Maximilians physischem Zusammenbruch weiß. Noch klammere ich mich an die Hoffnung, die Behauptung, Charlotte sei wahnsinnig geworden, könne ein Gerücht sein, das der Vatikan in die Welt gesetzt hat, um die Verhandlungen zu boykottieren. Aber Euer Brief spricht mir eine zu deutliche Sprache, um das andere glauben zu können.
Wo haben wir gefehlt, daß uns das Schicksal so mitspielt? Sagt es!
War es die ruchlose Hand, die sich gegen ein gekröntes Haupt erhob?
Wir hatten nur Reines im Sinn, als wir uns entschlossen, den Einfluß der Kaiserin zu mindern. Wir taten es im Bewußtsein der Verantwortung gegenüber Mexiko und handelten nicht weniger verantwortlich in der Sache, als wir zur Applikation jenes Tonikums Anweisung erteilten.
Die Geschichte mag uns dafür richten. Tut sie es, so möge sie die Absichten von den Folgen trennen und um der Eindeutigkeit willen nicht jenen Rest Unsicherheit vergessen, der allen Dingen anhaftet. Denn was ist schon die Wahrheit?

Wenn Maximilian seine Ankündigung wahr macht, die Krone niederzulegen, um zu Charlotte zu eilen, wird das Mexiko, um dessentwillen wir gelebt und gekämpft haben, zusammenbrechen. Das Wunder, das ich erhofft und um das ich innigst gebetet habe, wie weit ist es aus dem Bereich des Wahrscheinlichen geschwunden.
Unsere Welt stürzt ein, fürwahr. Aber jeder Augenblick, auch der letzte, birgt die Möglichkeit, sich die Treue zu halten. Dessen eingedenk wollen wir uns noch einmal als aufrechte Söhne unseres Volkes unter Beweis stellen: Kampfbereit und furchtlos, wenn die Aufgabe an uns herantritt, aber auch schicksalsergeben, wenn sie unsere Kräfte übersteigt.
Halten wir es so, wird uns die Geschichte ein ehrendes Andenken bewahren.
Zum letzten Mal grüßt Euch

Euer
José Manuel Hidalgo

29. Kapitel

(aus: Viktor Ansellis Memoiren.
II. Teil: Mexikanische Impressionen. Intermezzo in Arista)

...Mit Beginn des Novembers spitzte sich die militärische Lage zu. In unserer bei Arista liegenden Hazienda hatten wir bereits einmal mit dem Krieg Bekanntschaft gemacht und auch eine Vorstellung von jenen Greueln erhalten, die eine Schlacht mit sich bringt.

Jetzt näherte sich uns der Krieg ein weiteres Mal, indirekter zunächst, aber nicht weniger Angst machend.

Die Mulitransporte nach San Luis Potosí gingen nicht mehr ab. Der Pulque, der in den Fässern auf seine Verladung und Überführung in die Städte wartete, blieb in den Lagerräumen. Soweit das Auge reichte, war es um die Hazienda herum ruhig. Aber die Treiber, die von Soldaten zurückgeschickt worden waren, brachten die Nachricht mit, daß die Armee der Republikaner schon südlich von uns stünde und sich auf einen letzten großen Kampf mit den Kaiserlichen vorbereite. Unsere Hazienda lag demnach schon außerhalb des kaiserlichen Hoheitsgebietes.

An einem jener ersten Tage, als die Mulitreiber ratlos um die Hazienda flanierten und sich in ihrer gespannten Langeweile Abwechslung in Hahnenkämpfen verschafften, nahm mich Verenice beiseite, sichtlich bedrückt, und meinte: „Señor Gray ist der Auffassung, daß wir die Hazienda verlassen sollten. Er hält die Situation für unberechenbar. Er glaubt, daß seine Arbeiter Schwierigkeiten machen könnten."

Ich, der ich die Entwicklung unter ganz anderen Gesichtspunkten betrachtet hatte, mußte ziemlich hilflos aufgeschaut haben, denn Verenice fühlte sich verpflichtet zu erklären, daß Señor Gray uns nach Queretaro würde bringen lassen, weil er die Stadt wegen ihrer kaisertreuen Gesinnung für sicherer halte. Ein Nonnenkloster dort würde uns aufnehmen. Nötigenfalls könnten wir uns in ihm verstecken.

Inzwischen war es in aller Munde, daß sich der Kaiser nicht mehr in Mexiko-Stadt aufhielt, sondern in Orizaba, und auf dem Wege nach Veracruz sei, wo ein österreichisches Schiff ihn aufnehmen wolle. Sein persönlicher Besitzstand befinde sich schon dort. Als Beweis, daß der Kaiser tatsächlich aufgegeben habe, wurde angeführt, daß das österreichische Korps dabei sei, seine Kanonen zu verkaufen, sein Kommandeur, General Thun, habe das Weite gesucht und die Truppe einem Oberst Kodolitsch überlassen. Der bisherige österreichische Botschafter habe sich überdies abgesetzt, weil er um Leib und Leben fürchte. Und überhaupt lasse sich das Fiasko schon daran erkennen, daß jenes politisch so unselige wie menschlich grausame

Oktoberdekret durch Maximilian aufgehoben worden sei. Eben jenes Dekret, mit dem er seinen Rechtsanspruch gegenüber Juárez habe deutlich machen wollen.

„Ja, Señora Anselli", hatte Señor Gray in einem Gespräch gegenüber Verenice geäußert, „alles sieht danach aus, daß das Kaiserreich Mexiko sang- und klanglos in allernächster Zeit verschwinden wird. Bazaine, dieser Franzose, verwaltet bereits in Mexiko-Stadt die Macht. Dieser Nachfolge-Prinz Augustin Iturbide ist wieder zu seiner Mutter zurückgekehrt, und ein Kongreß ist angesetzt, der für ein Regierungsorgan sorgen soll, nachdem der Kaiser mexikanischen Boden verlassen hat. Wir sollten nicht zögern, Señora Anselli, Sie und den Jungen schnellstens nach Queretaro zu bringen. Wer weiß, wielange das noch möglich ist?"

Seiner Stimme war zu entnehmen gewesen, daß er meinte, was er gesagt hatte. Verenice und ich machten uns für die Umsiedlung bereit. Da es nicht viel zu packen gab – bis auf die Kleidung, für die Señor Gray freundlicherweise gesorgt hatte – waren wir in Kürze fertig damit. Ganz in Señor Grays Hand gegeben, blieb uns nichts anderes übrig, als zu warten.

Aber zunächst kam ein Wagen, der weniger mit uns zu tun hatte als mit Señor Grays besonderer Lebensauffassung.

Der Wagen ließ keinen Hinweis auf die Fracht zu, die er beförderte. Vorneweg ritt zwar eine Eskorte Soldaten, in Räuberzivil gekleidete Kerle mit umgehängten Gewehren. Sie besaßen nicht einmal Stiefel. Bei einigen fehlte der Sattel. So unansehnlich wie die Begleitmannschaft war auch die Kutsche, eine zweckentfremdete Diligeance, die ihre Jahre auf dem Buckel hatte. Ohne übermäßige Aufmerksamkeit zu erregen, fuhr sie in den Patio ein, hielt vor dem Herrenhaus und entließ einen Mann von kleiner, gedrungener Gestalt im weiten Umhang und tief in die Stirn gedrücktem Sombrero, der den ganzen Kopf des Mannes aufgenommen zu haben schien. Da wir auf Señor Grays Anweisung hin uns nur noch im Haus aufhalten durften, erlebten wir mit, wie der soeben eingetroffene Gast, auf dem Flur vom Umhang und Sombrero befreit wurde, eine Maskerade, die offensichtlich notwendig gewesen war, er gemessenen Schritts, als sei er der Hausherr, den Flur hinunterging, bis Señor Gray, dem unsere Anwesenheit gar nicht aufzufallen schien, die Hände ausgestreckt, ihm entgegenkam und mit einem: „Buenos dias, mi Presidente!" den Mann begrüßte.

Sein bisher vom Sombrero eingehüllter Kopf war groß und kantig und schien die Tragekraft seiner Schultern zu überfordern. Der Schnitt seines Gesichts war indianisch. Sein Name wurde mit keinem Wort genannt, jedenfalls nicht hier auf dem Flur. Aber Verenice kannte ihn von Bildern her. Wir waren Benito Juárez begegnet.

Nichts hätte überzeugender die Behauptung beweisen können, mit Maximilian gehe es zu Ende, als sein ungehindertes Erscheinen an diesem Ort. Juárez hatte sich in das Kampfgebiet begeben, nicht nur um die republikanischen Truppen mit seiner Anwesenheit in ihrer Siegeszuversicht zu bestärken, sondern auch, um die beiden Generäle Escobedo und Corona zu treffen, deren Regimenter von Norden her zusammen mit denen des Generals Diaz im Süden Druck auf den Korridor Mexiko-Stadt-Veracruz ausübten.

Mit der Ankunft des neuen Gastes war es für uns an der Zeit, die Hazienda zu verlassen. Señor Gray ließ uns spüren, daß unserem Verbleib keine Dauer mehr beschieden war.

„Es ist alles vorbereitet", erklärte er Verenice, nachdem er uns in ein Zimmer gebeten hatte, in dem er sich sonst nie aufzuhalten pflegte.

„Ich gebe Ihnen einige bewaffnete Leute mit. Sie werden sie bis Queretaro begleiten. Vielleicht haben sie Glück und können sich auch den Flüchtlingstrecks anschließen, die von San Luis Potosí aus nach Queretaro unterwegs sind. Auf jeden Fall weiß der Kutscher Bescheid, wo er sie abliefern soll. Vaya con dios!" Ich sehe noch Verenices Gesicht vor mir. Unbeschreiblich der Ausdruck. Es war nicht

Erstaunen und nicht Verachtung. Mehrere Gefühlsschichten überlagerten sich dort. Endlich rang sie sich zu einer Entgegnung durch.

„Was sind Sie nur für ein Mensch, Señor Gray?" sagte sie. Ihre Augen waren starr auf ihn geheftet, „Sie geben dem Kaiser, was des Kaisers ist, bieten einem Rebellen-Präsidenten Obdach, obwohl Sie von seinesgleichen zu Freikäufen erpreßt wurden, erleichtern Sterbenden, ungeachtet ihrer Uniform, das Ende und können einer Frau gegenüber ein vollendeter Kavalier sein." Ihre Augenbrauen schienen die herunterhängenden Fransen ihres Ponys zu berühren, als sie hinzufügte: „Dort, von wo ich komme, würde man Sie einen halt- und charakterlosen Menschen nennen, Señor Gray, wissen Sie das?"

„Dort, wo Sie sich im Augenblick befinden, Señora Anselli, würde man Ihnen raten, schleunigst alles zu vergessen, was Sie gelernt haben für richtig und falsch zu halten", antwortete er unbeeindruckt von ihrer Schelte, „ein kaiserlicher Ignorant ist gerade dabei, die Zeche zu bezahlen, die ihm das Anlegen falscher Maßstäbe beschert hat."

Als ringe Verenice um Verständnis, blieb sie eine Minute stumm. Dann meinte sie etwas barsch: „Ich werde es niemals wollen und können. Trotzdem, ich danke Ihnen für alles. Vielleicht gibt es mal eine Zeit, wo ich Ihnen mehr Gerechtigkeit widerfahren lassen kann", wandte sich um, nachdem sie mich mit einem Stupser zum Gehen aufgefordert hatte, und verschwand mit mir aus dem Zimmer.

Der Weg auf Queretaro zu offerierte uns das vollendete Bild dessen, was ein Krieg an Greueln anzubieten vermag: Verbrannte Häuser, geplünderte Klöster, am Wegesrand Tote. Schweine nagten an ihnen. In den Kronen der Bäume: Erhängte. Und immer wieder Flüchtlinge.

Ohne unsere Streitmacht aus zehn schwer bewaffneten Männer wären wir wohl kaum weiter als zwei Leguas gekommen. Oft schliefen wir im Freien, den alabasterfarbenen Himmel über uns, umgeben vom Rumoren des Krieges, der immer irgendwo wach blieb, um am nächsten Morgen ohne Zögern aufzubrechen.

Heute empfinde ich das korrekte Verhalten der Begleitmannschaft uns gegenüber als ein Zeichen für den Respekt, den Stephen Gray bei den Männern genossen haben mußte.

„Ich komme aus dem Grübeln nicht heraus, Vik", meinte Verenice zu mir während eines besonders unangenehmen Abschnitts der Reise, weil wir Soldaten ausweichen mußten, „hat dieses Rätsel von einem Mann uns nun weggeschickt, um uns zu helfen, oder fürchtete er nur, den Zorn seiner Peones auf sich zu ziehen, solange wir als Landsleute des Kaisers auf seiner Hazienda weilten?"

Sie hatte dabei ihrer Stimme einen so melodischen Klang gegeben, als wolle sie damit beginnen, das Bild zu korrigieren, das sie vorgab von Stephen Gray zu besitzen.

Einen Tag später lag Queretaro vor uns: Die Stadt der Kaisertreuen, umgeben von Höhenzügen, die sie wie ein Hufeisen umschlossen...

30. Kapitel

Brief des Jean Pierre Marat,
Sergeant im französischen Expeditionskorps,
an den Abgeordneten der Deputiertenkammer,
Jules Favre, Paris.

Veracruz, im Januar 1867

Lieber Jules!

Vielleicht folge ich einer sentimentalen Anwandlung, wenn ich noch einmal von dort schreibe, wo ich meinen Teil vom politischen Abenteuer des Möchtgerns Napoleon abbekommen habe. In Veracruz hat es begonnen, in Veracruz ist es zu Ende gegangen, glimpflich sogar, wenn ich bedenke, was in der langen Zeit meines Hierseins hätte passieren können. Ich lebe also noch, bin recht leidlich beieinander und freue mich auf Frankreich und ein Gespräch mit Dir. Eine gewisse Genugtuung gibt mir indes die Vorstellung, daß die Strapazen, die wir durchstehen mußten, immerhin dazu taugten, dem Spitzbart in den Tuilerien eine Schlappe beizubringen, von der er sich hoffentlich nie mehr erholt. Das Schicksal scheint sich gegen ihn verschworen zu haben, um nicht zu sagen, die Geister einer Zeit, die immer sichtbarer Leuten wie ihm gram sind.

Nachdem dieser aus Österreich importierte Kaiser sich doch wohl anders entschieden hat und – zu heroischer Tat entschlossen – im Lande bleiben will, bedauere ich es geradezu, Napoleons Gesicht nicht sehen zu können. Sein Manöver, den Österreicher noch schnell außer Landes zu schaffen, bevor dessen unbezweifelbarer Niedergang ihn kompromittiert, ist an Umständen gescheitert, die nur unterstreichen, mit welcher Blauäugigkeit Napoleon in dieses Abenteuer gestolpert ist. Einmal hat er sicher nicht mit der schon krankhaften Wankelmütigkeit dieses Österreichers gerechnet, der sich offiziell von der Entscheidung seines Staatsrates hat umstimmen lassen. Sicher spielte dabei eine Rolle, daß jetzt Bazaine in Mexiko-Stadt die Amtsgeschäfte führt und Maximilian jedem die Macht gönnt, nur eben nicht ihm. Aber viel wahrscheinlicher klingt, daß der Österreicher in seiner Heimat keine Zukunft mehr für sich sieht. Böse Zungen sprechen von einer offiziellen Ausladung, die Bruder und Mutter ausgesprochen haben sollen. Es ist in der Tat etwas Fatales an der Rückkehr dieses gescheiterten Kaisers. Ein Kaiser kann eben nicht einfach gehen. Er gibt kein Amt auf. Wenn er geht, hinterläßt er einen Krater, den man mit den Fragmenten einer zusammengebrochenen Ordnung auffüllen muß. Und ich glaube nicht fehl zu gehen in der Annahme, daß eine Rückkehr für

ihn, wenn überhaupt, nur noch in einer akzeptierbaren Rolle möglich ist: Der eines Helden.
Maximilian weiß das. Ein gewiß überzeugenderer Grund als der, die Erklärungen und Appelle seien für seinen Sinneswandel ausschlaggebend gewesen.
Ja, lieber Jules, das Unternehmen ist zu Ende. Im November vergangenen Jahres schon kreuzte eine US-Fregatte vor Veracruz, um Gesandte für Juárez an Land zu setzen.
Die Amerikaner haben Maximilian bereits abgeschrieben. Gleichwohl dürfte das Abenteuer für Napoleon in Europa weitergehen, jetzt nach dem Sieg der Preußen. Daß er sich eines Tages mit Ihnen an die Köpfe kriegt, soll uns nur recht sein. Jedes Risiko, das sie eingehen, erhöht nur die Wahrscheinlichkeit eines Scheiterns. Und jedes Scheitern unterminiert das Vertrauen, das die Völker noch in die Alte Ordnung setzen.
Ich freue mich auf das Wiedersehen.

Dein
Jean Pierre

31. Kapitel

„Señor Vinzenti...!"

Manchmal noch zuckte Erec zusammen, wenn der Name fiel, obwohl ihn seit Jahren niemand mehr anders gerufen hatte.

Im Patio seines Palais in Queretaro war das Essen gerichtet worden, auf einem Tisch, inmitten von schattenspendenden Palmen und rankenumwundenen Säulen. Die Mahlzeiten pflegte er alleine einzunehmen, wenngleich er sonst nicht darauf verzichten wollte, Jorge, den stummen Indianerjungen, weiter an seiner Seite zu wissen. Zu tief eingefleischt war die Gewohnheit.

Die Wirtschafterin, ebenso matronenhaft rund wie energisch gegenüber dem Personal, hatte den Tisch inspiziert, das Arrangement für gut befunden und den Hausherrn lautstark darüber informiert, daß die Mahlzeit für ihn bereit stehe.

Die Mahlzeiten, Siestas und Ausritte in die reizende Umgebung von Queretaro, darauf beschränkte sich sein Dasein, seit der Bankier in Tulancingo ihm sein Geld ausgehändigt hatte. Die Pulquerias und auch die Waffengeschäfte gehörten der Vergangenheit an. Entschlossen, die Früchte seiner Mühen zu genießen, war er in das Palais eingezogen, ein im westlichen Teil der Stadt gelegenes Haus mit einer von Eisenschmiedearbeiten überhäuften Fassade. Dahinter erstreckte sich ein reiches Anwesen mit Haupt- und Nebengebäuden und einem Patio, den Spaliere unterteilten. Überall standen Kübel mit Duftkräutern herum, und dazwischen bewegte sich das Personal in Schnallenschuhen, Bundhosen und Perücken, nicht anders als in den Sälen von Schönbrunn.

Und in der Tat, nicht wenig Zeit hatte Erec damit zugebracht, sich die Frage zu beantworten, warum er gerade Queretaro ausgesucht hatte, um dort sein Palais zu erwerben. Vielleicht war es diese, wenn auch ferne Verwandtschaft, mit Wien, die ausschlaggebend gewesen war. Gemessen an den Klöstern und Kirchen konnte es Queretaro gut und gerne mit Wien aufnehmen. Ein Flüßchen, der Rio Blanco, glitt an der Stadt vorbei. Und auch die Einwohner hielten nicht weniger treu zur Krone, als es die Wiener taten. Aber das allein als Erklärung genommen, wäre zu einfach gewesen. Soviel Ehrlichkeit brachte Erec sich selber gegenüber auf. Zumal ihm jede beliebige Stadt zur Verfügung gestanden hätte, im Gegensatz zu vielen anderen in diesem Land, die die Rache der Republikaner fürchten mußten. Unter diesem Gesichtpunkt gesehen, war die Wahl von Queretaro, das sich republikanische Übergriffe irgendwann würde gefallen lassen müssen, sogar ein Mißgriff gewesen, ein Mißgriff mit einem Hintersinn, der zum

Nachdenken wohl Anlaß geben konnte. Nicht weniger, als es die Gesamtlage tat, die nach der Abzugsbewegung der Franzosen eingetreten war.

Inzwischen hatte auch Bazaine an der Spitze der verbliebenen Truppen Mexiko-Stadt verlassen und sich in Veracruz eingeschifft. Das Kaiserreich war auf sich allein gestellt. Cuernavaca und das Refugium Seiner Majestät, La Borda, hatten die Republikaner geplündert. Ein letzter, verzweifelter Versuch, das Kriegsglück durch einen Handstreich zu wenden, indem man versucht hatte, Juárez gefangen zu nehmen, war in Zacatecas gescheitert. Überall hatten die Kaiserlichen die Flucht ergriffen.

Inmitten des vom Kriegsgetöse widerhallenden Landes nahm sich Queretaro aus wie ein beschauliches Eiland. Umschlossen von flachen Hügeln, hoffte es darauf, von der Kriegsfurie übersehen zu werden. Und wenn trotzdem immer noch die Glocken der Kirchen und Klosterkapellen ins Land hinausriefen, so war das weniger eine unbedachte Demonstration ihres Stolzes, als ein trotziges Beharren darauf, da zu sein.

Nach der Siesta pflegte Erec seine Ausritte vorzunehmen. An Zielen fehlte es nicht. Acht Kilometer vor der Stadt lagen die Bäder von Canada. Aber auch die Hügel waren lohnend, weil sich von dort ein schöner Blick bot über das Tal von Queretaro mit seinen Hazienden und Orangenhainen.

Zuweilen ging es nach Norden, zu den Bergketten der Sierra Corda. Die dort lebenden Indios waren treue Untertanen der Krone. Einer von ihnen, Mejia, schlug sich als General tapfer für die kaiserliche Sache.

Immer war Jorge bei den Ausflügen dabei. Seit der Druck der Pflichten geschwunden war, hatte Erec seinen Gedanken gestattet, auf Entdeckungsreise zu gehen. Immer öfter waren sie zurückgeschwenkt in die Vergangenheit.

Während er mit Jorge durch die Ebene galoppierte, erzählte er von Wien und Triest, ungeachtet der Tatsache, daß Jorge nichts verstand, zumal er sich der deutschen Sprache bediente.

„In Wien, Jorge,... die Kaffeehäuser... die Gartenrestaurants..."

Er spürte, wie seine Stimme in einer hymnischen Tonlage vibrierte. Aber im gleichen Augenblick brach das Gedankengerüst wieder zusammen: Die Kaffeehäuser und Restaurants verschwanden, und die bunten Farben wurden übertüncht durch das schmerzhafte Grau der Erinnerung an das Klerikal-Seminar. In seinem Halse fühlte er es rauh werden, als er weitersprach. „Die Hofburg, weißt du, jeden Tag fuhr der Kaiser dorthin, man konnte die Uhr danach stellen... und der Stefansdom..." Aber eine andere Seite in ihm ließ sich nicht abdrängen: Die Wiener Leopoldstadt und die Mansarde, jene Zeit, als er gebrochen hatte mit dem Kaiser und der Kirche... und seinem Vater.

Er gab seinem Pferd die Sporen, weil etwas von jenem Gefühl in ihm wieder lebendig wurde und ihn heiß durchflutete.

„Die Gasthäuser... das Schrammeln..."

Er hatte es hinausgeschrien, weil das Stampfen der ausgreifenden Pferdehufe alles zu übertönen drohte. Allein die Bilder blieben: Die rauchverhangene Stube im „Freundlichen Türken", jenem Gasthaus, in dem der Leseverein seine Sitzungen abgehalten und er Bekanntschaft gemacht hatte mit den neuen Ideen. Der Applaus dröhnte ihm noch wohltuend in den Ohren, den man seinen Lesungen gespendet hatte. Um so grausamer war alles Folgende gewesen: Die Verhaftung, der Gnadenakt und die demütigende Überstellung an seinen Vater.

Der Boden stieg sacht an, weil sie auf den Cerro de las Campanas zupreschten, einen Hügel westlich der Stadt, auf dem sich die Ruinen eines Aztekentempels befanden. Er wollte damit beginnen, Jorge, der inzwischen mit seinem Pferd nachgekommen war, von Triest zu berichten, aber die Gedanken weigerten sich, Gestalt anzunehmen, und die Zunge war zu schwer geworden, um sie in den Dienst zu zwingen. Wie eine schwarze Wolke zogen die Ereignisse durch sein Hirn: Der Tod der Mutter, die knochenschindende Arbeit an der Mole. Gedemütigter war er sich nie vorgekommen. Und dabei hatte er erfahren, was es heißt, den Kopf trotzig zu heben.

Der Vulkan aus Haß und Verzweiflung begann wieder in ihm zu rumoren, wie damals, als Franz Oxner an ihn herangetreten war und er, gebrochen, sich bereit gefunden hatte, den Anschlag auf den Kaiser zu verüben. Der, wenn auch noch so zweifelhaften, Aufrichtung seines Stolzes wäre ein jämmerlicher Absturz gefolgt, hätte es nicht seinen Vater gegeben.

Der forcierte Ritt hatte ihn nicht weniger erhitzt als das Pferd. Um es zu schonen, stieg er ab. Die Zügel in der Hand, setzte er sich auf die Reste einer Grundmauer, die zur aztekischen Tempelanlage gehörte. Der Wind bauschte sein wuscheliges, schwarzes Haar. Weil ihm heiß war, öffnete er die Knöpfe seiner Cordjacke. Jorge, der später eingetroffen war, nahm neben ihm Platz, wie gewohnt.

Warum es ihm nie gelang, sich unverfänglicher seiner Vergangenheit zu nähern, erzürnte ihn. Schließlich hatte er sein Leben in Ordnung gebracht. Es gab doch nichts, was noch vergleichbar war mit dem entwürdigenden Zustand in Wien und Triest. Gegenwart und Vergangenheit konnten sich versöhnlich die Hände reichen. Oder täuschte er sich?

Ihm war, als sei für einen Augenblick der Schleier von seiner Seele gezogen worden. Es verwirrte ihn vollends.

Nur das weiche Maul seines Pferdes, das seine Stirn berührte, erlaubte es ihm, den Zustand von Jorge verborgen zu halten. Die peinliche Situation überwandt er, indem er auf ihn in spanischer Sprache einzureden begann und an die Fiesta erinnerte, die für den Abend vorgesehen war.

„Es ist spät genug", begründete er seine Aufbruchstimmung, „überdies sind die Pferde wieder bei Kräften. Laß uns zurückreiten!"

32. Kapitel

(aus: Viktor Ansellis Memoiren.
II. Teil: Mexikanische Impressionen. Queretaro)

...Unsere Reise nach Queretaro endete im Kloster „von der Empfängnis Unserer Lieben Frau". Da die Nonnen auf Einquartierungen solcher Art offensichtlich vorbereitet waren, wurden die Formalien komplikationslos abgewickelt, wobei uns Don Grays Protektion außerordentlich zustatten kam. Wir erfuhren eine zuvorkommende Behandlung und durften im Gästehaus Wohnung nehmen, ein Privileg, wie sich später herausstellte, das nur denjenigen zukam, die sich um das Kloster verdient gemacht hatten. Wer sich nicht zu den Glücklichen zählte, mußte sich mit Unterkünften im Wärter- oder Handwerkerhaus begnügen. Im Gegensatz zu uns mußten sie sich auch nützlich machen und bei den anfallenden Arbeiten mithelfen. Wir, das heißt auch die anderen Mitbewohner des Gästehauses, die meisten von ihnen ihrer Hazienden und Ämter verlustig gegangene Großgrundbesitzer und Präfekten, waren nur dazu verpflichtet worden, in der Kapelle einmal am Tag dem Gottesdienst beizuwohnen. Ansonsten konnten wir tun und lassen, was wir wollten.

Aber vom Angebot, in die Stadt zu gehen, machte keiner Gebrauch. Das Kloster war von der Grundfläche her nicht gerade groß und unsere Bewegungsfreiheit wurde allein schon dadurch eingeschränkt, daß der Kern mit Kirche, Kreuzgang, Refektorium und den Zellen der Schwestern von uns nicht betreten werden durfte. Doch schien uns diese Einschränkung immer noch angenehmer zu sein, als das, was die Stadt an Bewegungsfreiheit anzubieten hatte, da sich auf den Straßen, wie man sich erzählte, Spione tummelten und man jederzeit mit einem Unglück rechnen mußte. Daß Queretaro Menschen aus allen Richtungen und Lagern anzog, ließ sich allein schon an der Zahl der neuen Gesichter ablesen, die ständig innerhalb der Klostermauern auftauchten, blieben oder wieder verschwanden. Sicher lag es daran, daß wir zunehmend ins Zentrum des Konflikts gerieten. Von Nordwesten her näherten sich republikanische Truppen, während täglich Reste der Regimenter, mit denen der kaiserliche General Miramon Juárez in Zacatecas zu überrumpeln versucht hatte, in die Stadt zurückströmten und sich Mejia anschlossen, der mit seiner indianischen Truppe in Queretaro die Stellung hielt. Es war schon eine eigentümliche Welt, die uns eingefangen hatte und mit ihren Regeln, Pflichten und Rechten zu einer überschaubaren Ordnung zusammenpreßte. Eine Welt, in der die Teile noch wie in einem Räderwerk ineinandergriffen und von einer Verläßlichkeit kündeten, die draußen nirgendwo mehr anzutreffen war. Sie machte sogar die Enge vergessen und die unheimlich anmutenden liturgischen Gesänge, mit denen die Schwestern ihre Gebete umgaben.

Der 18. Februar war ein lauter Tag. Er veränderte das Bild der Stadt schlagartig. Die Beschaulichkeit, die die klösterlichen Umgangsformen trotz allem bestimmte, wich einer ungesunden Geschäftigkeit, die gleichermaßen Schwestern wie Gesinde ergriff und sich in Kürze auf uns übertrug.

Wenn der Bereich außerhalb der Mauern vordem eher gemieden wurde, so verfügte er jetzt über eine schier magnetische Anziehungskraft. Die Klosterpforte stand weit offen. Sofort nach der Frühmesse waren die Schwestern auf die Straße gelaufen, in Gruppen zu vieren oder fünfen, mit kleinen, trippelnden Schritten, in denen sich soviel Neugier wie Erregung zum Ausdruck brachte.

Es dauerte nicht lange, und wir waren darüber im Bilde, daß der Kaiser mit einer Armee in die Stadt einziehe und in einem Triumphmarsch zur Plaza de Independencia unterwegs sei. Die Frage, ob wir nicht auch am Geschehen teilnehmen wollten, erübrigte sich. Ehe wir's uns versahen, waren wir mitten drin, fest eingeschweißt in einen Pulk schiebender und drängender Menschen, während Trompetensignale und Viva-Rufe über unsere Köpfe hinweggingen. Geleitet von den ortskundigen Schwestern, in deren blassen Gesichtern mir die hektischen Flecken noch erinnerlich sind, konnten wir die Plaza nicht verfehlen. Von den Balkonen der Häuser ringsum regnete es Blütenblätter. Die Menge war so dicht gedrängt, daß ich nicht mehr erkennen konnte als den Kopf des Kaisers, der sich in rukkenden Bewegungen über die Menge hin bewegte. Die Marschtritte der Soldaten klangen wie Schläge eines Klöppels auf ein riesiges Kalbsfell, und die aufgepflanzten Bajonette, in einer unendlichen Reihe hintereinander, erinnerten mich an das Gebiß in einem geöffneten Haifischmaul. Daß Queretaro so bemerkenswert außer sich war, hatte sicherlich weniger mit seiner sprichwörtlichen Kaisertreue zu tun. Die eintausendsechshundert Mann der Nationalarmee, die Maximilian mit sich führte, vermittelten den Menschen vielmehr den Eindruck, daß er hier die Entscheidung suchen wolle. Etwas, was sie zweifellos so solz machte, wie hoffnungsvoll stimmte. Schließlich mußten sie annehmen, daß sich der Kaiser nicht zu ihnen auf den Weg gemacht hätte, wenn er nicht sicher sein durfte, die Republikaner zu schlagen. Obgleich die Soldaten nicht den besten Eindruck machten in ihrer Zivilkleidung, der sie nur dadurch einen militärischen Zuschnitt zu geben vermochten, daß sie weiße Bänder mit dem Zeichen ihres Distrikts an den Hüten trugen. Einzig die Cazadores, in weißen Hosen und hohem Tschako, flößten Vertrauen ein.

Grund genug, um der Begeisterung Zügel anzulegen. Doch die Menschen jubelten weiter, in der für sie bezeichnenden Weise, die nie ausschloß, daß ihnen mehr daran lag, die Festtagsstimmung zu genießen als ihre Gewogenheit zu bekunden.

Der 18. Februar ging zu Ende und mit ihm auch die Zurschaustellung der militärischen Macht. Immerhin hatte sie uns gezeigt, daß dem Kaiser ein gutes Aufgebot an Truppenführern zur Verfügung stand. Das geflügelte Wort von den „Fünf M" machte die Runde, womit man den Kaiser, die Generäle: Mejia, Miramon, Marquez und den Obristen Mendez meinte.

Angesichts so vieler brillanter Namen konnte es nicht ausbleiben, daß die Spekulationen über militärische Operationen ins Kraut schossen. Beim Abendessen im Gästehaus des Klosters bekam ich meinen ersten Unterricht in Strategie und Taktik. Allgemein wurde von den anwesenden Señores bemängelt, daß die Hazienden in der Ebene vor der Stadt nicht besetzt worden seien. „Das hätte uns die vielleicht einmal notwendige Versorgung sichern können", ereiferte sich ein redseliger Präfekt, der neben Verenice saß und mir durch besondere Artigkeit ihr gegenüber aufgefallen war.

„Außerdem halte ich es sowieso für unklug, ausgerechnet in Queretaro die Entscheidung suchen zu wollen, wenn man nicht über genügend Truppen verfügt, um die Höhen im Norden, Süden und Osten unter Kontrolle zu halten", erklärte der Präfekt weiter, „ein Feind, der sich dort mit Kanonen einnistet, beherrscht die ganze Stadt."

Aus den Darstellungen, Fragen, Rückversicherungen und Thesen konnte ich entnehmen, daß die Kaiserlichen dabei waren, auf dem Cerro de las Campanas, dem Hügel westlich von Queretaro, zu schanzen, ihre Kanonen in Stellung zu bringen und Laufgräben zur Stadt hinzuziehen. Als ich an diesem Abend unter meiner Decke lag, den Kopf vollgestopft mit unverdauten Informationen und unfähig, einzuschlafen, mußte ich an den Kaiser denken, der dort auf dem Cerro wie ich Schlaf zu finden versuchte und gewiß auch die Turmuhr unseres Klosters hörte, die mit dumpfen Schlägen die Stunden zählte. Und ich stellte mir vor, wie er die Zeit damit zubrachte, seinen Plan noch einmal zu überprüfen, um ganz sicher zu gehen, die Republikaner vernichtend zu schlagen, deren Heere sich unaufhaltsam unserer Stadt näherten.

Nicht ganz eine Woche darauf war die Illusion verflogen, die Entscheidungsschlacht würde ein Schauspiel sein, inszeniert für die Bevölkerung von Queretaro, sozusagen als Bereicherung ihres Speisezettels, auf dem der Krieg bisher nicht angeboten worden war.

Ein erster Schatten senkte sich auf die sonnigen Gemüter, die geglaubt hatten, unbehelligt davonzukommen. Die Armee erhob nämlich eine Zwangsanleihe, um ihre Soldaten ausbezahlen zu können.

Betroffenheit und Verbitterung stellten sich ein, und das nicht zuerst einmal deshalb, weil man zur Kasse gebeten wurde. Viel nachhaltiger wirkte, daß man von der Vorstellung Abschied nehmen mußte, die kaiserliche Armee sei ein verläßliches Instrument. Denn wer eine Zwangsanleihe erhob, der rechnete logischerweise mit Desertionen.

Die Gespräche an unserer Tafelrunde wurden subversiver, schwarzmalender. Noch sprach es niemand aus, aber körperlich war die Sorge zugegen, was werden solle, wenn die Republikaner siegten. Verenice, die den militärischen Fachsimpeleien der Männer bisher nur wenig Aufmerksamkeit gewidmet hatte, lauschte nun mit unübersehbarer Gespanntheit. Und ich bin mir ganz sicher, daß sie die Frage bewegte, welche Möglichkeiten uns offen stünden, um dem Hexenkessel zu entgehen, der Queretaro nach einer Niederlage sein würde.

Wenn der Donner einer der auf dem Cerro abgefeuerten Kanonen das Klappern des Geschirrs übertönte, sah niemand mehr auf. Niemand glaubte mehr an einen schnellen Sieg. Dabei hatte der Kampf nicht einmal begonnen.

Dafür waren Maximilians Soldaten in die Stadt eingefallen, als Begleitmannschaft für die Geldeintreiber, die den Leuten die kaiserliche Verfügung unter die Nase hielten, um sie die Anleihe zeichnen zu lassen, nicht ohne ihnen eine zweite abzupressen, mit deren Hilfe sie sich die eigenen Taschen füllten. Das Schlurfen ihrer Sandalen und Stiefel war bald nicht weniger erschreckend, als es vordem der Ruf gewesen war: „Die Juaristas kommen!"

Vielen erschien es, als habe die Eroberung von Queretaro längst begonnen...

33. Kapitel

„Wie konnten Sie das nur tun... Patron... wieso nur?"

Zusammen mit Jorge hatte die füllige Wirtschafterin Erec vom Boden aufgehoben und in eine schattige Ecke des Patios geschleift. Jorges ansonsten bronzefarbene Haut war ins Aschgraue verschossen. Die matronenhafte Wirtschafterin wischte sich mit der Schürze die feuchten Augen aus, nicht ohne sich weiterhin mit Worten Luft zu machen.

„Warum mußten Sie die Muchachos nur so reizen, Patron?" jammerte sie, um sogleich einen Schwall von Verwünschungen auszustoßen, für die sie sich am anderen Ort geschämt hätte.

Das übrige Personal des Palais war immer noch verängstigt aus seinen Verstecken gekommen und beäugte tatenlos die Szene im Patio, deren dramatischer Mittelpunkt ihr Patron geworden war. Inzwischen hatte die Couragiertheit der Wirtschafterin für Hilfe gesorgt. Zwei Mädchen waren davongelaufen, um Leinentücher zu holen, mit denen Erec verbunden wurde.

„Und wisch das weg, schnell!" wies sie die beiden an, womit sie die breite Blutspur auf dem Pflaster des Patios meinte, die schon die Fliegenschwärme anlockte.

„Sie hätten die Anleihe unterzeichnen sollen, Patron. Mit Soldados ist nicht zu spaßen. Lumpen sind sie allesamt."

Erec spürte die Hände der Frau an seinem Körper, wie sie ihn zerrten und zurechtbogen. Manchmal kam ihr Gesicht ganz nahe an seines heran, als sei die Distanz zwischen ihnen aufgehoben, auf die er sonst soviel Wert gelegt hatte. Ihr Gerede nahm er wahr, wie von Ferne kommend, ein Rauschen ohne Bedeutung. Nur einmal hörte er sie nach einem Doktor rufen, den jemand holen müsse, obwohl die Doktoren der Stadt zur Truppe abkommandiert waren.

Und das ist gut so, dachte Erec.

Schmerzen hatte er keine. Unterhalb seines Kopfes war nichts als Kälte, eine schwere, niederziehende Kälte.

„Patron, wie geht es?"

Aus dem Rauschen ringsum war die Frage zu ihm durchgedrungen. „Gut", sagte er lallend, „sehr gut", und erinnerte sich an das Brennen im Kopf, daß ihm noch vor Minuten zugesetzt hatte, weil er auf dem Fest gestern mit zuviel Cognac gegen die Gedanken angegangen war, diese quälenden Gedanken, die unaufhörlich sein Hirn marterten.

Seit der Soldat ihm das Bajonett in den Leib gejagt hatte, ging es ihm sehr gut.

Vielleicht hast du das gewußt, dachte Erec. Vielleicht hat dieses Wissen damit zu tun, daß du dich wider jede Vernunft den Soldaten in den Weg gestellt hast, obwohl in ihren Augen die Gier zu lesen stand und du von der Gier weißt, wozu sie fähig ist.

„Patron, sollen wir Sie ins Haus tragen?"

Er wollte abwinken. Aber auch seine Arme waren kalt und schwer geworden. Über sein schneeiges Gesicht huschte ein flüchtiges Lächeln, das die Wirtschafterin als Wunsch zu deuten wußte, am Platze bleiben zu wollen.

„Verschwindet", raunte sie den verlegen herumstehenden Domestiken zu, „geht auf eure Zimmer, aber schnell!"

Dann widmete sie sich wieder Erec, ebenso hingebungsvoll wie Jorge, der neben seinem Patron kauerte, als könne er ihm mit seiner Wärme das Leben erhalten.

Das Leinenlaken, das um Erecs Leib geschlungen war, hatte sich vollgesogen mit dem aus der Wunde sickernden Blut. Ein zweites Tuch war nötig geworden. Die große, tote Masse, auf der Erecs Kopf ruhte, begann die ersten Schmerzsignale auszusenden.

„Holt einen Padre!" keuchte er.

Noch bevor die Wirtschafterin sich versichern wollte, ob sie recht gehört hatte, war Jorge aufgesprungen und davongerannt.

„Einen Padre...?"

Erec gab ihr keine Antwort. Das Brennen, das aus seinem Bauch aufstieg, fesselte ihn stärker an die Wirklichkeit, deren Linien grell und überzeichnet den Schleier seiner Wahrnehmung durchstießen. Er konnte die Flecken sehen, die der Alkohol auf den Fliesen des Patios hinterlassen hatte, wie eine Landkarte seiner verfehlten Reisen an die Orte des erlösenden Vergessens. Wo die hastig weggewischte Blutspur noch als dunkle Rinne sichtbar war, trugen die Fliegen ihre Kämpfe aus. Er hörte ihr Sirren, wenn sie sich auf die freien Plätze stürzten, und ihr genießerisches Brummeln, wenn sie sein Blut beleckten. Es focht ihn nicht an. Unter der Kuppel des sich in Blau dahinspannenden Himmels jagten sich die Geräusche des Krieges, wie eine gelungene Untermalung zum Feuer, das die Hölle in seinem Leib entfachte.

„Mein Sohn, du hast mich rufen lassen?"

Diese Anrede mochte er nicht, und sie hätte ihn zu anderer Zeit rasend gemacht. Aber jetzt fügte er sich.

„Ja, Padre", hauchte Erec, „ich will Euren Segen."

Daß Jorge mit einem Priester zurückgekommen war, hatte er erst jetzt bemerkt. Beide waren unvermittelt vor ihm aufgetaucht und hatten ihm mit ihrem Gesichtsausdruck unzweideutig zu verstehen gegeben, wie es um ihn stand. Der bohrende Schmerz in seinem Leib machte jede Sekunde, die er noch fähig war zu denken, kostbar.

Jorge und die Wirtschafterin, die das Kopfnicken des Paters gesehen hatten, zogen sich schweigend zurück.

„Du wirst bald vor Gott stehen, mein Sohn", sagte der Priester mit der Ungerührtheit dessen, der vorgibt, um das Geheimnis des Todes zu wissen, „schau in dein Herz und öffne es für die Wahrheit."

Das Wüten des inneren Feuers hatte Erec den Schweiß aus den Poren getrieben. Sein Atem war kurz geworden und ließ sein Sprechen abgehackt und gepreßt erscheinen.

„Euren Segen... Padre... bitte...!"

„Willst du dich mir nicht vorher anvertrauen, mein Sohn?"

„Es gibt keine Vergebung..."

„Unser Vater ist in seiner Güte unermeßlich, weißt du das nicht?"

„Er ist grausam... Padre."
Der Priester blickte ihn fragend an.
„...grausam und unerbittlich..."
Da der Pater die offenkundige Verwirrung der einsetzenden Agonie zuschrieb, versuchte er zu beschwichtigen: „Oft gibt er uns Menschen Rätsel auf, fürwahr, aber am Ende erweist er sich denen, die bußfertig sind, gnädig."
Ein tiefer Seufzer entfuhr Erecs Brust. Das schweißüberströmte Gesicht, in dem die Lippen blutig gebissen waren, verlor seine Strenge. Der an einer Säule lehnende Körper rutschte in sich zusammen, eine Vibration aussendend, die Füße und Fingerspitzen in Bewegung setzte.
„Dann wird alles gut... gut...", kam es versickernd aus seinem Munde, dahinfahrend in einem langen Atemzug. Den Pater, der mit der Salbung begonnen hatte, versetzte der plötzliche Sinneswandel des Sterbenden in Erstaunen. Er hatte den Kopf in den Nacken gelegt und die Augen geschlossen. Ein Lächeln entspannte seine Züge. So starb er.

34. Kapitel

(aus: Viktor Ansellis Memoiren.
II. Teil: Mexikanische Impressionen. Queretaro)

...Unsere täglichen Verrichtungen paßten sich immer stärker dem Kriegsgeschehen an. Daran vermochten selbst die ehrwürdigen Mauern des Klosters nichts zu ändern. Wenn zunächst auch das rituelle Pensum der Schwestern unberührt davon blieb und die Gregorianischen Gesänge nach wie vor die Nähe des Krieges vergessen machten, ließ er sich auf Dauer nicht fernhalten. Das lag auch daran, daß unser Kloster einem Lazarett immer ähnlicher wurde und es unsere ehrwürdigen Schwestern vermehrt auf das Schlachtfeld trieb, um es nach Verwundeten abzusuchen.

Obwohl gut kaiserlich in der Gesinnung, vergaßen sie die Feindesliebe nicht. In erster Linie aber brachten sie ihre Kaisertreue mit Hilfe eines Verhaltens zum Ausdruck, das ihrem Selbstverständnis nicht gerade angemessen war: Sie stahlen aus den Patronentaschen der gefallenen und verwundeten republikanischen Soldaten die immer dringender benötigte Munition für die kaiserliche Truppe, und auch so manches Gewehr, das auf dem Felde der Ehre liegen geblieben war, fiel so in ihre Hände. Mitunter übernahmen sie den Kurierdienst, weil die republikanischen Soldaten, bei aller Rigorosität sonst, vor einem klösterlichen Rock immer noch mit Respekt zurückwichen. All ihre Opferbereitschaft aber konnte nicht verhindern, daß die Zeit der gewonnenen Schlachten für die Kaiserlichen vorbei war.

Nach den ersten Schlägen, die sie erfolgreich gegen die völlig überraschten Republikaner ausgeteilt hatten, stellten sich Niederlagen in rascher Folge ein, die die Kaiserlichen nicht nur horrende Verluste kosteten, sondern es der republikanischen Armee auch erlaubten, die Höhen nördlich, westlich und südlich der Stadt zu besetzen, um dort ihre Kanonen in Stellung zu bringen. Angesichts einer Überlegenheit von vierzigtausend Mann gegen etwa siebentausend auf kaiserlicher Seite war das ein wohl nicht anders zu erwartender Vorgang gewesen, und das Wunder bestand eigentlich nur darin, daß Queretaro nicht längst gefallen war. Am 22. März rannte eine Gruppe blutjunger Schwestern, aus der Novizenschule kommend, an unserem Gästehaus vorbei und rief, Hände klatschend: „Wir sind gerettet... gerettet... Gott hat uns gerettet!"

Wie wir in Erfahrung bringen konnten, hatte General Marquez an diesem Tag mit etwa eintausendzweihundert der besten Reiter die Stadt verlassen, um Reserven aus Mexiko-Stadt heranzuführen, österreichische Regimenter unter Oberst Kodolitsch und Graf Khevenhueller.

General Marquez mußte sich beeilen, wenn sein Unternehmen nicht umsonst gewesen sein sollte. Zwei Wochen hatte er als Frist gesetzt. Queretaro wartete, die Zähne gebleckt und die Krallen geschärft.

Die ersten Granaten schlugen schon in der Stadt ein, von den Höhen herunter abgeschossen. Gebäude begannen zu brennen. Im Gästehaus schien es an der Zeit, sich Mut zu machen.

„Die roten Husaren unter Khevenhueller werden das Blatt wenden."

„Ganz sicher."

„Und dieser Marquez ist auch nicht ohne. Nennt man ihn nicht Don Leopardo?"

Das reichte dann für Stunden, manchmal für Tage, um den Trübsinn zu verscheuchen.

Am 1. April durchfuhr eisiges Erschrecken die Einwohner, als nach einem ebenso kurzen wie hoffnungslosen Ausfall der Kaiserlichen Hunderte von Leichen den Rio Blanco hinunterschwammen, wie eine Vorankündigung dessen, was die Stadt nach der Einnahme zu erwarten hatte.

Die Tage gingen dahin, ohne daß wir etwas von General Marquez hörten. Proviantmangel stellte sich ein. Die ersten Pferde wurden geschlachtet. Im Kloster gingen die Schwestern dazu über, aus Hostienmehl Brot zu backen.

Als nach Ablauf der von Marquez gesetzten Frist weder frische Truppen noch Geld Queretaro erreicht hatten, beschloß des Kaisers neuer Flügeladjutant, Prinz Salm-Salm, ein preußischer Offizier mit Abenteuererblut, am 17. April einen Ausbruch nach Mexiko-Stadt zu wagen.

Nach Bekanntwerden des gescheiterten Versuchs überfiel die Verteidiger eine lähmende Mutlosigkeit, die dadurch gesteigert wurde, daß am 22. April das Gerücht umlief, Marquez sei vom republikanischen General Diaz bei Puebla vernichtend geschlagen worden. Der nicht geplante Alleingang des Generals sah zu sehr nach Flucht aus, um seine spätere Behauptung glaubhaft erscheinen zu lassen, er habe Puebla der dort lagernden Zolleinkünfte wegen angegriffen. In Queretaro sprach man jedenfalls offen von Verrat.

Im Gegensatz dazu konnte die Person des Kaisers an Beliebtheit hinzugewinnen. Legende und Wirklichkeit waren bald nicht mehr voneinander zu trennen, wenn die Sprache auf seine soldatischen Glanzleistungen kam. Der Kaiser biwakierte nicht nur mit seinen Männern auf dem Cerro, aß dasselbe wie sie, er setzte sich auch dem feindlichen Feuer aus, tollkühn nur zu oft, und wie einige meinten, mit einer selbstzerstörerischen Lust am Risiko. Obwohl vor kurzem erst unmittelbar eine Granate neben ihm krepiert war, trieb er sich in den Gräben herum, munterte die Männer mitten im Feuer auf, verließ unbekümmert die Deckung, um auf einem Pferd die Stellungen abzureiten. Aber es fand sich keine Kugel, die ein Ende mit ihm machen wollte.

Noch einmal war der Kriegsgott den Kaiserlichen hold, als er es ihnen Ende April gestattete, bei einem Ausfall Geschütze zu erbeuten. Dann, Anfang Mai, wurde die Situation in der Stadt unhaltbar. Nicht mehr in der Lage, den Soldaten den Sold zu zahlen, geschweige denn sie ausreichend zu ernähren, brach auch noch die Wasserversorgung zusammen. Der Kaiser, der inzwischen sein Hauptquartier vom Cerro in das Kloster La Cruz, am südöstlichen Stadtrand, verlegt hatte, weil der Brennpunkt der Kämpfe nun im Osten lag, hatte die Zerstörung des Aquädukts nicht verhindern können.

Wir im Kloster bekamen es zu spüren, als wir zusammengerufen wurden, um mitzuhelfen, einen verschütteten Brunnen freizulegen. Auch die Präfekten und Hazendados waren dieses Mal nicht von der Arbeit suspendiert. Ein Vorgang, der mehr aussagte, als man zunächst vermuten konnte. Am selben Tag noch machte die Äbtissin Verenice die Auflage, entweder das Kloster zu verlassen oder umzuziehen ins Novizinnenhaus, wo eine Kammer für sie bereitstehe. Begründet wurde die Anweisung mit dem unhaltbaren Zustand im Gästehaus. Es gehe nicht an, daß sie als Frau weiter dort nächtige, wo sie allein zwischen Männern sei. Die neuen Umstände begannen auch an Don Grays Patronat zu nagen.

Kein größerer Widerspruch war denkbar als der zwischen dem strahlenden Sonnenwetter über Queretaro in jenem Mai und der sich verdüsternden Stimmung seiner Einwohner. Niemand wagte mehr an einen Sieg zu glauben. Viele liebäugelten schon mit einer Kapitulation. Aber noch war die Angst vor etwaigen Repressalien durch die Republikaner größer als der Mut, sich vom Kaiser abzuwenden.

Dann kamen die Morgenstunden des 15. Mai. Verenice hatte sich entschlossen, auf das Angebot der Äbtissin einzugehen und an diesem Tag das Quartier zu wechseln.

Ich, der ich gezwungenermaßen das Zimmer mit einem dicken Präfekten teilte, war längst wach und hörte das Klappen zur Frühmesse. Mehrere Male war ich während der Nacht aus dem Schlaf gerissen worden, weil ich Verenices sorgenvolles Gesicht vor Augen hatte. Was nach der Niederlage aus uns werden sollte, stand in den Sternen. Ich war inzwischen alt genug, um es zu begreifen.

Das Klappen hatte aufgehört. Jene wie Seide knisternde Stille senkte sich in die Gassen des Klosters. In der Regel brachte sie mich dazu, noch einmal einzuschlafen. Der dicke Präfekt hörte stets gegen Morgen auf zu schnarchen. Eine Eigentümlichkeit, die ich zwar bemerkt, aber nie verstanden hatte. Dieses Mal wurde ich am Einschlafen durch ein tonloses Schwingen gehindert, als seien größere Gegenstände in Bewegung versetzt worden und fächerten die Luft. Ich lauschte zum offenen Fenster hinaus. Der erste Klöppel in irgendeiner der zahllosen Kirchtürme traf die bronzene Kuppel der Glocke, widerwillig, als sträube er sich, außerhalb der Zeit seinen Dienst zu verrichten. Der dicke Präfekt knurrte plötzlich verärgert, weil eine Fliege auf seiner Nase spazieren ging, riß ein Auge auf und sah finster zu mir herüber. In dem Augenblick versetzte der Klöppel das Bronzegehäuse um sich herum in Schwingung und schickte den ersten reinen Glockenton über die Dächer von Queretaro. Unwillkürlich griff der Präfekt zu seiner Taschenuhr auf dem Nachttisch.

„Geläute... jetzt?" brummte er und bequemte sich, auch das andere Auge zu öffnen. Die zweite Glocke fiel ein, der erste Turm ließ seine Klangfülle hören, ein anderer setzte sich ihm zur Seite, ein Terzett wurde daraus und bald schwangen alle Glocken Queretaros wie rasend in den Türmen.

Der Präfekt und ich waren ans Fenster gestürzt, sahen nach oben in den Himmel, an dem die Töne herumpurzelten, und versuchten eine Erklärung für das wahnsinnige Treiben zu finden.

Schwestern, die die Frühmesse besucht hatten, rannten mit gerafften Gewändern an uns vorbei, die Augen schreckgeweitet, wie auf der Flucht.

„Die Juaristas sind in der Stadt... Gott stehe uns bei!" riefen sie.

So schnell, wie sie aufgetaucht waren, waren sie auch verschwunden. An ihren Worten zu zweifeln, wäre töricht gewesen. Die ersten Schüsse knatterten schon in den Straßen, begleitet von Angstschreien und derben Kommandorufen, und dazwischen immer wieder das Gänsehaut erzeugende: „Viva Juárez... Viva Mexiko!"

Die folgenden Stunden mit ihrer Ereignisfülle schrumpfen in der Rückbesinnung zusammen auf den Zeitraum weniger Minuten. Ich entsinne mich nur noch, daß die erste Handlung meines Präfekten darin bestand, sich anzuziehen, meine Gegenwart in der Eile völlig mißachtend, obwohl er sonst zum Ankleiden immer hinter einem Wandschirm verschwunden war. Dann fegte er mit wilden Augen an mir, der ich noch immer recht hilflos im Zimmer umherging, vorbei ins Freie und trampelte davon. Es sah ganz danach aus, daß er genau wußte, wo er sich für den nun eingetretenen Fall verbergen konnte.

Angesichts der Menschenanhäufung in den Klostergassen mußte es draußen recht laut zugegangen sein. Aber die Siegesfanfare, die von den Kirchentürmen Queretaros über unsere Köpfe hinwegbrauste, schluckte alle anderen Geräusche. Wie in einem Puppenspiel bewegten sich die

Figuren in meinem Gesichtsfeld: Die Hazendados und Präfekten, die aus dem Gästehaus stürzten, mit und ohne Handgepäck, einige in der Hast nur unzulänglich bekleidet, alle aber offensichtlich mit einem klaren Ziel vor Augen. Schwärme von Ordensschwestern, die Meßgeräte schleppten, um sie in Sicherheit zu bringen. Durch die offene Klosterpforte rasten Pferde hinaus, ungesattelt, auf dem Rücken Männer in Offiziersröcken, die sich der Rache des Feindes entziehen wollten. Und dann stand plötzlich Verenice vor mir, das rötliche Haar aufgelöst, die Lippen blaß, verstört bis zur Sprachunfähigkeit. „Schnell, zieh dich an!" brachte sie eben noch heraus. Als sie nach mir griff, spürte ich ihre eiskalten Hände. Aber ihr Denken schien klar und präzise zu sein. Und bald war es auch wieder ihr Sprechen.

„Auf den Straßen sind wir sicherer als hier", versuchte sie mir zu erklären, während ich in meine Hose schlüpfte, ohne mein Nachthemd auszuziehen, „sie werden das Kloster auf jeden Fall plündern, wenn nicht sogar in Brand setzen."

Dann löst sich für mich alles auf in Bilder voller davonstiebender Menschenhaufen, vorgelegter Blendladen und verriegelter Türen. Gassen und Straßen, in denen sich Zivilisten und Soldaten unterschiedslos vermengten zu einem tosenden Menschenstrom, der mal diese, mal jene Richtung nahm. Während sich hier Männer im Siegestaumel in den Armen lagen, wurden dort letzte Widerstände niedergekämpft. Um den Cerro de las Campanas tobten heftige Gefechte. Es hieß, der Kaiser habe sich mit General Mejia und wenigen Getreuen dorthin zurückziehen können. Aber ebenso hoffnungslos wie seine Situation dort auf Dauer sein mußte, war auch die unsere. Am Abend hatten die Republikaner den Cerro genommen, und Verenice und ich fanden uns auf der Plaza de Independencia in einem Spalier von Bajonetten wieder, eingepfercht zwischen weinenden oder apathischen Menschen, die mit ihrem Leben abgeschlossen hatten.

„Der Kaiser ist verraten worden", flüsterte man sich zu.

„Von einem Obristen der Gardekavallerie."

„Lopez etwa?" kam die erstaunte Frage.

„Ja, Lopez soll es gewesen sein", folgte die Antwort.

Nach dem Warum erkundigte sich niemand. Es schien selbstverständlich, daß er es des Geldes wegen getan hatte.

In der Nacht zündeten unsere Bewacher Fackeln an, die sie rings um den Platz aufstellten. Verenice hatte mich fest an sich gedrückt. In der Situation war es unerheblich, daß ich schon zwölf war. Wenn es noch etwas gab, woran wir uns halten konnten, so war es der eine für den anderen. Wir machten kein Auge zu. Der Übermüdung wegen setzte uns die Nachtkälte doppelt zu. Als die Sonne aufging, nahmen wir ihre Wärme kaum wahr. Die Soldaten hatten damit begonnen, uns Gefangene zu registrieren. Wir mußten einzeln vor einen Offizier treten, einen düster dreinschauenden Mestizen, der jeden nur kurz ansah und dann den Daumen nach rechts oder links bog. Rechts hieß Mexikaner, links Extranjero, Ausländer.

Die Feststellung beruhigte uns, denn so würden wir zusammen bleiben. Es dauerte nicht lange, und ein Zug Soldaten nahm uns in die Mitte. Da unsere Gruppe überschaubar war, konnte sie leicht bewacht werden. Wir, das waren einige französische und englische Kaufleute, die meisten ohne Frauen, ein amerikanischer Ingenieur und das Gros: Zurückgebliebene französische Soldaten, in den weißen Hosen der Cazadores, der kaiserlichen Elitetruppe.

Verenice und ich waren hinter dem Ingenieur und einem französischen Kaufmann in den Trupp eingereiht worden und bekamen so zwangsläufig ihre in spanisch geführte Unterhaltung mit.

„Was werden sie mit uns machen?" erkundigte sich der Franzose.

Der Amerikaner, ein hochgeschossener Mann mit einem Rundrücken wie eine Bogenlampe, meinte darauf schroff: „Die Cazadores werden sie füsilieren und uns zu Geld machen oder in einem politischen Possenspiel auftreten lassen. Unsere Chancen stehen nicht gerade schlecht, Monsieur."

Nach einem Marsch von einer halben Stunde, vorbei an der demolierten Präfektur und geschändeten Sakralgegenständen, die zerschlagen an den Klostermauern lagen, kamen wir in einer leergeräumten Kirche unter. Die Cazadores hatte man vorher von uns getrennt. Auf den Stufen zum Hochaltar sitzend, erwarteten wir ergeben unser Schicksal.

Obwohl im Kirchenschiff angenehme Temperaturen herrschten, im Gegensatz zu draußen, froren wir. Nur zu gerne mochten wir da der Prophezeiung des Amerikaners glauben, uns würde nichts Wesentliches passieren. Aber angesichts der Enthemmtheit unserer Feinde tauchten immer stärkere Zweifel auf. Immerhin hing uns noch schauerlich der brachiale Knall der Salve in den Ohren, mit der Minuten zuvor die Cazadores im Portal der Kirche erschossen woren waren.

Dann wurden Verenice und ich aufgerufen. Zunächst war der Amerikaner von zwei Soldaten abgeführt worden. Unser Herzschlag hatte für einen Moment ausgesetzt. Da die erwartete Gewehrsalve jedoch ausgeblieben war, hatten wir wieder Mut geschöpft. Dennoch waren meine Knie allzu nachgiebig, während ich neben Verenice, umrahmt von den Wachposten, durch das Kirchenschiff auf eine niedrige Tür zuschritt, durch die auch der Amerikaner verschwunden war.

Der Raum, der uns aufnahm, verfügte nur über ein kleines Fenster als Lichtquelle. Pfeiler, die nach oben in ein niedrig hängendes Gewölbe strebten, vermittelten den Eindruck, als wolle die Decke jeden Augenblick einstürzen. Unterhalb des kleinen Fensters saß ein uniformierter Mann, nur schemenhaft im Gegenlicht erkenntlich, hinter einem Tisch.

Die Wachen geleiteten uns, den Gleichschritt exakt einhaltend, zu ihm hin. Während wir an den Pfeilern entlang marschierten, fielen mir die Meßgeräte auf, die dort gehäuft lagen, nicht unähnlich dem Bild in einer Räuberhöhle, wie ich sie mir vorstellte.

„A sus ordenes, Coronel", schnarrte einer der Soldaten, als wir fast den Tisch erreicht hatten.

Der Mann dort bewegte nur unmerklich den Kopf und ließ die Soldaten sich, ebenso militärisch korrekt wie eben, entfernen. Die Tür zogen sie hinter sich zu.

„Du...?"

Mehr hatte Verenice nicht herausgebracht. Auf jeden Fall war ihr dieses ebenso erstaunte wie entsetzte Du noch über die Lippen gegangen, bevor ein langes, beklemmendes Schweigen eintrat, das auch von der anderen Seite des Tisches her nicht aufgelöst wurde.

Ich begriff zunächst nichts, konnte aber Verenices Erstaunen nachvollziehen. Es war schon außergewöhnlich, auf einen so hellhäutigen mexikanischen Coronel zu stoßen wie den, der vor uns saß. Sein Gesicht unter dem Mützenschirm glühte in einem frischen Sonnenbrand.

„Du... Wernher?"

Da fiel es mir wie Schuppen von den Augen.

Der Vorname rief die Situation in mir wach, als ich diesem Mann dort das erste und einzige Mal begegnet war, auf der Terrasse des Cafés Specchi in Triest. Wernher Neubauer, natürlich, der Leutnant in der Marineuniform, Verenices Bruder.

Das Erstaunen und Entsetzen in Verenices Stimme waren einem anderen Ton gewichen. Aus ihr sprach jetzt der bebende Zorn.

„Du bei den Juaristas... Wernher...!"

Der Angeredete fuhr sich mit der Zunge einige Male unruhig über die Lippen, entgegnete aber nichts.

„Sag schon, daß es nicht wahr ist", begann sich Verenice zu ereifern und vergaß dabei völlig die Lage, in der wir waren, „du bist kein Überläufer, mit dem Verrat hast du nichts zu tun... sag doch endlich etwas!"

Mit einem Schritt nach vorne hatte sie den Meter, der uns

vom Tisch trennte, überwunden. Halb über die Tischplatte gebeugt, redete sie auf ihren Bruder ein, dem die Begegnung alle Geistesgegenwart geraubt zu haben schien.

„Bitte, laß mich nicht den Verstand verlieren", setzte sie unvermindert heftig ihr Bitten fort, „alles hat seine Grenzen, auch die Verrücktheiten, die man ertragen kann."

Damit hatte sich seine Geduld erschöpft. Der feuerrote Kopf schien zu platzen, als es ihm entfuhr: „Du solltest froh darüber sein, daß ich hier sitze und kein anderer. Ich kann dir und dem Jungen das Internierungslager ersparen. Einen höchst unangenehmen Aufenthaltsort übrigens."

Sein so entschieden vorgebrachter Einwurf hatte Verenices Elan gebrochen. Mit etwas ratlosem Blick starrte sie ihren Bruder an, der seinen Kopf gesenkt hielt, während ihm die Lippen noch wütend nachbebten.

„Ich werde euch nach Veracruz bringen lassen", knurrte er nach einer Weile, „dort ankern europäische Schiffe. Die Passage für euch wird schon gebucht sein, wenn ihr ankommt."

Das hatte geklungen, als sei damit für ihn die Vorführung beendet. Konsequenterweise hätte man uns jetzt holen müssen. Aber die Soldaten erschienen nicht. Dafür stellte Verenice, die wieder vom Tisch abgerückt war, ihre Standfestigkeit unter Beweis.

„Mir fehlen die Worte, Wernher", begann sie, ihre Vorwürfe fortzusetzen, „ich hätte nie geglaubt, daß du über soviel Unverfrorenheit verfügst. Fehlt dir denn jedes Gefühl für Anstand?" Wernher, der den Kopf so weit gesenkt hatte, daß der Mützenschirm sein Gesicht verdeckte, ließ keine Reaktion erkennen. Doch plötzlich schnellte sein Kopf nach hinten.

„Wenn du damit andeuten willst, daß ich in irgendeiner Weise mitverantwortlich bin an allem, was nun geschieht und geschehen wird", kam es zischend zwischen seinen Zähnen hervor, „irrst du dich. Sei getrost, es wird ohnehin wenig genug geschehen. Vor allem, was diesen Maximilian angeht. Eine ganze Phalanx von Rettern und Befreiern steht bereit, um das Schicksal dieses Kaisers zu einem guten Ende zu führen. Da bin ich sicher. Nein, nein, Schwester, ich brauche mich nicht zu schämen. Schämen muß sich ein ganz anderer: Der Mann nämlich, der mich in dieses Land gebracht hat und dem ich es verdanke, daß ich zu einem – er zögerte, dann rang er sich zu dem Wort durch – Verräter werden mußte. Schließlich hat er mir meine Aufgabe zu Hause in der Marine weggenommen und die andere nicht zu erhalten vermocht. Und eine Aufgabe ist ein anderes Wort für Leben, verstehst du?"

Er sprach jetzt gelöster. Das Zischeln der ersten Worte hatte aufgehört. Seine Sprache wurde durchdringend, als er nach einer kurzen Pause hinzusetzte: „Mich wundert nur, Schwester, wie wenig du dazu gelernt hast."

„Dazu gelernt...?" wiederholte Verenice erbost.

„Schließlich hat dich unser Vater, ohne mit der Wimper zu zucken, rausgeworfen", rief er ihr in Erinnerung, „von deinem sogenannten Ehemann ganz abgesehen. Lerne endlich, den Anstand von denen zu fordern, die dich in deinem Vertrauen enttäuscht haben, und spare dir deine Gefühle auf für Angelegenheiten, die dich betreffen. Du fährst besser so."

So selbstsüchtig die Philosophie im ersten Augenblick geklungen hatte, so wenig war ihr eine gewisse Berechtigung abzusprechen. Immerhin hatte die Mißachtung dieses Grundsatzes Verenice einiges gekostet: Nicht nur eine absurde Ehe. Verleumdung und Bedrohung lagen hinter ihr, ganz zu schweigen von dem, was wir hier in Mexiko durchzustehen hatten. Trotzdem sagte sie: „Deine Einstellung jagt mir Angst ein, Wernher."

Ein Satz, der sich mir eingeprägt hat, vielleicht weil er alles Folgende verständlicher macht. Und noch ein anderer Satz ist mir im Gedächtnis geblieben.

„Von welcher Eiseskälte muß die Welt durchweht sein, sollte dein Vorschlag Wirklichkeit werden. In ihr wird sich das Leben verkriechen."

Wernhers Oberlippe kräuselte sich, vielleicht hatte ihn

eine kurze Erschütterung überfallen. Aber seine Beherrschung verlor er in keinem Augenblick.

„Überlege dir mein Angebot nicht zu lange", entwandt er sich der Situation, „die Schiffe in Veracruz warten nicht ewig, und ich verfüge nicht über eine Engelsgeduld."

Das Gewölbe, in dem wir uns befanden, ohnehin eng und niederdrückend, preßte uns plötzlich zusammen. Etwas von der Eiseskälte, die Verenice beschworen hatte, zog ein. In meinen Fingerspitzen begann es zu kribbeln, als sei die Wärme dabei, aus mir zu entweichen. Verenice schaute ihren Bruder an, als suche sie etwas, was ihr noch vertraut vorkam. Als sie nichts fand, meinte sie, kraftlos fast: „Einen Gefallen tue mir noch!" Er bot ihr ein glattes, ausdrucksloses Gesicht.

„Bitte!"

Verenice Stimme klang fest, aber leise, als die sagte: „Laß Señor Gray in Arista eine Nachricht zukommen. Schreib ihm: Wir brauchten seine Hilfe."

Das Wort „Seine" hatte sie aufreizend betont. Angesichts der Gemütslage ihres Bruders war das ein nicht ganz unproblematisches Verhalten. Aber vielleicht hatte Verenice es gerade darauf angelegt.

Er lächelte nur mild und machte ihr damit deutlich, daß er sie schon richtig verstanden habe, ihr aber deswegen nichts nachtrage.

„Ich werde diesen Señor Gray in Kenntnis setzen", gab er uns zu verstehen, „derweil bist du mein Gast. Ich lasse dich mit dem Jungen im Hotel Delingencias einquartieren. Niemand soll mir nachsagen, daß ich meine Schwester nicht korrekt behandelt habe."

Beim letzten Satz hatte er sich auf seinem Stuhl nach rechts verlagert und an Verenice vorbei zur Tür geschielt. Einige Male klopfte er dann mit den Fingerknöcheln auf die Tischplatte, worauf die Wachen eintraten. Während sie auf weitere Befehle warteten, bekritzelte er einen Zettel, winkte den Soldaten rechts neben uns zu sich und übergab ihm den Zettel mit den Worten: „Zum Hotel Delingencias."

Durch eine Seitenpforte verließen wir die Kirche. Die Hitze draußen verschlug uns den Atem, der Gestank nach Blut und Rauch, der über der Stadt lag, brachte uns einer Ohnmacht nahe. Als wir das Portal passierten, sahen wir die Leichen der füsilierten Cazadores, verrenkt und übereinander geschichtet, auf den Treppen liegen, Schwärme von Fliegen über ihnen.

Das Hotel Delingencias war ein Etablissement für gehobene Ansprüche. Während der Belagerungszeit hatte es den kaiserlichen Offizieren als Etappe gedient. Die Umbauten, die hierfür vorgenommen worden waren, zeugten noch von der militärischen Nutzung des Gebäudes.

In der Hotelhalle stand ein riesiger Tisch, an dem Dutzende von Gästen raumsparend abgespeist werden konnten. Das Bauwerk war umgeben von spanischen Reitern, ehemals aufgestellt zum Schutze der Gäste, jetzt, um sie daran zu hindern, das Hotel zu verlassen. Wenn sich auch die Aufgabe geändert hatte, die Insassen waren dieselben geblieben: Kaiserliche Offiziere, die nicht das Glück hatten, nach der Kapitulation untertauchen zu können. Überwiegend Mexikaner, einige Franzosen waren darunter, die zum Jägerbataillon der Cazadores gehörten.

In dieser Ansammlung resignierter und müde gekämpfter Männer, von denen nur die wenigsten ihre Frauen dabei hatten, stellten Verenice und ich eine Ausnahme dar. Gemeinsam war uns allerdings, daß wir alle auf etwas warteten: Die Offiziere auf ihre Aburteilung, über die sie sich keine Illusion machten, nachdem Oberst Mendez, der sich kurzzeitig hatte verstecken können, standrechtlich erschossen worden war. Und wir, wir warteten auf eine Antwort aus Arista.

Der Entschluß, sich ins Vage hinein an Señor Gray mit einem Hilfegesuch zu wenden und die greifbare Hilfe des Bruders auszuschlagen, war an Verwegenheit nicht zu überbieten gewesen. Aber wenn Verenice in den folgenden Tagen Unruhe an sich erkennen ließ, dann war sie viel weniger zurückzuführen auf die immer noch nicht vorliegende Nachricht aus Arista als vielmehr auf den Gedanken, wegen ihres Bruders am Schicksal des Kaisers mitschuldig geworden zu sein.

So ließ sie keine Gelegenheit aus, um sich nach seinem Befinden zu erkundigen, was nicht schwer war, denn in einem Quartier unserer Art flossen die Informationen reichlich. Das gemeinsame Essen war der beste Rahmen dafür.

„Dem Kaiser, Señora, sind verschärfte Haftbedingungen auferlegt worden", gab ein mexikanischer Capitan bereitwillig Auskunft, „wir sehen darin ein schlechtes Zeichen. Juárez macht damit seine Entschlossenheit deutlich, den Kaiser nicht anders behandeln zu wollen als jeden gewöhnlichen Hochverräter."

Vor allem um kein Aufsehen bei der Wachmannschaft zu erregen, stellte Verenice ihr Fragen ein. Vielleicht hatte auch die Spekulation des Capitans ihr den Mut genommen. Ein Tag mußte vergehen, bis sie ihn zurückgewann.

„Und die vielen Anhänger, die der Kaiser in der Stadt hat, was tun die für ihn?" ließ sie einen würdigen Obristen wissen, zu dem sie Vertrauen gewonnen hatte.

„Ach, Señora", meinte der abgeklärte Mann, „wohl jeder in Queretaro will den Kaiser retten. Haben Sie nicht gehört, daß die Frauen ihm Kleidung und Speisen haben zukommen lassen und demonstrativ schwarze Trauerkleidung tragen. Jeden Tag wird eine Konspiration aufgedeckt. Aber sagen Sie mir, Señora, was soll man aber mit einem geretteten Kaiser machen, den niemand haben will, schon gar nicht sein Volk?"

Eine Woche hatten wir im Hotel Delingencias zugebracht, ohne daß etwas geschehen war. Kein Brief war gekommen und auch nicht die zweifellos von Verenice erhoffte Sensationsmeldung, der Kaiser habe fliehen können. Am Mittagstisch lief statt dessen die Neuigkeit um: „Im Iturbide-Theater werden Vorbereitungen für einen Schauprozeß getroffen. Der Kaiser und die Generale Miramon und Mejia sollen vor Gericht gestellt werden."

An den Mienen der Offiziere konnte man leicht ablesen, daß sie einen ungünstigen Ausgang erwarteten.

„Ausgerechnet in einem Theater, das den Namen des unter den Kugeln eines Exekutionskommandos zu Tode gekommenen ersten mexikanischen Kaisers trägt", erinnerte einer. Und alle nickten finster.

„Ein böses Omen, ein weiteres Mal!"

Vierundzwanzig Stunden später trat im Patio des Hotels ein Corporal der Wachmannschaft an uns heran, einen Brief in der Hand.

Den Nachmittag verbrachten wir regelmäßig dort, um der stickigen Luft in den Räumen zu entgehen. Möglich war das nur, weil uns Gefangenen alle Annehmlichkeiten zugestanden wurden. Mit dieser großzügigen Geste wollte Juárez wohl dem Vorwurf der Weltöffentlichkeit entgegentreten, er sei ein rachedurstiger Wilder, eine Anspielung, die er seiner indianischen Abstammung verdankte. Der Brief war bereits geöffnet und von der Zensur gelesen worden. Verenice faltete das Papier auseinander, überflog die Zeilen und gab mir über ihre Mimik zu verstehen, längst bevor sie mich in Kenntnis setzte, daß der Inhalt zu ihrer Zufriedenheit ausgefallen war.

„Vik", sagte sie dann, während sie das Papier wieder zusammenlegte, „Señor Gray läßt uns wissen, daß er ganz zu unserer Verfügung stehe und alles in seiner Macht Liegende tun will, um uns zu helfen."

Trotz meiner Unerfahrenheit merkte ich sofort, daß Verenice etwas Außergewöhnliches vorhatte...

35. Kapitel

(aus: Viktor Ansellis Memoiren.
II. Teil: Mexikanische Impressionen. Queretaro)

...„Señora, ich muß ausdrücklich betonen, daß ich mit der Einladung lediglich Señor Gray einen Gefallen getan habe", empfing uns der Mann im Repräsentationssaal des Stadthauses von San Luis Potosí, der Mann, von dem ich wußte, daß er Benito Juárez hieß und wieder unangefochten das höchste Amt im Staate inne hatte.

„Es geht mir nur darum, die von Señor Gray erfahrenen Großzügigkeiten wiedergutzumachen. Die Situation hat für mich rein privaten Charakter."

Der Saal, vollgestellt mit Tischen verschiedenster Ausmaße, machte den Eindruck eines Labyrinths, in das sich der Präsident mit Bedacht zurückgezogen hatte. Landkarten deckten die Tische ab, vor denen kürzlich noch Generalstäbler strategische Überlegungen angestellt hatten.

Verenice und ich standen dem Präsidenten im Großen Hauptquartier der Republikanischen Armee gegenüber.

Daß er sich die Audienz abgerungen hatte, ließ sich an der Rastlosigkeit ermessen, zu der wir genötigt worden waren. Soeben erst in San Luis Potosí angekommen, hatte man uns dem Präsidenten vorgeführt. Ungeachtet der Erschöpfung, die uns zusetzte. Aber vielleicht war gerade das Teil eines Plans. Wenn ja, dann machte Verenice denen jetzt einen Strich durch die Rechnung, die von der Absicht ausgegangen waren, das Gespräch scheitern zu lassen.

„Señor Präsident, ich bitte darum, die Gerechtigkeit über das Recht zu stellen, wenn Sie den Kaiser verurteilen", ergriff Verenice das Wort.

Ich spürte, wie mir ihre Festigkeit das Bedrückende nahm, das die Größe und Ausstattung des Saals ausgelöst hatten.

Der kleine Mann mit dem kräftigen Oberkörper dort zwischen den Kartentischen schaute verwundert auf.

„Dafür haben Sie die unbequeme Reise auf sich genommen, Señora?" bemerkte er, nicht ohne eine gewisse Enttäuschung zum Ausdruck zu bringen.

„Ich dachte, Sie seien hergekommen, um eine Vergünstigung für sich zu erwirken. Immerhin wäre das möglich, da Sie zu Señor Grays Bekannten zählen. Aber sich für diesen österreichischen Insurgenten verwenden zu wollen, ist völlig zwecklos, und nebenbei bemerkt, nicht einmal originell. Andere haben sich schon vor Ihnen heroisch in Szene gesetzt und nur offene Türen eingerannt."

Die Art der Zurückweisung war so unvorbereitet gekommen, daß Verenice Mühe hatte, Haltung zu bewahren. Für einen Moment ließen sich die Strapazen der langen Fahrt nicht mehr verleugnen. Ein Zug von Müdigkeit meldete sich um ihre Augen herum, während die Wangenknochen überaus spitz aus dem schmalen Gesicht stachen.

Juárez hatte begonnen, gemessenen Schritts, an den Tischen entlang zu wandern, als ginge er den Weg noch einmal ab, der ihn vom Kampf zum Sieg geführt hatte.

„Es mag Sie verwundern, Señora", räsonierte er mit halb niedergeschlagenen Lidern, die seine Augen noch katzenhafter erscheinen ließen, „daß ich persönlich durchaus der Meinung bin, man müsse diesen Österreicher, gemessen am Gerechtigkeitsstandpunkt, nach Hause schicken. Ich bin mir bewußt, daß ich es mit einem durchaus wohlmeinenden und sicher integeren Menschen zu tun habe, den das Schicksal und gewisse Unfähigkeiten in eine widersinnige Rolle gedrängt haben. Aber das ist nur eine Seite meiner Einstellung zu ihm."

Auf seinem Marsch entlang der Kartentische war der Präsident uns um einige Meter näher gekommen. Mir wurde klar, daß das Bedrückende in mir sicher auch seine Ursache in der fremdartigen Erscheinung dieses Mannes hatte: In der graugelblichen Farbe seiner Haut, den Proportionen seines Körpers, in denen alles Ebenmaß der bloßen Kraft und Zweckdienlichkeit geopfert zu sein schien. Der schwarze Frack, den er trug, sprach seinem Äußeren Hohn.

„Vieles, Señora, verbindet mich mit diesem Mann", führte er weiter aus, „bedeutend mehr, als mich von ihm trennt. Das gibt unserer Beziehung zweifellos eine zynische Note. Sicher nicht liberaler in meinen Grundsätzen als er, bin ich zu seinem Richter bestellt. Seine Landreformen werden unter meiner Präsidentschaft fortgesetzt. Wie er, werde ich gezwungen sein, weiterhin Extranjeros ins Land kommen zu lassen: Als Ingenieure, Investoren und Lizenznehmer. In der Tat, hier gilt es nicht Anklage zu erheben. Auch nicht dort, wo ein unsinniges Dekret dazu beigetragen hat, die ohnehin vorhandene Brutalität eines Krieges zu verschärfen. Auch hier kann ich mich mit ihm messen. Nein, Señora, die Anklage, die ich gegen ihn erheben muß, kommt woanders her: Aus der Verletzung von etwas, was jenseits von Recht und Gerechtigkeit steht. Aus der Verletzung unseres Stolzes. Und darum, Señora, kann der Grundsatz der Gerechtigkeit keine Geltung für ihn haben."

Mit dem Finger war er dabei, über eine Karte von Mexiko zu streichen, als wolle er uns deutlich machen, in wessen Namen er nun sprach.

„Diesen Stolz wieder aufzurichten, muß mein einziges Ziel sein, Señora", erklärte er nach einer kurzen Besinnung, „ich bin es mir und jedem einzelnen in meinem Volk schuldig."

Liebevoll machte er sich daran, die Karte glattzustreichen und zurechtzurücken.

„Europas Dynastien überbieten sich in Angeboten und Freundlichkeiten, sogar die Vereinigten Staaten, Señora, Mexiko die Unabhängigkeit zu garantieren, wenn ich diesen Österreicher verschone. Was anderes aber würde das bedeuten als ein neuerliches Eingeständnis unserer Unfreiheit. Das wird es nie und nimmer geben."

Die Bestimmtheit seines Vortrags schloß jeden Einwand aus. Der große gnomenhafte Kopf mit den hintergründig funkelnden Augen richtete sich überlegen auf, als Juárez nachsetzte: „Es muß eine fürchterliche Kränkung für das alte Europa und die weiße Rasse sein, daß ein Abkömmling dieser vermessenen Habsburger sich in der Hand ausgerechnet eines Indianers befindet, Señora. Garibaldi, und das sage ich nur, weil ich erfahren habe, daß Sie aus Triest kommen, hat mir übrigens herzlich zum Sieg meines Volkes über die – ich zitiere – wirklichkeitsfernen Ambitionen einer von der Geschichte überholten Kaste gratuliert."

Beim letzten Wort hatte er in seine Weste gegriffen und eine Uhr hervorgezogen, als wolle er uns das bevorstehende Ende der Audienz signalisieren.

„Vielleicht interessiert es Sie", bemerkte er in einem Nachsatz, „daß nicht einmal diese Leute, denen es jetzt darum zu tun ist, eigensüchtig ihr Gesicht zu wahren, bereit sind, Maximilian Gerechtigkeit widerfahren zu lassen. Es wird Sie in Erstaunen versetzen, daß der letzte der vielen Befreiungsversuche nur daran gescheitert ist, daß die europäischen Gesandten einen als Bestechungsgeld gedachten Wechsel nicht unterzeichnen wollten. Sehen Sie, Señora, wohin es mit der Gerechtigkeit gekommen ist. Und Sie fordern sie ausgerechnet von mir?"

Das Fremdartige, das ich an ihm wahrgenommen hatte, beherrschte ihn nun ganz. Es machte den Saal kalt und abweisend. Trotzdem rang sich Verenice zu einer letzten Frage durch.

„Dann werden Sie diesen Österreicher, wie sie ihn bezeichnen, mit Hilfe des Gesetzes verurteilen, das Kollaboration mit dem Tode bestraft?"

„Ja", meinte Juárez mit unwandelbarer Entschlossenheit, „ich werde ihn mit dem Tode bestrafen."

Da ich wie gebannt auf diesen seltsamen Mann gestarrt hatte, war mir die Veränderung an Verenice zunächst nicht aufgefallen. Sie mußte totenblaß geworden sein und einen so erschreckenden Ausdruck in den Augen gezeigt haben, daß sogar der Präsident sich zu einer menschlichen Geste hinreißen ließ. Mit flinken Schritten hatte er sein Labyrinth verlassen und kam noch gerade rechtzeitig, um Verenice vor dem Sturz zu bewahren.

Die Fahrt, die Ereignisse der jüngsten Vergangenheit:

All das mochte zu der Ohnmacht mit beigetragen haben. Aber zuerst war es wohl die Erkenntnis, daß die Unmenschlichkeit einen triumphalen Sieg davongetragen hatte und ihr zu bestätigen schien, daß die vom Eiswind durchwehte Welt dabei war, Wirklichkeit zu werden .

Wie sie dort im Arm dieses monströsen Mannes lag, nicht unähnlich einem Vogel mit gebrochenen Schwingen, tat sie mir unendlich leid...

---

36. Kapitel

Die Dysenterieanfälle, die den Kaiser seit zwei Jahren in wechselnden Abständen quälten, waren in der Haft zu einem Dauerzustand geworden. Sie zwangen Maximilian, die Tage liegend auf einem Feldbett zu verbringen, das man in seine Zelle gestellt hatte, einen Raum, sechs Schritte lang und vier Schritte breit. Mehrmals täglich schaute Dr. Basch vorbei, verabreichte seine Einläufe, die bisher so erfolglos geblieben waren wie der Arzt in seiner Therapie beharrlich. Auf demselben Gang, auf dem sich im Kloster Capuchinas, das zur Haftanstalt umfunktioniert worden war, die Zelle des Kaisers befand, lagen die Zellen der kaiserlichen Generäle Miramon und Mejia. Obwohl das Kloster, gemessen an seinen Sicherheitsvorkehrungen einer Festung glich, war den Gefangenen als Vergünstigung zugestanden worden, die Zellentüren offen zu lassen.

In wenigen Tagen stand der Prozeß an. Ein Prozeß, dessen Schaucharakter sich nicht nur durch den gewählten Ort, das Iturbide-Theater, zur Geltung brachte, sondern auch durch die Zusammensetzung des Gerichts und die Art der Anklageschrift.

„Mein lieber Doktor Basch", hatte Maximilian gleich am ersten Tag nach seiner Verlegung aus dem Nonnenkloster

Teresitas in das Kapuzinerkloster prophetisch zu seinem Leibarzt gemeint, „darüber gibt es doch gar nichts zu deuteln, was die mit mir vorhaben. Sehen Sie nur an meinem Kopfende das Kruzifix und auf dem Mahagonitischchen dort die beiden silbernen Leuchten. Das stellt man in Mexiko Sterbenden ins Zimmer."

Selten genug kam es vor, daß der Kaiser sich von seinem Lager erheben konnte, um über den roten Ziegelfußboden an das vergitterte Quadrat von Fenster zu schlurfen, vor dem sich der grüne Schirm eines Baumwipfels spannte. Die Fäuste im Gitter verhakt, um sich aufrecht zu halten, verweilte Maximilian deshalb dort gerne, weil ihn die Baumriesen, eine Gruppe aufgeschossener Zypressen, an Chapultepec und Miramare erinnerten und an sein Zusammenleben mit Charlotte, über deren Schicksal nach ihrer Geistestrübung ihm die widersprüchlichsten Nachrichten zu Ohren gekommen waren. Seit gestern wußte er endlich, daß sie entgegen allen Behauptungen, sie sei tot, sich in Miramare aufhielt und in bester körperlicher Verfassung war. Daß sie noch lebte, würde ihm die Aufrechterhaltung seines Entschlusses leichter machen, Dr. Basch mit einem unumstößlichen Nein zu antworten, wenn er gleich zur Visite erschien. Seine Hände lockerten sich, um dann vom Gitter zu gleiten. Sich an der Wand abstützend, tapste er zum Bett zurück, um sich dort niederzulegen. Es war unbedingt nötig, sich von Dr. Basch ein Stärkungsmittel zu erbitten. Die Vorstellung hatte für ihn etwas Unerträgliches, der Nachwelt dieses Bild von sich zu hinterlassen. Auch wenn diese Krankheit dazu getaugt hatte, ihm die persönliche Anwesenheit beim Prozeß zu ersparen. Aber sie würde ihm das Letzte nicht abnehmen können: Den Weg zum Richtplatz. Und den wollte er aufrecht und festen Schritts zurücklegen, ohne zu schwanken und zu zögern.

Trotzdem, was Dr. Basch ihm angeboten hatte, erschien immer noch reizvoll genug, um ihm nicht den Mund zu verbieten. Der Kaiser entsann sich des Nachmittags vor drei Tagen, als Dr. Basch ihm anläßlich einer Untersuchung eröffnete, ein weiterer Befreiungsversuch sei geplant, dieses Mal sei an seinem Erfolg nicht zu zweifeln.

„Das einzige Problem bildet nur das Einverständnis Euer Majestät", hatte Dr. Basch präzisiert.

„Und das meines Körpers, nicht zu vergessen", hatte der Kaiser seinen Azt belehrt.

Dann war ihm dargelegt worden, wie der Ablauf des Unternehmens aussehen sollte. Kaisertreue Soldaten in republikanischer Uniform würden unter Vorlage gefälschter Papiere die Herausgabe des Gefangenen fordern, „...um Euer Majestät", wie Dr. Basch formuliert hatte, „angesichts des zu erwartenden Urteils an einen ausbruchsicheren Ort zu bringen."

„Und wie werden die weiteren Etappen meiner Flucht aussehen, Doktor?"

Der Arzt, der mit einer freudigen Zustimmung gerechnet hatte, mußte seine Sprachlosigkeit zunächst überwinden, bevor er antworten konnte.

„Majestät, sagte er, „die Bewohner der Sierra Corda sind der Krone bekanntlich treu ergeben. Die Soldaten werden Euer Majestät dorthin bringen, verstecken und zur gegebenen Zeit an die Küste geleiten, wo ein Schiff Euer Majestät aufnehmen wird."

„Ja, ja", stieß Maximilian, der auf seinem Feldbett ausgestreckt lag und die Augen wie in einem Anfall von Ekel geschlossen hielt, mit ungewohnter Heftigkeit hervor, „bis der erste meiner Loyalen sich für dreißig Silberlinge hergibt, den Kaiser, der das Hasenpanier ergriffen hat, auszuliefern. Ganz abgesehen davon, daß mir irgendein Meisterschütze in den Rücken schießen könnte. Nein, Doktor, ein Kaiser läuft vor dem Tod nicht davon." Der Arzt, der dabei gewesen war, alles für den Einlauf bereit zu legen, stellte seine Hantierungen augenblicklich ein.

„Aber Majestät...", stammelte er, sich am Ende seiner Überredungskünste wähnend, „aber Majestät...", um dann in einem letzten Anlauf noch einmal sein Glück zu versuchen.

„Aber Majestät, wollen Sie das wirklich Ihrer Familie antun?" stieß er beschwörend hervor, „Ihr Bruder, der österreichische Kaiser, hat sie wieder in alle Rechte eingesetzt. Europa wartet auf Ihre Rückkehr, Majestät."

Unberührt von diesem mit Nachdruck vorgetragenen Appell, hatte Maximilian die Augen geschlossen gehalten und nur ein: „Eben drum", gemurmelt, ohne allerdings den Arzt damit entmutigen zu können. Unverdrossen war er zum therapeutischen Teil seines Besuchs übergegangen, hatte den Kaiser mit einem weiteren seiner bisher nutzlosen Kupfervitrioleinläufe gequält und baldige Besserung versprochen, nicht ohne noch einmal auf sein Anliegen zurückzukommen. Die kleine Ledertasche mit dem Besteck in der Hand, hatte er sich schon zum Gehen gewandt, als er Maximilian ansprach: „Ich bitte, Euer Majestät, sich die endgültige Entscheidung vorzubehalten. Angesichts der Tragweite will ich nichts unversucht lassen, Euer Majestät doch noch umzustimmen."

Er hatte so gedämpft gesprochen, daß Mithörer ausgeschlossen waren. Maximilian, der sich inzwischen vom Bett erhoben hatte, um den Arzt verabschieden zu können, versprach ihm, die Entscheidung hinauszuschieben.

Tragweite, dachte er, während er auf seinem Feldbett lag. Zweifellos das richtige Wort. Aber er war sich ziemlich sicher, daß sie beide etwas anderes damit meinten. Dr. Basch hielt er soviel Anständigkeit für fähig, mit Tragweite auf die Rettung seines Lebens angespielt zu haben. Etwas, was er im Falle seiner Familie als Handlungsmotiv gänzlich ausschloß.

Nicht schlecht, dachte er, ein verschollener, auf der Flucht erschossener oder auch heimgekehrter ehemaliger Kaiser ist immer noch besser als einer, der vor der Weltöffentlichkeit hingerichtet wird. Das Blut eines Autokraten, im Sande versickernd, zudem noch vergossen von der Hand eines Republikaners, verursacht schlaflose Nächte denen, die die Monarchien über die Jahrhundertschwelle retten wollen.

Ein schmerzliches Gefühl kräuselte seine Oberlippe.

„Oh, nein", sagte er leise vor sich hin, „wie ihr da alle seid: Kaiser der Franzosen, du, mein Bruder Franz Joseph, ihr mexikanischen Patrioten, auch du, Charlotte und Mama, ihr habt mich zum Kaiser gemacht, zu etwas, was ich sein mußte, ohne es zu wollen. Aber was ich wollte, durfte ich nie in Übereinstimmung mit mir selber bringen. So bestand mein ganzes Können im Widersinn."

Die Müdigkeit, die seine Dysenterie für gewöhnlich begleitete und seine Gedanken zerfallen ließ, bevor sie Gestalt annahmen, hatte einer Gelassenheit Platz gemacht, wie er sie bisher nicht kannte. Die Einfälle kamen und gingen ohne sein Zutun, mit einer Verläßlichkeit, die darauf hindeutete, daß der Weg klar markiert vor ihm lag, geradlinig, ohne eine jener Gabelungen, die so bezeichnend für ihn waren. Von der neugewonnenen Warte aus schlug er den Akkord seines Lebens an: Und vernahm einen Mißton.

Aber er erschrak darüber sowenig, wie ihn Selbstmitleid überfiel.

Die Brüche hatten sich über dem Grundnenner vereint. Das Unverbundene rückte zusammen: Die abgöttische Liebe seiner Mutter, die ihm, dem Zweitgeborenen, den Thron zwar wünschen, aber nicht geben konnte, mit jenem Schloß Miramare, das er vom Lande abgekehrt ins Meer gebaut hatte.

Natürlich, dachte er, jenes absurde Muster, es durchzieht alles: Du hast Mexiko gefürchtet und bist doch gegangen. Deine Politik dort! Ein Souverän, der sich mit Liberalen einläßt. Brutalität, sie ist dir zuwider gewesen, aber du hast dich dazu hergegeben. An deiner Liebe zu Charlotte gab es nie einen Zweifel, und doch hast du nichts ausgelassen, um sie zu verletzen. Kein Rat war je besser gewesen als der Stefan Herzfelds. Aber du bist nicht ihm gefolgt, sondern den Einflüsterungen dieses elenden Paters Fischer. Und dein Zynismus? Hat er dir nicht jede Rolle verleidet und war trotzdem in deiner Hilflosigkeit das einzig dir zu Gebote stehende Mittel der Selbstbehauptung.

„Oh, Gott", murmelte er und nahm sogleich in sich wahr, daß er auch hier der Bigotterie seines Lebens die Zügel hatte schießen lassen.

Wenn er überhaupt Stolz für sich empfand, dann nur dort, wo er sich die Lösung vor Augen hielt, zu der er sich durchgerungen hatte, endgültig nun.

„Bitte, Majestät", brachte Dr. Basch bei seinem Eintreten das Gespräch sogleich auf den Punkt, „die Vorbereitungen sind angelaufen. Die Männer stehen bereit und können kurzfristig nicht mehr zurückgerufen werden. Ich brauche unbedingt Ihre Entscheidung."

Entgegen seinem sonstigen Erscheinungsbild sah Maximilian heute besser aus. Seine Haut wirkte frischer. Der Blick, in der Regel trübe und melancholisch, besaß ein Feuer, das in Dr. Basch ungerechtfertigte Hoffnungen weckte.

„Teilen Sie den Leuten mit, Doktor", instruierte ihn der Kaiser, „daß ich mich meiner Aburteilung nicht durch eine Flucht zu entziehen gedenke. Ich wünsche, daß die Vorbereitungen für meine Befreiung eingestellt werden."

Dr. Baschs Mund stand offen, eine kaum merkliche Zeit nur. Dann straffte sich der Körper des Arztes, um mit einem dienerhaften Kopfnicken die Entscheidung widerspruchslos zur Kenntnis zu nehmen.

Als sei nicht soeben ein schicksalsschwerer Entschluß gefaßt worden, machte er sich mit gewohnter Umsicht daran, den Kaiser zu untersuchen.

„Ihnen geht es wirklich besser heute, Majestät", bestätigte er nach einer Reihe von Hantierungen seinen ersten Eindruck.

„Mag sein, Doktor", entgegnete Maximilian, „aber nicht nur Sie sind heute mit mir zufrieden. Vor allem bin ich es mit mir."

Von der Anspielung überfordert, zog es der Arzt vor zu schweigen. Ein Verhalten, das er sich auch bei einer etwas anderen Voraussetzung auferlegt hätte. Die Unbekümmertheit, mit der der Kaiser sein Leben soeben weggeworfen hatte, befremdete ihn. Darum fühlte er sich kaum in der Lage, seine Gefühle zu beherrschen, als der Kaiser ihn plötzlich ansprach.

„Um einen Dienst, Doktor, muß ich Sie indes bitten."

Dr. Basch legte seine Instrumente beiseite und gab zu verstehen, daß er bereit sei zuzuhören.

„Da ich mir keine Illusionen mache, wie Sie wissen", meinte der Kaiser, „möchte ich sicher gehen, daß sich jemand um die Überführung meiner Leiche in die Heimat kümmert. Ihr Beruf, Doktor, prädestiniert Sie dazu, die Angelegenheit in die Hand zu nehmen."

Die Kehle zugeschnürt, hoffte der Arzt, daß Maximilian ihm keine Antwort darauf abverlangen würde. Darum war er froh, als er ihn, so gelassen wie eben, hinzusetzen hörte: „Und sorgen Sie dafür, daß die mich exekutierenden Soldaten mir nicht ins Gesicht schießen. Ich habe für jeden von ihnen eine Unze Gold vorgesehen. Lassen Sie das die Männer wissen. Es geht mir darum, daß mich meine Mutter noch einmal im Sarge betrachten kann."

Er begann, am Ringfinger seiner rechten Hand zu zerren, ließ den goldenen Reif, der seiner Ehe mit Charlotte symbolisch Ausdruck verlieh, auf den Handteller rollen und streckte ihn dem Arzt entgegen.

„Und das, Doktor", erklärte er, immer noch ungerührt, als spräche er über die Zukunft eines anderen, „geben Sie meiner Mutter. Sagen Sie ihr, es sei von ihrem Sohn Max, dem toten Kaiser von Mexiko."

Das Letzte hatte er betont. Dabei war eine kaum merkliche Unsicherheit in seine Stimme eingebrochen. Aber bevor sie Macht über ihn gewinnen konnte, überspielte er sie mit einem verklärten Lächeln.

37. Kapitel

(aus: Viktor Ansellis Memoiren.
II. Teil: Mexikanische Impressionen. Queretaro)

...Am selben Tage, der für den Kaiser und seine beiden Generale das Urteil brachte, war Señor Gray in Queretaro eingetroffen. Welchem Einfluß Verenice und ich es nun verdankten, daß wir ohne viele Umstände unseren Aufenthaltsort, der ja ein besseres Gefängnis war, verlassen durften, entzieht sich auch heute noch meiner Kenntnis. Señor Gray hat später nie gerne darüber gesprochen.

Wir sollten doch glücklich sein, daß es so gekommen ist, umging er stets das Thema und brachte damit nur noch einmal auf die Formel, was Verenice und ich damals empfanden. Vielleicht war es ihm einfach nur peinlich, daß er ein zweites Mal für uns hatte zahlen müssen.

Wir fuhren in der Kutsche, mit der uns Señor Gray vom Hotel hatte abholen lassen, durch eine Stadt, die mit ihren verlassenen Straßen und geräumten Arbeitsplätzen ihre Abscheu vor dem Todesurteil zum Ausdruck brachte.

Der Vollzug, für den 16. Juni anberaumt, war auf den 19. verschoben worden.

Señor Gray, der uns in einem Hotel auf der Plaza de Independencia in Empfang genommen hatte, wollte den Aufschub nutzen, um mit uns nach Arista zurückzufahren. Zunächst hatte er Verenices Wunsch gegenüber Verständnis aufgebracht, so lange zu bleiben, bis dieses Schandurteil vollstreckt sei, wie sie es genannt hatte. Jetzt drängte er, Queretaro den Rücken zu kehren. Aber Verenice wollte davon nichts wissen. Und Señor Gray gab noch einmal ihrem Verlangen statt. Er mochte gespürt haben, daß nicht Sensationslust dahinter stand und sicher auch keine sentimentale Anwandlung, sondern ein echtes Gefühl menschlicher Teilnahme.

Am Morgen des 19. Juni säumten wir mit Tausenden den Rand der Straße, die zum Cerro de las Campanas führte.

Die Menschen, die sich wie eine dunkle Kordel an der Straße hinzogen, waren schwarz gekleidet. Sie wagten kaum zu flüstern.

Für die meisten hier mußte es unvorstellbar gewesen sein, daß ein Kaiser zur Exekution geführt werden konnte. Scheu reckten sie die Köpfe, als die Kolonne, bestehend aus drei geschlossenen Kutschen, begleitender Kavallerie sowie einer Infanteriekompanie und dem Exekutionskommando die Straße heraufkam.

Sicher war es nicht Pietätlosigkeit gewesen, die dafür gesorgt hatte, daß die Kolonne von einer Militärkapelle angeführt wurde, die Trauermärsche spielte. Hinter den Kutschen, in denen sich die Verurteilten befanden, gingen Sargträger.

Das in seiner Geschmacklosigkeit, wenn nicht gar Unmenschlichkeit unüberbietbare Bild mag allein darin seine Rechtfertigung finden, daß im Iturbide-Theater nicht Maximilian verurteilt worden war, sondern eine Institution. Und zur Hinrichtung fuhr nicht der Kaiser, sondern der hybride Machtanspruch einer Zeit, die die Zeichen nicht mehr zu lesen verstand.

In der Schweigsamkeit der Masse glaubte ich zuweilen einen Laut zu vernehmen, der einem verhaltenen Gekicher nicht unähnlich war. In der Tat entbehrte das Ganze der Komik nicht und mag so manchem vorgekommen sein wie die Persiflage auf den Heldentod eines Kaisers. Das operettenhaft Inszenierte ließ mich dann auch meinen Vorsatz vergessen, im letzten Augenblick rettend eingreifen zu wollen. In meinen Träumen hatte ich mir ausgemalt, säbelschwingend auf einem Pferd den Cordon der Wachmannschaft zu durchbrechen, um den Kaiser seinen Häschern zu entreißen.

Aber während die Kolonne an mir vorüberzog, sank meine Bereitschaft dem Nullpunkt entgegen. Ich war mir nicht mehr so sicher, das zu sehen, weswegen wir am Straßenrand standen. Die Dinge paßten nicht zusammen, und je nachdem, welchen Aspekt ich auswählte: Die Kutschen, die Musikkapelle, die Sargträger oder die begleitenden Soldaten, drängten sich mir die unterschiedlichsten Deutungen auf, während sich die absurde Ansammlung von Mensch, Tier und Dingen mit pittoresker Würde auf den Cerro zubewegte. Dort hielten die Wagen schließlich an.

Wir Zuschauer, auf Distanz gehalten durch die Kavallerie, registrierten mit angehaltenem Atem, wie aus den aufgerissenen Kutschenschlägen zuerst Maximilian, dann Miramon und schließlich Mejia kletterten, augenblicklich umringt von Soldaten. Dann sahen wir den Kaiser dem Menschenknäuel entsteigen, Stufe für Stufe nehmend, hinauf zum hundert Meter entfernten Gipfel des Cerro. Sein Tritt war sicher und rhythmisch. Niemand hätte in dem Mann dort einen von der Dysenterie zu Tode erschöpften Kranken vermutet. Der schwarze Anzug, den er trug, vermittelte ihm eine hausbackene Würde und machte den Kaiser vergessen. Aber gerade die Verringerung im Rang erhöhte ihn dort, wo die Sympathien gemessen werden.

Die Augen vieler füllten sich mit Tränen. Nicht wenige schluchzten, während der Kaiser von Mexiko gefaßten Schritts den Gipfel erklomm im Angesicht eines noch dunkel verschatteten Himmels. Im Abstand folgten ihm Miramon, mit einem Stirnverband, den ihm eine Verletzung eingetragen hatte, und Mejia, der aufgrund einer Typhuserkrankung gestützt werden mußte.

Nachdem das Peloton den Cerro erreicht hatte, zusammen mit einigen ausgesuchten Zeugen, trat eine spannungsgeladene Ruhe ein. Verenice hatte nach meiner Hand gefaßt. Auf Señor Grays Gesicht erschien wieder jener Ausdruck, der sich einer Zuordnung entzog. Und fast bin ich sicher, daß es erst der peitschende Schlag einer Salve gewesen ist, die uns in die Wirklichkeit zurückrief. Dieser brachiale, die Stille des Morgens spaltende Laut, der das Leben Maximilians von Habsburg beendete.

Noch zweimal zerriß ein Peitschenschlag den frühen Tag. Mal für Mal hatten die Leute sich bekreuzigt und begonnen, Gebete zu sprechen. Erst nachdem sie wußten, daß die Männer tot waren, deretwegen sie ausgeharrt hatten, gingen sie in ihre Häuser zurück, blaß und bedrückt.

Señor Gray, der ohnehin auf eine schnelle Abreise gedrängt hatte, kam noch am selben Tag zu seinem Recht. Da wir keine Vorbereitungen zu treffen brauchten, waren Entschluß und Ausführung eins gewesen. Gegen Mittag schon saßen Verenice und ich in Señor Grays Reisewagen, einer ledergepolsterten Komfortkutsche, zweispännig und der unsicheren Straße wegen mit einem Begleitschutz versehen.

Drei Tage darauf hatten wir seine Hazienda bei Arista erreicht. Und dann vollzog sich alles mit einer rasenden Geschwindigkeit. Des Tempos wegen ist Verenice bis an ihr Lebensende den Vorwurf nicht losgeworden, sie habe einen günstigen Augenblick ausgenutzt, um Señor Gray an sich zu binden. Zweifellos war er eine blendende Partie, sah zudem gut aus und mußte in Verenices Lage mehr als willkommen gewesen sein. Aber diejenigen, die solches beharrlich behaupteten, wußten zuwenig von Verenice, eigentlich fast gar nichts.

Ich für meinen Teil bin ganz sicher, daß Verenice es nicht auf Stephens Besitz abgesehen hatte – so durfte ich Señor Gray von da an nennen – wenngleich sie zeitlebens die Fähigkeit besitzen sollte, ihren Reichtum zu genießen. Die Art indes, wie Stephen ihn erworben, erhalten und gemehrt hatte, blieb ihr immer verhaßt. Sie mochte es nie – und da gab sie keinen Fuß Boden preis – wie er seine Chancen eigensüchtig zu nutzen wußte. Obwohl seine Erfolge in den späteren Jahren ihm und nicht ihr recht zu geben schienen, blieb sie bei ihrer Einstellung, die ihn stets amüsierte. Die Erfahrung mit ihrem Bruder Wernher dürfte den Ausschlag dafür gegeben haben. Sie war durch nichts davon abzubringen, in dieser Art des Umgangs mit Menschen eine Fehlentwicklung zu sehen. Wenn Stephen sie deswegen gelegentlich foppte, nahm sie es mit einem überlegenen Schmunzeln hin. Immerhin hatte er sie einmal seinen größten Erfolg genannt, den er ja gerade deswegen errungen hatte, weil er seinem Erfolgsprinzip untreu geworden war...

38. Kapitel

Der 20. Jänner 1868 war ein eiskalter Tag. Vor der Wiener Hofburg hatte sich der Schnee zu hohen Wächten aufgetürmt. Im Schein von Laternen und Fackeln waren in den frühen Morgenstunden die Straßen zur Kapuzinerkirche durch Räumkommandos von den Schneemassen befreit worden.

Die Kapuzinerkirche lag nicht weit von der Hofburg entfernt. Von dort sollte an diesem Tag der Trauerzug seinen Weg zur Kapuzinergruft nehmen, Maximilians letzter Ruhestätte.

Vor zwei Monaten schon war der Sarg mit den sterblichen Überresten des Kaisers in Veracruz auf die Fregatte „Novara" gebracht worden, jenes Schiff, mit dem Maximilian dreieinhalb Jahre vorher nach Mexiko gekommen war. Sechs Wochen dauerte die Überfahrt, bis die Novara in Triest anlegen konnte, mit nicht weniger Anteilnahme empfangen, als sie damals mit dem lebenden Kaiser an Bord verabschiedet worden war.

Die Erschütterung, die der gewaltsame Tod Maximilians in den monarchistischen Staaten Europas hinterlassen hatte, war noch nicht vorüber, als der Sarg per Eisenbahn nach Wien überführt wurde, um in der Hofburg seiner letzten Reise zu harren.

Die Menschen, die in den frühen Nachmittagsstunden des 20. Jänner den Weg nach draußen fanden, obwohl zum Schneefall ein Wind gekommen war, der das Mark in den Knochen gefrieren ließ, ahnten nichts von den diplomatischen Grabenkämpfen, die die Freigabe des Toten gekostet hatte. Der mexikanische Präsident Juárez war erst bereit dazu gewesen, nachdem Österreichs Kaiserhaus kniefällig darum gebeten hatte. Eine Geste, die dem Hause Habsburg um so schwerer gefallen sein mußte, als sie den einzigen Ausweg darstellte, eine noch peinlichere Niederlage zu vermeiden. So hatte Wilhelm von Tegetthoff, nunmehr Vizeadmiral, den Befehl erhalten, mit der „Novara" in See zu stechen, um den toten Kaiser heimzuholen.

Im bleichen Licht des schneeverhangenen Himmels wälzte sich der Trauerzug am Nachmittag an weißen Wällen vorbei durch die Straßen zur Kapuzinerkirche. Wie durch Federkissen gedämpft, bewegten sich die Stiefel und Schuhe des Trauergeleits über das Pflaster. Auch der Marschtritt der Ehrenkompanie, die von der Marine gestellt wurde, deren Oberkommandierender Maximilian gewesen war, erinnerte nur an ein rhythmisches Tappen. Wo der Sarg auftauchte, getragen von vier Marineoffizieren, nahmen die Zuschauer am Straßenrand die Hüte ab. Die Frauen senkten den Kopf, als beschäme sie das Schicksal des gescheiterten Kaisers. Vielleicht weil sie nur zu deutlich spürten, daß die Anteilnahme der Honoratioren des Staates, der Fürsten, Generale und Diplomaten, die gravitätisch hinter dem Sarg herschritten, in ihren Uniformen und Pelerinen, eine Pose war, die nur ihrer eigenen Ehrenrettung diente.

Als der Kondukt vor der Kapuzinerkirche zum Stehen kam, nahm Vizeadmiral Tegetthoff den alten Leibarzt des toten Kaisers, Dr. Jilek, zur Seite.

„Geht es noch, Doktor?"

Dessen Lippen waren blau gefroren, und vor seinen Nasenlöchern hatte sich ein Ring von Eiskristallen gebildet.

Dr. Jilek nickte. Er hatte es sich trotz seiner Gebrechlichkeit nicht nehmen lassen, aus Miramare herzureisen, um mit dem Präfekten des Schlosses sowie Carl de Bombelles und Stefan Herzfeld, den Jugendfreunden Maximilians, an der Beisetzung teilzunehmen. Um so mehr hatte er darauf bestanden, als er wußte, daß andere, wie Guitierrez, Hidalgo und Almonte, wohlweislich fernbleiben würden.

Obwohl Dr. Jilek zu verstehen gegeben hatte, keiner Hilfe zu bedürfen, bot ihm Tegetthoff seine Unterstützung an. Während das dumpfe Pochen der Trommeln aufgehört hatte, weil die Zeremonien an der Pforte zur Gruft eingeleitet worden waren, hatte er den alten Arzt unter den Ellenbogen gefaßt und abgestützt, ohne daß sich Dr. Jilek dagegen gesträubt hätte.

Um sie herum war inzwischen alles in ein rituelles Schweigen verfallen. Aus dem Inneren der Kirche heraus kamen Geräusche, ein tieftoniges Gemurmel, nicht unähnlich den Lauten, die von fern heranwehten, wo unter den Eisschollen das Wasser der Donau gluckste. Vom First des Kirchendaches stäubte es in Bäuschen herab, wenn der Wind auffrischte und die dort hockenden Krähen zu einem leidvollen Krächzen veranlaßte.

„Glauben Sie mir, Vizeadmiral", meinte Dr. Jilek leise, „ich hätte weiß Gott was darum gegeben, wenn mir dieser Tag erspart geblieben wäre."

Auch seine Augenwimpern hatten sich jetzt mit Kristallen zugesetzt. Tegetthoff, der näher herangerückt war, merkte, daß der alte Arzt weinte.

„Lange zu leben, kann grausam sein", setzte er mit gepreßter Stimme nach, und als sei er sich des Gotteslästerlichen darin bewußt geworden, ergänzte er: „Möge mir der Herr verzeihen."

Der Vizeadmiral, der damit zu tun hatte, in den Böen den Dreispitz auf dem Kopf zu behalten, suchte nach beschwichtigenden Worten. Nachdem er glaubte, sie gefunden zu haben, entgegnete er in eindringlichem Ton: „Was Sie sich auch selber auferlegen mögen, Doktor, einen Vorwurf können Sie sich nicht machen: Zuwenig getan zu haben."

An den Rauchfahnen, die aus Dr. Jileks Mund qualmten, ließ sich erkennen, daß er begonnen hatte, schneller zu atmen. Dann wandte er sich mit einem Ruck dem Vizeadmiral zu, der dem alten Mann soviel Behendigkeit nicht mehr zugetraut hätte.

„Vielleicht haben wir uns alle zu sehr auf den anderen verlassen", kam es erregt aus ihm, „Sie sich auf mich und ich mich auf Professor Billimek. Das Urteil, genug getan zu haben, ist leider vorschnell."

Der liturgische Dialog im Kircheninneren war verstummt. Das Portal füllte sich wieder auf mit Menschen. Den Mittelpunkt bildete Erzherzogin Sophie, die Mutter Maximilians, die den Leichnam ihres Sohnes bis in die Gruft hinein begleitet hatte. Dort war er neben dem Sarg des Herzogs von Reichstadt beigesetzt worden.

Als sie hinaustrat in den froststarren Nachmittag, formierte sich die Menge neu, die frierend die Wartezeit überstanden hatte. Erstaunt beäugt von den schwarzfiedrigen Vögeln auf dem First des Kirchendaches.

Als die Erzherzogin, tief verschleiert und von gelblicher Totenblässe sich zu den ihr verbliebenen Söhnen begab, von denen einer der Kaiser von Österreich war, nahmen die Krähen ihr Krächzen wieder auf, laut jetzt und höhnend.

Für die meisten nicht erkennbar, hatte die Erzherzogin hochgeblickt, die Hand zum Schleier geführt und ihn dichter vor ihr Gesicht gezogen, um sich dann von ihren Söhnen zur Hofburg zurückgeleiten zu lassen. Sie hatte eben Dr. Jilek und Tegetthoff passiert, als der Vizeadmiral, um ein tröstendes Wort bemüht, meinte: „Es stand soviel gegen uns, Doktor. Mußten wir da nicht scheitern?"

„Ja..." seufzte der alte Arzt, der Erzherzogin dabei einen langen Blick aus seinen verklebten Augen nachsendend, „recht besehen und im Grunde... war es so."

39. Kapitel

Fast auf den Tag, drei Jahre später, nachdem Maximilian in der Kapuzinergruft seine letzte Ruhestätte gefunden hatte, griff das Schicksal nach denen, die an der ebenso kühnen wie unbedachten Konstruktion eines Kaiserreichs in Mexiko mit Hand angelegt hatten.

Unter dem Ansturm der vereinigten preußisch–deutschen Armeen zerbrach im Kriege 1870/71 das Reich Napoleons III. mit einer Schnelligkeit, die nur offenlegte, daß es nie mehr gewesen war als eine Fassade aus verblassendem Glimmer, dem keine noch so geartete Politur mehr hatte aufhelfen können.

Marschall Bazaine, der sich nach seiner Rückkehr aus Mexiko als Oberbefehlshaber der Kaisergarde einer außerordentlichen Popularität erfreute, mußte in den folgenden Jahren erleben, wie unberechenbar die Verhältnisse geworden waren und wie schnell sich der Wind der Meinungen drehen konnte. Im Zuge der Kriegshandlungen mit seiner Armee in Gefangenschaft geraten, wurde ihm 1872 nach seiner Rückkehr in Frankreich der Prozeß gemacht. Des Verrats angeklagt und zuerst zum Tode, dann zur Festungshaft verurteilt, die ihm mit Sohn und Gattin durchzustehen erlaubt war, begann für ihn nach der gelungenen Flucht eine Odyssee, die durch halb Europa führte und erst 1888 in Madrid endete, wo er, verlassen von allen Angehörigen, einsam und vergessen starb.

Mit dem Ende des französischen Kaiserreichs und der Ausrufung der Dritten Republik begann für den Deputierten Jules Favre eine kurze, wenngleich stürmische Karriere. Als Außenminister jener Regierung, die den Krieg gegen die deutschen Armeen fortführte, mußte er sich der undankbaren Aufgabe unterziehen, die Kapitulationsbedingungen zu unterzeichnen.

Für den Sergeanten Jean Pierre Marat, der so unermüdlich Briefe an Favre geschrieben hatte, gestaltete sich die Zukunft nach seiner Rückkehr aus Mexiko geradezu tragisch. Im Märzaufstand der Pariser Kommune von 1871 geriet eine Abteilung der französischen Regierungstruppe, die zur Niederwerfung eingesetzt worden war, vor die waffenstarrende Barrikade in der Rue d'Allemagne und wurde in der deckungslosen Straßenflucht augenblicklich zusammengeschossen. Unter den Gefallenen befand sich auch der Sergeant Marat, getötet ausgerechnet von jenen Menschen, für die sein Herz immer geschlagen hatte.

Jecker, der Bankier, der die persönliche Misere des Herzogs von Morny (gestorben 1865) klug für sich zu nutzen gewußt hatte, wurde gleichfalls Opfer der sich kreißend zur Welt bringenden Republik. Im Mai 1871 bei der Überprüfung seines Vorlebens als jener Jecker enttarnt, dem nach Bekanntwerden seiner Rolle beim Mexikounternehmen alle Verachtung gegolten hatte, fiel er, von der Pariser Kommune zum Tode verurteilt, unter den Kugeln eines Pelotons.

Charlotte, die nach ihrem Zusammenbruch mit der Diagnose: Unheilbar geisteskrank in die Obhut Dr. Jileks gegeben worden war, verließ im August 1867 Miramare, um zunächst nach Schloß Tervueren in Belgien überzusiedeln, bis sie auf Schloß Bouchout ihren letzten Wohnsitz nahm. Nur von kurzen Perioden unterbrochen, in denen sich ihr Geist aufhellte, verbrachte sie die überwiegende Zeit in einem Zustand des Hindämmerns, der es ihr erlaubte, jene Wirklichkeit verleugnen zu können, die das alte Europa schließlich in den Abgrund riß. An der Überzeugung festhaltend, sie sei die Kaiserin von Mexiko und Maximilian erwarte immer noch ihre Rückkehr, erreichte sie das gesegnete Alter von 87 Jahren. Unberührt von einer sich wandelnden Welt, starb sie im Jahre 1927 und wurde in der Schloßkirche zu Laeken beigesetzt.

In Mexiko hatten die eingeleiteten Landreformen und die Frontstellung des Staates gegenüber der Kirche jene zur Flucht veranlaßt, denen entweder Repressalien drohten oder die keine Zukunft mehr für sich sahen.

So verliert sich die Spur Pater Fischers, des auf Maximilian angesetzten Beraters, im Ungewissen.

Andere hinterließen deutlichere Markierungen: Jene aus dem Gefolge des Kaisers, die Soldaten der Legion, aber auch die Bediensteten europäischer Herkunft, die nach kurzer Haftzeit die Heimreise antreten durften.

Viktor Anselli und Verenice, nach ihrer Heirat mit Stephen, Señora Gray, durchlebten zunächst eine unruhige Zeit, die Stephen Gray mit dem ihm eigenen Geschick zu meistern verstand. Ordnung gab es nur im Stundenplan von Viktor, der nun regelmäßig eine Schule besuchte. Stephen Gray, dem daran lag, Viktor einmal mit Aufgaben zu betrauen, die über den Rahmen der Verwaltung einer Hazienda hinausgingen, sorgte später dafür, daß der junge Mann ein Studium aufnahm. 1874 reiste Viktor nach Europa, schrieb sich in Innsbruck als Student der Ingenieurswissenschaften ein und kam 1880 nach Mexiko zurück, zu einer Zeit, als sich dort die politischen und wirtschaftlichen Verhältnisse grundlegend geändert hatten. Porfirio Diaz, der einmal an der Seite Benito Juárez die Anmaßung eines kaiserlichen Souveräns bekämpft hatte, gefiel sich nun selber in der Rolle eines Diktators, der die Reichtümer seines Landes fremden Investoren offenherzig zur Verfügung stellte.

Ausgestattet mit dem Gespür für das Richtige, hatte Stephen Gray alle in seinem Besitz befindlichen Ländereien bis auf das Herrenhaus veräußert und für den Erlös Anteile in Erdöl, Blei und Zink erworben. So fand Viktor bei seiner Rückkehr Lebensformen vor, die nicht mehr vergleichbar waren mit denen, die bei seiner Abreise galten. Wenn vorher die Hazienda mit ihrem umliegenden Land der Bereich war, in dem sich Stephen Gray vorrangig aufhielt, dann geboten jetzt seiner Reiselust nicht einmal mehr die Landesgrenzen Einhalt. Aktionärsversammlungen und Besichtigungen trieben ihn ins Ausland, immer öfter von Viktor begleitet, so daß nach dem Unfall, der 1885 Stephen Gray von heute auf morgen aus dem Leben riß, Viktor alle Obliegenheiten komplikationslos übernehmen konnte.

Von den gewöhnlichen Verpflichtungen des Alltags befreit, führte Verenice ein beschauliches, wenn auch nicht langweiliges Leben. Ihrer Reiselust frönend, die mit jenem Entschluß begonnen haben mochte, nach Mexiko auszuwandern, schloß sie sich gerne ihrem Mann an, wenn er ins

Ausland fuhr, ging aber gleichzeitig einer Aufgabe mit Hingabe nach, die ihr gelegentlich mitleidigen Spott eintrug: Sie kümmerte sich um die Ärmsten der Armen unter den Landarbeitern, auf die in der Diaz Ära niemand Rücksicht nahm. In ihrem Philanthropismus nie ernst genommen, mußte sie sich gelegentlich den Vorwurf gefallen lassen, nur eine andere Spielart der Macht zu praktizieren. Verenice, die sich davon nicht abhalten ließ, weiterhin „anständig" zu sein, wie sie es zu nennen pflegte, infizierte sich bei einer ihrer Aktionen und starb, vom Typhus geschwächt, über Nacht. Der plötzliche Tod an der Schwelle zum Alter bewahrte sie noch rechtzeitig davor, das Verlöschen ihrer Anmut miterleben zu müssen. Attraktiv bis zum letzten Atemzug, schien sie mit ihrer Heirat die Welt darüber belehrt zu haben, daß die Liebe nun andere Wege ging.

Das neue Jahrhundert war angebrochen, unheilverkündend. In Mexiko geriet das Diaz-System zusehends unter Druck. Viktor, reich und beruflich unabhängig, verließ das Land, bevor dort 1910 die Revolution ausbrach, um in Abbazia, einem distinguierten Seebad an der österreichischen Riviera, eine neue Heimat zu finden. Die entschädigungslose Konfiszierung seiner Hazienda im Zuge der nachrevolutionären Verstaatlichungsprogramme stellte nur einen geringen Verlust dar im Vergleich zu den Einbußen, die Europa nun hinnehmen mußte. Der Erste Weltkrieg begann.

Viktor als mexikanischer Staatsbürger entging der Internierung dadurch, daß sich sein Land für neutral erklärte. Aber die Zeit der großen Reisen war vorüber. Der Privatier Anselli mußte sich Beschränkungen auferlegen, vier Jahre lang.

1918 sprengte ihn der Zusammenbruch der überkommenen Ordnung aus der aufgezwungenen Enklave. Viktor, inzwischen 63 Jahre alt, empfand keine Freude darüber. Im Gegenteil, er reagierte mit Panik, kehrte Europa Hals über Kopf den Rücken und floh in die USA.

Inwieweit es ihm unerträglich war, die Adriastädte an Italien übergehen zu sehen oder eine Welt akzeptieren zu müssen, die sich ihrer gekrönten Häupter entledigte, hat Hypothese zu bleiben. Daß er stärker vielleicht, als er bereit gewesen wäre zuzugeben, an dieser vergangenen Welt hing, legt zumindest die Bevorzugung Abbazias als Wahlheimat nahe. Eine Annahme, die schon deshalb nicht abwegig ist, weil Viktor kurz nach seiner Ankunft in den USA mit seinem Memoirenband: „Stationen meines Lebens" begann. Ein Werk, das offensichtlich nicht für die Veröffentlichung gedacht war, sondern eher den Versuch darstellt, die Bruchstücke eines Lebens zu sammeln, um sie in einer Zeit der Ratlosigkeit wie eine schützende Mauer um sich aufzubauen.

1927, als Charlotte in Schloß Bouchout starb und die Welt daran erinnerte, daß sie einmal Kaiserin von Mexiko gewesen war, erfuhr das Buch, darauf bezugnehmend, seine Veröffentlichung.

Immer verstanden als ein weiterer, wenn auch verspäteter Beitrag zur geschichtlichen Aufarbeitung des Zweiten Mexikanischen Kaiserreichs, war es sicherlich mehr: Die Beschwörung einer Epoche, über der sich – für alle erkennbar nun – die Schatten breiteten.